ACCESO AL E-BOOK GRATIS

[+] Diríjase a la página web de la editorial www.tirant.com

[+] En *Mi cuenta* vaya a Mis promociones www.tirant.com/mispromociones

[+] Introduzca su mail y contraseña, si todavía no está registrado debe registrarse

[+] Una vez en Mis promociones inserte el código oculto en esta página para activar la promoción

Código Promocional

Rasque para visualizar

La utilización del LIBRO ELECTRÓNICO y la visualización del mismo en NUBE DE LECTURA excluyen los usos bibliotecarios y públicos que puedan poner el archivo electrónico a disposición de una comunidad de lectores. Se permite tan solo un uso individual y privado.

No se admitirá la devolución de este libro si el código promocional ha sido manipulado

MATRIMONIOS ILEGALES Y DERECHO PENAL

Bigamia, matrimonio inválido, matrimonio de conveniencia, matrimonio forzado y matrimonio precoz

MATRIMONIOS ILEGALES Y DERECHO PENAL

Bigamia, matrimonio inválido, matrimonio de conveniencia, matrimonio forzado y matrimonio precoz

MARÍA A. TRAPERO BARREALES
Profesora Titular, acr. Catedrática, de Derecho Penal
Universidad de León

tirant lo blanch
Valencia, 2016

En caso de erratas y actualizaciones, la Editorial Tirant lo Blanch publicará la pertinente corrección en la página web www.tirant.com.

Director de la Colección:
JOSÉ LUIS GONZÁLEZ CUSSAC
Catedrático de Derecho Penal
Universitat de València

EDITA: TIRANT LO BLANCH
C/ Artes Gráficas, 14 - 46010 - Valencia
TELFS.: 96/361 00 48 - 50
FAX: 96/369 41 51
Email:tlb@tirant.com
www.tirant.com
Librería virtual: www.tirant.es
DEPÓSITO LEGAL: V-577-2016
ISBN: 978-84-9119-364-7
IMPRIME: Guada Impresores, S.L.
MAQUETA: Tink Factoría de Color

Si tiene alguna queja o sugerencia, envíenos un mail a: *atencioncliente@tirant.com*. En caso de no ser atendida su sugerencia, por favor, lea en *www.tirant.net/index.php/empresa/politicas-de-empresa* nuestro Procedimiento de quejas.

Para mi familia:
para los que se han ido,
para los que están,
para los que vendrán

ÍNDICE

NOTA PRELIMINAR

Este trabajo se enmarca en los Proyectos de Investigación DER2010-16558, del Ministerio de Ciencia e Innovación (financiado con fondos FEDER), LE066A11-1, de la Junta de Castilla y León, DER2013-47511-R (Ministerio de Economía y Competitividad, MINECO); en todos ellos el investigador principal es el Prof. Dr. D. Miguel Díaz y García Conlledo.

También se enmarca en las tareas de investigación de la UIC 166 de Castilla y León, cuyo director es el Prof. Dr. D. Miguel Díaz y García Conlledo.

ÍNDICE DE ABREVIATURAS

AAP	Auto Audiencia Provincial
ADPCP	Anuario de Derecho Penal y Ciencias Penales (citada por año)
AEDIPr	Anuario Español de Derecho Internacional Privado (citada por número y año)
AFDO	Anuario de la Facultad de Derecho de Ourense (citado por año)
Anteproyecto-octubre 2012	Anteproyecto de Ley Orgánica por la que se modifica la Ley Orgánica 10/1995, de 23 de noviembre, del Código Penal (17 de octubre de 2012)
Anteproyecto-abril 2013	Anteproyecto de Ley Orgánica por la que se modifica la Ley Orgánica 10/1995, de 23 de noviembre, del Código Penal (3 de abril de 2013)
AP	Audiencia Provincial
art/s.	artículo/s
ATSJ	Auto Tribunal Superior de Justicia
BOE	Boletín Oficial del Estado
BOCG	Boletín Oficial de las Cortes Generales
CC	Código Civil
CCAA	Comunidades Autónomas
CDJ	Cuadernos de Derecho Judicial (citada por año y número)
CE	Constitución Española
CF	Consejo Fiscal
CGPJ	Consejo General del Poder Judicial
coord./s	coordinador-a/es
CP	Código Penal
CPC	Cuadernos de Política Criminal (citada por número y año)
DGRN	Dirección General de los Registros y del Notariado
dir./s	director-a/es
DOUE	Diario Oficial de la Unión Europea
DP	Derecho penal
DRAE	Diccionario Real Academia Española
ed./s.	editor/es

E-Bustos Ramírez	Estudios de Derecho penal en memoria del Prof. Juan José Bustos Ramírez, Ubijus, México, 2011
E-Vives Antón	Constitución, derechos fundamentales y sistema penal. Semblanzas y estudios con motivo del setenta aniversario del profesor Tomás Salvador Vives Antón, dos tomos, Tirant lo Blanch, Valencia, 2009
EEE	Espacio Económico Europeo
EP-Cobo del Rosal	Estudios penales en homenaje al profesor Cobo del Rosal, Dykinson, Madrid, 2005
EP-Díaz Pita	Problemas actuales del Derecho penal y de la Criminología. Estudios penales en memoria de la Profesora Dra. María del Mar Díaz Pita, Tirant lo Blanch, Valencia, 2008
EP-Gimbernat	Estudios penales en homenaje a Enrique Gimbernat, dos tomos, Edisofer, Madrid, 2008
EP-Ruiz Antón	Estudios penales en recuerdo del profesor Ruiz Antón, Tirant lo Blanch, Valencia, 2004
EPB	Enciclopedia Penal Básica (director Diego-Manuel Luzón Peña), Comares, Granada, 2002
EPC	Estudios Penales y Criminológicos (citada por número y año)
FGE	Fiscalía General del Estado
FICP	Fundación Internacional de Ciencias Penales
H-González García	Estudios de Derecho civil en homenaje al profesor José González García, Aranzadi-Thomson Reuters, Cizur Menor (Navarra), 2012
H-Rams Albesa	Estudios de Derecho Civil en homenaje al Profesor Joaquín José Rams Albesa, Dykinson, Madrid, 2013
H-Del Rosal	Política criminal y reforma penal. Homenaje a la memoria del Prof. Dr. D. Juan del Rosal, Edersa, Madrid, 1993
H-Rodríguez Mourullo	Homenaje al Profesor Dr. Gonzalo Rodríguez Mourullo, Thomson Civitas, Navarra, 2005
H-Schünemann	Dogmática del Derecho penal material y procesal y política criminal contemporáneas. Homenaje a Bernd Schünemann por su 70° aniversario, dos tomos, Gaceta Jurídica, Lima, 2014

H-Suárez Montes	Estudios penales en homenaje al profesor Rodrigo Fabio Suárez Montes, Constitutio Criminalis Carolina, 2013
H-Vidal Guitarte	Estudios jurídicos en homenaje al profesor Vidal Guitarte, dos tomos, Diputación de Castellón, 1999
Informe CF Anteproyecto-octubre 2012	Informe del Consejo Fiscal al Anteproyecto de Ley Orgánica por la que se modifica la Ley Orgánica 10/1995, de 24 de noviembre, del Código penal (8 de enero de 2013)
Informe CGPJ Anteproyecto-octubre 2012	Informe del Consejo General del Poder Judicial al Anteproyecto de Ley Orgánica por la que se modifica la Ley Orgánica 10/1995, de 24 de noviembre, del Código penal (16 de enero de 2013)
LECrim	Ley de Enjuiciamiento Criminal
LH-Bajo Fernández	Libro Homenaje al Profesor Doctor D. Miguel Bajo Fernández, en prensa
LH-Cerezo	La ciencia del Derecho penal ante el nuevo siglo. Libro homenaje al Profesor Doctor D. José Cerezo Mir, Tecnos, Madrid, 2002
LH-Landrove Díaz	Un Derecho penal comprometido. Libro homenaje al Prof. Dr. Gerardo Landrove Díaz, Tirant lo Blanch, Valencia, 2011
LH-Mir Puig	Derecho penal del Estado social y democrático de Derecho. Libro homenaje a Santiago Mir Puig, La Ley, Madrid, 2010
LL	La Ley (citada por año y número)
LLP	La Ley Penal (citada por número y año)
LO	Ley Orgánica
LOPJ	Ley Orgánica del Poder Judicial
n., nn.	nota/s
nm.	número marginal
núm.	número
ONG	Organización No Gubernamental
ONU	Organización de Naciones Unidas
op. cit.	obra citada
p. pp.	página/s
PE	Parte especial
PG	Parte general

Proyecto-octubre 2013	Proyecto de Ley Orgánica por la que se modifica la Ley Orgánica 10/1995, de 23 de noviembre, del Código Penal (20 de septiembre de 2013. Publicado en el BOCG 4-10-2013)
RD	Real Decreto
RDPC	Revista de Derecho Penal y Criminología (citada por número y año)
RDPP	Revista de Derecho y Proceso Penal (citada por número y año)
RECPC	Revista Electrónica de Ciencia Penal y Criminología (citada por número y año)
ReCrim	Revista del Instituto Universitario de investigación en Criminología y Ciencias de la Universidad de Valencia (citada por número y año)
REEI	Revista Electrónica de Estudios Internacionales (citada por número y año)
RGDCDEE	Revista General de Derecho Canónico y Derecho Eclesiástico del Estado (citada por número y año)
RGDP	Revista General de Derecho Penal (citada por número y año)
RP	Revista Penal (citada por número y año)
s., ss.	siguiente, siguientes
SAN	Sentencia de la Audiencia Nacional
SAP	Sentencia de la Audiencia Provincial
STC, SSTC	Sentencia/s del Tribunal Constitucional
STS	Sentencia del Tribunal Supremo
TC	Tribunal Constitucional
Tol	Tirant on line
UE	Unión Europea
UPyD	Unión Progreso y Democracia
v.	véase

I. INTRODUCCIÓN

Los profundos cambios políticos, sociales y económicos iniciados en nuestro país en el último cuarto del siglo XX, con la aparición de la etapa política caracterizada como Estado social y Democrático de Derecho, ha generado una transformación de hondo calado de la institución de la familia y en particular del matrimonio[1].

Efectivamente, centrando nuestra explicación en esta última institución, varios son los aspectos que han influido en dicha transformación, motivada por la propia evolución integral de la sociedad española. Entre los que merecen ser destacados cabe citar la laicización del Estado, con la consiguiente plena secularización de la institución; el reconocimiento de la plena igualdad de los hijos, sean matrimoniales o extramatrimoniales, generando un cambio en la relevancia del matrimonio como forma de constitución de las relaciones familiares; la plena igualdad de derechos y obligaciones de hombres y mujeres, así como la generalizada incorporación de la mujer al mercado laboral, generando importantes modificaciones traducidas sobre todo en los derechos y deberes de los cónyuges y la forma de hacer frente a las cargas familiares; la aparición de las parejas o uniones de hecho, con la mayor o menor equiparación en derechos y obligaciones al matrimonio[2], con la consiguiente pérdida de hegemonía

---

1 Sobre la evolución experimentada por la familia en el último cuarto del siglo XX y primeras décadas del XXI, consecuencia de los cambios económicos, sociales, políticos y jurídicos, v., ampliamente, IGLESIAS DE USSEL/MARÍ-KLOSE, en: CHACÓN/BESTARD (dirs.), *Familias*, 2011, 1002-1123. ALONSO PÉREZ, en: YZQUIERDO TOLSADA/CUENA CASAS (dirs.), *Tratado Derecho de Familia I*, 2011, 114, señala que la CE supuso un antes y un después en la configuración del Derecho de familia en España. Este autor enumera y explica los siguientes modelos de familia (o relaciones parafamiliares) existentes en la actualidad (pp. 130 ss.): conyugal o matrimonial, convivencial, monoparental, plurigeneracional, prolongada, adoptiva, reconstituida, de acogida. A las que añade las relaciones cuasifamiliares, entre otras, las situaciones convivenciales de ayuda mutua, los matrimonios grupales y los matrimonios de complacencia.

2 En la normativa estatal no existe una ley que regule de manera generalizada las parejas o uniones de hecho, si bien en distintas normas estatales (de naturaleza administrativa, laboral, fiscal, penal, civil) se encuentra mención a estas relaciones para decidir si se establece o no la equiparación con la relación matrimonial en el reconocimiento de determinados derechos, a veces definiendo también la propia relación de pareja de hecho a la que se quiere equiparar con el matrimonio. A falta de una ley estatal general, las CCAA sí han aprobado leyes autonómicas para regular este tipo de relaciones, tanto aquellas que tienen competencia en materia civil como las restantes, existiendo tantos modelos de parejas de hecho como leyes autonómicas se han aprobado. En la legislación autonómica se parte de una determinada definición de la pareja de hecho,

de esta institución también como forma de originar una determinada relación familiar. Las reformas de 2005 (operadas por las Leyes 13/2005, de 1 de julio y 15/2005, de 8 de julio), sobre matrimonio entre personas del mismo sexo y en materia de separación y divorcio, asumiendo para su disolución un modelo acausal y unilateral, han supuesto los cambios más relevantes de esta institución, hasta el punto de que se ha indicado que la reforma en materia de divorcio ha desdibujado la consideración legal del matrimonio como una comunidad de vida, produciéndose una modificación en su estructura y naturaleza jurídica, pasando a ser disciplinado como un acto consensual básicamente formal[3].

---

lo que significa que, al margen de dicha definición, pueden existir otras formas o relaciones de pareja. En líneas generales, al menos en un plano teórico, cabe afirmar que el matrimonio y la pareja de hecho no son realidades equivalentes, de ahí que sea posible establecer un tratamiento jurídico diferenciado para ambos modelos. Esta diferenciación, sin embargo, se ha ido diluyendo a través de la normativa autonómica, en la que cada vez más se tiende a su equiparación. Es más, a partir de las sustanciales reformas del matrimonio operadas en el año 2005, en particular en la regulación de la separación y el divorcio y en el reconocimiento del matrimonio homosexual, las principales diferencias entre ambas se han mitigado, dándose la paradójica situación de que en el matrimonio se acentúa el reconocimiento de la libertad de las partes —por ejemplo, en el divorcio unilateral— mientras que en la regulación de las parejas de hecho en ocasiones tal libertad de las partes se ve seriamente comprometida o limitada. Hasta tal punto se han difuminado las diferencias entre matrimonio y parejas de hecho que DE PABLO CONTRERAS, en: YZQUIERDO TOLSADA/CUENA CASAS (dirs.), *Tratado Derecho de Familia I*, 2011, 504, llega a afirmar que las reformas de 2005 han supuesto la equiparación de la configuración jurídica del matrimonio a la de las uniones estables de pareja institucionalizadas por las leyes autonómicas, eliminando de los caracteres esenciales del matrimonio la heterosexualidad y añadiendo la libre y unilateral disolubilidad de la unión conyugal. También MARTÍNEZ GARCÍA, en: GÓMEZ TOMILLO (dir.), *Comentarios CP*, 2ª, 2011, 850, se adhiere a la tesis que afirma que el nuevo concepto de matrimonio del CC se acerca tanto al matrimonio de hecho que las diferencias se han difuminado, quedando ahora solo dos: la intervención de los poderes públicos en su nacimiento y en su extinción. Para más detalles sobre las similitudes y diferencias entre el matrimonio y las parejas de hecho, así como sobre la regulación de las parejas de hecho, en la normativa estatal y en la legislación autonómica, v., ampliamente, ALONSO PÉREZ, en: YZQUIERDO TOLSADA/CUENA CASAS (dirs.), *Tratado Derecho de Familia I*, 2011, 141 ss., 148 ss.; DE AMUNÁTEGUI RODRÍGUEZ, en: YZQUIERDO TOLSADA/CUENA CASAS (dirs.), *Tratado Derecho de Familia IV*, 2011, 643-821.

3 Realiza estas afirmaciones DE PABLO CONTRERAS, en: YZQUIERDO TOLSADA/CUENA CASAS (dirs.), *Tratado Derecho de Familia I*, 2011, 506 s. También ALONSO PÉREZ, en: YZQUIERDO TOLSADA/CUENA CASAS (dirs.), *Tratado Derecho de Familia I*, 2011, 129, afirma que la reforma en materia de separación y divorcio ha llevado a la pérdida de la sustancia ética, de su mismo carácter institucional o consorcial (comunidad de vida y afecto) para convertirlo en un contrato de vida efímera a merced de la voluntad de los esposos. En el mismo sentido, HERRERA CAMPOS, en:

Los cambios afectan a la propia definición del matrimonio. Tradicionalmente este era definido como la unión estable entre un hombre y una mujer, concertada de acuerdo con determinadas formalidades previstas en la ley, para compartir vida y existencia (esta voluntad de convivencia plena o convivencia marital o conyugal también se ha denominado *affectio maritalis)*[4]; a través del consentimiento matrimonial otorgado en el momento de su celebración los cónyuges consienten en la constitución, en principio con carácter permanente, de dicha comunidad de vida.

En la actualidad solo los aspectos formales concurrentes en el momento de su celebración permiten ofrecer una definición legal, quedando algún resto de tipo sustantivo de aquella concepción tradicional, en particular su carácter monogámico; en concreto, se ha definido como el acto formal de celebración del matrimonio con arreglo a los ritos y formalidades que se establecen en los arts. 49 ss. CC. Y si bien en la celebración del matrimonio los cónyuges han de prestar el consentimiento para contraer matrimonio, el contenido de dicho consentimiento no está delimitado[5].

H-González García 2012, 1263, afirma que se ha producido un cambio importante en la familia, pasando de una familia institucional a una contractual, de lo que se deriva que el matrimonio quede asimilado a un contrato, a un negocio jurídico de derecho de familia.

4 Definición de MARÍN LÓPEZ, en: BERCOVITZ RODRÍGUEZ-CANO (coord.), *Derecho de familia*, 3ª, 2013, 39 s.

5 V., por todos, GUTIÉRREZ SANTIAGO/GARCÍA AMADO, en: *Revista Digital Facultad de Derecho* 6 (2013), 170 s. n. 27, reconociendo expresamente que, de los tradicionales rasgos o caracteres del matrimonio, bien poco va quedando. En concreto dos de esos rasgos han desaparecido con las reformas operadas en el año 2005: la heterosexualidad y la perdurabilidad. Afirman estos autores que el matrimonio se ha configurado normativamente como un concepto o modelo *neutro y elástico*; para que el consentimiento sea eficaz no se valora la asunción por los esposos de ningún concepto de matrimonio, sino que prevalece la *forma* de emisión de dicho consentimiento conforme a las formalidades requeridas legalmente (cursivas en el original). También DE PABLO CONTRERAS, en: YZQUIERDO TOLSADA/CUENA CASAS (dirs.), *Tratado Derecho de Familia I*, 2011, 514, advierte de la dificultad de precisar en la actualidad que es lo que cualifica al consentimiento como matrimonial más allá de su emisión en la forma requerida legalmente, pues las notas que permitían identificar el modelo matrimonial, y respecto del que se emitía este consentimiento, han ido eliminándose de la regulación del CC. Este autor llega a afirmar que, tras la reforma de 2005, con la admisión del divorcio unilateral y acausal, no hay razón alguna para mantener que los deberes conyugales descritos en el art. 68 CC (vivir juntos, guardarse fidelidad, socorrerse mutuamente) sean objeto del consentimiento matrimonial, concluyendo que se ha planteado un concepto neutro de consentimiento (pp. 514, 517, 520). Además, ya con anterioridad, ÁLVAREZ GONZÁLEZ, en: *Revista Xurídica da Universidade de Santiago de Compostela* 16 (2007), 36 s., ha advertido que no hay un matrimonio, hay muchos matrimonios, muy diferentes entre sí.

En resumen, como consecuencia de los cambios que se han ido produciendo particularmente en el mentado periodo histórico, el matrimonio es solo una de las posibles formas de constituir una relación familiar, pero no es la única ni tampoco la más importante ni relevante, ni siquiera cuando se trata de la relación familiar que se refiere a la unión de dos personas[6].

La evolución que, desde la aprobación de la CE, se ha producido en la concepción del matrimonio no se ha sentido, sin embargo, en la regulación penal sobre los matrimonios ilegales. Sí es cierto que la regulación ha sufrido algún cambio significativo en el vigente CP, en comparación con la tipificación de los delitos de matrimonios ilegales en el CP anterior, pero en esencia en uno y otro texto punitivo se han tipificado tres modalidades de matrimonios ilegales: el delito de bigamia, el delito de celebración de matrimonio inválido y el delito de autorización de matrimonio inválido[7].

Nos hemos de cuestionar si se justifica la protección penal de esta institución cuando en su caracterización apenas se puede encontrar un contenido sustantivo o material; al contrario, como ya se ha indicado, la misma parece apoyarse legalmente en aspectos de tipo formal.

No se trata de discutir la protección jurídica del matrimonio, una institución que tiene respaldo constitucional (art. 32 CE)[8], como tampoco se pone en tela de juicio la protección jurídica de la familia, sea cual sea

---

6 Sobre las figuras delictivas agrupadas en el Capítulo I del Título XII del Libro II CP, QUERALT JIMÉNEZ, *PE*, 7ª, 2015, 395, ha afirmado que pretenden dar protección jurídico-penal a un aspecto central de la familia: el matrimonio. Añadiendo a continuación que "Sin necesidad de entrar en polémicas ideológicas, una serie de hechos sociales ponen de manifiesto que, cuando menos, existen varias concepciones de familia que no pasan por el matrimonio y que una persona puede pertenecer, legalmente incluso, a varias familias, y no digamos su pertenencia psicológica y sociológica". Previamente, refiriéndose al posible bien jurídico protegido en el Título XII del Libro II CP, este autor afirma que en este lugar se agrupan una serie de delitos que tienen como nexo común la familia, "de derecho, de hecho, de mera apariencia o sustitutiva, en fase de creación, creada o disuelta".

7 La regulación del CP 1944/1973 era la siguiente: en el art. 471, referido al delito de bigamia, se castigaba con pena de prisión menor a quien contrajere segundo o ulterior matrimonio *sin hallarse legítimamente disuelto* el anterior. En el art. 472, referido al matrimonio inválido, se castigaba con pena de prisión menor a quien, *con algún impedimento dirimente no dispensable*, contrajere matrimonio. Y en el art. 478, referido al delito de autorización de matrimonio inválido, se castigaba con las penas de suspensión y multa de cien mil a quinientas mil pesetas al *Juez* que autorizare matrimonio *prohibido por la ley* o para el que haya *algún impedimento no dispensable* conocido o denunciado en el expediente.

8 Es más, ALONSO PÉREZ, en: YZQUIERDO TOLSADA/CUENA CASAS (dirs.), *Tratado Derecho de Familia I*, 2011, 115, defiende que el derecho a contraer matrimonio debería haber sido incluido en la sección primera del Capítulo II del Título I CE, como un derecho fundamental.

la forma de constitución y la relación familiar particular de que se trate; la cuestión es si tal protección de aquella relación familiar, entendida de una manera muy específica, debe ser dispensada también a través del DP.

Por otro lado, sobre todo desde las últimas décadas del siglo XX, España se ha convertido en país receptor de los flujos migratorios. Esta circunstancia también ha tenido repercusión o incidencia en esta institución, en un doble sentido[9].

La presencia de extranjeros en situación irregular ha supuesto el aumento de una tipología de matrimonios simulados, conocida con el sobrenombre de matrimonios de conveniencia o complacencia, también matrimonios blancos[10].

Con este calificativo se hace referencia a las uniones celebradas entre contrayentes español (o extranjero en situación regular) y extranjero con la finalidad de facilitar la adquisición de la nacionalidad o residencia del extranjero[11]. Hasta tal punto tal práctica es habitual que es llamativo como a través de los buscadores en la web se encuentran múltiples anuncios de personas que están dispuestas a contraer matrimonios de conveniencia. También los medios de comunicación de manera periódica dan a conocer noticias sobre la desarticulación de redes dedicadas a la organización de esta clase de matrimonios[12].

---

9 El otro efecto que ha podido provocar el fenómeno migratorio sobre la institución del matrimonio, la presencia de personas que practican la poligamia, tiene relación con el aspecto mencionado con anterioridad. Porque en el ordenamiento jurídico español se define el matrimonio como la unión de dos personas (del mismo o de diferente sexo); hasta tal punto esta caracterización como unión monogámica es importante que se ha tipificado el delito de bigamia. Esto no significa que en España no se puedan otorgar ciertos efectos a los matrimonios polígamos, celebrados siguiendo las leyes nacionales de los contrayentes. Sobre este particular, v., entre otros, CARRASCOSA GONZÁLEZ, en: YZQUIERDO TOLSADA/CUENA CASAS (dirs.), *Tratado Derecho de Familia I*, 2011, 1033 ss.; JUÁREZ PÉREZ, en: *REEI 23* (2012), 1 ss., 7 ss., 13 ss.

10 Se utiliza esta denominación en la Instrucción DGRN de 31 de enero de 2006, sobre matrimonios de complacencia (publicada en el BOE el 17 de febrero de 2006, Referencia BOE-A-2006-2776). En esta Instrucción se afirma que son una realidad creciente en España, añadiendo que el número de resoluciones dictadas por la DGRN en relación con esta clase de matrimonios es "incontable, especialmente desde el año 1995".

11 Así se describe en la Instrucción DGRN de 31 de enero de 2006 anteriormente mencionada. Esta finalidad también era reconocida en la Instrucción DGRN de 9 de enero de 1995 (publicada en el BOE el 25 de enero de 1995, Referencia BOE-A-1995-1943), sobre el expediente previo al matrimonio cuando uno de los contrayentes está domiciliado en el extranjero.

12 Véase, a título de ejemplo, las noticias publicadas en el país relacionadas con matrimonios de conveniencia: sobre la desarticulación en Valencia de una red que convenía matrimonios para lograr papeles (http://ccaa.elpais.com/ccaa/2014/05/09/

Como problema claramente diferente, relacionado más que con el fenómeno migratorio con los efectos del mismo, el multiculturalismo, también en los últimos tiempos en España han aparecido noticias relacionadas con el fenómeno de los matrimonios forzados[13]. Una práctica que también tiene relación o conexión con la violencia contra las mujeres[14].

En este caso nos encontramos ante matrimonios que se van a celebrar a pesar de que uno o los dos contrayentes no van a prestar su libre y voluntario consentimiento.

Es preciso advertir desde este momento que el matrimonio forzado no puede ser identificado sin más con el fenómeno migratorio. Tampoco con las prácticas que se engloban dentro de la definición de violencia de género o violencia contra la mujer. Pero sí hay una relación o conexión entre prácticas culturales/violencia de género/matrimonio forzado.

También es necesario adelantar en este momento que el matrimonio forzado puede tener una conexión o relación con la trata de personas, desde el momento en que esta tipología matrimonial puede ser utilizada para la explotación sexual del cónyuge al que se obliga a celebrar matrimonio, o para su explotación laboral en situación de esclavitud o

---

valencia/1399626188_323457.html); sobre el desmantelamiento de un grupo familiar acusado de concertar matrimonios en El Ejido (http://sociedad.elpais.com/sociedad/2013/11/27/actualidad/1385555594_862478.html); sobre la detención de cinco personas en Guipuzkoa por concertar matrimonios de conveniencia (http://ccaa.elpais.com/ccaa/2013/10/15/paisvasco/1381834341_391095.html); sobre la desarticulación de una red de matrimonios de conveniencia con 70 detenidos (http://ccaa.elpais.com/ccaa/2013/06/17/madrid/1371491584_633194.html); sobre la detención de 10 personas en Mallorca por inscribir a parejas de hecho por conveniencia (http://sociedad.elpais.com/sociedad/2013/05/23/actualidad/1369311818_280576.html); sobre la desarticulación en A Coruña de una red de bodas ilegales con paquistaníes (http://ccaa.elpais.com/ccaa/2012/12/14/galicia/1355510015_972928.html); sobre la desarticulación de dos tramas de bodas de conveniencia en Barcelona y Tarragona (http://ccaa.elpais.com/ccaa/2012/09/13/catalunya/1347534617_186439.html); sobre la detención de 17 personas por celebrar matrimonios de conveniencia con extranjeros (http://ccaa.elpais.com/ccaa/2012/06/15/madrid/1339745831_239455.html); sobre las uniones de hecho como coladeros de inmigración ilegal (http://ccaa/elpais.com/ccaa/2012/02/05/catalunya/1328477124_169565.html), todas ellas consultadas el 23 de enero de 2015.

13 V., por ejemplo, la noticia publicada el 26 de abril de 2011, que puede consultarse en www.lavanguardia.com/opinion/editorial/20110426/54145750533/matrimonios-forzados.html (noticia consultada el 23 de enero de 2015).

14 Baste citar en este momento el Convenio del Consejo de Europa, de 11 de mayo de 2011, sobre prevención y lucha contra la violencia contra las mujeres y la violencia doméstica (en vigor, también en España, desde 1 de agosto de 2014). En este Convenio se ha tipificado el delito de matrimonio forzado como una de las modalidades delictivas en las que se manifiesta la violencia contra las mujeres y la violencia doméstica.

prácticas similares a la esclavitud o la servidumbre. Más claramente, en la actual tipificación del delito de trata de personas, operada con la LO 1/2015, se menciona de manera expresa como finalidad de este delito la celebración de matrimonios forzados (hasta esta reforma la celebración de matrimonios forzados se tenía que plantear desde la perspectiva de los fines de explotación laboral o sexual).

Mención específica va a merecer la problemática explicada bajo la expresión de matrimonios precoces. Con esta denominación se alude a la celebración de un matrimonio con contrayente menor de edad, o más concretamente, con un menor que no ha alcanzado la edad establecida legalmente para contraer matrimonio (pues, como sucede en España, puede que no haya coincidencia entre la minoría de edad y la minoría de edad para contraer matrimonio).

Conviene aclarar que tampoco el matrimonio precoz ha de ser identificado con la inmigración o con su efecto, el multiculturalismo. Si se incluye en este estudio, con una valoración específica, es por el hecho de que los matrimonios forzados y los precoces se presentan íntimamente relacionados. Se analizará esta conexión entre ambas tipologías matrimoniales para tratar de aclarar si son o no situaciones equiparables o identificables.

Si en la situación descrita inicialmente nos hemos de plantear la justificación de la intervención penal para proteger una determinada forma de constitución de las relaciones familiares, a través del matrimonio monogámico celebrado cumpliendo los requisitos formales legalmente establecidos, ahora la cuestión que nos hemos de plantear es otra: una vez que se haya constatado que la regulación penal de los delitos relativos a los matrimonios ilegales no abarca los supuestos que se enmarcan en los matrimonios de conveniencia y en los matrimonios forzados y, en su caso, en los matrimonios precoces, ¿será necesaria una tipificación penal para su prevención?

En el caso de los matrimonios forzados el objeto de análisis no se va a centrar exclusivamente en la regulación penal relativa a los matrimonios ilegales pues, como se ha indicado ya en esta introducción, esta problemática tiene conexión con determinados comportamientos violentos. Además, si en su definición aparece la referencia a la ausencia de un consentimiento válido para su celebración por falta de libertad de uno o los dos contrayentes, este hecho también nos pone en el camino en el análisis de otros tipos penales. Pero, y esto es lo que interesa destacar ya en este momento, si el DP ya tiene respuesta adecuada para prevenir la celebración de matrimonios forzados, ¿será necesaria la tipificación específica de un delito con este *nomen iuris*?

De este análisis se extraerán también consecuencias para la otra tipología mencionada, los matrimonios precoces. Que las mismas sean o no trasladables a esta clase de unión dependerá de su carácter autónomo o no (atendiendo a su caracterización y/o significación) respecto del matrimonio forzado.

Todas las modalidades de matrimonio objeto de este estudio se presentan bajo la denominación de matrimonios ilegales. Las razones para la utilización de esta nomenclatura es doble: primera, porque, como veremos a continuación, es la que se ha utilizado en el CP, eso sí, para la regulación penal de dos de las modalidades, la bigamia y el matrimonio inválido; segunda, porque en todas las modalidades objeto de estudio se trata de la celebración de matrimonios incumpliendo la legislación civil sobre los requisitos para su validez: se va a celebrar un matrimonio en el que concurren causas de nulidad, algunas no convalidables: porque existe un vínculo anterior en uno o los dos contrayentes (bigamia), no hay auténtico consentimiento matrimonial (matrimonio de conveniencia), el consentimiento está viciado porque no se otorga con libertad (matrimonio forzado), uno de los contrayentes no tiene capacidad para consentir por razón de edad (matrimonio precoz) o, genéricamente, concurre alguna de las causas de nulidad del matrimonio, dispensables o no dispensables —incluidas las anteriormente citadas— (matrimonio inválido).

II. LOS DELITOS DE MATRIMONIOS ILEGALES: ARTS. 217 Y 218 CP

1. *El ámbito de aplicación de los delitos de matrimonios ilegales*

1.1. Introducción

Como se ha indicado con anterioridad, el matrimonio tal como se ha entendido tradicionalmente en España supone la unión de dos personas (y antes de las reformas de 2005 la unión de hombre y mujer) concertada mediante determinados ritos o formalidades legales dirigida a establecer una comunidad de vida[15]. Se trata de una comunidad de vida que trasciende a los dos cónyuges, ya que de esta unión se derivan derechos y obligaciones recíprocas entre ellos y tiene relevancia respecto de terceras personas.

Sin necesidad de remontarnos a fases más remotas de la historia, desde el comienzo de la codificación penal en 1822 la institución del matrimonio monogámico celebrado cumpliendo las formalidades y requisitos establecidos legalmente ha estado presente en los diferentes CP[16].

Pero como se ha mencionado en las primeras páginas de este comentario, la situación social y jurídica en el siglo XXI difiere sustancialmente de aquella que habría podido justificar la protección penal de la institución matrimonial, planteándonos en este momento si sigue teniendo sentido que existan en el CP vigente delitos relacionados con los matrimonios ilegales: en concreto, dentro del Libro II, en el Título XII, dedicado a los delitos contra las relaciones familiares, en el Capítulo I, de los matrimo-

---

15 V., por todos, la definición propuesta por MARÍN LÓPEZ, en: BERCOVITZ RODRÍGUEZ-CANO (coord.), *Derecho de familia,* 3ª, 2013, 39 s. A los tradicionales elementos configuradores de la definición de matrimonio, unión —estable— entre dos personas (antes entre hombre y mujer) para formar una comunidad de vida se le ha añadido un ulterior elemento por LACRUZ BERDEJO/SANCHO REBULLIDA/LUNA SERRANO/DELGADO ECHEVERRÍA/RIVERO HERNÁNDEZ/RAMS ALBESA, *Derecho civil IV,* 4ª, 2010, 39, la actividad sexual, ya que, en su opinión, este elemento es el que marca la diferencia con otros tipos de agrupaciones familiares o cuasifamiliares. Parece dudoso, sin embargo, que tal elemento sirva para ofrecer una definición de matrimonio.

16 Sobre la concreta tipificación de los delitos de celebración de matrimonios ilegales en los CP 1822, 1848, 1850, 1870, 1928, 1932 y 1944, v. LÓPEZ BARJA DE QUIROGA/RODRÍGUEZ RAMOS/RUIZ DE GORDEJUELA LÓPEZ, *CP españoles*, 1988, 124-127, 283-285, 420-421, 618-620, 888-892, 1120-1122, 1306-1307; MUÑOZ SÁNCHEZ, en: DÍEZ RIPOLLÉS/ROMEO CASABONA (coords.), *Comentarios CP II*, 2004, 1052 s. y nn. 2 y 4, 1079 s.

nios ilegales, donde se incluyen el delito de bigamia, el delito de celebración de matrimonio inválido y el delito de autorización de matrimonio en el que concurra alguna causa de nulidad conocida o denunciada en el expediente.

Antes de entrar en la valoración sobre la justificación o no de esta protección reforzada de la institución matrimonial resulta conveniente explicar el ámbito aplicativo de estas modalidades delictivas.

La exposición se va a limitar a dos de las modalidades delictivas, la bigamia y el delito de celebración de matrimonio inválido, las más controvertidas desde el punto de vista jurídico-penal; el tercer delito incluido en este Capítulo I, el delito de autorización de matrimonio nulo, no será objeto de análisis, dado su diferente ámbito de aplicación y las razones para su tipificación (aunque también sobre esta figura delictiva pueden plantearse dudas en torno a su necesaria tipificación).

Para ello, como presupuesto previo, debe delimitarse con cierta claridad el bien jurídico protegido por estas figuras delictivas.

La rúbrica del Capítulo I, "de los matrimonios ilegales", ubicado dentro del Título XII, "los delitos contra las relaciones familiares", marca un claro camino en la caracterización del bien jurídico protegido. A ello también contribuye el argumento histórico, pues si en el CP 1944/1973 los delitos relativos a la celebración de matrimonios inválidos estaban incluidos en el Título dedicado a los delitos contra el estado civil de las personas, en el vigente CP su ubicación ha cambiado de manera significativa, al incluirse dentro del Título ya mencionado relativo a los delitos contra las relaciones familiares.

También apoyados en la propia regulación de los arts. 217 y 218 CP se puede deducir de manera genérica que se protege un unitario bien jurídico, el matrimonio, institución (para algunos nuclear) de la estructura jurídica de la familia, y cuyo carácter monogámico y estatuto jurídico se ven lesionados por los comportamientos que se castigan[17].

---

[17] Así lo afirman, MIR PUIG, en: *ADPCP* 1974, 435, quien defendía esta tesis con el anterior CP; en: *EPB*, 2002, 190 s., para quien los delitos del Capítulo atacan directamente al matrimonio a través de su celebración en casos en que se halla prohibida por la ley, y de forma mediata agreden al bien jurídico de las relaciones familiares; GONZÁLEZ-CUÉLLAR GARCÍA/JAÉN VALLEJO, en: CONDE-PUMPIDO FERREIRO (dir.), *CP II*, 1997, 2457; SUÁREZ GONZÁLEZ, en: RODRÍGUEZ MOURULLO (dir.)/JORGE BARREIRO (coord.), *Comentarios CP*, 1997, 645; PANIZO Y ROMO DE ARCE, en: *CPC 66* (1998), 626 s., para quien se protege el vínculo familiar y a los propios contrayentes amparados en la buena fe que debe presidir toda génesis vincular de contenido matrimonial; en: *RGDCDEE 22* (2010), 5, 6; CARBONELL MATEU, en: *H-Vidal Guitarte I*, 1999, 173; MUÑOZ SÁNCHEZ, en: DÍEZ RIPO-

No han faltado otras formas de concreción del bien jurídico protegido en los delitos de matrimonios ilegales. En concreto, se ha defendido que el objeto de protección en estas figuras delictivas es el estado civil familiar como el hecho de la pertenencia de una determinada persona a una familia, fundamentada en este caso por el matrimonio; partiendo de este concepto básico, a continuación se podrán especificar determinados bienes jurídicos en cada una de las modalidades delictivas que protegen aquel bien genérico[18]: aquí el estado civil matrimonial se ha de entender como

---

LLÉS/ROMEO CASABONA (coords.), *Comentarios CP II*, 2004, 1056 s.; LABACA ZABALA, en: *RDPP 13* (2005), 84; SAAVEDRA RUIZ, en: CONDE-PUMPIDO TOURÓN (dir.)/LÓPEZ BARJA DE QUIROGA (coord.), *Comentarios CP III*, 2007, 1648, para quien se protege el sistema matrimonial, origen básico de la familia; GONZÁLEZ CUSSAC/MATALLÍN EVANGELIO/ORTS BERENGUER/ROIG TORRES, *PE*, 2ª, 2010, 123; GONZÁLEZ RUS, en: MORILLAS CUEVA (coord.), *PE*, 2011, 376, quien añade que el matrimonio constituye la vía jurídica a través de la que se produce la adscripción formal a una familia y con ella la asignación de un concreto estado civil; SUÁREZ-MIRA RODRÍGUEZ, en: SUÁREZ-MIRA RODRÍGUEZ (coord.), *PE*, 6ª, 2011, 221; SERRANO TÁRRAGA, en: SERRANO GÓMEZ/SERRANO MAÍLLO/SERRANO TÁRRAGA/VÁZQUEZ GONZÁLEZ, *PE*, 2012, 215, añadiendo que el matrimonio es el núcleo donde se origina la familia, concluyendo que se protege la consideración institucional del matrimonio y el estado civil derivado del mismo. Por su parte, CARRASCO ANDRINO, en: ÁLVAREZ GARCÍA (dir.)/MANJÓN-CABEZA OLMEDA/VENTURA PÜSCHEL (coords.), *PE I*, 2ª, 2011, 872, afirma que en este Capítulo I se sancionan conductas que atacan el régimen legal del matrimonio en dos aspectos concretos, el carácter monogámico del matrimonio y los presupuestos legales para la celebración válida del matrimonio; y en: QUINTERO OLIVARES/CARBONELL MATEU/MORALES PRATS/GARCÍA RIVAS/ÁLVAREZ GARCÍA (dirs.)/MANJÓN-CABEZA OLMEDA/VENTURA PÜSCHEL (coords.), *PE*, 2011, 229, afirma que el Capítulo I tiene que ver con el estado civil derivado de la pertenencia a una familia por matrimonio.

18 Es la tesis defendida por MUÑOZ CONDE, *PE*, 20ª, 2015, 269 s. Defienden este planteamiento del bien jurídico protegido, GARCÍA PÉREZ, *Punibilidad*, 1997, 123, añadiendo que se protege el estado civil matrimonial como cualidad personal que afecta a la capacidad de obrar y que representa la fuente de derechos, deberes y facultades; MORETÓN TOQUERO, *Matrimonios ilegales*, 2001, 7, pues si bien inicialmente plantea como objeto de protección la constitución del vínculo matrimonial, fundamento de la familia, luego añade que los delitos incluidos en este Capítulo constituyen de una forma u otra un ataque al estado civil matrimonial, al interés público en mantener o asegurar el orden matrimonial establecido por el Estado (p. 8); MARTÍNEZ GARCÍA, en: GÓMEZ TOMILLO (dir.), *Comentarios CP*, 2ª, 2011, 849, para quien el bien jurídico protegido se vincula al estado civil de las personas, más concretamente a la institución del matrimonio y al conjunto de relaciones jurídicas que de él se derivan; MENDOZA BUERGO, en: MOLINA FERNÁNDEZ (coord.), *Memento práctico penal*, 2015, 1020/nm. 10315, añadiendo que no se protege el matrimonio monogámico como valor por sí mismo, sino como el orden legal o estructura jurídica que permite en nuestro ordenamiento civil modificar el estado civil matrimonial. Concluye que, más allá de la vertiente individual de los derechos de los contrayentes,

la institución monogámica única que legalmente posibilita la adquisición de ese estado[19].

De forma minoritaria se ha afirmado que las infracciones contenidas en este Capítulo I son figuras de naturaleza falsaria, con incidencia, sí, sobre la familia, pero esta no constituye el objeto de tutela[20].

Veamos de forma sintética cuál es la regulación concreta de los delitos de matrimonios ilegales de más que dudosa justificación: el delito de bigamia y el delito de celebración de matrimonio inválido.

1.2. El delito de bigamia

El delito se halla tipificado en el art. 217 CP con el siguiente tenor literal:

> *"El que contrajere segundo o ulterior matrimonio, a sabiendas de que subsiste legalmente el anterior, será castigado con la pena de prisión de seis meses a un año".*

No existe acuerdo sobre la forma de entender el bien jurídico protegido a través de esta modalidad delictiva, ya que se ha llegado a afirmar que nos encontramos ante un delito falsario, próximo al delito de usurpación del estado civil[21], si bien con carácter general se ha puesto el acento en la

---

se protege el aspecto social de la institución del matrimonio, como vía de asignación de un concreto estado civil y de adscripción formal a una familia; CASTIÑEIRA PALOU/MONTANER FERNÁNDEZ, en: SILVA SÁNCHEZ (dir.)/RAGUÉS I VALLÈS (coord.), *PE*, 4ª, 2015, 202; PÉREZ CEPEDA, en: GÓMEZ RIVERO (dir.), *PE I*, 2ª, 2015, 350; RODRÍGUEZ NÚÑEZ, en: LAMARCA PÉREZ (coord.), *PE*, 3ª, 2015, 260, para quien el bien jurídico es el estado civil y las relaciones familiares derivadas del mismo. Aluden al estado civil de las personas de manera genérica, GARCÍA VALDÉS/MESTRE DELGADO/FIGUEROA NAVARRO, *PE*, 2ª, 2015, 100. En contra de la concreción del bien jurídico protegido en los delitos de matrimonios ilegales en el estado civil matrimonial, BOIX REIG, en: BOIX REIG (dir.), *PE II*, 2012, 18.

19 MUÑOZ CONDE, *PE*, 20ª, 2015, 270.

20 V., en este sentido, CUGAT MAURI, en: CÓRDOBA RODA/GARCÍA ARÁN (dirs.), *Comentarios CP PE I*, 2004, 543 s.; RAMÓN RIBAS, en: QUINTERO OLIVARES (dir.)/MORALES PRATS (coord.), *PE*, 9ª, 2011, 557.

21 V., en este sentido, RAMÓN RIBAS, en: QUINTERO OLIVARES (dir.)/MORALES PRATS (coord.), *PE*, 9ª, 2011, 558, explicando esta proximidad desde la consideración de que el delito de bigamia genera un estado civil aparente, ya que en realidad subsiste un matrimonio anterior por lo que el matrimonio celebrado en segundo lugar es nulo. Por su parte, CORCOY BIDASOLO, *Delitos de peligro*, 1999, 237 s., formula como bien jurídico supraindividual protegido en los delitos de matrimonios ilegales la seguridad en el tráfico jurídico. En concreto, para esta autora, entre los delitos que protegen tal bien jurídico se deben incluir, entre otros, los delitos de matrimonios ilegales, pues son delitos que implican falsedades que afectan al tráfico jurídico, en

institución del matrimonio, entendiendo que se pretende proteger el sistema matrimonial monogámico como forma de estructurar la sociedad[22].

---

concreto, a las relaciones jurídicas familiares. Aunque no comparten esta tesis doctrinal sobre el bien jurídico protegido, CARBONELL MATEU, en: *H-Vidal Guitarte I*, 1999, 173; CARBONELL MATEU/GONZÁLEZ CUSSAC, en: VIVES ANTÓN/ORTS BERENGUER/CARBONELL MATEU/GONZÁLEZ CUSSAC/MARTÍNEZ-BUJÁN PÉREZ, *PE*, 3ª, 2010, 380; CARBONELL MATEU, en: GONZÁLEZ CUSSAC (coord.), *PE*, 4ª, 2015, 314, sí creen que estaría más justificada la intervención penal si el delito de bigamia se hubiera concebido como una conducta falsaria dirigida a engañar a una persona concreta.

22 De esta opinión, MIR PUIG, en: *ADPCP* 1974, 439; en: *EPB*, 2002, 191, para quien se protege el matrimonio como acto en su específico carácter monogámico; BOIX REIG/JAREÑO LEAL, en: VIVES ANTÓN (coord.), *Comentarios CP I*, 1996, 1044; GONZÁLEZ-CUÉLLAR GARCÍA/JAÉN VALLEJO, en: CONDE-PUMPIDO FERREIRO (dir.), *CP II*, 1997, 2459; PANIZO Y ROMO DE ARCE, en: *CPC* 66 (1998), 631 s., quien defiende que se protege el interés público en relación a una determinada forma de relación familiar, la que surge del matrimonio monogámico, que incide en la protección de la familia como núcleo básico social. Añade que la bigamia supone la celebración de un matrimonio prohibido implicando el uso prohibido de la fuente del estado civil matrimonial, lo que supone un ataque frontal contra la institución familiar en cuanto que la misma se fundamenta en el matrimonio y este responde a la concepción monogámica; en: *RGDCDEE 22* (2010), 10; CARBONELL MATEU, en: *H-Vidal Guitarte I*, 1999, 173; CARBONELL MATEU/GONZÁLEZ CUSSAC, en: VIVES ANTÓN/ORTS BERENGUER/CARBONELL MATEU/GONZÁLEZ CUSSAC/MARTÍNEZ-BUJÁN PÉREZ, *PE*, 3ª, 2010, 380, 381, 383; CARBONELL MATEU, en: GONZÁLEZ CUSSAC (coord.), *PE*, 4ª, 2015, 314; MORETÓN TOQUERO, *Matrimonios ilegales*, 2001, 11; CHOCLÁN MONTALVO, en: CALDERÓN CEREZO/CHOCLÁN MONTALVO, *PE*, 2005, 181, quien añade que indirectamente se tutela también la imagen fiel del Registro Civil (ya que el matrimonio produce una modificación del estado civil de las personas); MUÑOZ SÁNCHEZ, en: DÍEZ RIPOLLÉS/ROMEO CASABONA (coords.), *Comentarios CP II*, 2004, 1057, para quien se protege en concreto el carácter monogámico del matrimonio; CARDONA TORRES, *PE*, 2010, 210; GONZÁLEZ RUS, en: MORILLAS CUEVA (coord.), *PE*, 2011, 376, relacionando esta explicación sobre el bien jurídico también con la asignación a un estado civil concreto; MARTÍNEZ GARCÍA, en: GÓMEZ TOMILLO (dir.), *Comentarios CP*, 2ª, 2011, 850, 851, añadiendo que el matrimonio implica un estado civil de la persona; SUÁREZ-MIRA RODRÍGUEZ, en: SUÁREZ-MIRA RODRÍGUEZ (coord.), *PE*, 6ª, 2011, 222; BOIX REIG, en: BOIX REIG (dir), *PE II*, 2012, 19. Completan esta concepción GÓMEZ MARTÍN, en: CORCOY BIDASOLO/MIR PUIG, (coords.), *Comentarios CP*, 2011, 496, al afirmar que se protege el interés público en el mantenimiento del orden jurídico matrimonial establecido por el Estado [concepción también defendida por FRIAS MARTÍNEZ, en: ROMA VALDÉS (dir.), *CP comentado*, 2015, 381] y el carácter monogámico del matrimonio en España y los presupuestos legales para la celebración válida de los matrimonios (aunque realiza esta exposición en el delito de bigamia, parece que la definición del bien jurídico se refiere a todo el Capítulo I); RODRÍGUEZ NÚÑEZ, en: LAMARCA PÉREZ (coord.), *PE*, 3ª, 2015, 260. Para CARRASCO ANDRINO, en: *LLP* 66 (2009), 6; en: ÁLVAREZ GARCÍA (dir.)/MANJÓN-CABEZA OLMEDA/VENTURA PÜSCHEL (coords.), *PE*

En ocasiones se ha puntualizado que en el delito de bigamia aparece un referente individual coincidente con los derechos subjetivos de los contrayentes, y esto es lo que da sentido a la tutela penal, si bien se añade que se protege un bien jurídico formal, el interés del Estado en proteger la institución matrimonial[23].

De forma minoritaria se ha defendido la tesis que, en un plano teórico, parece la más acertada, se protege el conjunto de situaciones jurídicamente reconocidas generadas por el matrimonio, lo que es distinto de la protección del matrimonio monogámico, como única fuente lícita del estado civil matrimonial, añadiendo que la antijuridicidad material debe corresponderse con la afectación negativa a los derechos y facultades derivados de ese estatus[24].

I, 2ª, 2011, 872; en: QUINTERO OLIVARES/CARBONELL MATEU/MORALES PRATS/GARCÍA RIVAS/ÁLVAREZ GARCÍA (dirs.)/MANJÓN-CABEZA OLMEDA/VENTURA PÜSCHEL (coords.), *PE*, 2011, 229, se protege el matrimonio monogámico como única fuente lícita de estado civil matrimonial. También para SAAVEDRA RUIZ, en: CONDE-PUMPIDO TOURÓN (dir.)/LÓPEZ BARJA DE QUIROGA (coord.), *Comentarios CP III*, 2007, 1649, se protege el interés público en asegurar el orden jurídico matrimonial establecido por el Estado, lo que implica también la preservación del estado civil de las personas. Y para MANZANARES SAMANIEGO, *CP II*, 2010, 362, se protege la estructura matrimonial monogámica y, en segundo término, el estado civil. Para SÁNCHEZ-JUNCO MANS, en: CONDE-PUMPIDO FERREIRO (dir.)/DÍAZ MARTÍNEZ (coord.), *CP comentado I*, 3ª, 2012, 817, se protege el aseguramiento del orden jurídico matrimonial establecido por el Estado. Esta última definición del bien jurídico coincide con la formulada en la STS 31-1-1986 *(Tol 2321330)*: interés público en asegurar el orden jurídico matrimonial establecido por el Estado; misma definición en SAP Granada núm. 151/2003, 25-3 *(Tol 342491)*; SAP Burgos núm. 137/2004, 30-7; AAP Girona núm. 30/2008, 21-1; SAN núm. 34/2013, 18-12 *(Tol 4053942)*.

23 Defiende esta tesis, CUESTA PASTOR, en: BENEYTO BERENGUER/TORRERO MUÑOZ/LLOPIS GINER (coords.), *Retos del siglo XXI para la familia*, 2008, 174 s. Este autor reconoce que puede resultar censurable que se recurra a una pena privativa de libertad para sancionar la conducta del bígamo, ya que la acción típica no exige que se vea afectado realmente el bien jurídico —individual— (p. 176). En términos similares, LABACA ZABALA, en: *RDPP 13* (2005), 114, afirma que se protege un determinado tipo de familia, la que tiene su origen única y exclusivamente en el matrimonio monógamo, añadiendo que no es la perspectiva institucional del matrimonio la que se trata de preservar, sino la vertiente personalista, por lo que habrá comportamiento delictivo si existen derechos subjetivos individuales lesionados, entre los que cuenta las expectativas que tenía el contrayente del primer matrimonio y los del contrayente de buena fe del segundo matrimonio. Finalmente, esta autora concluye que se protege el sistema matrimonial monógamo establecido por el Estado (p. 135).

24 TERRADILLOS BASOCO, en: COBO DEL ROSAL (dir.), *Comentarios CP VII*, 2003, 669, 672, 676; en: ARROYO ZAPATERO/BERDUGO GÓMEZ DE LA TORRE/FERRÉ OLIVÉ/GARCÍA RIVAS/SERRANO PIEDECASAS/TERRADILLOS BASOCO (dirs.)/NIETO MARTÍN/PÉREZ CEPEDA (coords.), *Comentarios CP*,

Como se ha indicado, esta podría ser la forma de conceptualizar el objeto de protección más adecuada, pues no pone el acento en la protección de la propia institución monogámica, si bien desde esta perspectiva no se explica por qué tal protección es tan restringida, solo para el caso de que se vean afectados tales derechos y facultades como consecuencia de la celebración de un matrimonio nulo por una causa determinada, por la existencia de vínculo matrimonial anterior en uno de los contrayentes.

En efecto, la institución del matrimonio genera una serie de derechos y obligaciones entre los contrayentes con trascendencia para terceros. De manera resumida, se generan relaciones económicas entre los cónyuges, surgen derechos y obligaciones de carácter personal entre ellos, se generan obligaciones relacionadas con la filiación, se crean unos derechos o expectativas sucesorias que antes no existían, puede tener consecuencias en el ámbito fiscal, surgen derechos a prestaciones de naturaleza asistencial y sanitaria. Hasta tiene trascendencia a efectos de generar arraigo en España de cara a la obtención de permisos de residencia, incluso de nacionalidad[25]. Pero este conjunto de situaciones jurídicas se vulnera con cualquiera de las formas de celebración de un matrimonio nulo (a partir de la declaración de nulidad), ¿qué plus de lesividad implica entonces la bigamia para que solo este supuesto de nulidad, sin ulteriores requisitos, se haya alzado a la categoría de infracción penal?

Por otro lado, si a través del delito de bigamia se pretendiera prevenir la afectación a los derechos que se derivan de la institución matrimonial, en tal caso se podría poner en cuestión esta decisión legislativa a favor del reforzamiento de la protección de los derechos derivados de esta forma familiar en detrimento de la protección reforzada de los derechos que se derivan de otras formas de familia similares o parecidas, las parejas de hecho. Porque también de la constitución de parejas de hecho se derivan derechos y obligaciones para los miembros de la pareja, y tiene efectos o consecuencias para terceros. En la normativa autonómica sobre esta forma de familia se regulan los requisitos para su constitución de manera

---

2007, 493, concretando que lo que se tutela son derechos y deberes derivados del estado civil matrimonial; en: TERRADILLOS BASOCO (coord.), *PE I*, 2011, 299. En términos parecidos, PRATS CANUT, en: QUINTERO OLIVARES (dir.)/MORALES PRATS (coord.), *PE*, 8ª, 2009, 506, para quien se protegen los derechos subjetivos que nacen de las relaciones familiares, afirmando a continuación que probablemente no quepa reclamar la punición de la bigamia en las situaciones en las que no se vulneren derechos subjetivos concretos.

25 Destaca estos efectos derivados del matrimonio, MARTÍNEZ GARCÍA, en: GÓMEZ TOMILLO (dir.), *Comentarios CP*, 2ª, 2011, 851.

parecida al matrimonio[26]: son uniones de dos personas; los impedimentos para su constitución son similares, al igual que también son semejantes las causas de disolución. En lo que aquí interesa, los integrantes de la pareja no han de tener vínculos matrimoniales preexistentes ni haber constituido una pareja de hecho con anterioridad; es causa de disolución de la pareja de hecho que uno de los miembros de la pareja contraiga matrimonio. Si desde la perspectiva civil se pueden establecer diferencias entre el matrimonio y las parejas de hecho, partiendo de que son formas familiares similares pero no idénticas, ¿tal diferencia se justificaría desde el punto de vista del DP? Si la finalidad de la intervención penal es la protección de los miembros de la relación familiar perjudicados, en el caso de la bigamia el contrayente de buena fe e, incluso, el cónyuge del primer matrimonio, ¿por qué no debe protegerse a los miembros de la relación familiar perjudicados en las parejas de hecho? Obviamente, si el objeto del delito de bigamia es la propia institución matrimonial no cabría oponer la objeción acabada de mencionar, pero habría que cuestionar la decisión de mantener la protección penal de esta institución familiar.

La opción por tipificar de manera autónoma una causa de nulidad matrimonial, a través del delito de bigamia, sin requerir de elementos adicionales para su concreción típica, hace que tengamos que reconocer que el objeto de tutela es el matrimonio como institución monógama. El hecho de que el segundo matrimonio celebrado sin haber disuelto previamente el primero sea un matrimonio nulo, pero que produce efectos civiles mientras no se declare dicha nulidad, sirve para reafirmar que este es el objeto de protección, pues con la celebración del segundo o ulterior matrimonio aquel elemento resulta vulnerado. Además, el delito también concurre aun cuando el nuevo contrayente esté de acuerdo y consienta en contraer matrimonio con una persona bígama, es decir, en un supuesto en el que los derechos (y obligaciones) que surgen del matrimonio no se pueden reclamar por parte del contrayente no afectado por la nulidad de vínculo, pues no es contrayente de buena fe; en este caso hay delito de bigamia aunque, desde la perspectiva del nuevo contrayente, no se ven afectados los derechos derivados del matrimonio (no puede haber afectación cuando desde el principio el contrayente sabe que este matrimonio no tiene validez, por

---

26 V., para más detalles sobre la regulación autonómica de las parejas de hecho (constatando como en ocasiones las diferencias con el matrimonio apenas se perciben, pues las reformas sobre el matrimonio operadas en 2005 también han contribuido a la eliminación de tales diferencias) y la regulación estatal, ampliamente, DE AMUNÁTEGUI RODRÍGUEZ, en: YZQUIERDO TOLSADA/CUENA CASAS (dirs.), *Tratado Derecho de Familia I*, 2011, 643-821.

tanto de su celebración no pueden surgir los derechos y obligaciones matrimoniales). Porque, en última instancia, si se protegieran los derechos derivados de esta institución familiar, en tal caso el papel del otro contrayente tendría que tener una especial relevancia penal, expresada de alguna manera en la descripción del propio tipo penal, pues el delito se tendría que hacer depender del conocimiento o desconocimiento por parte del contrayente no afectado por el doble vínculo de que va a celebrar un matrimonio nulo, pues solo así se impide que este matrimonio, a pesar de ser nulo, no genere derechos para el contrayente de buena fe (art. 79 CC).

A mayor abundamiento para la constatación del bien jurídico protegido en este delito (y que sirve también para el de celebración de matrimonio inválido) cabe mencionar lo siguiente. En la tipificación penal de los delitos de matrimonios ilegales se ha diferenciado entre las diferentes causas de nulidad matrimonial: en el caso del delito de bigamia se atiende a la existencia del impedimento de vínculo, sin más requisitos adicionales (aparte del elemento subjetivo que ha de concurrir derivado del principio de responsabilidad subjetiva), mientras que en el delito de celebración de matrimonio inválido se atiende al resto de las causas de nulidad, pero para la relevancia típica se exige que concurra un elemento subjetivo específico, el ánimo de perjudicar al otro contrayente. De esta regulación se deduce que el impedimento de vínculo es considerado penalmente como el ataque más grave a la institución matrimonial, conclusión deducida de la amplitud de supuestos abarcados por el tipo penal, no de la conminación penal de la conducta (pues el delito de bigamia tiene una pena de prisión de menor duración que el delito de celebración de matrimonio inválido) y, además, demuestra que, efectivamente, los delitos protegen la propia institución matrimonial, no a los contrayentes que son o pueden resultar perjudicados por la celebración del matrimonio inválido.

Si se tratara de proteger a los contrayentes que son o pueden resultar perjudicados por el matrimonio inválido (y aquí se está pensando no en el perjuicio consistente en el no surgimiento de derechos y obligaciones del matrimonio, por ser este nulo, efectos que, por otro lado, sí surgen en el caso del contrayente de buena fe), en tal caso la regulación penal debería ser diferente, como mínimo debería estar invertida, es decir, la mayor amplitud aplicativa debería trasladarse al delito de celebración de matrimonio inválido, concretamente a uno de los supuestos de nulidad matrimonial, el basado en impedimento por falta de capacidad para contraerlo. Porque, como se verá más adelante, el matrimonio precoz, nulo por falta de capacidad cuando uno de los contrayentes no ha alcanzado la edad legal para contraerlo, es el supuesto más grave de matrimonio nulo, por los graves efectos o perjuicios que va a causar al menor (en su libertad, autodeterminación personal, bienestar personal, salud). Y, sin embargo, el matrimonio precoz no es necesariamente constitutivo del delito de celebración de matrimonio inválido, pues el delito exige que un contrayente celebre esta unión con la intención de perjudicar al otro contrayente.

Si atendemos a la definición de matrimonio, unión monógama de dos personas, el impedimento de vínculo sí es la forma más grave de ataque a la institución matrimonial, pues afecta al único elemento definitorio que permanece en la actualidad. Desde la protección de la propia institución matrimonial, se entiende que todas las causas de nulidad menos una estén equiparadas penalmente, en el delito de celebración de matrimonio inválido, con tratamiento autónomo de la causa de nulidad que afecta sustancialmente a la definición de la propia institución, el impedimento de vínculo.

Estamos ante un bien jurídico colectivo[27], teniendo la condición de perjudicados, en su caso, el cónyuge anterior y el aparente nuevo cónyuge[28], si bien en ocasiones junto a la bigamia pueden aparecer otros delitos

---

27 Aun sin compartir la misma concepción del bien jurídico, defienden que el sujeto pasivo es exclusivamente la sociedad, entre otros, BOIX REIG/JAREÑO LEAL, en: VIVES ANTÓN (coord.), *Comentarios CP I*, 1996, 1046; CARBONELL MATEU, en: *H-Vidal Guitarte I*, 1999, 174; CARBONELL MATEU/GONZÁLEZ CUSSAC, en: VIVES ANTÓN/ORTS BERENGUER/CARBONELL MATEU/GONZÁLEZ CUSSAC/MARTÍNEZ-BUJÁN PÉREZ, *PE*, 3ª, 2010, 381, 383; CARBONELL MATEU, en: GONZÁLEZ CUSSAC (coord.), *PE*, 4ª, 2015, 315; TERRADILLOS BASOCO, en: COBO DEL ROSAL (dir.), *Comentarios CP VII*, 2003, 679; en: TERRADILLOS BASOCO (coord.), *PE I*, 2011, 299, 301; CARRASCO ANDRINO, en: *LLP* 66 (2009), 7; en: ÁLVAREZ GARCÍA (dir.)/MANJÓN-CABEZA OLMEDA/VENTURA PÜSCHEL (coords.), *PE I*, 2ª, 2011, 874; en: QUINTERO OLIVARES/CARBONELL MATEU/MORALES PRATS/GARCÍA RIVAS/ÁLVAREZ GARCÍA (dirs.)/MANJÓN-CABEZA OLMEDA/VENTURA PÜSCHEL (coords.), *PE*, 2011, 230; GONZÁLEZ RUS, en: MORILLAS CUEVA (coord.), *PE*, 2011, 376, 377; RAMÓN RIBAS, en: QUINTERO OLIVARES (dir.)/MORALES PRATS (coord.), *PE*, 9ª, 2011, 560, 562; MENDOZA BUERGO, en: MOLINA FERNÁNDEZ (coord.), *Memento práctico penal*, 2015, 1020/nm. 10315.

28 Así lo afirman, entre otros, CUGAT MAURI, en: CÓRDOBA RODA/GARCÍA ARÁN (dirs.), *Comentarios CP PE I*, 2004, 547; CARRASCO ANDRINO, en: *LLP* 66 (2009), 7 s.; en: ÁLVAREZ GARCÍA (dir.)/MANJÓN-CABEZA OLMEDA/VENTURA PÜSCHEL (coords.), *PE I*, 2ª, 2011, 874; en: QUINTERO OLIVARES/CARBONELL MATEU/MORALES PRATS/GARCÍA RIVAS/ÁLVAREZ GARCÍA (dirs.)/MANJÓN-CABEZA OLMEDA/VENTURA PÜSCHEL (coords.), *PE*, 2011, 230; MARTÍNEZ GARCÍA, en: GÓMEZ TOMILLO (dir.), *Comentarios CP*, 2ª, 2011, 852; RAMÓN RIBAS, en: QUINTERO OLIVARES (dir.)/MORALES PRATS (coord.), *PE*, 9ª, 2011, 560; MENDOZA BUERGO, en: MOLINA FERNÁNDEZ (coord.), *Memento práctico penal*, 2015, 1022/nm. 10320. Aun cuando se acepta que el bien jurídico protegido

en los que uno de los cónyuges sea el sujeto pasivo, como por ejemplo el delito de abandono de familia, o el de estafa[29].

---

es el matrimonio monogámico, también se ha considerado como sujeto pasivo del delito, además de la colectividad, al otro contrayente de buena fe. Esta es la opinión defendida por QUERALT JIMÉNEZ, *PE*, 7ª, 2015, 396; RODRÍGUEZ NÚÑEZ, en: LAMARCA PÉREZ (coord.), *PE*, 3ª, 2015, 262. Desde la consideración de que el objeto de protección es el estado civil, proponen como sujeto pasivo del delito al otro contrayente GARCÍA VALDÉS/MESTRE DELGADO/FIGUEROA NAVARRO, *PE*, 2ª, 2015, 101. Se muestra vacilante SERRANO TÁRRAGA, en: SERRANO GÓMEZ/ SERRANO MAÍLLO/SERRANO TÁRRAGA/VÁZQUEZ GONZÁLEZ, *PE, 2012*, 216, si bien finalmente parece aceptar que el sujeto pasivo es la comunidad, pues a ella interesa mantener el modelo de matrimonio monógamo. Y a continuación añade que en algunos casos también podría ser sujeto pasivo el contrayente del segundo matrimonio si actuó de buena fe. No queda suficientemente clara la calificación del sujeto pasivo del delito de bigamia en la STS 31-1-1986 *(Tol 3321330)*, pues en la valoración de este elemento se afirma que, desde luego, la persona ligada por el matrimonio anterior ha de estimarse perjudicada (luego no es el sujeto pasivo del delito) y el contrayente de buena fe del segundo matrimonio (nuevamente calificada como persona afectada por el delito), concluyendo que el delito de bigamia es un delito pluriofensivo.

29 Para más detalles sobre los posibles supuestos de concurso de delitos que pueden plantearse en relación con el delito de bigamia, BOIX REIG/JAREÑO LEAL, en: VIVES ANTÓN (coord.), *Comentarios CP I*, 1996, 1047 s., analizando el concurso con la estafa y las falsedades (de leyes si la falsedad es posterior a la comisión del delito de bigamia); SUÁREZ GONZÁLEZ, en: RODRÍGUEZ MOURULLO (dir.)/JORGE BARREIRO (coord.), *Comentarios CP*, 1997, 646, analizando el concurso con los delitos de falsedades documentales; CARBONELL MATEU, en: *H-Vidal Guitarte I*, 1999, 174, analizando el concurso con la estafa y las falsedades documentales; CARBONELL MATEU/GONZÁLEZ CUSSAC, en: VIVES ANTÓN/ORTS BERENGUER/ CARBONELL MATEU/GONZÁLEZ CUSSAC/MARTÍNEZ-BUJÁN PÉREZ, *PE*, 3ª, 2010, 381, analizando el concurso con la estafa; MORETÓN TOQUERO, *Matrimonios ilegales*, 2001, 17, planteando el concurso con abandono de familia (y con el de falsedades mencionando las dudas sobre el tratamiento concursal); MIR PUIG, en: *EPB* 2002, 192, mencionando las relaciones concursales con las falsedades, abandono de familia, estafa y abusos sexuales, y parece defender la tesis de que se aprecien las reglas del concurso de leyes, a través del principio de consunción a favor del delito de bigamia; TERRADILLOS BASOCO, en: COBO DEL ROSAL (dir.), *Comentarios CP VII*, 2003, 681; en: TERRADILLOS BASOCO (coord.), *PE I*, 2011, 302, analizando el concurso con la estafa y la falsedad documental, en este caso analizando la tesis jurisprudencial sobre la calificación del concurso como de leyes cuando la falsedad documental es posterior a la comisión del delito de bigamia; CUGAT MAURI, en: CÓRDOBA RODA/GARCÍA ARÁN (dirs.), *Comentarios CP PE I*, 2004, 544, 551, analizando el concurso con la estafa y el abandono de familia, mientras que con las falsedades documentales se trata de un concurso de leyes (también cuando la falsedad es previa a la celebración del segundo matrimonio); MUÑOZ SÁNCHEZ, en: DÍEZ RIPOLLÉS/ROMEO CASABONA (coords.), *Comentarios CP II*, 2004, 1076 ss., analizando las relaciones concursales con el abandono de familia (de leyes, a favor de la bigamia por principio de consunción), la estafa (concurso ideal) y las falseda-

El segundo o ulterior cónyuge aparente no puede ser en ningún caso sujeto pasivo del delito de bigamia desde el momento en que, de estar en connivencia con el cónyuge bígamo, puede ser castigado como partícipe en este delito, como se explicará más adelante.

La comparación del delito de bigamia con el otro delito relativo a los matrimonios ilegales, el tipificado en el art. 218 CP, confirma que en el primero desde luego el sujeto pasivo no es el otro contrayente, y de esto se deriva un argumento más para apoyar la tesis mantenida sobre el bien jurídico protegido.

En efecto, a diferencia del delito de celebración de matrimonio inválido, en el delito de bigamia no se exige que se cause ningún perjuicio a ninguno de los cónyuges (ni al cónyuge del matrimonio subsistente ni al

---

des (concurso medial cuando la falsedad es instrumental, lo que lleva a un resultado penológico revelador de la necesaria destipificación del delito de bigamia); SAAVEDRA RUIZ, en: CONDE-PUMPIDO TOURÓN (dir.)/LÓPEZ BARJA DE QUIROGA (coord.), *CP III*, 2007, 1650, analizando el concurso con la falsedad documental (a favor del concurso de leyes para evitar la excesiva punibilidad de aplicarse las reglas del concurso de delitos); CARRASCO ANDRINO, en: *LLP 66* (2009), 14 s., analizando los concursos con las falsedades (de delitos si la falsedad es previa a la bigamia, de leyes si es posterior), abandono de familia y estafa; en: ÁLVAREZ GARCÍA (dir.)/MANJÓN-CABEZA OLMEDA/VENTURA PÜSCHEL (coords.), *PE I*, 2ª, 2011, 879; en: QUINTERO OLIVARES/CARBONELL MATEU/MORALES PRATS/GARCÍA RIVAS/ÁLVAREZ GARCÍA (dirs.)/MANJÓN-CABEZA OLMEDA/VENTURA PÜSCHEL (coords.), *PE*, 2011, 231; MANZANARES SAMANIEGO, *CP II*, 2010, 363, planteando el concurso con la estafa, las falsedades documentales y los delitos contra la libertad sexual; GÓMEZ MARTÍN, en: CORCOY BIDASOLO/MIR PUIG (dirs.), *Comentarios CP*, 2011, 496, analizando el concurso con el delito de abandono de familia (concurso de leyes a favor del delito de bigamia por principio de consunción), en: CORCOY BIDASOLO (dir.)/VERA SÁNCHEZ (coord.), *PE I*, 2015, 449; GORDILLO ÁLVAREZ-VALDÉS, en: LAMARCA PÉREZ (coord.), *PE*, 6ª, 2011, 229, planteando el concurso con la estafa y las falsedades documentales (cuando la falsedad es medio para cometer la bigamia); RAMÓN RIBAS, en: QUINTERO OLIVARES (dir.)/MORALES PRATS (coord.), *PE*, 9ª, 2011, 558 s., 560, planteando el concurso con los delitos de estafa y abandono de familia (y en estos delitos el nuevo cónyuge sería sujeto pasivo del delito); BOIX REIG, en: BOIX REIG (dir.), *PE II*, 2012, 20, analizando el concurso con las falsedades documentales (valorando si el concurso se tiene que resolver con las reglas del concurso de leyes o de delitos); MENDOZA BUERGO, en: MOLINA FERNÁNDEZ (coord.), *Memento práctico penal*, 2015, 1023/nm. 10327, analizando el concurso con el abandono de familia y las falsedades (si son previas a la celebración del segundo matrimonio); MUÑOZ CONDE, *PE*, 20ª, 2015, 272, desde el delito de estafa (el nuevo cónyuge sería sujeto pasivo); PÉREZ CEPEDA, en: GÓMEZ RIVERO (dir.), *PE I*, 2ª, 2015, 353 (desde el delito de estafa, y el nuevo cónyuge sería sujeto pasivo del delito); QUERALT JIMÉNEZ, *PE*, 7ª, 2015, 398, analizando el concurso con la estafa, el abandono de familia y las falsedades; RODRÍGUEZ NÚÑEZ, en: LAMARCA PÉREZ (coord.), *PE*, 3ª, 2015, 264, planteando el concurso con la estafa y las falsedades documentales.

cónyuge del segundo o ulterior matrimonio celebrado sin haber disuelto el anterior), ni que se actúe con la intención de perjudicarlos. De esto se deduce que el principal objetivo de la tutela penal es evitar la celebración del matrimonio inválido por existencia de vínculo anterior, porque ello supone un ataque al único elemento definidor del negocio matrimonial en la actualidad, la unión monogámica entre dos personas. Y tal ataque se produce con independencia de la buena o mala fe del bígamo y del segundo o ulterior contrayente. Es más, aun cuando las expectativas de derechos del nuevo contrayente no se materialicen, porque el matrimonio contraído por él es nulo y ha actuado de mala fe, de lo que se deriva que este matrimonio nulo no ha de generar efectos civiles para él (art. 79 CC), no por ello se borra la afectación al bien jurídico objeto de tutela, pues, pese a que se ha celebrado un matrimonio nulo por existencia de vínculo anterior en uno de los contrayentes, el matrimonio existe y, con él, surge el doble vínculo matrimonial que vulnera la prohibición legal de contraer este tipo de uniones matrimoniales en el Derecho español.

El que no pueda ser considerado el otro cónyuge aparente sujeto pasivo del delito y, en cualquier caso, el que se proteja un bien jurídico colectivo tiene consecuencias en relación con la ineficacia del consentimiento de ambas partes para la celebración de este matrimonio nulo[30]. La institución del matrimonio tiene una regulación específica en cuanto a los requisitos formales para su constitución que han de cumplirse en cualquier caso, requisitos que no pueden ser modificados a discrecionalidad de las partes; entre estos requisitos que son indisponibles e inmodificables, que

---

30 Reconocen de manera expresa que el consentimiento del contrayente del segundo o ulterior matrimonio resulta penalmente irrelevante, CARBONELL MATEU, en: *H-Vidal Guitarte I*, 1999, 174; en: GONZÁLEZ CUSSAC (coord.), *PE*, 4ª, 2015, 313 s.; TERRADILLOS BASOCO, en: COBO DEL ROSAL (dir.), *Comentarios CP VII*, 2003, 680; en: ARROYO ZAPATERO/BERDUGO GÓMEZ DE LA TORRE/FERRÉ OLIVÉ/GARCÍA RIVAS/SERRANO PIEDECASAS/TERRADILLOS BASOCO (dirs.)/NIETO MARTÍN/PÉREZ CEPEDA (coords.), *Comentarios CP*, 2007, 493, pues expresamente advierte que el bien jurídico que él defiende se protege en este delito no es de naturaleza personal; en: TERRADILLOS BASOCO (coord.), *PE I*, 2011, 301; MUÑOZ SÁNCHEZ, en: DÍEZ RIPOLLÉS/ROMEO CASABONA (coords.), *Comentarios CP II*, 2004, 1060, refiriéndose también a la irrelevancia del consentimiento del contrayente en el delito de celebración de matrimonio inválido; CARRASCO ANDRINO, en: *LLP 66* (2009), 7 s.; en: ÁLVAREZ GARCÍA (dir.)/MANJÓN-CABEZA OLMEDA/VENTURA PÜSCHEL (coords.), *PE I*, 2ª, 2011, 874; en: QUINTERO OLIVARES/CARBONELL MATEU/MORALES PRATS/GARCÍA RIVAS/ÁLVAREZ GARCÍA (dirs.)/MANJÓN-CABEZA OLMEDA/VENTURA PÜSCHEL (coords.), *PE*, 2011, 230; MENDOZA BUERGO, en: MOLINA FERNÁNDEZ (coord.), *Memento práctico penal*, 2015, 1022/nm. 10320.

los contrayentes no estén ligados por un vínculo matrimonial anterior. Aunque el contrayente no afectado por el vínculo matrimonial anterior esté de acuerdo en la celebración de este matrimonio, sea consciente por tanto de que los derechos y obligaciones que derivan de esta unión no van a surgir en este caso, su consentimiento no puede ser auténtico consentimiento matrimonial, en este supuesto porque el vínculo no puede surgir debido al impedimento de ligamen, no dispensable, del otro contrayente. Y, desde la perspectiva penal, tal consentimiento en la celebración de un matrimonio que es nulo por concurrir un impedimento no dispensable no tiene eficacia eximente, porque el contrayente no es el titular del bien jurídico protegido por la figura delictiva.

El sujeto activo es el que contrajere segundo o ulterior matrimonio.

Existe unanimidad en la doctrina en la calificación de este delito como especial propio, ya que solo el cónyuge que está casado con anterioridad puede contraer segundo o ulterior matrimonio. Por tanto, el autor del delito ha de ser necesariamente el bígamo[31].

No es tan unánime, sin embargo, la calificación jurídico-penal de la conducta del otro sujeto que sabe que está contrayendo matrimonio con persona casada con anterioridad. De forma absolutamente generalizada se recurre a las reglas generales sobre la participación, calificando la conducta del otro contrayente, según los casos, como cooperador necesario o como inductor[32],

---

31 Sobre la consideración del delito de bigamia como delito especial propio, v., por todos, MIR PUIG, en: *ADPCP* 1974, 467; en: *EPB* 2002, 192; MUÑOZ SÁNCHEZ, en: DÍEZ RIPOLLÉS/ROMEO CASABONA (coords.), *Comentarios CP II*, 2004, 1061 s., 1073, quien añade que también desde un punto de vista material estamos ante un delito especial propio, ya que la conducta del bígamo lleva aparejada la infracción de un deber jurídico específico, el deber de fidelidad (art. 68 CC); CARRASCO ANDRINO, en: *LLP* 66 (2009), 9; en: ÁLVAREZ GARCÍA (dir.)/MANJÓN-CABEZA OLMEDA/VENTURA PÜSCHEL (coords.), *PE I*, 2ª, 2011, 873; en: QUINTERO OLIVARES/CARBONELL MATEU/MORALES PRATS/GARCÍA RIVAS/ÁLVAREZ GARCÍA (dirs.)/MANJÓN-CABEZA OLMEDA/VENTURA PÜSCHEL (coords.), *PE*, 2011, 230; MENDOZA BUERGO, en: MOLINA FERNÁNDEZ (coord.), *Memento práctico penal*, 2015, 1021/nm. 10320.

32 Desde la perspectiva de la regulación de la autoría y la participación en el CP anterior, MIR PUIG, en: *ADPCP* 1974, 438, 468, recurría a las formas de participación calificables de autoría descritas en el art. 14 CP 1944/1973. Plantean la doble posibilidad de participación, como cooperador necesario o como inductor, CARDONA TORRES, *PE*, 2010, 211; BOIX REIG, en: BOIX REIG (dir.), *PE II*, 2012, 20; MENDOZA BUERGO, en: MOLINA FERNÁNDEZ (coord.), *Memento práctico penal*, 2015, 1021/nm. 10320; MUÑOZ CONDE, *PE*, 20ª, 2015, 272; QUERALT JIMÉNEZ, *PE*, 7ª, 2015, 396. Para CUGAT MAURI, en: CÓRDOBA RODA/GARCÍA ARÁN (dirs.), *Comentarios CP PE I*, 2004, 546, el otro contrayente conocedor de la situación es inductor o cómplice. Plantea la posibilidad de que se aprecien la tres formas de parti-

cipación MIR PUIG, en: *EPB* 2002, 192. Mencionan solo las reglas de la cooperación necesaria, BOIX REIG/JAREÑO LEAL, en: VIVES ANTÓN (coord.), *Comentarios CP I*, 1996, 1046; SUÁREZ GONZÁLEZ, en: RODRÍGUEZ MOURULLO (dir.)/ JORGE BARREIRO (coord.), *Comentarios CP*, 1997, 646; CARBONELL MATEU, en: *H-Vidal Guitarte I*, 1999, 174; CARBONELL MATEU/GONZÁLEZ CUSSAC, en: VIVES ANTÓN/ORTS BERENGUER/CARBONELL MATEU/GONZÁLEZ CUSSAC/MARTÍNEZ-BUJÁN PÉREZ, *PE*, 3ª, 2010, 381; CARBONELL MATEU, en: GONZÁLEZ CUSSAC (coord.), *PE*, 4ª, 2015, 314; TERRADILLOS BASOCO, en: COBO DEL ROSAL (dir.), *Comentarios CP VII*, 2003, 679; en: ARROYO ZAPATERO/BERDUGO GÓMEZ DE LA TORRE/FERRÉ OLIVÉ/GARCÍA RIVAS/SERRANO PIEDECASAS/TERRADILLOS BASOCO (dirs.)/NIETO MARTÍN/PÉREZ CEPEDA (coords.), *Comentarios CP*, 2007, 494; en: TERRADILLOS BASOCO (coord.), *PE I*, 2011, 301; MUÑOZ SÁNCHEZ, en: DÍEZ RIPOLLÉS/ROMEO CASABONA (coords.), *Comentarios CP II*, 2004, 1062, 1073 (aquí sí menciona la posibilidad de que el otro contrayente sea inductor, y en p. 1074 la posibilidad de que el contrayente anterior, o un tercero, sea cómplice); CHOCLÁN MONTALVO, en: CALDERÓN CEREZO/CHOCLÁN MONTALVO, *PE*, 2005, 182; LABACA ZABALA, en: *RDPP 13* (2005), 102; SAAVEDRA RUIZ, en: CONDE-PUMPIDO TOURÓN (dir.)/ LÓPEZ BARJA DE QUIROGA (coord.), *Comentarios CP III*, 2007, 1649; PÉREZ DEL VALLE, en: BENEYTO BERENGUER/TORRERO MUÑOZ/LLOPIS GINER (coords.), *Retos del siglo XXI para la familia*, 2008, 329; GONZÁLEZ CUSSAC/ ORTS BERENGUER/MATALLÍN EVANGELIO/ROIG TORRES, *PE*, 2ª, 2010, 124; MANZANARES SAMANIEGO, *CP II*, 2010, 363; ARMENDÁRIZ LEÓN/MIRAT HERNÁNDEZ, en: YZQUIERDO TOLSADA/CUENA CASAS (dirs.), *Tratado Derecho de familia VI*, 2011, 1078; GONZÁLEZ RUS, en: MORILLAS CUEVA (coord.), *PE*, 2011, 377; GORDILLO ÁLVAREZ-VALDÉS, en: LAMARCA PÉREZ (coord.), *PE*, 6ª, 2011, 228; MARTÍNEZ GARCÍA, en: GÓMEZ TOMILLO (dir.), *Comentarios CP*, 2ª, 2011, 852; SUÁREZ-MIRA RODRÍGUEZ, en: SUÁREZ-MIRA RODRÍGUEZ (coord.), *PE*, 6ª, 2011, 222; SERRANO TÁRRAGA, en: SERRANO GÓMEZ/ SERRANO MAÍLLO/SERRANO TÁRRAGA/VÁZQUEZ GONZÁLEZ, *PE*, 2012, 216; SÁNCHEZ-JUNCO MANS, en: CONDE-PUMPIDO FERREIRO (dir.)/DÍAZ MARTÍNEZ (coord.), *CP comentado I*, 3ª, 2012, 818; PÉREZ CEPEDA, en: GÓMEZ RIVERO (dir.), *PE I*, 2ª, 2015, 353; RODRÍGUEZ NÚÑEZ, en: LAMARCA PÉREZ (coord.), *PE*, 3ª, 2015, 263. Plantea la posibilidad de que el otro cónyuge sea coautor o cooperador necesario MORETÓN TOQUERO, *Matrimonios ilegales*, 2001, 15. También en los tribunales se ha recurrido a las reglas de la participación para castigar al contrayente no casado con anterioridad que sabe que se va a cometer bigamia. Así, se ha calificado como cooperación necesaria la intervención del otro contrayente en STS 31-1-1986 *(Tol 3321330)*; SAP Cádiz 10-1-2000; SAP Alicante núm. 627/2006, de 11-12 *(Tol 1803561)*; SAP Pontevedra núm. 222/2012, 20-6 *(Tol 2623494)*. En la STS 23-11-1983 *(Tol 2311034)*, se afirma que si ambos cónyuges saben que el matrimonio que se va a celebrar es ilegal, porque uno de los contrayentes está casado con anterioridad, los dos cometen el delito de bigamia, pero no se especifica de qué manera interviene en el delito cada uno de los contrayentes; tampoco se especifica la forma de intervención de los dos contrayentes en la SAP Almería núm. 32/2009, 29-1. Y en la SAP Granada núm. 151/2003, 25-3 *(Tol 342491)*, en primera instancia se condena a los dos contrayentes como autores del delito de bigamia.

si bien en alguna ocasión se ha recurrido a la complicidad en el delito de bigamia[33].

De esta generalización se separa un sector minoritario de la doctrina, desde la consideración de que, estando ante un delito de participación necesaria en sentido amplio, la conducta del otro contrayente no puede ser castigada penalmente por un doble motivo: en primer lugar, porque la conducta es propiamente de autoría, no de participación, pues el matrimonio consiste en la unión de dos personas siguiendo determinados ritos y formalidades, la lesión al bien jurídico protegido se produce con la intervención necesaria de las dos personas que contraen matrimonio. Pero en el delito de bigamia se castiga solo al bígamo, no al otro contrayente que también está realizando la conducta de autoría. En segundo lugar, dado que la conducta del otro contrayente está prevista en el delito de bigamia, pero no está sancionada penalmente, no se puede recurrir a las reglas generales sobre la participación so pena de vulnerar el principio de legalidad[34].

No se comparte ninguno de los argumentos acabados de exponer. En cuanto a la posible calificación como conducta de autoría la realizada por el otro contrayente, tal posibilidad se descarta, porque el contrayente al que le falta la condición o cualidad especial no puede realizar la conducta típica: él no contrae segundo o ulterior matrimonio. Su intervención sí es necesaria, imprescindible, porque el matrimonio consiste en la unión de dos personas, pero él no está contrayendo segundo matrimonio, sencillamente porque él no está casado con anterioridad.

En segundo lugar, derivada de la explicación anterior, la intervención del otro contrayente ha de ser calificada como participación en un delito especial propio. Para castigar dicha participación no es necesario que se prevea su punición de manera específica y expresa en cada concreta figura delictiva especial; basta con el recurso a las reglas generales previstas en

---

33 RAMÓN RIBAS, en: QUINTERO OLIVARES (dir.)/MORALES PRATS (coord.), *PE*, 9ª, 2011, 558, poniendo como ejemplo el supuesto del matrimonio de conveniencia, cuando el cónyuge aparente sabe que está contrayendo esta clase de matrimonio con persona casada con anterioridad, si bien más adelante este autor recurre a la cooperación necesaria (o, en su caso, la inducción) para calificar la posible responsabilidad penal del contrayente aparente, negando así que este pueda ser calificado como sujeto pasivo del delito (p. 562).

34 V., más ampliamente, CARRASCO ANDRINO, en: *LLP* 66 (2009), 8 s.; en: ÁLVAREZ GARCÍA (dir.)/MANJÓN-CABEZA OLMEDA/VENTURA PÜSCHEL (coords.), *PE I*, 2ª, 2011, 873 s.; en: QUINTERO OLIVARES/CARBONELL MATEU/MORALES PRATS/GARCÍA RIVAS/ÁLVAREZ GARCÍA (dirs.)/MANJÓN-CABEZA OLMEDA/VENTURA PÜSCHEL (coords.), *PE*, 2011, 230.

el Libro I CP sobre la participación. Otra cosa es que también en estas reglas generales la ley haya querido incluir una regulación especial sobre la participación en los delitos especiales, tal como se deduce de la redacción del art. 65.3 CP[35].

De la consideración del delito de bigamia como delito especial propio pueden derivarse varias situaciones problemáticas. La primera ya se ha mencionado, la posible responsabilidad penal del contrayente no bígamo que sabe que contrae matrimonio con una persona sobre la que existe el impedimento no dirimente de vínculo.

La segunda, cuando el bígamo desconoce esta circunstancia, que va a contraer un matrimonio subsistiendo legalmente uno suyo anterior, pero de este hecho sí es conocedor el segundo contrayente. En este caso la conducta del bígamo es atípica penalmente, ya que no actúa dolosamente, atipicidad que repercute en el otro contrayente, ya que en virtud de la accesoriedad (limitada) de la participación estaría participando en un hecho atípico[36].

Esta impunidad del segundo contrayente no puede evitarse recurriendo a la autoría mediata, dado su mejor conocimiento de la situación, fundamentada desde el supuesto de la utilización de un instrumento cualificado por parte de un no cualificado[37], pues le falta la condición o cualidad especial para ser autor del delito y, consecuentemente, también para poder realizar la conducta típica (pues no contrae segundo matrimonio)[38].

---

35 No se puede entrar a valorar la regulación contenida en el art. 65.3 CP, pues excede con mucho del ámbito planteado para este trabajo. Sobre el fundamento de esta previsión, y el ámbito de aplicación del mismo (si se tiene que aplicar o no a todos los delitos especiales), v., entre otros, GÓMEZ MARTÍN, *Delitos especiales,* 2006, 433-548, 773 ss.; en: CORCOY BIDASOLO/MIR PUIG (dirs.), *Comentarios CP,* 2011, 188 s.; GÓMEZ MARTÍN, PEÑARANDA RAMOS, ROBLES PLANAS/RIGGI, RUEDA MARTÍN, SÁNCHEZ-VERA GÓMEZ-TRELLES, en: ROBLES PLANAS (dir.), *Responsabilidad en "delitos especiales"*, 2014, *passim.*

36 Descartan la posibilidad de castigar al contrayente como partícipe como consecuencia de la vigencia del principio de accesoriedad de la participación, entre otros, TERRADILLOS BASOCO, en: COBO DEL ROSAL (dir.), *Comentarios CP VII,* 2003, 679; en: ARROYO ZAPATERO/BERDUGO GÓMEZ DE LA TORRE/FERRÉ OLIVÉ/GARCÍA RIVAS/SERRANO PIEDECASAS/TERRADILLOS BASOCO (dirs.)/NIETO MARTÍN/PÉREZ CEPEDA (coords.), *Comentarios CP,* 2007, 494; en: TERRADILLOS BASOCO (coord.), *PE I,* 2011, 301; MUÑOZ SÁNCHEZ, en: DÍEZ RIPOLLÉS/ROMEO CASABONA (coords.), *Comentarios CP II,* 2004, 1073.

37 Sobre esta forma de fundamentar la autoría mediata, no aceptándola como auténtica forma de autoría mediata, DÍAZ Y GARCÍA CONLLEDO, en: *EPB* 2002, 170 s.

38 Llegan a la conclusión de que no cabe castigar al contrayente que conoce que se casa con un bígamo, siendo este desconocedor de tal circunstancia, a través de las reglas de la autoría mediata, entre otros, MIR PUIG, en: *ADPCP* 1974, 468; CARBONELL

La tercera, cuando los dos contrayentes del segundo o ulterior matrimonio han contraído cada uno de ellos un matrimonio con anterioridad (obviamente con otros cónyuges) y ambos matrimonios subsisten legalmente. En este supuesto se plantea la cuestión de si se han cometido uno o dos delitos, y si los bígamos conocen esta circunstancia, en el segundo caso cada contrayente respondiendo como autor de su delito de bigamia y como partícipe en el delito de bigamia del otro contrayente.

Esta última es la calificación planteada por un sector de la doctrina, recurriendo a las reglas del concurso ideal entre dos delitos de bigamia en relación con cada uno de los contrayentes, uno cometido a título de autor, el otro cometido como partícipe[39]. Solución que parece es la que

---

MATEU, en: *H-Vidal Guitarte I*, 1999, 174; CARBONELL MATEU/GONZÁLEZ CUSSAC, en: VIVES ANTÓN/ORTS BERENGUER/CARBONELL MATEU/GONZÁLEZ CUSSAC/MARTÍNEZ-BUJÁN PÉREZ, *PE*, 3ª, 2010, 381; CARBONELL MATEU, en: GONZÁLEZ CUSSAC (coord.), *PE*, 4ª, 2015, 314; TERRADILLOS BASOCO, en: COBO DEL ROSAL (dir.), *Comentarios CP VII*, 2003, 679; en: ARROYO ZAPATERO/BERDUGO GÓMEZ DE LA TORRE/FERRÉ OLIVÉ/GARCÍA RIVAS/SERRANO PIEDECASAS/TERRADILLOS BASOCO (dirs.)/NIETO MARTÍN/PÉREZ CEPEDA (coords.), *Comentarios CP*, 2007, 494; en: TERRADILLOS BASOCO (coord.), *PE I*, 2011, 301; CARRASCO ANDRINO, en: *LLP 66* (2009), 9; en: ÁLVAREZ GARCÍA (dir.)/MANJÓN-CABEZA OLMEDA/VENTURA PÜSCHEL (coords.), *PE I*, 2ª, 2011, 873 s.; en: QUINTERO OLIVARES/CARBONELL MATEU/MORALES PRATS/GARCÍA RIVAS/ÁLVAREZ GARCÍA (dirs.)/MANJÓN-CABEZA OLMEDA/VENTURA PÜSCHEL (coords.), *PE*, 2011, 230; QUERALT JIMÉNEZ, *PE*, 7ª, 2015, 396.

39 Defienden esta tesis, entre otros, BOIX REIG/JAREÑO LEAL, en: VIVES ANTÓN (coord.), *Comentarios CP I*, 1996, 1046, 1047; SUÁREZ GONZÁLEZ, en: RODRÍGUEZ MOURULLO (dir.)/JORGE BARREIRO (coord.), *Comentarios CP*, 1997, 646; MUÑOZ SÁNCHEZ, en: DÍEZ RIPOLLÉS/ROMEO CASABONA (coords.), *Comentarios CP II*, 2004, 1074; CHOCLÁN MONTALVO, en: CALDERÓN CEREZO/CHOCLÁN MONTALVO, *PE*, 2005, 182; SAAVEDRA RUIZ, en: CONDE-PUMPIDO TOURÓN (dir.)/LÓPEZ BARJA DE QUIROGA (coord.), *Comentarios CP III*, 2007, 1649; MANZANARES SAMANIEGO, *CP II*, 2010, 363; GORDILLO ÁLVAREZ-VALDÉS, en: LAMARCA PÉREZ (coord.), *PE*, 6ª, 2011, 229; BOIX REIG, en: BOIX REIG (dir.), *PE II*, 2012, 20; RODRÍGUEZ NÚÑEZ, en: LAMARCA PÉREZ (coord.), *PE*, 3ª, 2015, 264. Admiten que si ambos contrayentes estaban casados con anterioridad los dos serán autores de "su" delito de bigamia, pero no aclaran si, además, participan o no en el delito de bigamia del otro contrayente, MORETÓN TOQUERO, *Matrimonios ilegales*, 2001, 15; CARDONA TORRES, *PE*, 2010, 211; GONZÁLEZ RUS, en: MORILLAS CUEVA (coord.), *PE*, 2011, 377; SUÁREZ-MIRA RODRÍGUEZ, en: SUÁREZ-MIRA RODRÍGUEZ (coord.), *PE*, 6ª, 2011, 222; QUERALT JIMÉNEZ, *PE*, 7ª, 2015, 398. Para CARRASCO ANDRINO, en: *LLP 66* (2009), 8 s.; en: ÁLVAREZ GARCÍA (dir.)/MANJÓN-CABEZA OLMEDA/VENTURA PÜSCHEL (coords.), *PE I*, 2ª, 2011, 873 s.; en: QUINTERO OLIVARES/CARBONELL MATEU/MORALES PRATS/GARCÍA RIVAS/ÁLVAREZ GARCÍA (dirs.)/MANJÓN-CABEZA OLMEDA/VENTURA PÜSCHEL (coords.), *PE*, 2011, 230, da-

debe mantenerse atendiendo a la formulación del bien jurídico protegido. El hecho de que el matrimonio consista en la unión de dos personas no puede significar que, en este caso, se esté ante un caso de coautoría; cada contrayente ha de otorgar su consentimiento matrimonial para que el matrimonio se declare contraído, pero si los dos contrayentes están casados con anterioridad, cada uno de ellos contrae matrimonio subsistiendo legalmente uno anterior (uno por cada contrayente).

Para concluir con la exposición sobre el sujeto activo, dada la naturaleza del matrimonio, y las características que ha de reunir el consentimiento matrimonial para que surta el efecto que le es propio, no cabe la posibilidad de plantear supuestos de autoría mediata. Pues aun cuando se plantee un supuesto de matrimonio por poderes (art. 55 CC) quien contrae el matrimonio es el representado, pues él es quien está manifestando el consentimiento matrimonial a través de su representante[40].

El delito de bigamia, para su apreciación, requiere el cumplimiento de un presupuesto previo de la conducta típica: ha de subsistir legalmente el matrimonio anterior.

Es preciso destacar la terminología empleada en la descripción de este presupuesto: se requiere la subsistencia legal, que no la validez, de un matrimonio anterior.

Para interpretar este elemento normativo constitutivo del presupuesto de la conducta típica ha de estarse a la regulación contenida en el CC: el matrimonio deja de subsistir por la declaración de nulidad del matrimonio (arts. 73 ss. CC) o por la disolución del matrimonio, esta última por muerte del cónyuge, por la declaración de fallecimiento o por divorcio (art. 85 CC)[41].

---

do que califica el delito de bigamia como delito de participación necesaria impune, si cada contrayente estaba previamente unido por un vínculo matrimonial legalmente subsistente cada uno será autor de "su" delito de bigamia, sin que además se pueda castigar por la participación en el delito de bigamia del otro contrayente respectivamente. Otra calificación posible desde este planteamiento, si los contrayentes bígamos son conocedores de su situación recíproca, sería la de la coautoría.

40 V., en este sentido, CARRASCO ANDRINO, en: *LLP 66* (2009), 10; en: ÁLVAREZ GARCÍA (dir.)/MANJÓN-CABEZA OLMEDA/VENTURA PÜSCHEL (coords.), *PE I*, 2ª, 2011, 874; en: QUINTERO OLIVARES/CARBONELL MATEU/MORALES PRATS/GARCÍA RIVAS/ÁLVAREZ GARCÍA (dirs.)/MANJÓN-CABEZA OLMEDA/VENTURA PÜSCHEL (coords.), *PE*, 2011, 230.

41 Hay, por tanto, delito de bigamia aunque los cónyuges del matrimonio anterior estén separados de hecho o de derecho, o aunque se haya iniciado el procedimiento legal de divorcio o nulidad, o cuando la sentencia aún no es firme.

De este tenor literal se ha deducido mayoritariamente la conclusión de que, efectivamente, el matrimonio anterior no ha de ser válido[42], basta con que exista; y existencia se entiende como el conjunto de solemnidades capaces de crear la apariencia de matrimonio[43].

---

42 Así, MIR PUIG, en: *ADPCP* 1974, 442 ss.; en: *EPB* 2002, 191; BOIX REIG/JAREÑO LEAL, en: VIVES ANTÓN (coord.), *Comentarios CP I*, 1996, 1044 s.; PANIZO Y ROMO DE ARCE, en: *CPC 66* (1998), 633 s., 636; en: *RGDCDEE 22* (2010), 12; SUÁREZ GONZÁLEZ, en: RODRÍGUEZ MOURULLO (dir.)/JORGE BARREIRO (coord.), *Comentarios CP*, 1997, 646; CARBONELL MATEU, en: *H-Vidal Guitarte I*, 1999, 174; en: GONZÁLEZ CUSSAC (coord.), *PE*, 4ª, 2015, 314; MORETÓN TOQUERO, *Matrimonios ilegales*, 2001, 12; TERRADILLOS BASOCO, en: COBO DEL ROSAL (dir.), *Comentarios CP VII*, 2003, 672 ss., 676; en: ARROYO ZAPATERO/BERDUGO GÓMEZ DE LA TORRE/FERRÉ OLIVÉ/GARCÍA RIVAS/SERRANO PIEDECASAS/TERRADILLOS BASOCO (dirs.)/NIETO MARTÍN/PÉREZ CEPEDA (coords.), *Comentarios CP*, 2007, 493 s.; en: TERRADILLOS BASOCO (coord.), *PE I*, 2011, 299, añadiendo que afirmar la existencia, con producción de efectos jurídicos, de un matrimonio no válido no es contradictorio, ya que en el Derecho de Familia se reconocen efectos jurídicos a la apariencia de matrimonio; MUÑOZ SÁNCHEZ, en: DÍEZ RIPOLLÉS/ROMEO CASABONA (coords.), *Comentarios CP II*, 2004, 1064 s.; CHOCLÁN MONTALVO, en: CALDERÓN CEREZO/CHOCLÁN MONTALVO, *PE*, 2005, 181; LABACA ZABALA, en: *RDPP 13* (2005), 89 s., 100, 102; CARRASCO ANDRINO, en: *LLP 66* (2009), 10 s.; en: ÁLVAREZ GARCÍA (dir.)/MANJÓN-CABEZA OLMEDA/VENTURA PÜSCHEL (coords.), *PE I*, 2ª, 2011, 874; en: QUINTERO OLIVARES/CARBONELL MATEU/MORALES PRATS/GARCÍA RIVAS/ÁLVAREZ GARCÍA (dirs.)/MANJÓN-CABEZA OLMEDA/VENTURA PÜSCHEL (coords.), *PE*, 2011, 230; CARDONA TORRES, *PE*, 2010, 210; MANZANARES SAMANIEGO, *CP II*, 2010, 362; ARMENDÁRIZ LEÓN/MIRAT HERNÁNDEZ, en: YZQUIERDO TOLSADA/CUENA CASAS (dirs.), *Tratado Derecho de Familia VI*, 2011, 1077; GÓMEZ MARTÍN, en: CORCOY BIDASOLO/MIR PUIG (dirs.), *Comentarios CP*, 2011, 496; en: CORCOY BIDASOLO (dir.)/VERA SÁNCHEZ (coord.), *PE I*, 2015, 448; GONZÁLEZ RUS, en: MORILLAS CUEVA (coord.), *PE*, 2011, 376; GORDILLO ÁLVAREZ-VALDÉS, en: LAMARCA PÉREZ (coord.), *PE*, 6ª, 2011, 228; BOIX REIG, en: BOIX REIG (dir.), *PE II*, 2012, 19; SÁNCHEZ-JUNCO MANS, en: CONDE-PUMPIDO FERREIRO (dir.)/DÍAZ MARTÍNEZ (coord.), *CP comentado I*, 3ª, 2012, 817; SERRANO TÁRRAGA, en: SERRANO GÓMEZ/SERRANO MAÍLLO/SERRANO TÁRRAGA/VÁZQUEZ GONZÁLEZ, *PE*, 2012, 216; CASTIÑEIRA PALOU/MONTANER FERNÁNDEZ, en: SILVA SÁNCHEZ (dir.)/RAGUÉS I VALLÈS (coord.), *PE*, 4ª, 2015, 202; MENDOZA BUERGO, en: MOLINA FERNÁNDEZ (coord.), *Memento práctico penal*, 2015, 1021/nm. 10319; MUÑOZ CONDE, *PE*, 20ª, 2015, 270; QUERALT JIMÉNEZ, *PE*, 7ª, 2015, 396. Parecen compartir esta interpretación, GARCÍA VALDÉS/MESTRE DELGADO/FIGUEROA NAVARRO, *PE*, 2ª, 2015, 101.

43 TERRADILLOS BASOCO, en: COBO DEL ROSAL (dir.), *Comentarios CP VII*, 2003, 672 ss., 676; en: ARROYO ZAPATERO/BERDUGO GÓMEZ DE LA TORRE/FERRÉ OLIVÉ/GARCÍA RIVAS/SERRANO PIEDECASAS/TERRADILLOS BASOCO (dirs.)/NIETO MARTÍN/PÉREZ CEPEDA (coords.), *Comentarios CP*, 2007, 493 s.; en: TERRADILLOS BASOCO (coord.), *PE I*, 2011, 299; MUÑOZ SÁNCHEZ, en: DÍEZ RIPOLLÉS/ROMEO CASABONA (coords.), *Comentarios CP II*, 2004, 1064;

Este matrimonio anterior que subsiste legalmente no ha de estar necesariamente inscrito en el Registro Civil, porque además la inscripción no es constitutiva, es tan solo declarativa[44]. Esta circunstancia, la no necesidad de inscripción del matrimonio a efectos de validez, puede hacer surgir ciertos problemas, en particular cuando además el matrimonio se celebra en una de las formas religiosas reconocidas legalmente, bien porque no consta la celebración de tal matrimonio, bien porque el contrayente pueda creer que, debido a la falta de inscripción, este matrimonio no es válido[45].

GÓMEZ MARTÍN, en: CORCOY BIDASOLO/MIR PUIG (dirs.), *Comentarios CP*, 2011, 496; en: CORCOY BIDASOLO (dir.)/VERA SÁNCHEZ (coord.), *PE I*, 2015, 448; GONZÁLEZ RUS, en: MORILLAS CUEVA (coord.), *PE*, 2011, 376; MENDOZA BUERGO, en: MOLINA FERNÁNDEZ (coord.), *Memento práctico penal*, 2015, 1022/nm. 10322; QUERALT JIMÉNEZ, *PE*, 7ª, 2015, 396.

44 Así lo advierten, entre otros, MORETÓN TOQUERO, *Matrimonios ilegales*, 2001, 13; LABACA ZABALA, en: *RDPP 13* (2005), 100; CARRASCO ANDRINO, en: *LLP 66* (2009), 10; en: ÁLVAREZ GARCÍA (dir.)/MANJÓN-CABEZA OLMEDA/VENTURA PÜSCHEL (coords.), *PE I*, 2ª, 2011, 874; en: QUINTERO OLIVARES/CARBONELL MATEU/MORALES PRATS/GARCÍA RIVAS/ÁLVAREZ GARCÍA (dirs.)/MANJÓN-CABEZA OLMEDA/VENTURA PÜSCHEL (coords.), *PE*, 2011, 230; QUERALT JIMÉNEZ, *PE*, 7ª, 2015, 396. No queda suficientemente clara la tesis de GÓMEZ MARTÍN, en: CORCOY BIDASOLO/MIR PUIG (dirs.), *Comentarios CP*, 2011, 496; en: CORCOY BIDASOLO (dir.)/VERA SÁNCHEZ (coord.), *PE I*, 2015, 448, cuando afirma que la conducta es atípica cuando el primer matrimonio no fue inscrito en el Registro Civil. Porque si se refiere a la no inscripción del primer matrimonio porque, pretendida dicha inscripción, esta se deniega, entonces la conclusión es acertada, pues la denegación de la inscripción equivale a la declaración de nulidad de ese matrimonio. Ahora bien, si con aquella afirmación se refiere a los supuestos en los que se celebra un matrimonio (válido) y no se produce la inscripción en el Registro Civil, en tal caso la tesis no se puede aceptar, pues la inscripción no tiene efecto constitutivo. Tampoco el nuevo matrimonio contraído subsistiendo el anterior ha de ser inscrito en el Registro Civil, tal como advierte LABACA ZABALA, *Op.cit.*, 89.

45 Pues, como han destacado, entre otros, PANIZO Y ROMO DE ARCE, en: *CPC 66* (1998), 635, el matrimonio canónico no inscrito pero inscribible (cumple la normativa civil) es un acto jurídico relevante ante el Derecho Civil, fundamenta por tanto el delito de bigamia; en: *RGDCDEE 22* (2010), 13; y LABACA ZABALA, en: *RDPP 13* (2005), 91 s., también ha reconocido que el matrimonio celebrado en forma canónica no inscrito, pero inscribible, produce efectos civiles (es inscribible porque en él concurren los requisitos exigidos para su validez), es, por tanto, un matrimonio que subsiste legalmente y puede servir para cumplir el presupuesto previo del delito de bigamia. Para más detalles sobre las situaciones que pueden plantearse si el sujeto decide celebrar un primer matrimonio en forma religiosa, no inscrito, y posteriormente celebra un segundo matrimonio, o celebrado el primero en forma religiosa, se procede a su disolución aplicando la normativa religiosa, pero sin ser homologada esta declaración por juez civil, y, posteriormente, se procede a contraer un segundo matrimonio, v. CARRASCO ANDRINO, en: *LLP 66* (2009), 10 s.; en: ÁLVAREZ GARCÍA (dir.)/MANJÓN-CABEZA OLMEDA/VENTURA PÜSCHEL (coords.), *PE I*, 2ª, 2011, 874 s.; en: QUINTERO OLIVARES/CARBONELL MATEU/MORALES PRATS/GARCÍA

Más allá de la inscripción o no en el Registro Civil del matrimonio anterior, el hecho de que pueda celebrarse el matrimonio en formas civil o religiosa, o que el matrimonio se celebre según la legislación civil nacional o extranjera, puede generar especiales problemas a la hora de concretar este presupuesto de la conducta típica (e, igualmente sucederá también con la concreción de la conducta típica) y, consecuentemente, para que tal presupuesto sea abarcado por el dolo del sujeto activo[46].

Ahora bien, puede suceder que el matrimonio se celebre en forma religiosa y posteriormente se deniegue su inscripción en el Registro Civil. Esta negativa se debe a que el matrimonio no reúne los requisitos exigidos para su validez, por tanto no es un matrimonio válido, así que tampoco es un matrimonio anterior que subsiste legalmente[47]. Es decir, la negativa a inscribir el matrimonio así celebrado equivale a la declaración de nulidad del matrimonio[48].

De la no exigencia de que el matrimonio anterior sea válido se deduce que también el matrimonio nulo celebrado con anterioridad es un matrimonio subsistente legalmente, mientras no se declare dicha nulidad. Se apoya esta argumentación atendiendo a la propia regulación civil: así, el art. 79 CC reconoce que el matrimonio nulo sí produce efectos jurídicos respecto de los hijos, pero también respecto del contrayente de buena fe[49].

RIVAS/ÁLVAREZ GARCÍA (dirs.)/MANJÓN-CABEZA OLMEDA/VENTURA PÜSCHEL (coords.), *PE*, 2011, 230.

46 Sobre este problema relativo a si existe o no matrimonio anterior cuando se ha celebrado en una forma religiosa, o aplicando la legislación extranjera, v., ampliamente, PANIZO ROMO DE ARCE, *CPC 66* (1998), 633 ss.; en: *RGDCDEE 22* (2010), 13 ss., 18 ss.; LABACA ZABALA, en: *RDPP 13* (2005), 90 ss., 93 ss.

47 Así lo ponen de relieve, entre otros, PANIZO Y ROMO DE ARCE, en: *CPC 66* (1998), 636; en: *RGDCDEE 22* (2010), 13, 15; MUÑOZ SÁNCHEZ, en: DÍEZ RIPOLLÉS/ROMEO CASABONA (coords.), *Comentarios CP II*, 2004, 1066; LABACA ZABALA, en: *RDPP 13* (2005), 92; CARRASCO ANDRINO, en: *LLP 66* (2009), 10 s.; en: ÁLVAREZ GARCÍA (dir.)/MANJÓN-CABEZA OLMEDA/VENTURA PÜSCHEL (coords.), *PE I*, 2ª, 2011, 874; en: QUINTERO OLIVARES/CARBONELL MATEU/MORALES PRATS/GARCÍA RIVAS/ÁLVAREZ GARCÍA (dirs.)/MANJÓN-CABEZA OLMEDA/VENTURA PÜSCHEL (coords.), *PE*, 2011, 230.

48 V., más ampliamente, PANIZO Y ROMO DE ARCE, en: *CPC 66* (1998), 634 s., quien afirma que la negativa a inscribir en el Registro Civil el matrimonio celebrado en forma religiosa es una tácita declaración de no reconocimiento de efectos civiles a esa unión y, por tanto, de nulidad civil. Añade que la negativa del encargado del Registro a inscribir el matrimonio religioso es idéntica a la declaración de nulidad civil (p. 636); en: *RGDCDEE 22* (2010), 13, 15; MUÑOZ SÁNCHEZ, en: DÍEZ RIPOLLÉS/ROMEO CASABONA (coords.), *Comentarios CP II*, 2004, 1066 s.

49 Así lo reconocen, entre otros, TERRADILLOS BASOCO, en: COBO DEL ROSAL (dir.), *Comentarios CP VII*, 2003, 674; en: ARROYO ZAPATERO/BERDUGO GÓMEZ DE LA TORRE/FERRÉ OLIVÉ/GARCÍA RIVAS/SERRANO PIEDECASAS/

Otro argumento para mantener que el matrimonio nulo es matrimonio subsistente legalmente, cumple por tanto el presupuesto requerido en el delito de bigamia, se apoya en la propia descripción típica de esta figura delictiva: en el art. 217 CP se considera matrimonio al contraído subsistiendo el anterior, es decir, un matrimonio que, por definición, es nulo por concurrir en uno de los contrayentes el impedimento, no dispensable, de vínculo[50].

Se ha tratado de interpretar restrictivamente este presupuesto de la conducta típica, entendiendo que no hay matrimonio anterior si este es nulo, ya que el matrimonio nulo jurídicamente no se considera constituido[51]. A esta tesis se ha de objetar que el CC sí reconoce efectos jurídicos al

---

TERRADILLOS BASOCO (dirs.)/NIETO MARTÍN/PÉREZ CEPEDA (coords.), *Comentarios CP*, 2007, 494; en: TERRADILLOS BASOCO (coord.), *PE I*, 2011, 299. Este autor afirma que el DP toma el concepto jurídico-civil de matrimonio: existe matrimonio anterior cuando este goce de reconocimiento jurídico-civil efectivo; MUÑOZ SÁNCHEZ, en: DÍEZ RIPOLLÉS/ROMEO CASABONA (coords.), *Comentarios CP II*, 2004, 1064; CARRASCO ANDRINO, en: *LLP* 66 (2009), 11; en: ÁLVAREZ GARCÍA (dir.)/MANJÓN-CABEZA OLMEDA/VENTURA PÜSCHEL (coords.), *PE I*, 2ª, 2011, 876; en: QUINTERO OLIVARES/CARBONELL MATEU/MORALES PRATS/GARCÍA RIVAS/ÁLVAREZ GARCÍA (dirs.)/MANJÓN CABEZA OLMEDA/VENTURA PÜSCHEL (coords.), *PE*, 2011, 230; MENDOZA BUERGO, en: MOLINA FERNÁNDEZ (coord.), *Memento práctico penal*, 2015, 1021/nm. 10319, quien plantea como ejemplo de matrimonio nulo pero subsistente legalmente, presupuesto del delito de bigamia, el siguiente: si el contrayente estaba casado en una situación de matrimonio de conveniencia, un matrimonio nulo por falta de consentimiento matrimonial, y con posterioridad celebra un segundo matrimonio, hay delito de bigamia. Este ejemplo corresponde al caso resuelto en la SAP Almería núm. 32/2009, 29-1, en la que se ha tenido en cuenta el primer matrimonio de conveniencia, nulo de pleno derecho, para el establecimiento del requisito típico de que subsiste legalmente un matrimonio anterior.

50 Argumento planteado por TERRADILLOS BASOCO, en: COBO DEL ROSAL (dir.), *Comentarios CP VII*, 2003, 675; en: TERRADILLOS BASOCO (coord.), *PE I*, 2011, 299; QUERALT JIMÉNEZ, *PE*, 7ª, 2015, 396.

51 PRATS CANUT, en: QUINTERO OLIVARES (dir.)/MORALES PRATS (coord.), *PE*, 8ª, 2009, 507, defendiendo esta interpretación desde dos argumentos: el primero, desde el bien jurídico protegido (los derechos subjetivos que nacen de las relaciones familiares). En segundo lugar, cuando en el tipo penal se alude a "ulterior matrimonio" este elemento se caracteriza normativamente como matrimonio que no se halla legalmente disuelto; RAMÓN RIBAS, en: QUINTERO OLIVARES (dir.)/MORALES PRATS (coord.), *PE*, 9ª, 2011, 561, para quien del tenor literal se deriva claramente que es necesario que el matrimonio anterior sea válido; también FRÍAS MARTÍNEZ, en: ROMA VALDÉS (dir.), *CP comentado*, 2015, 381, defiende que el matrimonio anterior ha de ser válido. Ya con anterioridad, ALENDA SALINAS, en: *H-Vidal Guitarte I*, 1999, 30, para quien aceptar que el matrimonio nulo puede ser presupuesto del delito de bigamia entra en conflicto con la tesis que define el bien jurídico protegido como el carácter monogámico del matrimonio: se afirma que se preserva la monogamia, que

matrimonio nulo, tal como se ha indicado anteriormente (art. 79 CC); por otro lado, se ha advertido que algunas causas de nulidad del matrimonio son convalidables[52].

También se ha afirmado que no hay bigamia si el primer vínculo aparece claramente como nulo de pleno derecho[53]. Pero, ¿cabe diferenciar entre nulidad manifiesta y nulidad no evidente o manifiesta? Y para el caso de que así fuera, ¿cuándo estaríamos ante una nulidad manifiesta? ¿En estos casos se descarta la eficacia civil del matrimonio para el contrayente de buena fe? O acaso estos supuestos de nulidad del matrimonio anterior corresponden a los contraídos sin la mínima apariencia, por tanto faltando claramente los requisitos formales que han de cumplirse para contraer

---

en términos jurídico-civiles requiere un matrimonio válido, y, sin embargo, se considera bigamia una situación que puede ser mera apariencia de validez. Para este autor, si el bien jurídico protegido es el matrimonio monogámico, únicamente puede haber delito cuando haya verdadero y válido matrimonio; solo en este caso surge el impedimento de vínculo y se constituye la unión monogámica (p. 31). A esta interpretación restrictiva responde la STS 6-6-1983, si bien el caso ha sido resuelto con el delito de bigamia del CP anterior. En este caso el TS ha entendido que no se puede mantener un delito de bigamia sobre un matrimonio nulo *ab initio;* el primer matrimonio, nulo, es celebrado en la forma canónica y el fundamento de la nulidad es la simulación parcial del consentimiento, por la intención del marido de no perpetuidad del vínculo. Ha de tenerse en cuenta, además que, antes de la celebración del segundo matrimonio, el acusado había obtenido sentencia de divorcio en la República Dominicana. Se plantea en esta Sentencia la aplicación retroactiva de la reforma del CC en el año 1981 precisamente en materia de divorcio, para descartar la declaración de ineficacia de la sentencia de divorcio dictada por un juzgado extranjero, pues en la fecha en la que ha obtenido el divorcio el acusado podría haber disuelto su matrimonio de haber estado en vigor la regulación civil española sobre separación y divorcio aprobada en 1981 (se plantea, pues, la aplicación retroactiva de la reforma civil en materia de separación y divorcio, en aplicación del principio de retroactividad de la ley favorable).

52 Argumentos de CARRASCO ANDRINO, en: *LLP 66* (2009), 11; en: ÁLVAREZ GARCÍA (dir.)/MANJÓN-CABEZA OLMEDA/VENTURA PÜSCHEL (coords.), *PE I*, 2ª, 2011, 875. Por su parte, MUÑOZ SÁNCHEZ, en: DÍEZ RIPOLLÉS/ROMEO CASABONA (coords.), *Comentarios CP II*, 2004, 1064, argumenta que el delito de bigamia tutela no una forma de matrimonio considerada civilmente válida, sino el carácter monogámico de la institución matrimonial, y este bien jurídico sí se ve lesionado cuando se contrae matrimonio subsistiendo uno anterior, aunque este sea nulo, porque las causas de nulidad no impiden que el matrimonio nulo siga produciendo efectos jurídicos en tanto no se declare dicha nulidad.

53 GONZÁLEZ RUS, en: MORILLAS CUEVA (coord.), *PE*, 2011, 377. En términos similares, pero más clarificadores, MANZANARES SAMANIEGO, *CP II*, 2010, 362, para quien no hay matrimonio anterior legalmente subsistente en los casos extremos de matrimonio notoriamente inexistente. No utiliza este autor el calificativo de matrimonio anterior nulo de pleno derecho, de ahí que resulte más clara la restricción típica. Pero aun así cabe preguntarse a qué supuestos se refiere con la expresión de casos extremos de matrimonio notoriamente inexistente.

matrimonio; al no concurrir la mínima apariencia no se estaría ante un matrimonio anterior respecto del que se tenga que ejercer acción de nulidad para tal declaración.

En la decisión de si un matrimonio anterior subsiste o no legalmente ha de estarse a la legislación civil, no siendo suficiente con que se declare la nulidad o disolución del matrimonio conforme a las disposiciones de una determinada confesión religiosa. Como se ha apuntado anteriormente, la declaración de nulidad matrimonial según la legislación de una determinada confesión religiosa ha de ser ratificada u homologada por el juez civil[54]. Por tanto, la declaración de nulidad o disolución del matrimonio anterior según la norma religiosa no sirve para eliminar el presupuesto del delito de bigamia mientras esta declaración de nulidad o disolución no se haga conforme a la legislación civil.

La conducta típica consiste en contraer segundo o ulterior matrimonio.

No sirve para la formulación del presupuesto de la conducta típica del delito de bigamia, ni para realizar la conducta típica de esta infracción penal, que preexista una relación de pareja de hecho formada por uno de los contrayentes o que se constituya pareja de hecho por una persona que está casada con anterioridad. Y, obviamente, tampoco será conducta típica que el sujeto que ha constituido pareja de hecho con anterioridad, sin haber disuelto esta relación, constituya una nueva pareja. Aunque las

---

54 V., más ampliamente, MUÑOZ SÁNCHEZ, en: DÍEZ RIPOLLÉS/ROMEO CASABONA (coords.), *Comentarios CP II*, 2004, 1066; LABACA ZABALA, en: *RDPP 13* (2005), 90 s., 95, 96, 97 s., refiriéndose a las declaraciones de nulidad del tribunal eclesiástico, mientras no sean homologadas por el juez civil, no tienen el efecto de disolver el matrimonio anterior, por lo tanto subsistirá el vínculo matrimonial mientras no se produzca esta homologación, concurriendo así el presupuesto del delito de bigamia. También analiza la cuestión de si se reconocen o no resoluciones adoptadas por otras autoridades religiosas (evangélica, islámica o judía) o las resoluciones judiciales de tribunales extranjeros sobre la disolución o nulidad del primer matrimonio, dependiendo de si es una resolución judicial de un país de la UE o no; CARRASCO ANDRINO, en: *LLP 66* (2009), 11, quien se refiere a la declaración de nulidad del matrimonio según la normativa religiosa: mientras no se proceda a la homologación de la sentencia de nulidad por un tribunal civil aquella declaración de nulidad no tiene eficacia, por tanto el matrimonio nulo subsiste legalmente y formará parte del presupuesto del delito de bigamia. Cuestiona esta autora esta previsión, pues pone de relieve el carácter puramente formal del delito de bigamia; en: ÁLVAREZ GARCÍA (dir.)/MANJÓN-CABEZA OLMEDA/VENTURA PÜSCHEL (coords.), *PE I*, 2ª, 2011, 875; en: QUINTERO OLIVARES/CARBONELL MATEU/MORALES PRATS/GARCÍA RIVAS/ÁLVAREZ GARCÍA (dirs.)/MANJÓN-CABEZA OLMEDA/VENTURA PÜSCHEL (coords.), *PE*, 2011, 230; CARDONA TORRES, *PE*, 2010, 210; MUÑOZ CONDE, *PE*, 20ª, 2015, 270 s.

situaciones son materialmente similares al matrimonio, y en la normativa autonómica reguladora de las parejas de hecho se exige el requisito similar de la monogamia (por lo que, desde el punto de vista legal, las situaciones anteriormente descritas no podrían ser reconocidas como parejas de hecho mientras no se cumpla el requisito de la "monogamia"), desde el punto de vista penal no hay duda: para que estemos ante un delito de bigamia uno de los contrayentes ha de estar casado con anterioridad y ha de contraer nuevo matrimonio; la existencia de relaciones familiares distintas al matrimonio, o la constitución de relaciones familiares diferentes a la matrimonial no da lugar a la tipicidad del hecho[55].

Para su interpretación, formulada a través de un elemento normativo, ha de estarse a la regulación sobre la celebración del matrimonio contenida en el CC. En particular, la conducta ha de reunir los requisitos formales de los que deducir que aparentemente se está celebrando un matrimonio válido[56]. De esto resulta la atipicidad de las conductas que no son aptas

---

55 En el ámbito penal, la equiparación entre pareja de hecho y matrimonio sí se ha producido en algunos supuestos, reconociendo que se trata de situaciones similares. Así ha sucedido, por ejemplo, en la regulación de la circunstancia mixta de parentesco, en los delitos de violencia de género y doméstica o familiar, o en el delito de encubrimiento. Pero esta equiparación o su reconocimiento no se ha producido precisamente en los delitos pensados para la protección de las relaciones familiares. No solo no aparecen mencionadas las parejas de hecho en el Capítulo relativo a los matrimonios ilegales (con esta constatación no se pretende reclamar la protección penal de las parejas de hecho en este Capítulo, solo se quiere dejar constancia de esta circunstancia. Por otro lado, obviamente, una hipotética previsión requería una modificación de la rúbrica de este Capítulo), tampoco están mencionadas en el Capítulo dedicado a los delitos contra los derechos y deberes familiares, lo que resulta más preocupante. En efecto, en el Capítulo tercero, relativo a los delitos contra los derechos y deberes familiares, en la Sección tercera, dedicada a los delitos de abandono de familia, menores o personas con discapacidad necesitadas de especial protección, solo se prevé la protección de la familia tradicional, la matrimonial. Así sucede en el art. 226 CP, delito de abandono de familia, donde se castiga el incumplimiento de los deberes legales de asistencia inherentes a la patria potestad, tutela, guarda, acogimiento familiar, o la falta de prestación de la asistencia necesaria legalmente establecida para el sustento de los descendientes, ascendientes o *cónyuge* que se hallen necesitados. Tampoco hay mención de la pareja de hecho en el art. 227 CP, delito de incumplimiento de la pensión compensatoria o alimenticia en favor del cónyuge o hijos.

56 V., en este sentido, BOIX REIG/JAREÑO LEAL, en: VIVES ANTÓN (coord.), *Comentarios CP I*, 1996, 1046 s., refiriéndose a la necesidad de que el matrimonio se celebre de acuerdo con las prescripciones legales necesarias para su perfección; CARBONELL MATEU, en: *H-Vidal Guitarte I*, 1999, 174; CARBONELL MATEU/GONZÁLEZ CUSSAC, en: VIVES ANTÓN/ORTS BERENGUER/CARBONELL MATEU/GONZÁLEZ CUSSAC/MARTÍNEZ-BUJÁN PÉREZ, *PE*, 3ª, 2010, 382; CARBONELL MATEU, en: GONZÁLEZ CUSSAC (coord.), *PE*, 4ª, 2105, 315; MORETÓN TOQUERO, *Matrimonios ilegales*, 2001, 14; MUÑOZ SÁNCHEZ, en:

para cumplir con aquella apariencia; un claro ejemplo, la simulación del matrimonio, cuando para todos los presentes en el acto de "celebración" de manera indubitada no se está celebrando una unión matrimonial[57], supuesto resuelto en la STS de 12-5-1993[58].

DÍEZ RIPOLLÉS/ROMEO CASABONA (coords.), *Comentarios CP II*, 2004, 1068; TERRADILLOS BASOCO, en: COBO DEL ROSAL (dir.), *Comentarios CP VII*, 2003, 678 s.; en: ARROYO ZAPATERO/BERDUGO GÓMEZ DE LA TORRE/FERRÉ OLIVÉ/GARCÍA RIVAS/SERRANO PIEDECASAS/TERRADILLOS BASOCO (dirs.)/NIETO MARTÍN/PÉREZ CEPEDA (coords.), *Comentarios CP*, 2007, 494; en: TERRADILLOS BASOCO (coord.), *PE I*, 2011, 301; CARRASCO ANDRINO, en: *LLP 66* (2009), 11; en: ÁLVAREZ GARCÍA (dir.)/MANJÓN-CABEZA OLMEDA/VENTURA PÜSCHEL (coords.), *PE I*, 2ª, 2011, 876; en: QUINTERO OLIVARES/CARBONELL MATEU/MORALES PRATS/GARCÍA RIVAS/ÁLVAREZ GARCÍA (dirs.)/MANJÓN-CABEZA OLMEDA/VENTURA PÜSCHEL (coords.), *PE*, 2011, 230; MUÑOZ CONDE, *PE*, 20ª, 2015, 270.

57 V., para más detalles sobre la atipicidad del matrimonio simulado, entre otros, CARBONELL MATEU, en: *H-Vidal Guitarte I*, 1999, 174; CARBONELL MATEU/GONZÁLEZ CUSSAC, en: VIVES ANTÓN/ORTS BERENGUER/CARBONELL MATEU/GONZÁLEZ CUSSAC/MARTÍNEZ-BUJÁN PÉREZ, *PE*, 3ª, 2010, 382; CARBONEL MATEU, en: GONZÁLEZ CUSSAC (coord.), *PE*, 4ª, 2015, 315; MORETÓN TOQUERO, *Matrimonios ilegales*, 2001, 14 s.; CUGAT MAURI, en: CÓRDOBA RODA/GARCÍA ARÁN (dirs.), *Comentarios CP PE I*, 2004, 548; CARRASCO ANDRINO, en: *LLP 66* (2009), 11; en: ÁLVAREZ GARCÍA (dir.)/MANJÓN-CABEZA OLMEDA/VENTURA PÜSCHEL (coords.), *PE I*, 2ª, 2011, 876; en: QUINTERO OLIVARES/CARBONELL MATEU/MORALES PRATS/GARCÍA RIVAS/ÁLVAREZ GARCÍA (dirs.)/MANJÓN-CABEZA OLMEDA/VENTURA PÜSCHEL (coords.), *PE*, 2011, 230; PRATS CANUT, en: QUINTERO OLIVARES (dir.)/MORALES PRATS (coord.), *PE*, 8ª, 2009, 509; MARTÍNEZ GARCÍA, en: GÓMEZ TOMILLO (dir.), *Comentarios CP*, 2ª, 2011, 852; RAMÓN RIBAS, en: QUINTERO OLIVARES (dir.)/MORALES PRATS (coord.), *PE*, 9ª, 2011, 561; MENDOZA BUERGO, en: MOLINA FERNÁNDEZ (coord.), *Memento práctico penal*, 2015, 1022/nm. 10322; QUERALT JIMÉNEZ, *PE*, 7ª, 2015, 397; RODRÍGUEZ NÚÑEZ, en: LAMARCA PÉREZ (coord.), *PE*, 3ª, 2015, 261.

58 STS núm. 1078/1993, 12-5 *(Tol 399727)*: el acusado está separado de su primera mujer. Inicia una segunda relación con otra mujer y decide casarse con ella. Ambos acuden al juez de paz, quien advierte al acusado que, para contraer nuevo matrimonio, ha de acreditar previamente la extinción del vínculo matrimonial anterior. Se fija la fecha de la boda y acuden al despacho del juez de paz los contrayentes y sus familiares; en este acto el juez accede a simular la celebración de la ceremonia de matrimonio civil, denominando a esta celebración "protocolo de matrimonio". A la vista del acto celebrado lleva "al ánimo de los asistentes la creencia de que el matrimonio no se había celebrado efectivamente". No se ha instruido el previo expediente matrimonial, ni tras el acto se ha formalizado documentación alguna. Días después el hermano de la mujer acudió al Registro Civil, donde obtuvo una certificación negativa de matrimonio. El TS reconoce que en este caso no ha habido otra cosa que una simulación de celebración de ceremonia de matrimonio civil, en consecuencia no se ha cometido delito de bigamia.

También se ha considerado atípica la conducta consistente en celebrar un nuevo matrimonio cuando no medie falsedad alguna, porque los contrayentes exponen la situación y, a pesar de existir un impedimento, el funcionario competente al que se ha proporcionado toda la información autoriza el matrimonio[59]. No puede compartirse esta conclusión; si los contrayentes ponen en conocimiento del funcionario su verdadera situación, que uno o los dos están casados con anterioridad, están informando de la existencia de un impedimento para contraer matrimonio. Pero si los contrayentes tienen la intención de contraer matrimonio, prestan el consentimiento matrimonial en el acto de la celebración, cumplen con los requisitos formales de los que se deduce la apariencia de que se contrae matrimonio, los requisitos objetivos del delito se habrán cumplido. Pues precisamente se contrae o celebra el matrimonio cuando, en el acto de la celebración, cumpliendo con las formalidades establecidas en la normativa civil, se presta el consentimiento matrimonial. Otra cosa es que los contrayentes actúen o no con el conocimiento necesario de que existe un impedimento para la celebración de un matrimonio válido, en este caso de que existe un vínculo matrimonial anterior no anulado o disuelto. Esto afectará al tipo subjetivo del delito, no a la concurrencia de los requisitos objetivos. Y, obviamente, en esta explicación no se entra a valorar la responsabilidad penal del funcionario que ha autorizado la celebración del matrimonio constitutivo de bigamia.

La conducta consiste en contraer segundo o ulterior matrimonio. Para establecer la conducta típica del ulterior matrimonio ha de decidirse cuál

---

59 CUGAT MAURI, en: CÓRDOBA RODA/GARCÍA ARÁN (dirs.), *Comentarios CP PE I*, 2004, 548, poniendo como ejemplo la SAP Baleares núm. 233/2000, 18-12: el acusado ha documentado la separación de hecho y existe consentimiento del sacerdote que autoriza la ceremonia. Aquel sí ha comunicado al sacerdote que se ha casado antes, por eso presenta el documento sobre el convenio regulador, pero no presenta documento alguno sobre la disolución o nulidad del matrimonio anterior. Para esta autora, en este caso la conducta no sería típica, pues no media falsedad alguna (y recuérdese que para esta autora el bien jurídico protegido en el delito tiene naturaleza falsaria), ya que el contrayente expuso su situación al sacerdote que iba a celebrar el nuevo matrimonio, no valorándolo así, sin embargo, el Tribunal, que sí calificó el hecho como delito de bigamia, descartando que se hubiera producido además un error en el contrayente. Comparte la solución de esta autora MARTÍNEZ GARCÍA, en: GÓMEZ TOMILLO (dir.), *Comentarios CP*, 2ª, 2011, 853, pues no hay propósito delictivo en el acusado. Con anterioridad, CARBONELL MATEU, en: *H-Vidal Guitarte I*, 1999, 174; en: GONZÁLEZ CUSSAC (coord.), *PE*, 4ª, 2015, 315, califica como burdo intento de celebración (atípico por tanto) ante la subsistencia de un anterior matrimonio por todos conocida. No se refiere exactamente al mismo caso de CUGAT MAURI, más bien a la simulación de matrimonio.

es el presupuesto de esta conducta típica, si se recurre al segundo matrimonio, nulo por la existencia de un vínculo anterior, o al primer matrimonio subsistente legalmente[60]. Si para fijar el presupuesto típico se recurre al primer matrimonio legalmente subsistente esto podría dar lugar a la siguiente situación: se celebra el segundo matrimonio, nulo por existencia de impedimento de vínculo, antes de que se celebre el tercer matrimonio el primero se disuelve o se declara nulo; como no hay un matrimonio legalmente subsistente, pues el primero se ha disuelto o se ha declarado nulo, no concurre el presupuesto típico para generar el delito de bigamia/poligamia, por tanto este tercer matrimonio sí sería válido[61]. Ahora bien, dado que el matrimonio nulo, mientras no se declare la nulidad, sí produce efectos civiles, parece que la solución que ha de adoptarse es otra; esto es, para la fijación del presupuesto típico de la conducta consistente en contraer ulterior matrimonio habrá que atenderse a todos los matrimonios subsistentes con anterioridad, también a los contraídos bajo causa de nulidad por existencia de un vínculo matrimonial anterior.

La conducta típica consiste en contraer segundo o ulterior matrimonio. Significa que si el sujeto contrae varios matrimonios de manera sucesiva sin haber disuelto legalmente el primero (o los anteriores) el sujeto cometerá tantos delitos de bigamia como matrimonios contraiga sin haber disuelto o declarado nulo el primero (o los anteriores)[62].

---

60 MIR PUIG, en: *ADPCP* 1974, 446, 453, para quien el matrimonio del bígamo puede constituir el matrimonio anterior requerido por el delito de bigamia. Apoya esta conclusión en la propia redacción típica: se exige segundo o ulterior matrimonio, por lo que mal podría realizarse este requisito si el del bígamo no fuese "matrimonio" (comillas original).

61 Defiende esta interpretación RAMÓN RIBAS, en: QUINTERO OLIVARES (dir.)/MORALES PRATS (coord.), *PE*, 9ª, 2011, 561, desde su tesis de que el delito de bigamia/poligamia es un delito de falsedad. De otra opinión, MUÑOZ CONDE, *PE*, 20ª, 2015, 270, para quien el matrimonio constitutivo de bigamia puede servir de presupuesto a otro delito de bigamia.

62 V., para más detalles, SUÁREZ GONZÁLEZ, en: RODRÍGUEZ MOURULLO (dir.)/JORGE BARREIRO (coord.), *Comentarios CP*, 1997, 646, para quien se apreciará tantos delitos de bigamia como matrimonios se contraigan en la medida en que subsista legalmente uno; MUÑOZ SÁNCHEZ, en: DÍEZ RIPOLLÉS/ROMEO CASABONA (coords.), *Comentarios CP II*, 2004, 1069, para quien se cometen tantos delitos de bigamia como matrimonios se contraigan siempre que subsista legalmente, al menos, uno anterior; CHOCLÁN MONTALVO, en: CALDERÓN CEREZO/CHOCLÁN MONTALVO, *PE*, 2005, 182; SAAVEDRA RUIZ, en: CONDE-PUMPIDO TOURÓN (dir.)/LÓPEZ BARJA DE QUIROGA (coord.), *CP III*, 2007, 1650; RAMÓN RIBAS, en: QUINTERO OLIVARES (dir.)/MORALES PRATS (coord.), *PE*, 9ª, 2011, 561, para quien el presupuesto típico de la conducta delictiva siempre es el primer matrimonio subsistente legalmente. Pero si como referencia para el presupues-

En cuanto al tipo subjetivo, solo se ha tipificado el delito doloso. Ahora bien, en el art. 217 CP se ha incluido la expresión "a sabiendas", lo que ha generado la discusión en la doctrina y jurisprudencia si, con tal término, se está exigiendo o no que el bígamo actúe con dolo directo (y habría que decir que se estaría aludiendo al dolo directo de segundo grado o de consecuencias necesarias). De manera generalizada se llega a esta conclusión, considerando por tanto que si el bígamo actúa con dolo eventual tal hecho resulta atípico[63]. Para un sector doctrinal minoritario,

---

to típico del delito este autor toma un matrimonio previo válido, y el posterior es nulo por la existencia de impedimento de vínculo, razón por la que no puede ser tenido en cuenta para establecer el presupuesto típico del delito de bigamia a través del tercer matrimonio, entonces cada vez que se contrae matrimonio se está contrayendo segundo matrimonio, no se daría la situación de contraer ulterior (más allá del segundo) matrimonio. Es decir, desde su planteamiento solo puede haber primer y segundo matrimonio: primer matrimonio, el válido o subsistente legalmente, y segundo, el que se contrae y es nulo por el impedimento de vínculo, aunque la celebración se repita en más de dos ocasiones.

[63] Exigen la actuación con dolo directo, entre otros, BOIX REIG/JAREÑO LEAL, en: VIVES ANTÓN (coord.), *Comentarios CP I*, 1996, 1047; SUÁREZ GONZÁLEZ, en: RODRÍGUEZ MOURULLO (dir.)/JORGE BARREIRO (coord.), *Comentarios CP*, 1997, 646; PANIZO Y ROMO DE ARCE, en: *CPC 66* (1998), 638; en: *RGDCDEE 22* (2010), 17; MORETÓN TOQUERO, *Matrimonios ilegales*, 2001, 16; MIR PUIG, en: *EPB* 2002, 191; CUGAT MAURI, en: CÓRDOBA RODA/GARCÍA ARÁN (dirs.), *Comentarios CP PE I*, 2004, 548; CHOCLÁN MONTALVO, en: CALDERÓN CEREZO/CHOCLÁN MONTALVO, *PE*, 2005, 182; LABACA ZABALA, en: *RDPP 13* (2005), 101 s.; SAAVEDRA RUIZ, en: CONDE-PUMPIDO FERREIRO (dir.)/LÓPEZ BARJA DE QUIROGA (coord.), *Comentarios CP III*, 2007, 1649; CARRASCO ANDRINO, en: *LLP 66* (2009), 12; en: ÁLVAREZ GARCÍA (dir.)/MANJÓN-CABEZA OLMEDA/VENTURA PÜSCHEL (coords.), *PE I*, 2ª, 2011, 877; en: QUINTERO OLIVARES/CARBONELL MATEU/MORALES PRATS/GARCÍA RIVAS/ÁLVAREZ GARCÍA (dirs.)/MANJÓN-CABEZA OLMEDA/VENTURA PÜSCHEL (coords.), *PE*, 2011, 231; PRATS CANUT, en: QUINTERO OLIVARES (dir.)/MORALES PRATS (coord.), *PE*, 8ª, 2009, 510; CARDONA TORRES, *PE*, 2010, 211; MANZANARES SAMANIEGO, *CP II*, 2010, 362; ARMENDÁRIZ LEÓN/MIRAT HERNÁNDEZ, en: YZQUIERDO TOLSADA/CUENA CASAS (dirs.), *Tratado Derecho de Familia VI*, 2011, 1078; GONZÁLEZ RUS, en: MORILLAS CUEVA (coord.), *PE*, 2011, 377; GORDILLO ÁLVAREZ-VALDÉS, en: LAMARCA PÉREZ (coord.), *PE*, 6ª, 2011, 228; MARTÍNEZ GARCÍA, en: GÓMEZ TOMILLO (dir.), *Comentarios CP*, 2ª, 2011, 853 s.; SERRANO TÁRRAGA, en: SERRANO GÓMEZ/SERRANO MAÍLLO/SERRANO TÁRRAGA/VÁZQUEZ GONZÁLEZ, *PE*, 2012, 217; MANJÓN-CABEZA OLMEDA, *Excusas absolutorias*, 2014, 87 n. 20; FRÍAS MARTÍNEZ, en: ROMA VALDÉS (dir.), *CP comentado*, 2015, 382; MENDOZA BUERGO, en: MOLINA FERNÁNDEZ (coord.), *Memento práctico penal*, 2015, 1022/nm. 10322; RODRÍGUEZ NÚÑEZ, en: LAMARCA PÉREZ (coord.), *PE*, 3ª, 2015, 262. También se exige la actuación con dolo directo en SAP Madrid núm. 465/2001, 12-9 *(Tol 127009)*; AAP Almería núm. 178/2006, 13-10; SAP Navarra núm. 6/2011, 25-1 *(Tol 2152571)*; SAN núm. 34/2013, 18-12 *(Tol 4053942)*; SAP

sin embargo, tal conclusión no es acertada, admitiendo que el delito de bigamia puede ser cometido con dolo eventual, explicando a continuación que el término "a sabiendas" solo tiene sentido para determinar los elementos que han de ser abarcados por el dolo, que el sujeto contrae un segundo o ulterior matrimonio y que subsiste el matrimonio anterior[64].

Esta explicación, sin embargo, no sirve para justificar si el tipo penal requiere o no la actuación con dolo directo, o dicho de otro modo, si es admisible o no el castigo del delito cuando es cometido con dolo eventual. Pues como delito doloso que es, este tiene que abarcar todos los elementos típicos, no solo alguno de ellos, y ello con independencia de que se haga o no mención del elemento subjetivo (aquí el dolo) a través del término "a sabiendas" en el tipo penal. A mayor abundamiento, porque de esta argumentación cabría deducir que si se suprimiera el término "a sabiendas", de ello se podría derivar que la expresión "que subsiste legalmente un matrimonio anterior" pasaría a ser una condición objetiva de punibilidad, lo que en cualquier caso no es una deducción aceptable.

Una solución intermedia, que serviría para dar cierto sentido a este término en la redacción del delito de bigamia, podría ser la siguiente. El elemento típico que ha de realizarse a sabiendas, con certeza, es el relativo a la subsistencia legal del matrimonio anterior; el resto de los elementos típicos, en particular el relativo a contraer segundo o ulterior matrimonio, ya podría ser realizado con dolo directo o eventual. Esta interpretación permitiría, además, introducir una relativa interpretación restrictiva de

---

Alicante núm. 268/2014, 16-5 *(Tol 4461986)*. Se limitan a comentar que el término a sabiendas es un elemento gramatical descriptivo del dolo de primer grado, GARCÍA VALDÉS/MESTRE DELGADO/FIGUEROA NAVARRO, *PE*, 2ª, 2015, 101.

64 Es la tesis de MUÑOZ SÁNCHEZ, en: DÍEZ RIPOLLÉS/ROMEO CASABONA (coords.), *Comentarios CP II*, 2004, 1070 s. Este autor concluye su argumentación afirmando que, atendiendo al bien jurídico protegido, no es coherente dejar fuera del tipo los casos en los que el sujeto, en el momento de contraer matrimonio, cree que es posible que subsiste legalmente el matrimonio anterior y cuente con ello. Otros autores aceptan la comisión del delito de bigamia con dolo eventual, y bien no dan mayores explicaciones, como CASTIÑEIRA PALOU, en: SILVA SÁNCHEZ (dir.)/RAGUÉS I VALLÈS (coord.), *PE*, 3ª, 2011, 179 (desde la tesis de que a sabiendas no se interpreta como seguridad absoluta, sino como alta probabilidad), si bien en CASTIÑEIRA PALOU/MONTANER FERNÁNDEZ, en: SILVA SÁNCHEZ (dir.)/RAGUÉS I VALLÈS (coord.), *PE*, 4ª, 2015, 203, sí parecen asumir la tesis que interpreta el elemento a sabiendas como actuación con dolo directo, o bien, como RAMÓN RIBAS, en: QUINTERO OLIVARES (dir.)/MORALES PRATS (coord.), *PE*, 9ª, 2011, 562 s., admite el dolo eventual, y añade que la expresión "a sabiendas" no añade nada al tipo penal, conservándose en la redacción del delito por tradición histórica. En la SAP Sevilla núm. 118/2004, 19-2, también se ha aceptado teóricamente la punición del delito cuando es cometido con dolo eventual.

esta figura delictiva, recayendo además el dolo directo en el elemento típico que puede generar más dudas sobre su concurrencia o no en el sujeto activo, el presupuesto típico de que subsiste legalmente un matrimonio anterior.

Porque es precisamente el presupuesto del delito de bigamia, la subsistencia legal del matrimonio anterior, el que ha generado más alegaciones de error y, en ocasiones, ha dado lugar a su aceptación por los Tribunales. Con carácter previo hay que recordar que nos encontramos con un delito formado por diversos elementos normativos, con lo que ello significa para la concreción de la teoría del dolo y el error sobre tales elementos[65].

Doctrinalmente se han apreciado las reglas del error de tipo, con el efecto consiguiente, cuando el sujeto ha creído que el vínculo anterior no subsiste, sin entrar en mayores valoraciones sobre la calificación de tal error como de tipo, a pesar de que nos encontramos ante elementos normativos que sí las exigen[66], quizás para lograr el efecto que, sin recono-

---

65 Sobre la forma de concretar el elemento cognoscitivo del dolo en relación con los elementos normativos del tipo, y el planteamiento de la teoría del error sobre tales elementos normativos, v. DÍAZ Y GARCÍA CONLLEDO, *Error elementos normativos*, 2008, *passim* y especialmente 189-434; LUZÓN PEÑA, *PG*, 2ª, 2012, 264 ss./nm. 17 ss., 545 s./nm. 5. En el tratamiento del error, estos autores distinguen entre el error que recae sobre el sustrato material o fáctico del elemento normativo, error de tipo, y el error sobre el significado jurídico del elemento normativo, error calificado genéricamente como error de subsunción y que puede dar lugar a un error de tipo, a un error de prohibición, a un error de prohibición penal o a un error irrelevante.

66 Así, de manera muy genérica, califican de error excluyente del dolo el error del sujeto sobre la existencia del anterior vínculo matrimonial, SUÁREZ GONZÁLEZ, en: RODRÍGUEZ MOURULLO (dir.)/JORGE BARREIRO (coord.), *Comentarios CP*, 1997, 646; CUGAT MAURI, en: CÓRDOBA RODA/GARCÍA ARÁN (dirs.), *Comentarios CP PE I*, 2004, 546, 548; CHOCLÁN MONTALVO, en: CALDERÓN CEREZO/CHOCLÁN MONTALVO, *PE*, 2005, 182, señalando sí que el dolo tiene que abarcar el conocimiento de la legalidad del anterior vínculo, desde la esfera del profano. Plantea como error de tipo el supuesto en que el sujeto sabe que concurre una causa de nulidad en el primer matrimonio (pero no ha habido declaración judicial de la nulidad matrimonial), deduciendo de este conocimiento que no hay impedimento de vínculo para celebrar el segundo matrimonio —no conoce por tanto que subsiste legalmente un matrimonio anterior— (p. 181); GÓMEZ MARTÍN, en: CORCOY BIDASOLO/MIR PUIG (dirs.), *Comentarios CP*, 2011, 496; en: CORCOY BIDASOLO (dir.)/VERA SÁNCHEZ (coord.), *PE I*, 2015, 448; MARTÍNEZ GARCÍA, en: GÓMEZ TOMILLO (dir.), *Comentarios CP*, 2ª, 2011, 853 s.; SUÁREZ-MIRA RODRÍGUEZ, en: SUÁREZ-MIRA RODRÍGUEZ (coord.), *PE*, 6ª, 2011, 221; BOIX REIG, en: BOIX REIG (dir), *PE II*, 2012, 20. Con cierto detalle, MUÑOZ SÁNCHEZ, en: DÍEZ RIPOLLÉS/ROMEO CASABONA (coords.), *Comentarios CP II*, 2004, 1071, calificando como error de tipo el supuesto en el que el sujeto considera que no existe matrimonio anterior, o cree que está anulado o disuelto legalmente. Pero otra cosa es que el sujeto sepa que hay un matrimonio anterior pero crea que su nuevo matri-

monio no está prohibido porque el primero no era válido o no ha producido efectos jurídicos; en estos casos el sujeto conoce la situación típica, por lo que si hay error este será calificado como error de prohibición. Plantea el error que se calificaría como error sobre el supuesto fáctico, claramente un error de tipo, GONZÁLEZ RUS, en: MORILLAS CUEVA (coord.), *PE*, 2011, 377, cuando el sujeto cree que su pareja sentimental ha obtenido el divorcio de su anterior matrimonio. En la mayoría de las ocasiones los Tribunales han valorado, y descartado, el error alegado por el acusado. En varias ocasiones se ha tomado como dato relevante el hecho de que el acusado haya declarado en el expediente matrimonial su condición de soltero, cuando en realidad tendría que haber declarado que estaba divorciado; esta "mentira" es un indicio claro para los distintos Tribunales sentenciadores de que los acusados sí sabían de la subsistencia del anterior matrimonio (a lo sumo podrían estar separados, de hecho o judicialmente, pero no divorciados, y son sabedores de que si en el expediente matrimonial afirman que son divorciados tienen que presentar la sentencia de divorcio, que no existe. Para evitar este "problema" se declaran solteros). Así, en la SAP A Coruña núm. 85/1999, 20-5, en la que se afirma que nadie cree por error que está soltero si ha contraído matrimonio, y nadie cree por error que está divorciado si no ha existido un proceso de divorcio (en esta sentencia se acepta el concepto de dolo subjetivamente malo). En este caso el acusado había obtenido sentencia de separación antes de contraer segundo matrimonio; se asume esta argumentación en la SAP A Coruña núm. 100/2001, 28-9, teniendo en cuenta además el nivel cultural del acusado; en SAP Vizcaya núm. 201/2002, 17-4, alegando también el nivel cultural del acusado, así como que resulta presumible que sea conocedor de la diferencia entre separación y divorcio; SAP Málaga núm. 7/2003, 11-2; SAP Burgos núm. 137/2004, 30-7; SAP Girona núm. 512/2009, 20-7 *(Tol 1723236)*, en la que también se alega la creencia de que el matrimonio eclesiástico no inscrito no produce efectos civiles; SAP Barcelona núm. 957/2009, 22-10 *(Tol 1891574)*; SAP Guipúzcoa núm. 181/2010, 30-4 *(Tol 4387400)*; SAP Pontevedra núm. 222/2012, 20-6 *(Tol 2623494)*, teniendo en cuenta también el argumento de que no se trata de una persona de nivel cultural bajo que no le permita diferenciar entre separación y divorcio; SAP Alicante núm. 268/2014, 16-5 *(Tol 4461986)*. Otro dato relevante para descartar el error es que todo el mundo sabe diferenciar entre separación y divorcio, como en la SAP Islas Baleares núm. 233/2000, 18-12: existe conciencia social sobre la necesidad de disolver el primer matrimonio antes de contraer uno nuevo, como "la popularidad de los trámites necesarios y adecuados para la destrucción del anterior matrimonio"; SAP Alicante núm. 627/2006, 11-12 *(Tol 1803561)*, recurriendo al nivel cultural e instrucción para descartar que puedan desconocer la diferencia entre separación y divorcio, recogiendo la argumentación destacada anteriormente (nadie cree que está soltero si ha contraído matrimonio, nadie cree que está divorciado si no ha existido proceso de divorcio); SAP Almería núm. 32/2009, 29-1, descartando como base del error la creencia de los acusados que el matrimonio queda sin efecto por la simple denuncia ante la policía (el primer matrimonio, denunciado ante la policía, era de conveniencia). Sí se admite el error, de tipo, en la SAP Alicante núm. 544/1999, 8-7, en la que se reconocen como argumentos que desvirtúan el error el hecho de que la acusada no haya iniciado expediente de divorcio, resultando imposible que una persona pueda estar divorciada si no ha hecho ninguna solicitud o no ha sido objeto de emplazamiento o notificación sobre el proceso de divorcio, concluyendo que "por muy inculta que pueda ser la acusada, es increíble que llegue a esos límites de desconocimiento". Por otro lado, se destaca el hecho de cerse, se persigue, lograr la impunidad del sujeto que alega el error como forma de restringir la aplicación de esta figura delictiva más que cuestionada (pues aun cuando tal error sea vencible, la conducta será impune por falta de tipificación del delito imprudente de bigamia).

En otras ocasiones se califica como error de prohibición cuando el sujeto contrae matrimonio civil después de uno previo canónico no inscrito en el Registro creyendo por ello que este no tiene efectos civiles[67].

---

que en el expediente matrimonial se presentó como soltera (no casada o divorciada). Pero el juez en primera instancia sí absolvió a la acusada, a lo que se suma el hecho de que la acusada ha aportado el certificado de nacimiento en el que consta su condición de casada, lo que entra en contradicción con una actuación dolosa —pues de haber actuado con dolo hubiera omitido esta mención del certificado—. Se duda sobre si ha habido o no actuación dolosa en la acusada, concluyendo el Tribunal que, en caso de duda, procede la resolución a favor del reo, apreciando el error de tipo vencible; en la SAN núm. 66/2000, 19-12 *(Tol 5222342)*: el Tribunal descarta la actuación dolosa del acusado pues este ha obtenido sentencia de divorcio por un tribunal extranjero antes de contraer el segundo matrimonio; en la SAP Madrid núm. 465/2001, 12-9 *(Tol 127009)*: el acusado cree, por las explicaciones de su abogada, que transcurridos cinco años de separación se puede volver a casar. Se ha valorado la profesión del acusado, albañil, pero, sobre todo, en ningún momento ha tratado de ocultar la celebración del segundo matrimonio en distintas actuaciones judiciales relacionadas con litigios con su primera esposa (en proceso por impago de pensiones, la facilitación del libro de familia del segundo matrimonio a su primera esposa); SAP Sevilla núm. 118/2004, 19-2, admitiendo el error alegado por la contrayente del segundo matrimonio, quien creía que su pareja había obtenido el divorcio de su primera esposa, pues así se lo había afirmado él; SAP Almería núm. 178/2006, 13-10, en la que el acusado se casa por segunda vez después de haber obtenido la declaración de nulidad eclesiástica, pero antes de que esta haya sido reconocida por el juez civil, hecho que sirve para que la AP descarte que concurra el dolo directo del delito de bigamia.

67 Se ha aceptado el error de prohibición, vencible, en la SAP Pontevedra 18-4-1995: el sujeto contrae segundo matrimonio creyendo que el anterior matrimonio religioso no había tenido consecuencias civiles porque no se había inscrito en el Registro. Para el Tribunal, el acusado sí ha actuado dolosamente, pues en los hechos probados el acusado reconoce que no solicitó la nulidad ni separación del primer matrimonio, que el matrimonio estaba en proceso de anulación cuando contrajo el matrimonio civil, que estaba casado canónicamente. De este relato de hechos el Tribunal deduce que sí hay actuación dolosa, por tanto sabe que contrae segundo matrimonio sin hallarse legítimamente disuelto el anterior (el caso se ha resuelto con el CP anterior), pero cree que su actuación no está prohibida. Cita esta sentencia CARRASCO ANDRINO, en: *LLP 66* (2009), 13; en: ÁLVAREZ GARCÍA (dir.)/MANJÓN-CABEZA OLMEDA/ VENTURA PÜSCHEL (coords.), *PE I*, 2ª, 2011, 877. Esta autora cita como ejemplo de posible error de prohibición el supuesto en el que el sujeto está casado civilmente y el ministro de la iglesia, pese a ser informado abiertamente de ello, autoriza el segundo matrimonio, caso planteado en la SAP Islas Baleares núm. 233/2000, 18-2, si bien en este caso el Tribunal no ha admitido el error. Esta autora también cita la SAP Cádiz 10-1-2000, en la que no se acepta el error cuando el sujeto contrae segundo matrimonio canónico sin inscribirlo creyendo por este hecho que no tiene efectos

En el planteamiento de la teoría del error sobre los elementos normativos de este delito de bigamia (respecto del presupuesto de la conducta típica y la propia conducta típica) es preciso tener en cuenta que el matrimonio es una institución formalizada, en la actualidad son estos elementos formales los que permiten plantear una definición de la institución a la vez que sirven para diferenciar esta unión de las uniones de hecho. El elemento formal nuclear es el de la intervención de una autoridad, en su celebración y en su extinción, cuando esta última no se produce por el fallecimiento de uno de los cónyuges. Tomando como referencia este punto de vista, se puede calificar como error de tipo el error que afecte a los aspectos o elementos formales que han de concurrir en la celebración y en la "extinción", que induce al sujeto a creer que no se está celebrando realmente un matrimonio o que el matrimonio anterior efectivamente no subsiste. En relación con este segundo supuesto, la creencia de que el matrimonio anterior no subsiste, el error puede tener su apoyo en las declaraciones de nulidad o disolución del matrimonio anterior por una autoridad, extranjera o religiosa, pues en este caso concurre el elemento

---

civiles. Otro supuesto que puede generar problemas de error de prohibición cuando el sujeto es nacional de un país en el que se admite la poligamia, citando como ejemplo la SAP Málaga núm. 7/2003, 11-2, en la que el Tribunal no ha admitido, sin embargo, el error. Tampoco se ha admitido el error de prohibición en la SAP Guipúzcoa núm. 181/2010, 30-4 *(Tol 4387400)*, con el argumento de que en España y en países no islámicos pertenece al acervo popular que no se permite la poligamia, es sabido por el conjunto de la población, constituye una de las principales diferencias con los ordenamientos de países islámicos. Se ha descartado el error de prohibición, atendiendo a la cultura, profesión, estudios, de la persona acusada, ante la alegación de que creía que el matrimonio celebrado y no inscrito no tiene efectos jurídicos: SAP Cádiz 10-1-2000: policía local con estudios de bachillerato y pruebas de acceso a la Universidad; SAP Murcia núm. 76/2006, 13-11 *(Tol 1034847)*, recurriendo al nivel cultural, poseedora de una carrera técnica de grado medio, y al hecho de ser notorio y evidente y de comprensión generalizada que es necesario disolver el primer matrimonio para contraer el segundo. Sobre el error de prohibición, QUERALT JIMÉNEZ, *PE*, 7ª, 2015, 398, afirma que resulta prácticamente inimaginable entre personas de cultura occidental. No se ha admitido el error en el caso de creer que la sentencia canónica de separación perpetua equivale a la inexistencia de matrimonio, caso resuelto en la STS 11-2-1980 *(Tol 5024089)*, solución que para este autor es más que discutible a la vista de la regulación del art. 80 CC. CARDONA TORRES, *PE*, 2010, 211, plantea el error de prohibición cuando el sujeto se casa sin haberse homologado civilmente la resolución canónica de nulidad matrimonial, pues el sujeto no cumple el requisito de que celebra segundo matrimonio a sabiendas de que subsiste el matrimonio anterior legalmente. Pero por la explicación más que un error de prohibición sería un error de tipo, falta el requisito de a sabiendas, por tanto falta el conocimiento de la existencia del presupuesto de la conducta típica, si no sabe que está casado previamente difícilmente contrae segundo matrimonio a sabiendas de que concurre el impedimento de vínculo.

formal para la declaración de la disolución o la nulidad matrimonial, ya que interviene una autoridad, judicial o religiosa, en su pronunciamiento (el matrimonio, sin embargo, subsiste mientras no haya homologación o reconocimiento por el juez civil).

Explicados los elementos típicos de esta modalidad delictiva es momento de entrar a comentar el *iter criminis*.

Existe acuerdo en establecer el momento de la consumación con la celebración del segundo o ulterior matrimonio[68], encontrando en ocasiones aclaraciones sobre cuando se entiende "consumada" la propia celebración, con la emisión del consentimiento matrimonial de cada uno de los contrayentes[69] o, lo que parece más acertado, con la declaración de la autoridad civil o religiosa que ha intervenido en el acto de que los dos contrayentes están casados[70].

---

68 La doctrina de manera unánime fija el momento de la consumación del delito en la celebración del segundo o ulterior matrimonio. V., entre otros muchos, CUGAT MAURI, en: CÓRDOBA RODA/GARCÍA ARÁN (dirs.), *Comentarios CP PE I*, 2004, 548 s.; MUÑOZ SÁNCHEZ, en: DÍEZ RIPOLLÉS/ROMEO CASABONA (coords.), *Comentarios CP II*, 2004, 1069; CARBONELL MATEU/GONZÁLEZ CUSSAC, en: VIVES ANTÓN/ORTS BERENGUER/CARBONELL MATEU/GONZÁLEZ CUSSAC/MARTÍNEZ-BUJÁN PÉREZ, *PE*, 3ª, 2010, 382; CARBONELL MATEU, en: GONZÁLEZ CUSSAC (coord.), *PE*, 4ª, 2015, 315; MANZANARES SAMANIEGO, *CP II*, 2010, 363. También en la jurisprudencia se establece la consumación en el momento en el que se ha celebrado el segundo o ulterior matrimonio: v. STS 31-1-1986 *(Tol 3321330)*; SAP Granada núm. 151/2003, 25-3 *(Tol 342491)*; AAP Girona núm. 30/2008, 21-1.

69 Es la tesis defendida, entre otros, por MUÑOZ CONDE, *PE*, 20ª, 2015, 271.

70 De esta opinión, MORETÓN TOQUERO, *Matrimonios ilegales*, 2001, 17; MUÑOZ SÁNCHEZ, en: DÍEZ RIPOLLÉS/ROMEO CASABONA (coords.), *Comentarios CP II*, 2004, 1074; CARRASCO ANDRINO, en: *LLP* 66 (2009), 13; en: ÁLVAREZ GARCÍA (dir.)/MANJÓN-CABEZA OLMEDA/VENTURA PÜSCHEL (coords.), *PE I*, 2ª, 2011, 877; en: QUINTERO OLIVARES/CARBONELL MATEU/MORALES PRATS/GARCÍA RIVAS/ÁLVAREZ GARCÍA (dirs.)/MANJÓN-CABEZA OLMEDA/VENTURA PÜSCHEL (coords.), *PE*, 2011, 231; QUERALT JIMÉNEZ, *PE*, 7ª, 2015, 397. Para BOIX REIG, en: BOIX REIG (dir.), *PE II*, 2012, 20, la consumación se produce con la realización de los actos formales previstos en el ordenamiento jurídico civil para entenderse realizado el matrimonio. TERRADILLOS BASOCO, en: COBO DEL ROSAL (dir.), *Comentarios CP VII*, 2003, 680; en: ARROYO ZAPATERO/BERDUGO GÓMEZ DE LA TORRE/FERRÉ OLIVÉ/GARCÍA RIVAS/SERRANO PIEDECASAS/TERRADILLOS BASOCO (dirs.)/NIETO MARTÍN/PÉREZ CEPEDA (coords.), *Comentarios CP*, 2007, 495; en: TERRADILLOS BASOCO (coord.), *PE I*, 2011, 302, plantea la consumación con la creación de la apariencia formal de celebración, ya que esta apariencia tiene efectos civiles (deducido del art. 61 CC). MENDOZA BUERGO, en: MOLINA FERNÁNDEZ (coord.), *Memento práctico penal*, 2015, 1022/nm. 10325, plantea la consumación en el momento en que finaliza formalmente la celebración del segundo matrimonio.

En cuanto al inicio de la ejecución, esta no puede establecerse en el momento de la apertura del expediente matrimonial[71]; esta fase pertenece a los actos preparatorios (aún alejados de la acción inmediatamente anterior a la celebración del matrimonio, y tampoco puede entenderse que con el inicio de dicho expediente se pone inmediatamente en peligro el bien jurídico protegido). El inicio de la tentativa tiene que plantearse en un momento posterior, con los actos encaminados a la celebración del segundo o ulterior matrimonio[72] o con el inicio de la celebración[73].

Dada la singularidad de la conducta típica, al requerir para su perfección la realización de varios actos, con la intervención de varias personas (los contrayentes y la autoridad, civil o religiosa, que oficia dicha

---

71 Esta es la opinión, sin embargo, que defiende un sector de la doctrina. V., entre otros, MUÑOZ SÁNCHEZ, en: DÍEZ RIPOLLÉS/ROMEO CASABONA (coords.), *Comentarios CP II*, 2004, 1075, entendiendo que en este momento ya se inicia la celebración del matrimonio; SAAVEDRA RUIZ, en: CONDE-PUMPIDO TOURÓN (dir.)/LÓPEZ BARJA DE QUIROGA (coord.), *Comentarios CP III*, 2007, 1649; MANZANARES SAMANIEGO, *CP II*, 2010, 363; QUERALT JIMÉNEZ, *PE*, 7ª, 2015, 397, pues con el inicio de los trámites para contraer matrimonio (el expediente judicial) queda inequívocamente clara la voluntad de contraer matrimonio. En la SAP Navarra núm. 6/2011, 25-1 *(Tol 2152571)*, no se ha descartado que la tentativa del delito comience con el inicio del expediente matrimonial. En este caso el objeto de controversia se ha basado en si el sujeto ha actuado o no dolosamente, si bien lo que parece desprenderse del relato de hechos probados es que no subsiste el primer matrimonio cuando se celebra el segundo, pues no se ha podido inscribir este primer matrimonio en el Registro Civil porque en el Registro se ha denegado dicha inscripción por tratarse de un matrimonio inválido.

72 BOIX REIG/JAREÑO LEAL, en: VIVES ANTÓN (coord.), *Comentarios CP I*, 1996, 1047.

73 SUÁREZ GONZÁLEZ, en: RODRÍGUEZ MOURULLO (dir.)/JORGE BARREIRO (coord.), *Comentarios CP*, 1997, 647; MIR PUIG, en: *EPB* 2002, 192; TERRADILLOS BASOCO, en: COBO DEL ROSAL (dir.), *Comentarios CP VII*, 2003, 680; en: ARROYO ZAPATERO/BERDUGO GÓMEZ DE LA TORRE/FERRÉ OLIVÉ/GARCÍA RIVAS/SERRANO PIEDECASAS/TERRADILLOS BASOCO (dirs.)/NIETO MARTÍN/PÉREZ CEPEDA (coords.), *Comentarios CP*, 2007, 495; en: TERRADILLOS BASOCO (coord.), *PE I*, 2011, 302; CARRASCO ANDRINO, en: *LLP 66* (2009), 14; en: ÁLVAREZ GARCÍA (dir.)/MANJÓN-CABEZA OLMEDA/VENTURA PÜSCHEL (coords.), *PE I*, 2ª, 2011, 878; en: QUINTERO OLIVARES/CARBONELL MATEU/MORALES PRATS/GARCÍA RIVAS/ÁLVAREZ GARCÍA (dirs.)/MANJÓN-CABEZA OLMEDA/VENTURA PÜSCHEL (coords.), *PE*, 2011, 231; MUÑOZ CONDE, *PE*, 20ª, 2015, 271; PÉREZ CEPEDA, en: GÓMEZ RIVERO (dir.), *PE I*, 2ª, 2015, 352. GORDILLO ÁLVAREZ-VALDÉS, en: LAMARCA PÉREZ (coord.), *PE*, 6ª, 2011, 228, plantea el inicio de la tentativa con el comienzo de la ceremonia.

celebración) son perfectamente posibles las dos modalidades de tentativa, inacabada y acabada (además de la tentativa inidónea)[74].

Los actos posteriores a la celebración del matrimonio, en particular el acto de inscripción en el Registro Civil queda fuera de la consumación del delito[75]; se trata de un acto posterior (encuadrable en todo caso en la fase de agotamiento). Que queda fuera de la fase de consumación se confirma, además, con el hecho de que la inscripción registral no tiene carácter constitutivo, sino solo declarativo (art. 61 CC), y que el matrimonio se ha contraído con independencia de que se proceda o no a la inscripción registral del mismo.

El matrimonio así celebrado es nulo, por concurrir el impedimento de vínculo en uno o los dos contrayentes, pero requiere que haya una declaración judicial sobre este extremo; su consumación se produce en el momento de la celebración, pero sus efectos se extienden en el tiempo,

---

74 Para más explicaciones sobre las formas de tentativa en el delito de bigamia (desde la consideración del mismo como un delito de resultado), MIR PUIG, en: *EPB* 2002, 192; TERRADILLOS BASOCO, en: COBO DEL ROSAL (dir.), *Comentarios CP VII*, 2003, 680; en: TERRADILLOS BASOCO (coord.), *PE I*, 2011, 302; CARRASCO ANDRINO, en: *LLP 66* (2009), 14, quien analiza detalladamente los supuestos en los que da su consentimiento solo uno de los dos contrayente (el bígamo o el otro contrayente) y la relevancia y efectos del desistimiento de cada uno de ellos en la responsabilidad penal de ambos (recordemos que para esta autora el contrayente no casado, aunque sepa que va a contraer matrimonio con un bígamo, no puede ser castigado como partícipe en el delito de bigamia); en: ÁLVAREZ GARCÍA (dir.)/ MANJÓN-CABEZA OLMEDA/VENTURA PÜSCHEL (coords.), *PE I*, 2ª, 2011, 878 s.; en: QUINTERO OLIVARES/CARBONELL MATEU/MORALES PRATS/GARCÍA RIVAS/ÁLVAREZ GARCÍA (dirs.)/MANJÓN-CABEZA OLMEDA/VENTURA PÜSCHEL (coords.), *PE*, 2011, 231; QUERALT JIMÉNEZ, *PE*, 7ª, 2015, 397.

75 También está fuera de la consumación la elaboración del acta matrimonial. V., en este sentido, entre otros, MORETÓN TOQUERO, *Matrimonios ilegales*, 2001, 17; TERRADILLOS BASOCO, en: COBO DEL ROSAL (dir.), *Comentarios CP VII*, 2003, 680; en: ARROYO ZAPATERO/BERDUGO GÓMEZ DE LA TORRE/FERRÉ OLIVÉ/GARCÍA RIVAS/SERRANO PIEDECASAS/TERRADILLOS BASOCO (dirs.)/ NIETO MARTÍN/PÉREZ CEPEDA (coords.), *Comentarios CP*, 2007, 495; en: TERRADILLOS BASOCO (coord.), *PE I*, 2011, 302; MUÑOZ SÁNCHEZ, en: DÍEZ RIPOLLÉS/ROMEO CASABONA (coords.), *Comentarios CP II*, 2004, 1074; MARTÍNEZ GARCÍA, en: GÓMEZ TOMILLO (dir.), *Comentarios CP*, 2ª, 2011, 851, 854; MENDOZA BUERGO, en: MOLINA FERNÁNDEZ (coord.), *Memento práctico penal*, 2015, 1022/nm. 10325; QUERALT JIMÉNEZ, *PE*, 7ª, 2015, 397; RODRÍGUEZ NÚÑEZ, en: LAMARCA PÉREZ (coord.), *PE*, 3ª, 2015, 263. Sobre esta cuestión, en la SAP Cádiz 10-1-2000 se condena por delito consumado de bigamia, aunque tras la celebración de la ceremonia no se ha inscrito el matrimonio en el Registro Civil. No parece interpretarlo así MIR PUIG, en: *EPB* 2002, 192, pues considera que hay tentativa cuando, habiendo manifestado el consentimiento matrimonial el ya casado, no se llega a extender el acta de casamiento prevista en el art. 62 CC.

mientras no se declare la nulidad del mismo. Nos encontramos ante un delito de estado[76], jurisprudencialmente denominado delito instantáneo de efectos permanentes[77], tipología que presenta ciertas similitudes con el delito permanente, pero que tiene una clara diferencia y particularidad en materia de prescripción del delito[78].

---

76 Así lo califican, entre otros, BOIX REIG/JAREÑO LEAL, en: VIVES ANTÓN (coord.), *Comentarios CP I*, 1996, 1047; CARBONELL MATEU, en: *H-Vidal Guitarte I*, 1999, 174; en: GONZÁLEZ CUSSAC (coord.), *PE*, 4ª, 2015, 315; MORETÓN TOQUERO, *Matrimonios ilegales*, 2001, 17; CUGAT MAURI, en: CÓRDOBA RODA/GARCÍA ARÁN (dirs.), *Comentarios CP PE I*, 2004, 549; MUÑOZ SÁNCHEZ, en: DÍEZ RIPOLLÉS/ROMEO CASABONA (coords.), *Comentarios CP II*, 2004, 1075; TERRADILLOS BASOCO, en: COBO DEL ROSAL (dir.), *Comentarios CP VII*, 2003, 680; en: ARROYO ZAPATERO/BERDUGO GÓMEZ DE LA TORRE/FERRÉ OLIVE/GARCÍA RIVAS/SERANO PIEDECASAS/TERRADILLOS BASOCO (dirs.)/NIETO MARTÍN/PÉREZ CEPEDA (coords.), *Comentarios CP*, 2007, 495; en: TERRADILLOS BASOCO (coord.), *PE I*, 2011, 302; CARRASCO ANDRINO, en: *LLP 66* (2009), 12; en: ÁLVAREZ GARCÍA (dir.)/MANJÓN-CABEZA OLMEDA/VENTURA PÜSCHEL (coords.), *PE I*, 2ª, 2011, 876; en: QUINTERO OLIVARES/CARBONELL MATEU/MORALES PRATS/GARCÍA RIVAS/ÁLVAREZ GARCÍA (dirs.)/MANJÓN-CABEZA OLMEDA/VENTURA PÜSCHEL (coords.), *PE*, 2011, 230; MANZANARES SAMANIEGO, *CP II*, 2010, 363; CASTIÑEIRA PALOU, en: SILVA SÁNCHEZ (dir.)/RAGUÉS I VALLÈS (coord.), *PE*, 3ª, 2011, 179; GÓMEZ MARTÍN, en: CORCOY BIDASOLO/MIR PUIG (dirs.), *Comentarios CP*, 2011, 496; en: CORCOY BIDASOLO (dir.)/VERA SÁNCHEZ (coord.), *PE I*, 2015, 448; LUZÓN PEÑA, *PG*, 2ª, 2012, 170 s./nm. 52; MENDOZA BUERGO, en: MOLINA FERNÁNDEZ (coord.), *Memento práctica penal*, 2015, 1022/nm. 10325. De delito permanente lo califica SÁNCHEZ-JUNCO MANS, en: CONDE-PUMPIDO FERREIRO (dir.)/DÍAZ MARTÍNEZ (coord.), *CP comentado I*, 3ª, 2012, 817, si bien las explicaciones que ofrece sobre la prescripción del delito corresponden a las del delito de estado.

77 V. STS 31-1-1986 *(Tol 3321330)*; SAN núm. 66/2000, 19-12 *(Tol 5222342)*; SAP Granada núm. 151/2001, 25-3 *(Tol 342491)*; AAP Girona núm. 30/2008, 21-1. También utilizan esta terminología PANIZO Y ROMO DE ARCE, en: *CPC 66* (1998), 634, 637; en: *RGDCDEE 22* (2010), 16; PRATS CANUT, en: QUINTERO OLIVARES (dir.)/MORALES PRATS (coord.), *PE*, 8ª, 2009, 509; SAAVEDRA RUIZ, en: CONDE-PUMPIDO TOURÓN (dir.)/LÓPEZ BARJA DE QUIROGA (coord.), *Comentarios CP III*, 2007, 1649; GONZÁLEZ RUS, en: MORILLAS CUEVA (coord.), *PE*, 2011, 377; MARTÍNEZ GARCÍA, en: GÓMEZ TOMILLO (dir.), *Comentarios CP*, 2ª, 2011, 855; RAMÓN RIBAS, en: QUINTERO OLIVARES (dir.)/MORALES PRATS (coord.), *PE*, 9ª, 2011, 561 s.; CASTIÑEIRA PALOU/MONTANER FERNÁNDEZ, en: SILVA SÁNCHEZ (dir.)/RAGUÉS I VALLÈS (coord.), *PE*, 4ª, 2015, 204; RODRÍGUEZ NÚÑEZ, en: LAMARCA PÉREZ (coord.), *PE*, 3ª, 2015, 264.

78 El inicio de la prescripción en el delito de estado se ha de plantear en el momento de la realización de la conducta típica [v., por todos, CUGAT MAURI, en: CÓRDOBA RODA/GARCÍA ARÁN (dirs.), *Comentarios CP PE I*, 2004, 549; CARRASCO ANDRINO, en: *LLP 66* (2009), 12; en: ÁLVAREZ GARCÍA (dir.)/MANJÓN-CABEZA OLMEDA/VENTURA PÜSCHEL (coords.), *PE I*, 2ª, 2011, 876; en: QUINTERO

Se ha planteado la cuestión de qué sucede cuando el matrimonio anterior subsiste legalmente, se contrae el segundo matrimonio y con posterioridad el primer matrimonio se declara nulo. Esta declaración de nulidad, ¿tiene algún efecto en el segundo matrimonio? ¿Tendrá alguna relevancia el momento en el que se declara aquella nulidad? Es decir, a efectos del delito de bigamia, si aquella declaración de nulidad se produce antes de que se condene por delito de bigamia, ¿tendría algún efecto eximente de la pena por el delito de bigamia?

Sobre este particular se ha afirmado que nos encontramos ante un delito puramente formal[79], pues el delito se consuma en el momento en que se contrae el matrimonio subsistiendo uno anterior. De esta tesis se deduce que, aunque el matrimonio anterior sea declarado nulo o disuelto, esto no tiene efecto penal alguno en relación con el delito de bigamia: este se ha cometido y, por tanto, el sujeto ha de ser castigado por ello[80].

OLIVARES/CARBONELL MATEU/MORALES PRATS/GARCÍA RIVAS/ÁLVAREZ GARCÍA (dirs.)/MANJÓN-CABEZA OLMEDA/VENTURA PÜSCHEL (coords.), *PE,* 2011, 231; GÓMEZ MARTÍN, en: CORCOY BIDASOLO/MIR PUIG (dirs.), *Comentarios CP,* 2011, 496; en: CORCOY BIDASOLO (dir.)/VERA SÁNCHEZ (coord.), *PE I,* 2015, 448]. A pesar de calificarlo como delito de estado, plantean el inicio de la prescripción del delito cuando cesa la situación antijurídica, no con la realización de la acción delictiva, entre otros, TERRADILLOS BASOCO, en: COBO DEL ROSAL (dir.), *Comentarios CP VII,* 2003, 680; en: ARROYO ZAPATERO/BERDUGO GÓMEZ DE LA TORRE/FERRÉ OLIVÉ/GARCÍA RIVAS/SERRANO PIEDECASAS/TERRADILLOS BASOCO (dirs.)/NIETO MARTÍN/PÉREZ CEPEDA (coords.), *Comentarios CP,* 2007, 495; en: TERRADILLOS BASOCO (coord.), *PE I,* 2011, 302; PÉREZ CEPEDA, en: GÓMEZ RIVERO (dir.), *PE I,* 2ª, 2015, 352; RODRÍGUEZ NÚÑEZ, en: LAMARCA PÉREZ (coord.), *PE,* 3ª, 2015, 264.

79 Afirmación de SÁNCHEZ-JUNCO MANS, en: CONDE-PUMPIDO FERREIRO (dir.)/DÍAZ MARTÍNEZ (coord.), *CP comentado I,* 3ª, 2012, 817.

80 Así lo afirma, entre otros, GÓMEZ MARTÍN, en: CORCOY BIDASOLO/MIR PUIG (dirs.), *Comentarios CP,* 2011, 496; en: CORCOY BIDASOLO (dir.)/VERA SÁNCHEZ (coord.), *PE I,* 2015, 448, pues si el delito se consuma en el momento de la celebración del matrimonio resulta irrelevante si posteriormente a su celebración se produce o no la disolución del primero. Y se comete el delito aunque en el momento de su celebración el primer matrimonio esté en proceso de divorcio, pero aún no ha recaído sentencia, tal como advierte GONZÁLEZ RUS, en: MORILLAS CUEVA (coord.), *PE,* 2011, 377. Aún más, como ya se ha comentado, puede que el primer matrimonio haya sido disuelto o declarado nulo según la normativa de una determinada confesión religiosa, o la normativa civil extranjera, pero dicha resolución judicial no ha sido homologada por el tribunal nacional, sea porque las partes no han solicitado este reconocimiento, sea porque aquella sentencia no se ajusta a la legislación civil. También en este caso si se contrae segundo matrimonio se comete el delito de bigamia. Para más detalles, LABACA ZABALA, en: *RDPP 13* (2005), 100.

A otra conclusión parece llegarse desde la tesis que señala que si el matrimonio anterior se declara nulo con efectos *ex tunc* habría que declarar la atipicidad de la conducta[81].

En la solución de esta controversia ha de valorarse la diferente perspectiva que entra en colisión. En efecto, si se hace una valoración desde la perspectiva jurídico-penal, la conclusión a la que habría que llegar es que, efectivamente, se ha cometido un delito de bigamia, pues el momento relevante para decidir si se comete o no el delito es el de la celebración del matrimonio; en este momento concurre el impedimento del vínculo, por tanto si se contrae matrimonio se comete el delito. Y una vez consumado el delito se han de producir los efectos propios de esta fase de realización, sin que sea posible ya eliminar o borrar tal efecto con una conducta posterior que trate de restablecer la situación a la posición originaria (en este caso ejerciendo la acción de nulidad del primer matrimonio). Pero la conclusión es diferente si atendemos a la regulación civil. Porque la declaración de nulidad del matrimonio tiene como efecto que el matrimonio no ha existido nunca, con la excepción de los efectos que sí se derivan respecto de los hijos y del contrayente o contrayentes de buena fe (art. 79 CC). Esta declaración de nulidad supone, pues, que los contrayentes no han estado casados. Aplicado al supuesto que nos ocupa, esto significa que el contrayente que era bígamo en el momento de la celebración del matrimonio que origina el delito de bigamia deja de serlo, y con efectos retroactivos a la celebración del matrimonio, por tanto en el momento de la celebración del matrimonio no hay impedimento de vínculo. Esta declaración de nulidad parece convertirse en una especie de causa de atipicidad sobrevenida: la conducta consistente en celebrar un matrimonio, típica en el momento de la celebración, se convierte en atípica *a posteriori* como consecuencia de la resolución de la acción de nulidad.

---

81 CARBONELL MATEU, en: *H-Vidal Guitarte I*, 1999, 174; CARBONELL MATEU/GONZÁLEZ CUSSAC, en: VIVES ANTÓN/ORTS BERENGUER/CARBONELL MATEU/GONZÁLEZ CUSSAC/MARTÍNEZ-BUJÁN PÉREZ, *PE*, 3ª, 2010, 381; CARBONELL MATEU, en: GONZÁLEZ CUSSAC (coord.), *PE*, 4ª, 2015, 314; LABACA ZABALA, en: *RDPP 13* (2005), 100, quien afirma expresamente que si el primer matrimonio se declara nulo, los efectos de la nulidad se retrotraen al momento de la celebración, ya que no tiene sentido perseguir este delito porque no se cumplen los requisitos típicos, ya no hay subsistencia legal del matrimonio anterior, por tanto la conducta deviene en atípica. Este efecto no se deriva en el caso de disolución del primer matrimonio por divorcio, pues aquí la sentencia es constitutiva, por tanto aquí no se produce aquel efecto de atipicidad sobrevenida por falta del presupuesto de la conducta típica (subsistiendo legalmente un matrimonio anterior).

Prima facie, la perspectiva penal debería prevalecer, conclusión que vendría reforzada por la propia regulación penal prevista en el delito de matrimonio inválido. Aquí sí se ha previsto expresamente la exención de pena para el caso de que, tras la celebración del matrimonio inválido, posteriormente se convalide. La falta de una previsión semejante en el delito de bigamia debería llevar a la conclusión de que no puede servir para eximir de pena por delito de bigamia la acción civil posterior que afecte a la nulidad del matrimonio que ha sido presupuesto de la bigamia. Esta conclusión se refuerza si comparamos este supuesto con otros casos en los que la situación antijurídica originada por la realización de la conducta típica se restablece y anula con posterioridad, volviendo a la situación originaria; esto no supone anular los efectos penales producidos con la realización del tipo penal. Como ejemplo cabe plantear, en los delitos patrimoniales, los supuestos en los que se produce la desposesión de la cosa a través de la realización de la conducta típica (conducta de apoderamiento sin que concurran circunstancias o modalidades comisivas violentas) y posteriormente el dueño de la cosa la recupera íntegramente.

Que la declaración de nulidad del matrimonio subsistente legalmente sirva para reconocer que, civilmente, el matrimonio no ha existido nunca, pero no alcanza o no surte efectos en la comisión del delito de bigamia, es una prueba más de lo cuestionable del mantenimiento de esta modalidad delictiva.

1.3. El delito de matrimonio inválido

Se regula en el art. 218 CP con el siguiente tenor literal:

> *"1. El que, para perjudicar al otro contrayente, celebrare matrimonio inválido será castigado con la pena de prisión de seis meses a dos años./2. El responsable quedará exento de pena si el matrimonio fuese posteriormente convalidado".*

Como se ha planteado con anterioridad en el delito de bigamia, antes de proceder a la valoración sobre la necesidad del mantenimiento de esta figura delictiva resulta conveniente explicar su ámbito aplicativo.

Comenzando por el bien jurídico protegido en esta figura delictiva, el mismo ha sido planteado desde distintas perspectivas, desde la tesis que parte de la coincidencia con el bien jurídico protegido en el delito de bigamia, especificando que nos encontramos también aquí ante una conducta de naturaleza falsaria[82], pasando por la tesis que formula el bien jurídico

---

[82] RAMÓN RIBAS, en: QUINTERO OLIVARES (dir.)/MORALES PRATS (coord.), *PE*, 9ª, 2011, 565.

como aquel que está constituido por los derechos subjetivos que se generan en la relación matrimonial[83] o, más concretamente, son los derechos del otro contrayente, calificando el delito como de estafa matrimonial[84], o que se protege el régimen legal matrimonial, ahora en lo que afecta a los presupuestos legales para la celebración válida del matrimonio[85] hasta la

---

83 PANIZO Y ROMO DE ARCE, en: *CPC 66* (1998), 639, añadiendo que se protege el mismo bien jurídico que en el delito de bigamia; en: *RGDCDEE 22* (2010), 21; TERRADILLOS BASOCO, en: COBO DEL ROSAL (dir.), *Comentarios CP VII*, 2003, 681; en: ARROYO ZAPATERO/BERDUGO GÓMEZ DE LA TORRE/FERRÉ OLIVÉ/GARCÍA RIVAS/SERRANO PIEDECASAS/TERRADILLOS BASOCO (dirs.)/NIETO MARTÍN/PÉREZ CEPEDA (coords.), *Comentarios CP*, 2007, 495; en: TERRADILLOS BASOCO (coord.), *PE I*, 2011, 303; PRATS CANUT, en: QUINTERO OLIVARES (dir.)/MORALES PRATS (coord.), *PE*, 8ª, 2009, 512. De la misma opinión, MARTÍNEZ GARCÍA, en: GÓMEZ TOMILLO (dir.), *Comentarios CP*, 2ª, 2011, 856, para quien es el conjunto de relaciones jurídicas que se derivan del matrimonio.

84 CARBONELL MATEU, en: *H-Vidal Guitarte I*, 1999, 174; CARBONELL MATEU/GONZÁLEZ CUSSAC, en: VIVES ANTÓN/ORTS BERENGUER/CARBONELL MATEU/GONZÁLEZ CUSSAC/MARTÍNEZ-BUJÁN PÉREZ, *PE*, 3ª, 2010, 382; CARBONELL MATEU, en: GONZÁLEZ CUSSAC (coord.), *PE*, 4ª, 2015, 315; PÉREZ CEPEDA, en: GÓMEZ RIVERO (dir.), *PE I*, 2ª, 2015, 353. No lo califican como estafa matrimonial, pero sí reconocen que estamos ante un bien jurídico individual, consistente en los derechos del individuo en cuanto a sus legítimas expectativas, CUESTA PASTOR, en: BENEYTO BERENGUER/TORRERO MUÑOZ/LLOPIS GINER (coords.), *Retos del siglo XXI para la familia*, 2008, 177; ARMENDÁRIZ LEÓN/MIRAT HERNÁNDEZ, en: YZQUIERDO TOLSADA/CUENA CASAS (dirs.), *Tratado Derecho de Familia VI*, 2011, 1079 s., para quienes se protegen los derechos subjetivos del otro cónyuge; SUÁREZ-MIRA RODRÍGUEZ, en: SUÁREZ-MIRA RODRÍGUEZ (coord.), *PE*, 6ª, 2011, 222, también defiende que en este delito se protege un bien jurídico individual, a diferencia de lo que sucede en el delito de bigamia.

85 MUÑOZ SÁNCHEZ, en: DÍEZ RIPOLLÉS/ROMEO CASABONA (coords.), *Comentarios CP II*, 2004, 1057, 1081, añadiendo que la restricción típica a los ataques engañosos de uno de los cónyuges determina que no solo se proteja la celebración fraudulenta de un matrimonio, también aparece el derecho del cónyuge engañado como objeto mediato de protección; CARRASCO ANDRINO, en: *LLP 66* (2009), 17 s.; en: ÁLVAREZ GARCÍA (dir.)/MANJÓN-CABEZA OLMEDA/VENTURA PÜSCHEL (coords.), *PE I*, 2ª, 2011, 881; en: QUINTERO OLIVARES/CARBONELL MATEU/MORALES PRATS/GARCÍA RIVAS/ÁLVAREZ GARCÍA (dirs.)/MANJÓN-CABEZA OLMEDA/VENTURA PÜSCHEL (coords.), *PE*, 2011, 232. En otro orden de cosas, LABACA ZABALA, en: *RDPP 13* (2005), 120, propone que, a través del delito de celebración de matrimonio inválido, se deberían proteger los mismos elementos que se recogen en el delito de bigamia, pues en ambos casos estamos ante matrimonios celebrados sin respetar las prescripciones legales que establece el ordenamiento civil y existe una modificación del estado civil. Reconoce esta autora que el bien jurídico protegido es el régimen legal del matrimonio, pues mediante la conducta típica se vulneran los presupuestos legales de su celebración (p. 127), aunque posteriormente

tesis que sostiene que se protege el bien jurídico supraindividual relativo al estado civil matrimonial al que se añade los derechos del contrayente de buena fe[86].

Esta falta de uniformidad en la definición del bien jurídico también se hace extensiva a la concreción del sujeto pasivo del delito, pues se ha defendido que ha de ser el cónyuge de buena fe y, en todo caso, la colectividad[87], aunque no ha faltado quien ha considerado que el sujeto pasivo es solo el otro contrayente[88], o solo la colectividad[89].

La controversia en torno al bien jurídico y, derivado de ello, sobre el sujeto pasivo, viene condicionado por la exigencia de que se actúe con ánimo de perjudicar al otro contrayente, pues de este requisito típico se ha querido deducir que son los derechos del contrayente de buena fe los protegidos por el delito que nos ocupa.

Pero precisamente desde esta perspectiva puede ponerse en entredicho que sea este el bien objeto de tutela por el delito de matrimonio inválido. Tomando como referencia la regulación civil sobre el matrimonio nulo,

---

señala que el bien jurídico protegido reside en los perjuicios que puede ocasionar la celebración del matrimonio inválido en el contrayente de buena fe (pp. 128, 135).

86 MENDOZA BUERGO, en: MOLINA FERNÁNDEZ (coord.), *Memento práctico penal*, 2015, 1023/nm. 10332.

87 QUERALT JIMÉNEZ, *PE*, 7ª, 2015, 399; RODRÍGUEZ NÚÑEZ, en: LAMARCA PÉREZ (coord.), *PE*, 3ª, 2015, 265.

88 PRATS CANUT, en: QUINTERO OLIVARES (dir.)/MORALES PRATS (coord.), *PE*, 8ª, 2009, 512; CARBONELL MATEU/GONZÁLEZ CUSSAC, en: VIVES ANTÓN/ORTS BERENGUER/CARBONELL MATEU/GONZÁLEZ CUSSAC/MARTÍNEZ-BUJÁN PÉREZ, *PE*, 3ª, 2010, 382; CARBONELL MATEU, en: GONZÁLEZ CUSSAC (coord.), *PE*, 4ª, 2015, 316; GONZÁLEZ CUSSAC/MATALLÍN EVANGELIO/ORTS BERENGUER/ROIG TORRES, *PE*, 2ª, 2010, 124, para quienes se protegen los intereses del que se desposa con quien pretende perjudicarle; MARTÍNEZ GARCÍA, en: GÓMEZ TOMILLO (dir.), *Comentarios CP*, 2ª, 2011, 857; SUÁREZ-MIRA RODRÍGUEZ, en: SUÁREZ-MIRA RODRÍGUEZ (coord.), *PE*, 6ª, 2011, 222.

89 MUÑOZ SÁNCHEZ, en: DÍEZ RIPOLLÉS/ROMEO CASABONA (coords.), *Comentarios CP II*, 2004, 1060, 1081; LABACA ZABALA, en: *RDPP 13* (2005), 127, añadiendo que el otro contrayente es el perjudicado; CARRASCO ANDRINO, en: *LLP 66* (2009), 18; en: ÁLVAREZ GARCÍA (dir.)/MANJÓN-CABEZA OLMEDA/VENTURA PÜSCHEL (coords.), *PE I*, 2ª, 2011, 881; en: QUINTERO OLIVARES/CARBONELL MATEU/MORALES PRATS/GARCÍA RIVAS/ÁLVAREZ GARCÍA (dirs.)/MANJÓN-CABEZA OLMEDA/VENTURA PÜSCHEL (coords.), *PE*, 2011, 232; GONZÁLEZ RUS, en: MORILLAS CUEVA (coord.), *PE*, 2011, 378; GORDILLO ÁLVAREZ-VALDÉS, en: LAMARCA PÉREZ (coord.), *PE*, 6ª, 2011, 229; SERRANO TÁRRAGA, en: SERRANO GÓMEZ/SERRANO MAÍLLO/SERRANO TÁRRAGA/VÁZQUEZ GONZÁLEZ, *PE*, 2012, 217. Para los partidarios de esta tesis el otro contrayente de buena fe ha de ser calificado como el perjudicado por el delito. V., en este sentido, expresamente, CUGAT MAURI, en: CÓRDOBA RODA/GARCÍA ARÁN (dirs.), *Comentarios CP PE I*, 2004, 553.

esta unión sí produce efectos, personales y patrimoniales, para el contrayente de buena fe (art. 79 CC)[90]; tales efectos se reconocen hasta el momento en que se declara la nulidad del matrimonio. Es más, teniendo en cuenta la causa de nulidad que concurra, el matrimonio nulo puede ser convalidado, lo que significa que tal matrimonio, nulo en el momento de su celebración, deviene en válido desde esta fecha, surgiendo derechos y obligaciones de la relación matrimonial para ambos contrayentes, no solo para el contrayente de buena fe. Este efecto también se tiene en cuenta en el delito de matrimonio inválido, a través de la regulación de la exención de pena para el caso de que se proceda a la convalidación del matrimonio. Por otro lado, si el ánimo de perjudicar fuera el que delimitara el bien jurídico, esto significaría que tal elemento subjetivo debería identificarse con la intención del contrayente de que no se originen los derechos derivados de la celebración del matrimonio. Pero que tales derechos surjan o no dependerá de si se celebra o no válidamente el matrimonio, y para el caso de que el matrimonio celebrado no sea válido, como se acaba de exponer, de la buena o mala fe de los contrayentes. El surgimiento o no de tales derechos no depende, pues, de la intención con la que actúen los contrayentes, en concreto, de si actúa o no con ánimo de perjudicar al otro.

De lo acabado de exponer cabe concluir que si uno de los contrayentes es de buena fe, esto es, desconoce que está celebrando un matrimonio inválido, sus derechos, personales y patrimoniales, están garantizados civilmente, luego la celebración del matrimonio nulo no supone afectación de tales derechos. Si esto es así, entonces el bien jurídico protegido por esta figura delictiva habrá de formularse desde la propia institución matrimonial, no desde los derechos que surgen de ella.

Si ambos contrayentes son de mala fe, los derechos subjetivos de esta unión no surgen para ninguno de ellos. Si se plantea como posible objeto de tutela los derechos subjetivos del contrayente, en este caso tales derechos no pueden surgir pero los contrayentes también lo saben, por lo que la celebración del matrimonio en estas condiciones puede entenderse como si de un consentimiento se tratara, como si se renunciara a los derechos que se derivan de la unión matrimonial. Solo si se atiende a la propia institución matrimonial como posible objeto de tutela la celebración del matrimonio inválido puede tener relevancia penal en este caso, si se cumplen además los requisitos típicos exigidos en esta figura delictiva.

---

90 Sobre los efectos que se producen en el matrimonio nulo para el contrayente de buena fe, v., por todos, MARÍN LÓPEZ, en: BERCOVITZ RODRÍGUEZ-CANO (coord.), *Derecho de familia*, 3ª, 2013, 79 s.

El ánimo de perjudicar exigido en el tipo penal no tiene la finalidad de configurar el posible bien jurídico protegido, su objetivo es restringir la conducta penalmente relevante, o dicho de otra manera, seleccionar las conductas de celebración de matrimonios inválidos que han de ser perseguidas penalmente: solo las que se cometan con la intención de perjudicar al otro contrayente. Aunque se valora como insuficiente, se está haciendo aplicación del principio de intervención mínima y *ultima ratio*[91]. *Mutatis mutandis*, sucede lo mismo en el delito de falsificación de documentos privados tipificado en el art. 395 CP, en el que también se exige el ánimo de perjudicar a otro en la descripción del delito, pero el bien jurídico protegido no puede plantearse desde la perspectiva de los derechos del sujeto que eventualmente pueda resultar efectivamente perjudicado por la falsificación documental.

El sujeto activo en el delito es el que celebra matrimonio inválido. Se ha considerado que también en este caso estamos ante un delito especial propio[92]; más específicamente, se ha planteado que será el contrayente sobre el que pesa el impedimento para celebrar el matrimonio el que tenga que ser el sujeto activo del delito[93], si bien no ha faltado quien ha negado esta interpretación, considerando que no se exige que concurra en el

---

91 En este sentido, MUÑOZ SÁNCHEZ, en: DÍEZ RIPOLLÉS/ROMEO CASABONA (coords.), *Comentarios CP II*, 2004, 1081, 1085, partiendo de que el bien jurídico protegido es de naturaleza supraindividual o institucional, el régimen legal del matrimonio desde la perspectiva de los presupuestos legales para su celebración válidamente, añade que solo se protege este bien jurídico frente a ataques engañosos dirigidos a perjudicar al otro contrayente, añadiendo que tal elemento subjetivo adicional lo que hace es poner de manifiesto qué conducta es penalmente relevante.

92 Así lo califican, entre otros, MIR PUIG, en: *EPB* 2002, 193; TERRADILLOS BASOCO, en: COBO DEL ROSAL (dir.), *Comentarios CP VII*, 2003, 684; en: ARROYO ZAPATERO/BERDUGO GÓMEZ DE LA TORRE/FERRÉ OLIVÉ/GARCÍA RIVAS/SERRANO PIEDECASAS/TERRADILLOS BASOCO (dirs.)/NIETO MARTÍN/PÉREZ CEPEDA (coords.), *Comentarios CP*, 2007, 496; SAAVEDRA RUIZ, en: CONDE-PUMPIDO TOURÓN (dir.)/LÓPEZ BARJA DE QUIROGA (coord.), *Comentarios CP III*, 2007, 1653; MANZANARES SAMANIEGO, *CP II*, 2010, 364, añadiendo que se asemeja al delito de bigamia; GONZÁLEZ RUS, en: MORILLAS CUEVA (coord.), *PE*, 2011, 378; SERRANO TÁRRAGA, en: SERRANO GÓMEZ/SERRANO MAÍLLO/SERRANO TÁRRAGA/VÁZQUEZ GONZÁLEZ, *PE*, 2012, 217.

93 SUÁREZ GONZÁLEZ, en: RODRÍGUEZ MOURULLO (dir.)/JORGE BARREIRO (coord.), *Comentarios CP*, 1997, 648; MIR PUIG, en: *EPB* 2002, 193; MENDOZA BUERGO, en: MOLINA FERNÁNDEZ (coord.), *Memento práctica penal*, 2015, 1023/nm. 10334; QUERALT JIMÉNEZ, *PE*, 7ª, 2015, 399.

sujeto activo la causa que invalida el matrimonio, solo que se celebre un matrimonio inválido con la finalidad de perjudicar[94].

Esta última interpretación es la más acertada, pues ¿cómo plantear entonces la causa dirimente de falta de consentimiento matrimonial por coacción o miedo grave cuando es el contrayente que quiere perjudicar el que coacciona o el que provoca el miedo? ¿Acaso aquí se diría que, porque él provoca la coacción o el miedo, concurre en él la ausencia de consentimiento matrimonial para salvar el obstáculo de la atipicidad? Pero, ¿y cuándo el otro contrayente es un menor de edad? Téngase en cuenta que en la redacción de la conducta típica no se ha seguido el criterio del delito de bigamia, aquí sí expresamente se exige que el autor sea el que contrae segundo matrimonio subsistiendo legalmente el anterior. Pero en el delito que ahora nos ocupa la conducta típica se describe como celebrar matrimonio inválido, y esto sucede cuando concurre un impedimento que invalida el matrimonio, con independencia de a qué contrayente afecta dicho impedimento[95].

Pero, ¿realmente estamos ante un delito especial? O acaso tal calificación ha de hacerse atendiendo al impedimento, dispensable o no dispensable, que concurra. Porque el matrimonio inválido por falta de consentimiento matrimonial sí puede ser cometido por cualquier persona, no es necesario que en el autor concurra una cualidad o circunstancia especial. Y lo mismo puede decirse del matrimonio inválido por vicios en el consentimiento basados en el error, la coacción o el miedo. Pero el matrimonio inválido porque entre los contrayentes existe una determinada relación de parentesco, o, aunque en menor medida, el matrimonio inválido por haber sido condenados como autores o cómplices en la muerte dolosa del

---

94 V., en este sentido, MUÑOZ SÁNCHEZ, en: DÍEZ RIPOLLÉS/ROMEO CASABONA (coords.), *Comentarios CP II*, 2004, 1082; CARRASCO ANDRINO, en: *LLP* 66 (2009), 18; en: ÁLVAREZ GARCÍA (dir.)/MANJÓN-CABEZA OLMEDA/VENTURA PÜSCHEL (coords.), *PE I*, 2ª, 2011, 881; en: QUINTERO OLIVARES/CARBONELL MATEU/MORALES PRATS/GARCÍA RIVAS/ÁLVAREZ GARCÍA (dirs.)/MANJÓN-CABEZA OLMEDA/VENTURA PÜSCHEL (coords.), *PE*, 2011, 232. Una postura vacilante muestra MORETÓN TOQUERO, *Matrimonios ilegales*, 2001, 21, 22, pues inicialmente afirma que el impedimento no tiene que concurrir en el sujeto activo, pero luego afirma que es un delito especial propio y que solo lo comete aquel en quien concurre el impedimento no dispensable.

95 MUÑOZ SÁNCHEZ, en: DÍEZ RIPOLLÉS/ROMEO CASABONA (coords.), *Comentarios CP II*, 2004, 1082 s., defiende esta tesis desde la consideración de que en este delito se trata de hacer frente a los ataques engañosos al orden legal con la celebración de un matrimonio inválido, y este ataque puede provenir de un cónyuge en el que concurre el impedimento como del cónyuge en el que no concurre pero sí conoce la existencia del impedimento en el otro.

anterior cónyuge de cualquiera de ellos, sí parece que restringen el ámbito del sujeto activo en las condiciones o de la forma como se explica en los delitos especiales propios, con más claridad en la primera de las causas de nulidad, en menor medida en la segunda de las mencionadas.

El otro contrayente, dado que el delito consiste en una acción dirigida a perjudicarle a él, sin género de dudas, será partícipe necesario si desconoce que está celebrando un matrimonio inválido; y se trata de una participación necesaria por dos motivos: primero, por la propia naturaleza del matrimonio, al tratarse de la unión de dos personas. Segundo, porque la tipicidad de la conducta depende de la presencia de un propósito, el de perjudicar al otro contrayente[96]; en esta figura delictiva sí nos encontramos ante un delito de participación necesaria, en el que el otro contrayente es en todo caso el perjudicado por la acción, si no llega a ser el sujeto pasivo del delito, como hemos visto que defiende un sector de la doctrina[97].

Si el otro contrayente tiene conocimiento de que se va a celebrar un matrimonio inválido, pero desconoce el ánimo que guía al contrayente sujeto-activo. O tiene pleno conocimiento de la situación, esto es, que va a celebrarse un matrimonio inválido y que el otro contrayente pretende perjudicarle. Estos casos, ¿qué tratamiento jurídico-penal merecen?

Desde la perspectiva doctrinal que propone como bien jurídico protegido los derechos del otro contrayente, planteando el delito como una especie de estafa matrimonial, este conocimiento pleno por parte del contrayente sí resulta relevante, convirtiendo en atípico el hecho, pues si el

---

96 Descartan que el otro contrayente de buena fe sea partícipe en el delito de celebración de matrimonio inválido, entre otros, CARRASCO ANDRINO, en: *LLP* 66 (2009), 18, quien califica el delito como de participación necesaria, por tanto el otro contrayente de buena fe no puede ser castigado a través de las reglas de la participación; en: ÁLVAREZ GARCÍA (dir.)/MANJÓN-CABEZA OLMEDA/VENTURA PÜSCHEL (coords.), *PE I*, 2ª, 2011, 881. De la misma opinión, entre otros, RAMÓN RIBAS, en: QUINTERO OLIVARES (dir.)/MORALES PRATS (coord.), *PE*, 9ª, 2011, 567; SERRANO TÁRRAGA, en: SERRANO GÓMEZ/SERRANO MAÍLLO/SERRANO TÁRRAGA/VÁZQUEZ GONZÁLEZ, *PE*, 2012, 217.

97 Lo califica como delito de participación necesaria o delito de encuentro, por todos, CARRASCO ANDRINO, en *LLP* 66 (2009), 18; en: ÁLVAREZ GARCÍA (dir.)/MANJÓN-CABEZA OLMEDA/VENTURA PÜSCHEL (coords.), *PE I*, 2ª, 2011, 881; en: QUINTERO OLIVARES/CARBONELL MATEU/MORALES PRATS/GARCÍA RIVAS/ÁLVAREZ GARCÍA (dirs.)/MANJÓN-CABEZA OLMEDA/VENTURA PÜSCHEL (coords.), *PE*, 2011, 233. Lo califica como sujeto pasivo del delito, por la forma como se ha formulado aquí el bien jurídico protegido, CARBONELL MATEU, en: *H-Vidal Guitarte I*, 1999, 175; en: GONZÁLEZ CUSSAC (coord.), *PE*, 4ª, 2015, 316.

sujeto pasivo conoce perfectamente la situación y, a pesar de ello, lleva a cabo la conducta, está aceptando o consintiendo la celebración de un matrimonio que es nulo, que no produce efectos por tanto, sabiendo además de las intenciones del otro contrayente. Desde esta perspectiva, para que el hecho sea atípico penalmente como delito de matrimonio inválido puede ser suficiente con el conocimiento de que se va a celebrar un matrimonio inválido, pues con tal conocimiento desaparece la buena fe del otro contrayente y, como tal, este no se ve afectado por la celebración del matrimonio nulo[98]. Desde la perspectiva del delito que nos ocupa, no parece preciso que el conocimiento abarque también el propósito de perjudicar que guía a la otra parte; el conocimiento o no de que el otro contrayente tiene intención de perjudicarle tendrá importancia desde la perspectiva de otros eventuales tipos penales concurrentes, dependiendo de en qué consista tal ánimo subjetivo[99].

También desde la tesis que plantea como bien jurídico protegido la propia institución matrimonial puede defenderse la atipicidad penal de la celebración del matrimonio inválido si el otro contrayente es conocedor de esta circunstancia, y conoce además las intenciones que guían al primer contrayente. A esta conclusión puede llegarse a través de la siguiente consideración. El DP pretende proteger la institución matrimonial, eso sí, de manera limitada: en el delito de bigamia, en la defensa del vínculo monógamo, en el matrimonio inválido, se pretende proteger la constitución de la unión de forma válida, tipificando la conducta que incumple este requisito que, además, se comete con el ánimo de perjudicar al otro contrayente. El perjuicio, como se verá más adelante, no ha de identificarse sin más con el que pueda derivarse de la propia celebración de un matrimonio nulo de pleno derecho. Esto supone que el ánimo de perjudicar solo se contrarresta o anula si el otro contrayente conoce las verdaderas intenciones del primero, no resultando suficiente con el conocimiento de que va a celebrar un matrimonio inválido; este conocimiento servirá para

---

98 Desde esta tesis doctrinal sobre el bien jurídico, si el otro contrayente tiene conocimiento de la situación, atendiendo al dolo del primer contrayente, y que actúa con intención de perjudicar al otro, cabría formular que nos encontramos ante una tentativa inidónea de celebración de matrimonio inválido.

99 Sin plantearlo desde la perspectiva de si es o no participación necesaria, GONZÁLEZ CUSSAC/ORTS BERENGUER/MATALLÍN EVANGELIO/ROIG TORRES, *PE*, 2ª, 2010, 124, sí afirman que el que se casa con quien no puede hacerlo, conociendo este extremo, no sufre un perjuicio, aunque sea esta la intención del agente. Para estos autores, el delito quiere proteger los intereses del que se desposa con quien pretende perjudicarle, por lo que cuando hay dejación de tales intereses estaremos ante un ilícito civil, a no ser que el hecho se pueda reconducir a otro tipo penal.

anular la buena fe del otro contrayente, y ello supone que no surgirán los efectos civiles del matrimonio nulo, pero ello no es óbice para que se afirme que se han incumplido los requisitos formales sobre la constitución de la unión matrimonial, y que uno de los contrayentes haya actuado con el ánimo de perjudicar al otro, requisito esencial para que la conducta adquiera relevancia penal.

Esta conclusión no parece ser la más lógica ni razonable, pues si ninguno de los contrayentes actúa de buena fe, esto es, si ambos son conocedores de que se va a celebrar un matrimonio nulo, no parece razonable que, a pesar de ello, la conducta pueda ser típica penalmente por la presencia de un eventual ánimo de perjudicar en uno de ellos, con el añadido de que se trata de un ánimo de contornos imprecisos. Quizás la forma de evitar esta consecuencia sea entender que el elemento subjetivo exigido en el art. 218 CP implica, como mínimo, que uno de los contrayentes debe actuar de buena fe, desconociendo que va a celebrar un matrimonio inválido. En consecuencia, el delito de celebración de matrimonio inválido se cometerá cuando, actuando de buena fe uno de los contrayentes, el otro sí actúa de mala fe, conociendo que está celebrando un matrimonio inválido, y con la intención de perjudicar. Dicho de otra manera, el supuesto antes planteado, cuando un contrayente celebra matrimonio inválido para perjudicar al otro, si este es conocedor de que celebra matrimonio inválido, no se comete este delito (salvo una posible tentativa inidónea si el sujeto actúa con esta intención y no sabe que el otro contrayente es conocedor de la situación).

Para el caso de los dos celebren el matrimonio con la intención de perjudicarse mutuamente, en tal caso se ha defendido que ambos serán autores del delito de celebración de matrimonio inválido[100], concretamente cada uno de los contrayentes será autor de un delito de celebración de matrimonio inválido, rechazando expresamente la calificación del hecho

---

100 De otra opinión CARRASCO ANDRINO, en: *LLP 66* (2009), 18; en: ÁLVAREZ GARCÍA (dir.)/MANJÓN-CABEZA OLMEDA/VENTURA PÜSCHEL (coords.), *PE I*, 2ª, 2011, 881; en: QUINTERO OLIVARES/CARBONELL MATEU/MORALES PRATS/GARCÍA RIVAS/ÁLVAREZ GARCÍA (dirs.)/MANJÓN-CABEZA OLMEDA/VENTURA PÜSCHEL (coords.), *PE*, 2011, 232, para quien es necesario que uno de los contrayentes (el partícipe necesario) intervenga en la celebración de buena fe. Y añade que, en el supuesto de que los dos contrayentes tengan conocimiento de la invalidez del matrimonio que celebran y ambos actúen con ánimo de perjudicar al otro, el delito será imposible pues los dos conocen la invalidez del matrimonio.

como un delito de celebración de matrimonio inválido cometido en coautoría[101].

En principio, desde la perspectiva que se ha defendido en torno al bien jurídico protegido, esta sería la tesis a asumir: desde el momento en que cada contrayente actúa con la intención de perjudicar al otro, los dos son conocedores de que están celebrando un matrimonio inválido, por tanto, de que están incumpliendo las formalidades legalmente establecidas para la constitución de esta unión. Ahora bien, si se entiende que, a través del requisito del ánimo de perjudicar, implícitamente se está aludiendo a la buena fe de los contrayentes, ninguno de ellos cometería el delito que se comenta porque ninguno actuaría de buena fe. A lo sumo cabría plantear que se estaría ante dos tentativas, una por cada contrayente, si celebran la unión matrimonial sabiendo que es inválida pero creyendo que el otro actúa de buena fe.

La conducta típica consiste en celebrar un matrimonio inválido.

El verbo típico empleado en esta figura delictiva, celebrar matrimonio, no resulta diferente en su significado al utilizado en el delito de bigamia, contraer matrimonio. Por tanto, por celebrar matrimonio ha de entenderse el acto en el que se produce la unión entre dos personas, momento en el que, aparentemente al menos, cada uno de los contrayentes presta el consentimiento matrimonial ante la autoridad o funcionario, siendo este último el que declara que se ha producido la unión matrimonial entre ellos.

Para hallar el significado de matrimonio válido/inválido, elemento normativo, ha de estarse a la regulación civil[102] sobre capacidad, consen-

---

101 V., en este sentido, TERRADILLOS BASOCO, en: COBO DEL ROSAL (dir.), *Comentarios CP VII*, 2003, 684; en: ARROYO ZAPATERO/BERDUGO GÓMEZ DE LA TORRE/FERRÉ OLIVÉ/GARCÍA RIVAS/SERRANO PIEDECASAS/TERRADILLOS BASOCO (dirs.)/NIETO MARTÍN/PÉREZ CEPEDA (coords.), *Comentarios CP*, 2007, 496; MUÑOZ SÁNCHEZ, en: DÍEZ RIPOLLÉS/ROMEO CASABONA (coords.), *Comentarios CP II*, 2004, 1083; GORDILLO ÁLVAREZ-VALDÉS, en: LAMARCA PÉREZ (coord.), *PE*, 6ª, 2011, 230; GONZÁLEZ RUS, en: MORILLAS CUEVA (coord.), *PE*, 2011, 378; QUERALT JIMÉNEZ, *PE*, 7ª, 2015, 399, para el caso de que el impedimento concurra en los dos contrayentes, por ejemplo el lazo de sangre, descarta la existencia de una coautoría, concurren dos delitos, cada contrayente es autor de su delito y partícipe en el delito del otro, pero al tratarse de un delito de participación necesaria esta participación es impune; RODRÍGUEZ NÚÑEZ, en: LAMARCA PÉREZ (coord.), *PE*, 3ª, 2015, 266.

102 Y esto es así aunque el matrimonio se celebre en forma religiosa, las causas de validez o invalidez del matrimonio no se establecerán conforme a las disposiciones de esa forma religiosa, sino conforme a la legislación civil. Así lo advierte LABACA ZABALA, en: *RDPP 13* (2005), 121 s.

timiento[103] y forma del matrimonio así como sobre los impedimentos, dispensables o no dispensables, del matrimonio y las causas de nulidad[104].

---

103 MARCHENA GÓMEZ, en: DEL MORAL GARCÍA/SERRANO BUTRAGUEÑO (coords.), *CP II*, 3ª, 2002, 157 s., advierte de que la celebración de un matrimonio impulsado exclusivamente por la finalidad de perjudicar al otro contrayente será siempre un matrimonio inválido, en concreto será nulo por falta de consentimiento matrimonial, causa de nulidad que no puede ser además convalidada. Parece aceptar esta interpretación MARTÍNEZ GARCÍA, en: GÓMEZ TOMILLO (dir.), *Comentarios CP*, 2ª, 2011, 857. Con independencia de que se acepte o no esta tesis, pues perfectamente pueden concurrir el consentimiento matrimonial y el ánimo de perjudicar al otro contrayente, máxime en la actualidad cuando este consentimiento ha perdido su contenido material y ha pasado a tener una caracterización meramente formal, la previsión contemplada en el art. 218.2 CP sobre los efectos de la convalidación del matrimonio ponen en entredicho aquella conclusión: si el ánimo de perjudicar implica necesariamente la inexistencia de un consentimiento matrimonial, esta causa de nulidad no sería en ningún caso convalidable, por lo tanto no podría ser aplicable en ningún supuesto lo dispuesto en el citado art. 218.2 CP. O dicho de otra manera, la regulación civil sobre la validez o invalidez del matrimonio, y sobre los impedimentos convalidables o no convalidables, no operaría en DP: debido a la exigencia del propósito de perjudicar, todos los supuestos de invalidez del matrimonio se reconducirían a uno: la ausencia de consentimiento. El propio MARCHENA GÓMEZ advierte de las consecuencias que se derivan de su interpretación: si falta el consentimiento matrimonial no habría posibilidad de convalidación del matrimonio (pues para la convalidación es necesario que exista realmente consentimiento matrimonial). Ya con anterioridad PANIZO Y ROMO DE ARCE, en: *CPC 66* (1998), 643; en: *RGDCDEE 22* (2010), 25 s., ha dudado que concurra el consentimiento matrimonial (causa de nulidad no convalidable) cuando el contrayente presta tal consentimiento solo para perjudicar al otro, sabiendo por tanto de la invalidez (por falta de consentimiento) del matrimonio.

104 Como advierte MUÑOZ SÁNCHEZ, en: DÍEZ RIPOLLÉS/ROMEO CASABONA (coords.), *Comentarios CP II*, 2004, 1084, no hay en el art. 218 CP ningún fundamento que permita identificar matrimonio inválido con matrimonio celebrado concurriendo un impedimento dirimente no dispensable. Es más, de la regulación sobre la exención de pena en el caso de que el matrimonio inválido sea convalidado se deduce un argumento para llegar a la conclusión contraria: a efectos penales, el matrimonio inválido es, también, el celebrado concurriendo un impedimento dispensable. Se plantea este autor esta posible interpretación del concepto de matrimonio inválido a la vista de la regulación sobre esta figura delictiva en el CP 1944/1973, en el que se castigaba a quien contraía matrimonio concurriendo un impedimento dirimente no dispensable. No queda muy clara la interpretación de matrimonio inválido planteada por LABACA ZABALA, en: *RDPP 13* (2005), 117 s., ya que diferencia hasta tres posibles interpretaciones, cada una de ellas con distinto alcance respecto de la regulación de las causas de nulidad matrimonial (parece que identifica la primera tesis con matrimonio inválido por concurrir impedimento dispensable, la segunda tesis con matrimonio inválido por concurrir impedimento dispensable y no dispensable y tercera tesis parece que equipara el matrimonio inválido con la bigamia), y parece decantarse por la tercera de las interpretaciones.

Ha de estarse, por tanto, a lo dispuesto en los arts. 45, 46-48, 49-60 y 73-80 CC[105].

Una de las causas de invalidez, por impedimento no dispensable, es el de impedimento porque uno o los dos contrayentes están ligados por un vínculo matrimonial anterior. Es decir, la bigamia (o poligamia) también es una causa de celebración de matrimonio inválido. Si el bígamo celebra o contrae segundo o ulterior matrimonio con intención de perjudicar al otro contrayente, ¿qué relación concursal ha de plantearse entre los delitos de bigamia y de celebración de matrimonio inválido?

Generalmente se ha planteado una relación de concurso de leyes, a favor del delito de que nos ocupa, de manera mayoritaria resuelta a través del principio de especialidad[106], si bien no han faltado autores que han re-

---

105 Para más detalles sobre la regulación civil sobre los requisitos para la celebración del matrimonio, y las causas de nulidad matrimonial, v., por todos, SERRANO GÓMEZ, en: YZQUIERDO TOLSADA/CUENA CASAS (dirs.), *Tratado Derecho de Familia I*, 2011, 559 ss., 573 ss., 576 ss.; y *II*, 2011, 46 ss., 51 ss., 93 ss.; MARÍN LÓPEZ, en: BERCOVITZ RODRÍGUEZ-CANO (coord.), *Derecho de familia*, 3ª, 2013, 50 ss., 73 ss.

106 V., de esta opinión, BOIX REIG/JAREÑO LEAL, en: VIVES ANTÓN (coord.), *Comentarios CP I*, 1996, 1049; SUÁREZ GONZÁLEZ, en: RODRÍGUEZ MOURULLO (dir.)/JORGE BARREIRO (coord.), *Comentarios CP*, 1997, 647, 648, si bien también ha afirmado que el delito de bigamia es subsidiario respecto del delito de matrimonio inválido; PANIZO Y ROMO DE ARCE, *CPC 66* (1998), 638; en: *RGDCDEE 22* (2010), 17; MARCHENA GÓMEZ, en: DEL MORAL GARCÍA/SERRANO BUTRAGUEÑO (coords.), *CP II*, 3ª, 2002, 1570, 1571; LABACA ZABALA, en: *RDPP 13* (2005), 118; SAAVEDRA RUIZ, en: CONDE-PUMPIDO TOURÓN (dir.)/LÓPEZ BARJA DE QUIROGA (coord.), *Comentarios CP III*, 2007, 1654; MANZANARES SAMANIEGO, *CP II*, 2010, 364; GONZÁLEZ RUS, en: MORILLAS CUEVA (coord.), *PE*, 2011, 378, recurriendo también al argumento de que este delito tiene mayor pena; MARTÍNEZ GARCÍA, en: GÓMEZ TOMILLO (dir.), *Comentarios CP*, 2ª, 2011, 856; BOIX REIG, en: BOIX REIG (dir.), *PE II*, 2012, 21; SÁNCHEZ-JUNCO MANS, en: CONDE-PUMPIDO FERREIRO (dir.)/DÍAZ MARTÍNEZ (coord.), *CP comentado I*, 2012, 3ª, 819; SERRANO TÁRRAGA, en: SERRANO GÓMEZ/SERRANO MAÍLLO/SERRANO TÁRRAGA/VÁZQUEZ GONZÁLEZ, *PE*, 2012, 218; CASTIÑEIRA PALOU/MONTANER FERNÁNDEZ, en: SILVA SÁNCHEZ (dir.)/RAGUÉS I VALLÈS (coord.), *PE*, 4ª, 2015, 204; MUÑOZ CONDE, *PE*, 20ª, 2015, 272; QUERALT JIMÉNEZ, *PE*, 7ª, 2015, 400; RODRÍGUEZ NÚÑEZ, en: LAMARCA PÉREZ (coord.), *PE*, 3ª, 2015, 264, 266. Por su parte, LABACA ZABALA, *Op. cit.*, 118, llega a calificar el delito de celebración de matrimonio inválido como un tipo agravado del delito de bigamia. También MIR PUIG, en: *EPB* 2002, 192, resuelve el concurso de leyes entre los delitos de bigamia y matrimonio inválido, tipo cualificado, a favor de este segundo. Una tesis vacilante defiende MORETÓN TOQUERO, *Matrimonios ilegales*, 2001, 17, 19, pues inicialmente califica el delito de bigamia de norma subsidiaria respecto del delito de celebración de matrimonio inválido, pero luego resuelve el concurso de leyes a través del principio de especialidad.

currido al principio de alternatividad[107] o al de subsidiariedad[108]. Pero no ha faltado la tesis que propone la solución del concurso de delitos, con el argumento principal de la diferencia entre los bienes jurídicos protegidos en cada modalidad delictiva concurrente[109].

Aceptando que se ha de recurrir a las reglas del concurso de leyes, no parece correcta la aplicación del principio de especialidad, por la sencilla razón de que no nos encontramos ante una relación de género a especie entre las dos figuras delictivas concurrentes. Pues cada modalidad delictiva presenta elementos comunes (celebrar matrimonio) y elementos diferenciadores (en un caso celebrar matrimonio inválido con ánimo de perjudicar, sea cual sea la causa de invalidez, en el otro celebrar matrimonio inválido por existencia de vínculo anterior) que dificultan la aplicación del mentado principio.

En ambas modalidades delictivas nos encontramos ante la constitución de un matrimonio inválido, resultando elemento esencial en una de

---

[107] Parecen defender esta solución CUGAT MAURI, en: CÓRDOBA RODA/GARCÍA ARÁN (dirs.), *Comentarios CP PE I*, 2004, 550; CARDONA TORRES, *PE*, 2010, 212; RAMÓN RIBAS, en: QUINTERO OLIVARES (dir.)/MORALES PRATS (coord.), *PE*, 9ª, 2011, 566; MENDOZA BUERGO, en: MOLINA FERNÁNDEZ (coord.), *Memento práctico penal*, 2015, 1023/nm. 10327, 1024/nm. 10339. De manera expresa resuelve el concurso de leyes a través del principio de alternatividad CARRASCO ANDRINO, en: *LLP 66* (2009), 15; en: ÁLVAREZ GARCÍA (dir.)/ MANJÓN-CABEZA OLMEDA/VENTURA PÜSCHEL (coords.), *PE I*, 2ª, 2011, 879; en: QUINTERO OLIVARES/CARBONELL MATEU/MORALES PRATS/GARCÍA RIVAS/ÁLVAREZ GARCÍA (dirs.)/MANJÓN-CABEZA OLMEDA/VENTURA PÜSCHEL (coords.), *PE*, 2011, 231.

[108] V., ampliamente, MUÑOZ SÁNCHEZ, en: DÍEZ RIPOLLÉS/ROMEO CASABONA (coords.), *Comentarios CP II*, 2004, 1084, 1085 s., quien analiza, para descartarlas, las otras posturas doctrinales, sobre el concurso de leyes a resolver con el principio de especialidad y sobre el concurso de delitos; TERRADILLOS BASOCO, en: ARROYO ZAPATERO/BERDUGO GÓMEZ DE LA TORRE/FERRÉ OLIVÉ/GARCÍA RIVAS/ SERRANO PIEDECASAS/TERRADILLOS BASOCO (dirs.)/NIETO MARTÍN/PÉREZ CEPEDA (coords.), *Comentarios CP*, 2007, 496 s., desde la consideración de que entre ambos delitos hay diferencias relevantes (en el bien jurídico, en el consentimiento) como para poder recurrir al principio de especialidad.

[109] V., en este sentido, CARBONELL MATEU, en: *H-Vidal Guitarte I*, 1999, 175; CARBONELL MATEU/GONZÁLEZ CUSSAC, en: VIVES ANTÓN/ORTS BERENGUER/ CARBONELL MATEU/GONZÁLEZ CUSSAC/MARTÍNEZ-BUJÁN PÉREZ, *PE*, 3ª, 2010, 383; CARBONELL MATEU, en: GONZÁLEZ CUSSAC (coord.), *PE*, 4ª, 2015, 316; ARMENDÁRIZ LEÓN/MIRAT HERNÁNDEZ, en: YZQUIERDO TOLSADA/ CUENA CASAS (dirs.), *Tratado Derecho de Familia VI*, 2011, 1080. Defiende la solución del concurso de delitos SUÁREZ-MIRA RODRÍGUEZ, en: SUÁREZ-MIRA RODRÍGUEZ (coord.), *PE*, 6ª, 2011, 222, pues para este autor resulta dudosa la existencia de una relación de especialidad entre la bigamia y la celebración de matrimonio inválido.

ellas el ánimo de perjudicar, requisito típico que, además, tiene un doble efecto: sirve como elemento constitutivo del delito tipificado en el art. 218 y, además, convierte la celebración del matrimonio inválido en delito más grave que el matrimonio inválido por bigamia. De esta consideración ha de extraerse la conclusión de que el concurso de leyes entre estas dos modalidades delictivas ha de resolverse, efectivamente, a favor del delito de celebración de matrimonio inválido, no siendo necesario el recurso al principio de alternatividad, planteado legalmente como principio subsidiario (art. 8.4 CP).

Al igual que en el delito de bigamia, en el delito de celebración de matrimonio inválido se ha tipificado solo la modalidad dolosa. Este elemento ha de ser puesto en relación con la conducta típica, construida a través de un elemento normativo, la celebración de matrimonio inválido, por tanto el conocimiento constitutivo del dolo habrá de ser formulado desde la perspectiva del conocimiento del significado material auténtico del término matrimonio válido/inválido[110].

El tipo subjetivo está descrito también por un especial elemento subjetivo del injusto: para perjudicar al otro contrayente.

Varias son las cuestiones objeto de comentario en este punto. Por un lado, de qué manera ha de ser interpretado el ánimo de perjudicar al otro contrayente. O dicho de otra manera, en qué ha de consistir ese perjuicio, cuál es su contenido. Y, dado que se especifica que el perjuicio ha de ser para el otro contrayente, ¿de qué manera ha de entenderse esta referencia? Por otro lado, la exigencia de este especial elemento subjetivo del injusto, reconociendo de manera unánime que se trata de un delito de resultado cortado (por tanto, no es necesario para la consumación del delito que se haya producido el efectivo perjuicio)[111], ¿qué consecuencias se derivan de

---

110 Sobre la forma de concretar el elemento cognoscitivo del dolo en relación con los elementos normativos del tipo, y el planteamiento de la teoría del error sobre tales elementos normativos, v. DÍAZ Y GARCÍA CONLLEDO, *Error elementos normativos*, 2008, *passim* y especialmente 189-434; LUZÓN PEÑA, *PG*, 2ª, 2012, 264 ss./nm. 17 ss., 545 s./nm. 5.

111 V., entre otros muchos, CARRASCO ANDRINO, en: *LLP 66* (2009), 19; en: ÁLVAREZ GARCÍA (dir.)/MANJÓN-CABEZA OLMEDA/VENTURA PÜSCHEL (coords.), *PE I*, 2ª, 2011, 822; en: QUINTERO OLIVARES/CARBONELL MATEU/MORALES PRATS/GARCÍA RIVAS/ÁLVAREZ GARCÍA (dirs.)/MANJÓN-CABEZA OLMEDA/VENTURA PÜSCHEL (coords.), *PE*, 2011, 233. Califican esta figura delictiva como un delito de tendencia interna trascendente, entre otros, CASTIÑEIRA PALOU/MONTANER FERNÁNDEZ, en: SILVA SÁNCHEZ (dir.)/RAGUÉS I VALLÈS (coord.), *PE*, 4ª, 2015, 204; PÉREZ CEPEDA, en: GÓMEZ RIVERO (dir.), *PE I*, 2ª, 2015, 353.

esta calificación en relación con la definición del dolo en este delito? ¿Se puede castigar el delito cuando se comete con dolo eventual?

En relación con la primera cuestión, el significado de perjuicio, se ha admitido que este perjuicio puede ser de tipo moral, patrimonial, social, etc[112]., añadiendo en ocasiones que, en todo caso, ha de tratarse de un

---

112 BOIX REIG/JAREÑO LEAL, en: VIVES ANTÓN (coord.), *Comentarios CP I*, 1996, 1049; TERRADILLOS BASOCO, en: COBO DEL ROSAL (dir.), *Comentarios CP VII*, 2003, 685; en: ARROYO ZAPATERO/BERDUGO GÓMEZ DE LA TORRE/FERRÉ OLIVÉ/GARCÍA RIVAS/SERRANO PIEDECASAS/TERRADILLOS BASOCO (dirs.)/NIETO MARTÍN/PÉREZ CEPEDA (coords.), *Comentarios CP*, 2007, 496; en: TERRADILLOS BASOCO (coord.), *PE I*, 2011, 304; MUÑOZ SÁNCHEZ, en: DÍEZ RIPOLLÉS/ROMEO CASABONA (coords.), *Comentarios CP II*, 2004, 1084; CHOCLÁN MONTALVO, en: CALDERÓN CEREZO/CHOCLÁN MONTALVO, *PE*, 2005, 183; LABACA ZABALA, en: *RDPP 13* (2005), 123, quien añade que no basta con contraer matrimonio en contra de la buena fe del otro contrayente o para satisfacer deseos sexuales; SAAVEDRA RUIZ, en: CONDE-PUMPIDO TOURÓN (dir.)/LÓPEZ BARJA DE QUIROGA (coord.), *Comentarios CP III*, 2007, 1654; CARRASCO ANDRINO, en: *LLP 66* (2009), 19; en: ÁLVAREZ GARCÍA (dir.)/MANJÓN-CABEZA OLMEDA/VENTURA PÜSCHEL (coords.), *PE I*, 2ª, 2011, 882; en: QUINTERO OLIVARES/CARBONELL MATEU/MORALES PRATS/GARCÍA RIVAS/ÁLVAREZ GARCÍA (dirs.)/MANJÓN-CABEZA OLMEDA/VENTURA PÜSCHEL (coords.), *PE*, 2011, 233; MARTÍNEZ GARCÍA, en: GÓMEZ TOMILLO (dir.), *Comentarios CP*, 2ª, 2011, 857; MANJÓN-CABEZA OLMEDA, *Excusas absolutorias*, 2014, 87, quien plantea los siguientes ejemplos: casarse con un menor no emancipado sin dispensa para hacerse con sus bienes (supuesto admitido hasta la reforma del CC por la Ley 15/2015, de 2 de julio, de jurisdicción voluntaria), o tener el consentimiento viciado por error para vengarse, sobre el contrayente engañado, de afrentas del padre del contrayente; MENDOZA BUERGO, en: MOLINA FERNÁNDEZ (coord.), *Memento práctico penal*, 2015, 1024/nm. 10335. Para BOIX REIG, en: BOIX REIG (dir.), *PE II*, 2012, 22, el perjuicio normalmente será de tipo económico, pero el tipo no ha restringido su alcance, por tanto puede tener otro contenido. También CUGAT MAURI, en: CÓRDOBA RODA/GARCÍA ARÁN (dirs.), *Comentarios CP I*, 2004, 553, señala que el perjuicio no tiene que ser de índole patrimonial, aunque tampoco se descarta. GONZÁLEZ RUS, en: MORILLAS CUEVA (coord.), *PE*, 2011, 378, admite que el perjuicio puede ser de cualquier clase: descrédito social, económico, incluso si es deseo iniciar una vida en común que la otra persona rechaza si no están casadas, lo que le lleva a organizar el simulacro de matrimonio civil. Esta es la situación que se plantea en la SAP Valladolid núm. 196/2000, 8-3 *(Tol 1538209)*: el acusado Julio está en proceso de divorcio. En este intervalo de tiempo contacta con Fernando, llegando a un acuerdo con él para que, a cambio de una cantidad de dinero, se haga pasar por encargado del Registro Civil y realice un simulacro de boda en un hotel. En este simulacro, Fernando casa a Julio con Aurora, quien no quería vivir con Julio hasta no estar legalmente casada. Aurora, los testigos y los invitados desconocían el acuerdo entre los dos acusados, y también desconocían el impedimento de Julio para casarse con Aurora. En esta sentencia se absuelve a los acusados por el delito de celebración de matrimonio inválido, será porque no se celebra matrimonio, es un simulacro, y se condena a los dos por el delito de usurpación de funciones. Por su parte, PÉREZ

perjuicio diferente del que se deriva de la celebración del matrimonio inválido[113]. También se ha interpretado en el sentido de que el sujeto con la conducta ha de tender a lesionar derechos subjetivos del otro contrayente[114]. De esta interpretación disiente un sector minoritario; el ánimo de perjudicar que se requiere en este tipo penal no ha de ser de tipo patrimonial, pues para la evitación de tal intención ya están previstos delitos contra el patrimonio como la estafa y otros fraudes patrimoniales. Desde esta consideración, el perjuicio es la propia invalidez del matrimonio que el contrayente de buena fe cree haber contraído[115].

Tomando como referencia el dato de que el ánimo de perjudicar es el elemento diferenciador entre el ilícito civil y el ilícito penal existente en la celebración de un matrimonio inválido, y atendiendo a que para el contrayente de buena fe el matrimonio inválido sí va a producir efectos

---

CEPEDA, en: GÓMEZ RIVERO (dir.), *PE I*, 2ª, 2015, 353, señala que no se ha precisado qué clase de perjuicio es el requerido en el tipo, si de cualquier clase o ha de estar relacionado con el bien jurídico protegido.

113 TERRADILLOS BASOCO, en: COBO DEL ROSAL (dir.), *Comentarios CP VII*, 2003, 685; en: ARROYO ZAPATERO/BERDUGO GÓMEZ DE LA TORRE/FERRÉ OLIVÉ/GARCÍA RIVAS/SERRANO PIEDECASAS/TERRADILLOS BASOCO (dirs.)/NIETO MARTÍN/PÉREZ CEPEDA (coords.), *Comentarios CP*, 2007, 496; en: TERRADILLOS BASOCO (coord.), *PE I*, 2011, 304; CARRASCO ANDRINO, en: *LLP 66* (2009), 19; en: ÁLVAREZ GARCÍA (dir.)/MANJÓN-CABEZA OLMEDA/VENTURA PÜSCHEL (coords.), *PE I*, 2ª, 2011, 882; en: QUINTERO OLIVARES/CARBONELL MATEU/MORALES PRATS/GARCÍA RIVAS/ÁLVAREZ GARCÍA (dirs.)/MANJÓN-CABEZA OLMEDA/VENTURA PÜSCHEL (coords.), *PE*, 2011, 233. También MENDOZA BUERGO, en: MOLINA FERNÁNDEZ (coord.), *Memento práctico penal*, 2015, 1024/nm. 10335, advierte que el perjuicio tiene que ser algo que vaya más allá del que supone la invalidez de un matrimonio contraído de buena fe. Advierte MUÑOZ SÁNCHEZ, en: DÍEZ RIPOLLÉS/ROMEO CASABONA (coords.), *Comentarios CP II*, 2004, 1085, que no es suficiente con que el contrayente quiera celebrar el matrimonio inválido en contra de la buena fe del otro contrayente o con la intención de satisfacer sus deseos sexuales; estos ánimos pueden concurrir con la finalidad de causar un perjuicio.

114 Tesis defendida por PRATS CANUT, en: QUINTERO OLIVARES (dir.)/MORALES PRATS (coord.), *PE*, 8ª, 2009, 514, en consonancia con el bien jurídico protegido en este delito. Para el caso de que concurran varios ánimos en el sujeto activo, el de perjudicar ha de ser el prioritario o principal, en caso contrario no se cometería este delito. En el mismo sentido, PANIZO Y ROMO DE ARCE, en: *CPC 66* (1998), 641, para quien solo es punible la unión que tienda a lesionar derechos subjetivos no susceptibles de ampliación a terceras personas, solo circunscribibles a la esfera personal determinada por los derechos del contrayente de buena fe; en: *RGDCDEE 22* (2010), 23.

115 QUERALT JIMÉNEZ, *PE*, 7ª, 2015, 399 s., quien completa su argumentación considerando que, sistemáticamente, esta conclusión parece correcta a la vista de la excusa absolutoria regulada en el art. 218.2 CP.

jurídicos, los propios del matrimonio mientras no se declare la nulidad del mismo, hemos de aceptar que, efectivamente, el ánimo de perjudicar ha de trascender al que se pueda derivar de la celebración del matrimonio inválido. Pero, como contrapartida, por las razones anteriormente esgrimidas, la concurrencia de este ánimo ha de suponer o implicar que uno de los contrayentes actúa de buena fe, en el sentido de que desconoce que contrae un matrimonio inválido.

Este amplio significado del ánimo de perjudicar tiene como consecuencia que, para el caso de que efectivamente se produzca el perjuicio, el mismo puede dar lugar al planteamiento de otra figura delictiva. Y para abarcar todo el desvalor del hecho (tanto el desvalor de la acción como el desvalor de resultado) se ha de recurrir al correspondiente concurso de delitos entre el delito de matrimonio inválido y delitos de tan diverso significado como los patrimoniales, en particular la estafa[116], sexuales, como los delitos de abusos sexuales[117], contra el honor, como los delitos

---

[116] MORETÓN TOQUERO, *Matrimonios ilegales*, 2001, 22; TERRADILLOS BASOCO, en: COBO DEL ROSAL (dir.), *Comentarios CP VII*, 2003, 687; MUÑOZ SÁNCHEZ, en: DÍEZ RIPOLLÉS/ROMEO CASABONA (coords.), *Comentarios CP II*, 2004, 1086, planteando también el concurso con otros fraudes patrimoniales; CARRASCO ANDRINO, en: *LLP* 66 (2009), 20, quien también plantea el concurso de delitos con el de apropiación indebida; en: ÁLVAREZ GARCÍA (dir.)/MANJÓN-CABEZA OLMEDA/VENTURA PÜSCHEL (coords.), *PE I*, 2ª, 2011, 884; en: QUINTERO OLIVARES/CARBONELL MATEU/MORALES PRATS/GARCÍA RIVAS/ÁLVAREZ GARCÍA (dirs.)/MANJÓN-CABEZA OLMEDA/VENTURA PÜSCHEL (coords.), *PE*, 2011, 233; CARDONA TORRES, *PE*, 2010, 212; GONZÁLEZ RUS, en: MORILLAS CUEVA (coord.), *PE*, 2011, 378; SERRANO TÁRRAGA, en: SERRANO GÓMEZ/SERRANO MAÍLLO/SERRANO TÁRRAGA/VÁZQUEZ GONZÁLEZ, *PE*, 2012, 218; MENDOZA BUERGO, en: MOLINA FERNÁNDEZ (coord.), *Memento práctico penal*, 2015, 1024/nm. 10339; MUÑOZ CONDE, *PE*, 20ª, 2015, 272; PÉREZ CEPEDA, en: GÓMEZ RIVERO (dir.), *PE I*, 2ª, 2015, 353; QUERALT JIMÉNEZ, *PE*, 7ª, 2015, 400, quien también destaca el concurso con los delitos de apropiación indebida y delitos societarios; RODRÍGUEZ NÚÑEZ, en: LAMARCA PÉREZ (coord.), *PE*, 3ª, 2015, 266. En el planteamiento de la relación concursal entre el delito de celebración de matrimonio inválido y los delitos patrimoniales, en particular la estafa o la apropiación indebida, habrá que atender a la posible concurrencia de la excusa absolutoria regulada en el art. 268 CP, que puede afectar a los segundos.

[117] MORETÓN TOQUERO, *Matrimonios ilegales*, 2001, 22; MENDOZA BUERGO, en: MOLINA FERNÁNDEZ (coord.), *Memento práctico penal*, 2015, 1024/nm. 10339; MUÑOZ CONDE, *PE*, 20ª, 2015, 272; PÉREZ CEPEDA, en: GÓMEZ RIVERO (dir.), *PE I*, 2ª, 2015, 353; RODRÍGUEZ NÚÑEZ, en: LAMARCA PÉREZ (coord.), *PE*, 3ª, 2015, 266, quien también propone el concurso con los delitos de abusos o agresiones sexuales (erróneamente sigue refiriéndose a estos delitos cometidos con menores de trece años).

de injurias[118], etc[119]. Mención especial merece la relación concursal entre el delito de celebración de matrimonio inválido y los delitos de coacciones y amenazas, no porque el ánimo de perjudicar pueda derivar en un ataque a la libertad del contrayente, sino porque una de las modalidades de celebración de matrimonio inválido es por vicios en el consentimiento debido a la coacción o a la amenaza[120].

Segunda cuestión, el perjuicio ha de ir dirigido al otro contrayente, por tanto no a los hijos o a los familiares[121] o a terceros[122]. Pero, ¿y si el

---

118 GONZÁLEZ RUS, en: MORILLAS CUEVA (coord.), *PE*, 2011, 378; SERRANO TÁRRAGA, en: SERRANO GÓMEZ/SERRANO MAÍLLO/SERRANO TÁRRAGA/VÁZQUEZ GONZÁLEZ, *PE*, 2012, 218.

119 Mencionan el concurso de delitos entre el delito de celebración de matrimonio inválido y el delito de abandono de familia CARRASCO ANDRINO, en: *LLP 66* (2009), 20; en: ÁLVAREZ GARCÍA (dir.)/MANJÓN-CABEZA OLMEDA/VENTURA PÜSCHEL (coords.), *PE I*, 2ª, 2011, 884; en: QUINTERO OLIVARES/CARBONELL MATEU/MORALES PRATS/GARCÍA RIVAS/ÁLVAREZ GARCÍA (dirs.)/MANJÓN-CABEZA OLMEDA/VENTURA PÜSCHEL (coords.), *PE*, 2011, 233; QUERALT JIMÉNEZ, *PE*, 7ª, 2015, 400. Y RODRÍGUEZ NÚÑEZ, en: LAMARCA PÉREZ (coord.), *PE*, 3ª, 2015, 266, el concurso con los delitos de lesiones, malos tratos y falsificación documental. Para MUÑOZ SÁNCHEZ, en: DÍEZ RIPOLLÉS/ROMEO CASABONA (coords.), *Comentarios CP II*, 2004, 1086, el concurso entre el delito de celebración de matrimonio inválido y las falsedades documentales puede ser de dos clases: concurso de delitos, si la falsedad es medio para cometer el delito de celebración de matrimonio inválido, pero concurso de leyes (acto posterior impune) si la falsedad es necesaria para ocultar el impedimento o la falsedad del documento que registra el acto matrimonial.

120 Plantea el concurso de delitos entre el de celebración de matrimonio inválido y el de coacciones y el de amenazas, entre otros, TERRADILLOS BASOCO, en: COBO DEL ROSAL (dir.), *Comentarios CP VII*, 2003, 687; en: ARROYO ZAPATERO/BERDUGO GÓMEZ DE LA TORRE/FERRÉ OLIVÉ/GARCÍA RIVAS/SERRANO PIEDECASAS/TERRADILLOS BASOCO (dirs.)/NIETO MARTÍN/PÉREZ CEPEDA (coords.), *Comentarios CP*, 2007, 496; MENDOZA BUERGO, en: MOLINA FERNÁNDEZ (coord.), *Memento práctico penal*, 2015, 1024/nm. 10339, con los delitos contra la libertad en general; RODRÍGUEZ NÚÑEZ, en: LAMARCA PÉREZ (coord.), *PE*, 3ª, 2015, 266.

121 MUÑOZ SÁNCHEZ, en: DÍEZ RIPOLLÉS/ROMEO CASABONA (coords.), *Comentarios CP II*, 2004, 1085; LABACA ZABALA, en: *RDPP 13* (2005), 123; CARRASCO ANDRINO, en: *LLP 66* (2009), 19; en: ÁLVAREZ GARCÍA (dir.)/MANJÓN-CABEZA OLMEDA/VENTURA PÜSCHEL (coords.), *PE I*, 2ª, 2011, 882; en: QUINTERO OLIVARES/CARBONELL MATEU/MORALES PRATS/GARCÍA RIVAS/ÁLVAREZ GARCÍA (dirs.)/MANJÓN-CABEZA OLMEDA/VENTURA PÜSCHEL (coords.), *PE*, 2011, 233. Se ha añadido que no se ha previsto el matrimonio celebrado para perjudicar a terceros: v., entre otros, RODRÍGUEZ NÚÑEZ, en: LAMARCA PÉREZ (coord.), *PE*, 3ª, 2015, 265.

122 SUÁREZ GONZÁLEZ, en: RODRÍGUEZ MOURULLO (dir.)/JORGE BARREIRO (coord.), *Comentarios CP*, 1997, 648; CUGAT MAURI, en: CÓRDOBA RODA/GARCÍA ARÁN (dirs.), *Comentarios CP PE I*, 2004, 553; MUÑOZ SÁNCHEZ, en:

perjuicio, dirigido a una de estas personas, repercute de manera más o menos directa en el otro contrayente? Sobre este particular se ha sostenido que si se pretende perjudicar a un tercero no hay hecho típico, a no ser que perjudique igual y necesariamente al otro contrayente y se estime que, en esa medida, también se ha actuado para perjudicarlo[123]. O que el perjuicio puede ser indirecto; el ánimo de perjudicar al otro contrayente se puede intentar a través del perjuicio a terceras personas[124].

Finalmente, respecto de la tercera cuestión, la doctrina de manera unánime ha interpretado que la exigencia del propósito de perjudicar supone la exigencia de una actuación con dolo directo[125]. Por tanto, el hecho es atípico, por un lado, cuando el sujeto activo sabe que el matrimonio que se va a celebrar es inválido, pero no actúa con el ánimo de perjudicar al

---

DÍEZ RIPOLLÉS/ROMEO CASABONA (coords.), *Comentarios CP II*, 2004, 1085; GONZÁLEZ RUS, en: MORILLAS CUEVA (coord.), *PE*, 2011, 378. En opinión de SAAVEDRA RUIZ, en: CONDE-PUMPIDO TOURÓN (dir.)/LÓPEZ BARJA DE QUIROGA (coord.), *Comentarios CP III*, 2007, 1653, es muy discutible que se dé la conducta típica cuando ambos contrayentes actúan de mala fe para perjudicar a un tercero. Esta afirmación da a entender que sí podría ser típica tal conducta de ambos contrayentes, cuando en realidad tal posibilidad está claramente excluida del tipo penal: se ha de celebrar un matrimonio con intención de perjudicar al otro contrayente, sea solo a él sea a él junto con otra u otras personas.

123 De esta opinión, RAMÓN RIBAS, en: QUINTERO OLIVARES (dir.)/MORALES PRATS (coord.), *PE*, 9ª, 2011, 568, añadiendo que no será suficiente con que se realice la conducta con conocimiento de que se producirá el perjuicio al contrayente (lo que equivaldría a la actuación con dolo directo de segundo grado o de consecuencias necesarias).

124 TERRADILLOS BASOCO, en: COBO DEL ROSAL (dir.), *Comentarios CP VII*, 2003, 685 s.; en: TERRADILLOS BASOCO (coord.), *PE I*, 2011, 304.

125 Para la concurrencia de este especial elemento subjetivo del injusto se exige la actuación con dolo directo, siempre y cuando la celebración del matrimonio inválido resulte idóneo para lograr esta finalidad, pues si resulta absolutamente inidónea la celebración de esta clase de unión para perjudicar al contrayente el hecho será atípico. De esta opinión, TERRADILLOS BASOCO, en: COBO DEL ROSAL (dir.), *Comentarios CP VII*, 2003, 686; en: ARROYO ZAPATERO/BERDUGO GÓMEZ DE LA TORRE/FERRÉ OLIVÉ/GARCÍA RIVAS/SERRANO PIEDECASAS/TERRADILLOS BASOCO (dirs.)/NIETO MARTÍN/PÉREZ CEPEDA (coords.), *Comentarios CP*, 2007, 495; en: TERRADILLOS BASOCO (coord.), *PE I*, 2011, 303, 304. También MENDOZA BUERGO, en: MOLINA FERNÁNDEZ (coord.), *Memento práctico penal*, 2015, 1023/nm. 10335, defiende que el perjuicio que se ha de buscar ha de ser objetivo y el medio elegido idóneo o peligroso para causarlo, y el dolo del sujeto ha de abarcar el conocimiento de la peligrosidad de la conducta para causar el perjuicio (además de conocer que concurre la causa de invalidez).

otro contrayente[126] y, por otro lado, cuando el sujeto activo actúa con dolo eventual[127].

Nuevamente, tal como se ha propuesto para el delito de bigamia, en la explicación del tipo subjetivo en esta figura delictiva se podría establecer la diferencia entre el necesario ánimo de perjudicar, que implica finalidad, propósito, y el dolo respecto del resto de los elementos típicos, en particular el conocimiento respecto de la invalidez del matrimonio que se va a celebrar; en relación con este elemento típico sí se podría plantear el dolo eventual, máxime si tenemos en cuenta que nos encontramos ante un elemento normativo.

En cuanto al *iter criminis*, son trasladables las explicaciones realizadas en el delito de bigamia para establecer el inicio de la ejecución en este delito de celebración de matrimonio inválido, con el comienzo propiamente dicho del acto de celebración del matrimonio, y la consumación del delito, con la declaración por parte de la autoridad o funcionario de la unión matrimonial entre los dos contrayentes. La intención de perjudicar ha de concurrir en el momento en que se celebra el matrimonio, y dada su estructura como delito de resultado cortado, no es necesario que tal perjuicio se produzca efectivamente para establecer la consumación[128]. El efectivo perjuicio, si llega a producirse, pertenecerá a la fase de agotamiento.

---

126 MENDOZA BUERGO, en: MOLINA FERNÁNDEZ (coord.), *Memento práctico penal*, 2015, 1023/nm. 10335.

127 V., en este sentido, entre otros muchos, MUÑOZ SÁNCHEZ, en: DÍEZ RIPOLLÉS/ROMEO CASABONA (coords.), *Comentarios CP II*, 2004, 1085; CARRASCO ANDRINO, en: *LLP* 66 (2009), 19; en: ÁLVAREZ GARCÍA (dir.)/MANJÓN-CABEZA OLMEDA/VENTURA PÜSCHEL (coords.), *PE I*, 2ª, 2011, 882; en: QUINTERO OLIVARES/CARBONELL MATEU/MORALES PRATS/GARCÍA RIVAS/ÁLVAREZ GARCÍA (dirs.)/MANJÓN-CABEZA OLMEDA/VENTURA PÜSCHEL (coords.), *PE*, 2011, 233. RAMÓN RIBAS, en: QUINTERO OLIVARES (dir.)/MORALES PRATS (coord.), *PE*, 9ª, 2011, 568, también afirma que el fin perseguido debe ser perjudicar, sin que quepa admitir que el requisito típico se ha cumplido cuando se realiza la conducta conociendo que se producirá dicho perjuicio. Esta afirmación supone descartar también la modalidad de dolo directo de segundo grado o de consecuencias necesarias del ámbito típico de este delito. También MANJÓN-CABEZA OLMEDA, *Excusas absolutorias*, 2014, 87, parece exigir dolo directo de primer grado, pues afirma que lo que exige el tipo es el deseo de perjudicar y no el saber que el matrimonio perjudicará a la otra parte, pero sin buscarse esa finalidad. Más claramente, MENDOZA BUERGO, en: MOLINA FERNÁNDEZ (coord.), *Memento práctico penal*, 2015, 1024/nm. 10335, exige dolo directo o de primer grado.

128 Para más detalles sobre el *iter criminis* en este delito de celebración de matrimonio inválido, v., por todos, CARRASCO ANDRINO, en: *LLP* 66 (2009), 20; en: ÁLVAREZ GARCÍA (dir.)/MANJÓN-CABEZA OLMEDA/VENTURA PÜSCHEL (coords.), *PE I*, 2ª, 2011, 883; en: QUINTERO OLIVARES/CARBONELL MATEU/MORALES PRATS/GARCÍA RIVAS/ÁLVAREZ GARCÍA (dirs.)/MANJÓN-CABEZA OLMEDA/

También con la celebración de un matrimonio inválido se crea una situación antijurídica que se prolonga en el tiempo, mientras no se declare la nulidad del matrimonio, o no se convalide el impedimento dispensable, impedimento que había hecho surgir inicialmente un matrimonio inválido pero que, como consecuencia de la convalidación, se va a convertir en válido desde su celebración. Por tanto, nos encontramos nuevamente ante un delito de estado[129].

Para concluir con este apunte sobre la interpretación del delito de celebración de matrimonio inválido parece necesario hacer un breve comentario al marco penal previsto para esta figura delictiva, en comparación además con el marco penal previsto para el delito de bigamia. Porque llama la atención que no se castigue con la misma pena una y otra infracción penal, resultando además más gravemente sancionada la conducta que, aparentemente, parece menos grave, la celebración de matrimonio inválido (cuando la causa de invalidez no se basa en la preexistencia de un vínculo matrimonial en alguno de los contrayentes)[130], pues esta conducta necesita de la concurrencia de un especial elemento subjetivo del injusto para alcanzar el adjetivo de típica[131]. No debe perderse de vista,

---

VENTURA PÜSCHEL (coords.), *PE*, 2011, 233. Se trasladarán a este delito las distintas interpretaciones doctrinales sobre el *iter criminis* vistas en el delito de bigamia: si el inicio de la tentativa se ha de plantear o no con el inicio del expediente matrimonial, y si la consumación exige o no la inscripción del matrimonio en el Registro Civil, o la expedición del acta matrimonial.

129 Así lo afirman, entre otros, MORETÓN TOQUERO, *Matrimonios ilegales*, 2001, 20; CARRASCO ANDRINO, en: *LLP 66* (2009), 19; en: ÁLVAREZ GARCÍA (dir.)/MANJÓN-CABEZA OLMEDA/VENTURA PÜSCHEL (coords.), *PE I*, 2ª, 2011, 882; en: QUINTERO OLIVARES/CARBONELL MATEU/MORALES PRATS/GARCÍA RIVAS/ÁLVAREZ GARCÍA (dirs.)/MANJÓN-CABEZA OLMEDA/VENTURA PÜSCHEL (coords.), *PE*, 2011, 233; QUERALT JIMÉNEZ, *PE*, 7ª, 2015, 400.

130 Para GARCÍA PÉREZ, *Punibilidad*, 1997, 123, partiendo de su formulación del bien jurídico protegido en los delitos de matrimonios ilegales, el estado civil matrimonial, considera que la bigamia representa el ataque más grave al bien jurídico, aunque no se utilice la celebración del segundo matrimonio con finalidad de perjudicar al contrayente. En la bigamia se afecta al contenido jurídico del estado civil matrimonial del primer cónyuge y, en su caso, al de los hijos habidos en este matrimonio, y al del contrayente del segundo matrimonio; en el delito de celebración de matrimonio inválido se afecta al contenido jurídico del estado civil de un contrayente.

131 Como tipo peculiar es calificado este delito por QUERALT JIMÉNEZ, *PE*, 7ª, 2015, 398, porque siendo un delito de resultado cortado, y un matrimonio inválido como la bigamia, tiene el doble de pena, pero esta pena puede desaparecer si procede la convalidación del matrimonio. Más adelante este autor califica la pena prevista para el delito de celebración de matrimonio inválido de sorprendentemente alta (p. 400). Respecto de la pena del delito de bigamia, considera este autor que la conminación con la pena de prisión no parece la más idónea, pues el bígamo puede crear una

por otro lado, que en ocasiones el ánimo de perjudicar, si se llega a materializar, puede dar lugar a la comisión de otro hecho delictivo, en particular cuando el perjuicio es de tipo económico, con lo que el elemento que convierte en penalmente relevante la conducta de celebrar matrimonio inválido puede dar lugar, además, a la comisión de varias infracciones penales. Para el caso de que el ánimo que guía al sujeto sea el causar un perjuicio patrimonial, resulta curioso que el ánimo de perjudicar al otro contrayente tenga la virtualidad de convertir en delito la celebración de un matrimonio inválido pero el perjuicio económico efectivamente causado al cónyuge, cuando se trata de un matrimonio "válido" no merezca la sanción penal, al menos no en aquellos supuestos en los que venga en aplicación la excusa absolutoria del art. 268 CP.

En el delito de celebración de matrimonio inválido se ha previsto una causa de exención de la pena (para el responsable) en el caso de que se proceda a la convalidación del matrimonio[132].

De manera mayoritaria la doctrina ha entendido que nos encontramos ante una excusa absolutoria[133], o próxima a una excusa absolu-

---

nueva familia, deberá contribuir a su sustento, por lo que aquella pena tiene un claro componente de victimización secundaria (a pesar de que la pena de prisión se pueda suspender). Para MUÑOZ SÁNCHEZ, en: DÍEZ RIPOLLÉS/ROMEO CASABONA (coords.), *Comentarios CP II*, 2004, 1087, la pena con la que se conmina este delito es excesivamente grave, sobre todo si se tiene en cuenta que no comprende la estafa u otro fraude patrimonial en el que puede traducirse el ánimo de perjudicar al otro contrayente. Por su parte, MENDOZA BUERGO, en: MOLINA FERNÁNDEZ (coord.), *Memento práctico penal*, 2015, 1024/nm. 10335, afirma que la mayor pena del delito de celebración de matrimonio inválido frente al de bigamia solo se explica desde el mayor desvalor subjetivo del hecho, ya que en el plano objetivo no hay diferencia entre los dos comportamientos (a salvo la causa de invalidez que no tiene que coincidir en uno y otro caso).

132 Partiendo del argumento de que entre el delito de bigamia y el de celebración de matrimonio inválido hay un concurso de leyes, que ha de resolverse a favor del segundo, MUÑOZ CONDE, *PE*, 20ª, 2015, 272, pone en cuestión la previsión de la excusa absolutoria, a no ser que en los casos en que concurran impedimentos dispensables el hecho se considere menos grave. Pero aun en este caso habría una objeción ulterior, pues la convalidación no depende ya del que ha cometido el delito.

133 BOIX REIG/JAREÑO LEAL, en: VIVES ANTÓN (coord.), *Comentarios CP I*, 1996, 1049; PANIZO Y ROMO DE ARCE, en: *CPC* 66 (1998), 642, quien destaca la razón de ser de la misma en la necesaria coordinación entre legislación civil y penal; en: *RGDCDEE* 22 (2010), 24; MORETÓN TOQUERO, *Matrimonios ilegales*, 2001, 22; MARCHENA GÓMEZ, en: DEL MORAL GARCÍA/SERRANO BUTRAGUEÑO (coords.), *CP II*, 3ª, 2002, 1572; TERRADILLOS BASOCO, en: COBO DEL ROSAL (dir.), *Comentarios CP VII*, 2003, 686; en: ARROYO ZAPATERO/BERDUGO GÓMEZ DE LA TORRE/FERRÉ OLIVÉ/GARCÍA RIVAS/SERRANO PIEDECASAS/TERRADILLOS BASOCO (dirs.)/NIETO MARTÍN/PÉREZ CEPEDA (coords.), *Co-*

toria[134]. De este planteamiento se ha alejado un sector minoritario de la doctrina, considerando que en el art. 218.2 CP se está regulando un supuesto específico de reparación del daño, en este ámbito con eficacia eximente, pues el sujeto activo, con el consentimiento del otro contra-

---

mentarios CP, 2007, 496; en: TERRADILLOS BASOCO (coord.), *PE I*, 2011, 304; CUGAT MAURI, en: CÓRDOBA RODA/GARCÍA ARÁN (dirs.), *Comentarios CP PE I*, 2004, 553; SAAVEDRA RUIZ, en: CONDE-PUMPIDO TOURÓN (dir.)/LÓPEZ BARJA DE QUIROGA (coord.), *Comentarios CP III*, 2007, 1654, añadiendo que el fundamento está en la coordinación entre la legislación civil y la penal; MANZANARES SAMANIEGO, *CP II*, 2010, 364; MARTÍNEZ GARCÍA, en: GÓMEZ TOMILLO (dir.), *Comentarios CP*, 2ª, 2011, 857; RAMÓN RIBAS, en: QUINTERO OLIVARES (dir.)/MORALES PRATS (coord.), *PE*, 9ª, 2011, 567; BOIX REIG, en: BOIX REIG (dir.), *PE II*, 2012, 22; SÁNCHEZ-JUNCO MANS, en: CONDE-PUMPIDO FERREIRO (dir.)/DÍAZ MARTÍNEZ (coord.), *CP comentado I*, 3ª, 2012, 820; MANJÓN-CABEZA OLMEDA, *Excusas absolutorias*, 2014, 94 s., 97; FRÍAS MARTÍNEZ, en: ROMA VALDÉS (dir.), *CP comentado*, 2015, 382; GARCÍA VALDÉS/MESTRE DELGADO/FIGUEROA NAVARRO, *PE*, 2ª, 2015, 102; MENDOZA BUERGO, en: MOLINA FERNÁNDEZ (coord.), *Memento práctico penal*, 2015, 1023/nm. 10335, 1024/nm. 10342; QUERALT JIMÉNEZ, *PE*, 7ª, 2015, 400. Parece admitir esta interpretación LABACA ZABALA, en: *RDPP 13* (2005), 125. En contra de la naturaleza como excusa absolutoria CARRASCO ANDRINO, en: *LLP 66* (2009), 20; en: ÁLVAREZ GARCÍA (dir.)/MANJÓN-CABEZA OLMEDA/VENTURA PÜSCHEL (coords.), *PE I*, 2ª, 2011, 883; en: QUINTERO OLIVARES/CARBONELL MATEU/MORALES PRATS/GARCÍA RIVAS/ÁLVAREZ GARCÍA (dirs.)/MANJÓN-CABEZA OLMEDA/VENTURA PÜSCHEL (coords.), *PE*, 2011, 233, ya que, según indica esta autora, la exención beneficia a autores o partícipes. Sobre el alcance de la exención prevista en el art. 218.2 CP, si afecta solo a los autores o también a los partícipes, la cuestión no está resuelta en la ley, pues este precepto se refiere a la exención de pena del responsable, si bien este término podría interpretarse que va referido tanto a los autores como a los partícipes, tal como ha puesto de manifiesto LUZÓN PEÑA, en: *EPB* 2002, 1053; en: *LH-Cerezo* 2002, 839; *PG*, 2ª, 2012, 579/18. Esta interpretación podría estar apoyada atendiendo a la regulación prevista para otra eximente que afecta a la punibilidad, la excusa absolutoria del art. 268 CP; en este precepto se ha previsto expresamente que la exención de pena se aplica solo a uno de los parientes mencionados en él que cometa uno de los delitos patrimoniales también explicitados en este precepto, no tiene efectos eximentes en los extraños. Atendiendo a esta regulación, cabría entender que en el art. 218.2 CP, porque no se ha establecido lo contrario, se pretende extender la eximente a todo el que ha intervenido en la celebración del matrimonio inválido una vez que este se ha convalidado.

134 GONZÁLEZ RUS, en: MORILLAS CUEVA (coord.), *PE*, 2011, 378; GORDILLO ÁLVAREZ-VALDÉS, en: LAMARCA PÉREZ (coord.), *PE*, 6ª, 2011, 230. SUÁREZ GONZÁLEZ, en: RODRÍGUEZ MOURULLO (dir.)/JORGE BARREIRO (coord.), *Comentarios CP*, 1997, 647, la califica como especie de excusa absolutoria; también CHOCLÁN MONTALVO, en: CALDERÓN CEREZO/CHOCLÁN MONTALVO, *PE*, 2005, 183, la califica como especie de excusa absolutoria, fundamentada en la falta de necesidad de pena, previsión que es consecuencia de la regulación contenida en el art. 48 párrafo 3º CC: la convalidación hace desaparecer el presupuesto típico de la invalidez del matrimonio, resultando innecesaria la pena.

yente, logra desactivar el conflicto, reparando la infracción fraudulenta de los presupuestos legales de la celebración del matrimonio inválido[135]. Para otros autores no estamos ante una excusa absolutoria, sino ante la demostración ulterior de la ausencia de un elemento típico, la invalidez del matrimonio. Por tanto, la posterior convalidación del matrimonio hace que haya de revisarse la tipicidad de la conducta[136]. O que nos encontramos ante una causa objetiva de exclusión o supresión de la pu-

---

[135] V., para más detalles, FARALDO CABANA, *Levantamiento de la pena,* 2000, 206-211; MUÑOZ SÁNCHEZ, en: DÍEZ RIPOLLÉS/ROMEO CASABONA (coords.), *Comentarios CP II,* 2004, 1088 s. Añade este autor que el sujeto activo, de mantener la convivencia una vez ha desaparecido el impedimento o de instar de buena fe a la dispensa a la autoridad competente, con esta conducta procede a reparar el daño causado o, por lo menos, a disminuir sus efectos. Como objeción a que se trate de una medida de naturaleza reparadora CARRASCO ANDRINO, en: *LLP* 66 (2009), 20; en: ÁLVAREZ GARCÍA (dir.)/MANJÓN-CABEZA OLMEDA/VENTURA PÜSCHEL (coords.), *PE I,* 2ª, 2011, 883, señala que la aplicación de la convalidación no depende solo del autor, también de la intervención de terceros (antes de la reforma aprobada por la Ley 15/2015, el Ministro de Justicia, el juez, el otro contrayente. Con la entrada en vigor de esta ley, la dispensa de los impedimentos para contraer matrimonio corresponde al juez —art. 48 CC-), argumento que ya había sido defendido con anterioridad por GARCÍA PÉREZ, *Punibilidad,* 1997, 124. No es este, sin embargo, un argumento decisivo para refutar aquella tesis, pues por ejemplo también en la reparación del daño como atenuante ha de intervenir el juez para su apreciación. También descarta que la convalidación se pueda equiparar a la reparación del daño, MANJÓN-CABEZA OLMEDA, *Excusas absolutorias,* 2014, 96 s., entre otras razones porque la exención de pena solo exige la convalidación, ni siquiera exige que el sujeto abandone su intención de perjudicar al otro contrayente. Otros argumentos para rechazar que en el art. 218.2 CP se regule un supuesto de reparación del daño con eficacia eximente, LUZÓN PEÑA, en: *LH-Cerezo* 2002, 839 n. 37.

[136] De esta opinión, CARBONELL MATEU, en: *H-Vidal Guitarte I,* 1999, 175; CARBONELL MATEU/GONZÁLEZ CUSSAC, en: VIVES ANTÓN/ORTS BERENGUER/CARBONELL MATEU/GONZÁLEZ CUSSAC/MARTÍNEZ-BUJÁN PÉREZ, *PE,* 3ª, 2010, 383; CARBONELL MATEU, en: GONZÁLEZ CUSSAC (coord.), *PE,* 4ª, 2015, 316. No acepta esta tesis, TERRADILLOS BASOCO, en: COBO DEL ROSAL (dir.), *Comentarios CP VII,* 2003, 686; en: *PE I,* 2011, 304, pues la ulterior convalidación no puede afectar a la tipicidad de una conducta realizada, con todos su elementos, con anterioridad. Este autor en este último trabajo sí afirma que si el matrimonio se convalida se llega a una situación en que el matrimonio deviene inidóneo para perjudicar al otro contrayente (p. 303). La tesis defendida por CARBONELL MATEU/GONZÁLEZ CUSSAC ha de mantenerse también en el caso de que el contrayente haya sido condenado por un delito de matrimonio inválido y, con posterioridad a esta condena penal, se solicita la convalidación del matrimonio, por tanto también cuando el juez ha constatado que se han cumplido todos los requisitos típicos del delito. Por su parte, MENDOZA BUERGO, en: MOLINA FERNÁNDEZ (coord.), *Memento práctico penal,* 2015, 1024/nm. 10342, desde la consideración de que la convalidación supone la validez del matrimonio desde la celebración, considera que de alguna manera se anula la propia tipicidad del hecho. Y concluye afirmando que,

nibilidad (también explicable como el reverso de una condición objetiva de punibilidad)[137]. La virtualidad de este último planteamiento es el efecto que puede derivarse, pues desde esta perspectiva la exención de pena no solo afectaría al contrayente del matrimonio inválido que actuó con ánimo de perjudicar al otro, también los partícipes en el delito se beneficiarían de tal exención de pena si el matrimonio nulo se llega a convalidar.

Para averiguar en qué supuestos y bajo qué condiciones puede procederse a la convalidación del matrimonio inválido hay que acudir nuevamente al Derecho Civil, sobre impedimentos dispensables y no dispensables y sobre la convalidación del matrimonio nulo (arts. 46 a 48, 75 y 76 CC).

Son impedimentos dispensables y, en caso de no haber procedido a la dispensa anterior a la celebración del matrimonio, son causas de nulidad matrimonial que pueden dar lugar a la convalidación, la minoría de edad, el parentesco colateral entre cónyuges hasta el tercer grado por consanguineidad, la condena por participación en la muerte dolosa del cónyuge anterior o de la persona ligada con anterioridad por análoga relación de afectividad, y el matrimonio celebrado con vicios en el consentimiento: vicios por error en la identidad de la persona del otro contrayente o por error sobre sus cualidades personales, o por coacción o miedo grave.

Para algunos impedimentos dispensables sí se han formulado plazos para el ejercicio de la acción de nulidad (acción de nulidad por razón de la minoría de edad o por vicios en el consentimiento matrimonial), por lo que transcurrido este plazo, y cumplidos los requisitos adicionales exigidos para la convalidación, esto tiene como efecto la convalidación del matrimonio (arts. 75 y 76 CC). Pero para otros impedimentos dispensables, cuando no se ha solicitado la dispensa antes de la celebración del matri-

---

desde una perspectiva *ex post*, sería como una tentativa imposible sobrevenida por la convalidación del matrimonio, cuyo castigo ya no tendría sentido.

137 Defiende esta tesis LUZÓN PEÑA, en: *EPB* 2002, 1053, 1055 s.; en: *LH-Cerezo* 2002, 839, 844; *PG*, 2ª, 2012, 579 s./nm. 17 y 18. Para CARRASCO ANDRINO, en: *LLP 66* (2009), 20, en: ÁLVAREZ GARCÍA (dir.)/MANJÓN-CABEZA OLMEDA/ VENTURA PÜSCHEL (coords.), *PE I*, 2ª, 2011, 883, la tesis de este autor resulta adecuada, incluso la defendida por CARBONELL MATEU/GONZÁLEZ CUSSAC a favor de la atipicidad de la conducta, ya que la convalidación del matrimonio convierte en válido el matrimonio que no lo era en el momento de su celebración. Para MIR PUIG, en: *EPB* 2002, 193, se trata de una causa de exclusión de la pena que beneficiará a todos los partícipes (razón que impide que se considere como excusa absolutoria). Para SUÁREZ-MIRA RODRÍGUEZ, en: SUÁREZ-MIRA RODRÍGUEZ (coord.), *PE*, 6ª, 2011, 222, estamos ante una causa de levantamiento o anulación de la pena.

monio, no se ha establecido plazo alguno para la solicitud de convalidación, tan solo se ha fijado un límite máximo, procederá la convalidación mientras no se inste judicialmente la declaración de nulidad del matrimonio por alguna de las partes (art. 48 CC). Esto puede dar lugar a que esta situación se prolongue de manera indefinida en el tiempo: el matrimonio es nulo, pues en el momento de la celebración concurre un impedimento que provoca aquel efecto, y esta situación no cesa, ni por ejercicio de la acción de nulidad ni por la solicitud de la convalidación del matrimonio.

La estructura del delito de celebración de matrimonio inválido como delito de estado puede servir para evitar que esta indefinición temporal en la duración del matrimonio inválido susceptible de ser convalidado tenga consecuencias también en el ámbito penal. Pues, si aquella situación civilmente se mantiene indefinida, a expensas de lo que decidan hacer los cónyuges, desde la perspectiva penal, planteado como delito de estado, entrará en juego la institución de la prescripción del delito, ya que el cómputo del plazo de prescripción comenzará con la realización de la acción típica[138].

Esta exención de pena puede generar algunos problemas en atención al momento temporal en que se produce la convalidación.

El caso aproblemático es aquel en el que se produce la convalidación del matrimonio con posterioridad a la celebración pero antes de que se dicte sentencia condenatoria firme por delito de celebración de matrimonio inválido. Vendrá en aplicación lo dispuesto en el art. 218.2 CP, sea cual sea la naturaleza de esta exención de pena.

Pero sí resulta problemático establecer los efectos penales que se van a derivar de la convalidación del matrimonio para el caso de que esta circunstancia se produzca una vez que el contrayente que actuó con intención de perjudicar al otro haya sido juzgado y condenado en firme por el delito de celebración de matrimonio inválido.

---

138 De otra opinión, QUERALT JIMÉNEZ, *PE*, 7ª, 2015, 400, para quien el plazo de prescripción en el delito de estado comienza a computarse cuando la situación antijurídica cese. Si se aceptara este planteamiento de ello se derivaría lo siguiente: en los casos indicados en el texto, cuando la causa de invalidez del matrimonio es convalidable, pero no se ejerce la acción de nulidad, y tampoco se solicita la convalidación, resultaría que la situación antijurídica perduraría en el tiempo sin posibilidad de que se iniciara el computo de la prescripción. El inicio de este plazo se establecería cuando cesara la situación antijurídica, bien por el ejercicio de la acción de nulidad, bien por la solicitud de convalidación del matrimonio, si bien en este segundo supuesto no procedería el planteamiento del plazo de prescripción, pues con la convalidación del matrimonio se logra la exención de pena por el delito de celebración del matrimonio inválido.

Parece difícil que esta situación pudiera plantearse en la práctica, en principio porque no parece entendible que, si no lo han hecho antes, los cónyuges no ejerciten la acción de nulidad o de convalidación de su matrimonio durante el procedimiento penal en el que se va a dilucidar si uno de ellos ha cometido el delito de celebración de matrimonio inválido, reservándose la acción para la convalidación del matrimonio a que recaiga sentencia condenatoria firme por este delito[139]. Pero, sobre todo, porque para la sustanciación de si se ha cometido o no un delito de celebración

---

[139] Resulta cuanto menos llamativa la situación que se describe en el texto. Porque en el procedimiento penal para juzgar al sujeto por el delito de celebración de matrimonio inválido se pondrá de relieve la existencia de un matrimonio nulo, celebrado además con la intención de perjudicar al otro contrayente. Ante el descubrimiento de esta situación (si es que no se sabía con anterioridad) lo lógico sería que uno o los dos contrayentes tomaran una decisión, en particular el contrayente de buena fe, bien para solicitar la convalidación del matrimonio (para el caso de que la invalidez sea debida a la existencia de un impedimento dispensable) bien ejercer la acción de nulidad. Pero lo que no parece razonable es que se mantenga la inactividad de los contrayentes, que el contrayente de mala fe sea juzgado y condenado por el delito de celebración de matrimonio inválido y posteriormente, una vez recaída sentencia firme condenatoria por este delito, se solicite la convalidación de su matrimonio. A no ser que el contrayente de buena fe adopte esta postura para que la sentencia condenatoria por delito de celebración de matrimonio inválido sirva como una especie de "revancha", de "pago" o de "compensación" por la mala fe, por la intención que había guiado al otro contrayente en el momento de la celebración del matrimonio. Sobre esta cuestión MUÑOZ SÁNCHEZ, en: DÍEZ RIPOLLÉS/ROMEO CASABONA (coords.), *Comentarios CP II*, 2004, 1089, reconoce que, en la práctica, es casi imposible que se puedan dar estos supuestos en los que hay condena en firme por este delito y, posteriormente, se produce la convalidación del matrimonio, con los siguientes argumentos: en los casos de convalidación automática (esto es, los casos de convalidación por el transcurso de un determinado tiempo y con el requisito de la convivencia fundamentalmente) si se inicia un proceso penal o existe sentencia condenatoria difícilmente se dará la convivencia exigida; en los casos de declaración de dispensa se requiere justa causa y a instancia de parte, lo que es incompatible o al menos difícil de dar en el marco de un proceso penal o después de una condena. Ha de advertirse de que la acción de nulidad matrimonial puede ser ejercida por varias personas (art. 74 CC): por los cónyuges, el Ministerio Fiscal y cualquier persona que tenga interés directo y legítimo en ella, si bien a continuación esta previsión se matiza y se restringe la posibilidad de ejercicio de dicha acción dependiendo de la causa de nulidad que concurra. En algunos supuestos solo uno de los contrayentes puede ejercer la acción de nulidad, y en un plazo de tiempo: cuando la causa de nulidad es la minoría de edad (art. 75 CC), la acción de nulidad se ejercerá por los padres, los tutores, los guardadores y, en todo caso, el Ministerio Fiscal; para el caso de que el contrayente ya haya alcanzado la mayoría de edad, solo él podrá ejercer la acción, pero si viven juntos la acción de nulidad ha de ser ejercida antes de que transcurra un año desde que ha alcanzado la mayoría de edad. Cuando la causa de nulidad es por error, coacción o miedo grave (art. 76 CC), solo puede ejercer la acción de nulidad el contrayente que ha sufrido este vicio de su consentimiento, pero nuevamente la acción ha de ser ejercitada en el plazo de un año contado desde el

de matrimonio inválido resulta decisivo constatar si se ha celebrado o no un matrimonio nulo. Esto debería significar que, comprobado que, efectivamente, concurre uno de los impedimentos que convierte el matrimonio celebrado en nulo, pero por tratarse de un impedimento dispensable, se debería dilucidar si se ejercita o no la acción civil sobre la convalidación del matrimonio, pues esta cuestión previa resulta decisiva para la condena penal por este delito, si se prueba que concurren los demás requisitos típicos. La regulación sobre las cuestiones prejudiciales en los arts. 5 ss. LECrim permiten resolver de manera satisfactoria, y en el momento oportuno procesalmente, esta situación.

Si pese a todo se produjera el caso problemático descrito con anterioridad, ejerciéndose la acción de convalidación del matrimonio tras haber recaído sentencia condenatoria firme, la declaración de convalidación, ¿tendría efectos en la sentencia penal condenatoria? ¿también en este caso habría de eximirse de pena al responsable del delito?

Si atendemos a la regulación civil sobre la convalidación del matrimonio nulo, donde se establece como efecto jurídico que el matrimonio deviene válido desde su celebración (art. 48 CC), también en este supuesto se tendría que eximir de pena al sujeto que ha cometido el delito de celebración de matrimonio inválido[140].

---

momento en que haya cesado el vicio del consentimiento (y si los cónyuges hubieran vivido juntos).

140 MANZANARES SAMANIEGO, *CP II*, 2010, 364 s., señala que la convalidación del matrimonio ha de suponer la exención de la pena, pero si ha recaído sentencia condenatoria firme, tal exención no viene recogida ni en el art. 130 CP ni resulta de fácil encaje en la regulación del recurso de revisión (en concreto, en el art. 954.4 LECrim). Propone como solución la revisión de la sentencia recurriendo al principio de retroactividad favorable al reo, al menos mientras la sentencia condenatoria no haya sido ejecutada en su totalidad. También recurren al principio de retroactividad favorable al reo PANIZO Y ROMO DE ARCE, en: *CPC 66* (1998), 643 s.; en: *RGDCDEE 22* (2010), 25; TERRADILLOS BASOCO, en: COBO DEL ROSAL (dir.), *Comentarios CP VII*, 2003, 687; LABACA ZABALA, en: *RDPP 13* (2005), 126; SAAVEDRA RUIZ, en: CONDE-PUMPIDO TOURÓN (dir.)/LÓPEZ BARJA DE QUIROGA (coord.), *Comentarios CP III*, 2007, 1654, pues no tiene sentido que la jurisdicción civil reconozca la validez del matrimonio y, pese a todo, se mantenga la condena por ser el matrimonio inválido; CARRASCO ANDRINO, en: *LLP 66* (2009), 20; en: ÁLVAREZ GARCÍA (dir.)/MANJÓN-CABEZA OLMEDA/VENTURA PÜSCHEL (coords.), *PE I*, 2ª, 2011, 883; PRATS CANUT, en: QUINTERO OLIVARES (dir.)/ MORALES PRATS (coord.), *PE*, 8ª, 2009, 517; RAMÓN RIBAS, en: QUINTERO OLIVARES (dir.)/MORALES PRATS (coord.), *PE*, 9ª, 2011, 567; MANJÓN-CABEZA OLMEDA, *Excusas absolutorias*, 2014, 92. No lo entiende así MUÑOZ SÁNCHEZ, en: DÍEZ RIPOLLÉS/ROMEO CASABONA (coords.), *Comentarios CP II*, 2004, 1089, para quien, desde la consideración de que la eximente prevista en el art. 218.2 CP se fundamenta en la reparación del daño causado, su operatividad se

Obviamente, la convalidación del matrimonio sirve para eximir de responsabilidad por el delito de celebración de matrimonio inválido, no se extiende a otros posibles delitos que están en la base de la invalidez de tal unión matrimonial, como por ejemplo cuando la invalidez se debe a que se ha obtenido un consentimiento viciado por la coacción o la amenaza, medios comisivos que dan lugar a la comisión de los delitos de coacciones o amenazas[141].

2. *Los delitos de bigamia y matrimonio inválido: ¿una tipificación necesaria?*

Como hipótesis de partida ha de indicarse que el interrogante solo tiene sentido, y puede ser respondido, desde la vigencia de los principios limitadores, y fundamentadores, del *ius puniendi*. Pues solo si se toman

---

limita a la fase temporal anterior a la celebración del juicio oral, tal como sucede con carácter general con la atenuante prevista en el art. 21.5ª CP. Para este autor, si ha sido impuesta la condena por delito de celebración de matrimonio inválido y, posteriormente, se convalida el matrimonio, ya no puede operar esta eximente, pues no responde al fundamento de la reparación. Pero este planteamiento difícilmente casa con la regulación de los efectos de la convalidación en el art. 48 párrafo 3º CC y con el tenor literal del art. 218.2 CP: exención de pena si el matrimonio posteriormente se convalida, sin establecer límites o plazos a dicha convalidación.

141 Así lo advierten expresamente CUGAT MAURI, en: CÓRDOBA RODA/GARCÍA ARÁN (dirs.), *Comentarios CP PE I*, 2004, 553, quien también menciona la posible comisión de un delito de abusos sexuales cuando el impedimento dispensable es el de la edad, pues las relaciones sexuales con menores de trece años son delictivas, en la actualidad, tras la reforma de la LO 1/2015, las relaciones sexuales con menores de dieciséis años son típicas penalmente, salvo que pueda plantearse la relevancia penal del consentimiento del menor de esta edad, art. 183 quater CP (sobre el ámbito de aplicación de esta eximente, y sobre su naturaleza jurídica, v. DÍAZ Y GARCÍA CONLLEDO/TRAPERO BARREALES, en: *LH-Bajo Fernández*, en prensa); CARRASCO ANDRINO, en: *LLP* 66 (2009), 20; en: ÁLVAREZ GARCÍA (dir.)/MANJÓN-CABEZA OLMEDA/VENTURA PÜSCHEL (coords.), *PE I*, 2ª, 2011, 883; en: QUINTERO OLIVARES/CARBONELL MATEU/MORALES PRATS/GARCÍA RIVAS/ÁLVAREZ GARCÍA (dirs.)/MANJÓN-CABEZA OLMEDA/VENTURA PÜSCHEL (coords.), *PE*, 2011, 233; MENDOZA BUERGO, en: MOLINA FERNÁNDEZ (coord.), *Memento práctico penal*, 2015, 1024/nm. 10342, planteado desde la perspectiva del delito en el que se materializa el perjuicio: la exención de la pena afecta solo al delito de celebración de matrimonio inválido, no al delito cometido una vez consumado el perjuicio. Sobre este particular, hemos de añadir que, si el perjuicio es de tipo patrimonial, si se procede a la convalidación del matrimonio, para este segundo delito no se aplicaría la exención de pena prevista en el art. 218.2 CP, pero podría entrar en aplicación la excusa absolutoria del art. 268 CP (si el delito patrimonial en el que se materializa el perjuicio es uno de los mencionados en este precepto).

como referencia tales límites será posible poner en cuestión la intervención penal en la prevención de determinadas conductas.

Desde esta consideración, la corriente doctrinal que pone en duda la legitimidad de esta tipificación penal no es nueva, pues ya con la regulación del anterior CP se ha puesto en cuestión la intervención penal en este ámbito[142].

Previamente es preciso tener en cuenta que este interrogante se plantea y tiene sentido si la intervención penal va dirigida a la protección de determinadas instituciones familiares, en este caso concreto la matrimonial, como parece deducirse de la regulación penal vigente, pero las dudas desaparecerían o, al menos, se plantearían desde otras perspectivas (atendiendo a los principios de intervención mínima, subsidiariedad y *ultima ratio*) si el objeto de la protección penal se establece en los derechos y deberes que surgen de las formas de familia[143].

Con carácter general, cabe cuestionarse si el DP puede ser un instrumento idóneo para proteger esta institución familiar desde la consideración de que en la actualidad la familia admite diversas modalidades, aparecen nuevas formas de familia, y el matrimonio no es desde luego el único núcleo alrededor del que se constituye la familia[144]. El matrimonio ha pasado a ser una forma más de constitución de relaciones familiares, pero no necesariamente más importante y/o más necesitada de protección, hasta el punto de que se justifique el recurso al DP para garantizar su constitución. Porque la opción por la protección penal de la institución matrimonial puede generar como efecto la existencia de familias de pri-

---

142 V., para más detalles, MIR PUIG, en: *ADPCP* 1974, 440 s.

143 Así se expresa RAMÓN RIBAS, en: QUINTERO OLIVARES (dir.)/MORALES PRATS (coord.), *PE*, 9ª, 2011, 558, cuando advierte que el DP no debe perseguir la conservación de un determinado modelo familiar (máxime en el momento actual en el que la familia admite diversas modalidades), sino que, dado que la familia genera un entramado de derechos y deberes entre sus miembros, la protección de la institución familiar debe servir para prevenir la lesión de derechos subjetivos definidos en el Derecho civil de familia. Concluye este autor con una frase elocuente para el objetivo de este epígrafe, al afirmar que esta es "la razón que justifica la creación del Título XII y, en especial de su tercer y último Capítulo".

144 Porque, como afirma BOIX REIG, en: BOIX REIG (dir.), *PE II*, 2012, 19, el DP se utiliza para la defensa de una determinada concepción del matrimonio. Sobre las objeciones planteadas en el texto, v., para más detalles, MUÑOZ SÁNCHEZ, en: DÍEZ RIPOLLÉS/ROMEO CASABONA (coords.), *Comentarios CP II*, 2004, 1058; CARRASCO ANDRINO, en: *LLP* 66 (2009), 6 s.; en: ÁLVAREZ GARCÍA (dir.)/MANJÓN-CABEZA OLMEDA/VENTURA PÜSCHEL (coords.), *PE I*, 2ª, 2011, 872; PRATS CANUT, en: QUINTERO OLIVARES (dir.)/MORALES PRATS (coord.), *PE*, 8ª, 2009, 505; RAMÓN RIBAS, en: QUINTERO OLIVARES (dir.)/MORALES PRATS (coord.), *PE*, 9ª, 2011, 558.

mera y segunda categoría: en el primer grupo estaría la familia basada en el matrimonio, con reconocimiento jurídico civil y protección penal, en el segundo grupo estarían las familias "extramatrimoniales", con una protección jurídica más flexible y menos intensa, al menos quedando fuera de la protección penal.

En esta misma línea cabe referirse al efecto que han generado las reformas civiles de la institución que nos ocupa aprobadas en 2005, una referida al matrimonio entre personas del mismo sexo, la otra referida a la regulación de la separación y el divorcio, hasta el punto de que se ha afirmado que el nuevo concepto de matrimonio en el CC se acerca al matrimonio de hecho, quedando solo dos diferencias entre uno y otro: la intervención de los poderes públicos en el nacimiento del matrimonio y en su extinción. De todo ello se deduce que no se comprende el interés del legislador por seguir protegiendo de forma reforzada, con instrumentos penales, una institución a la que él mismo cada vez da menos trascendencia[145].

Entre los argumentos críticos también se ha advertido que en los delitos de matrimonios ilegales subyace un contenido moralizante[146], argumento que se puede traducir en que nos encontramos ante delitos que carecen de bien jurídico[147] o, en un sentido más restringido, aun en el caso de que sí exista un objeto de protección, no se trataría de un bien jurídico-penal[148].

---

145 Para más detalles, MARTÍNEZ GARCÍA, en: GÓMEZ TOMILLO (dir.), *Comentarios CP*, 2ª, 2011, 850, quien añade que sería oportuno que se protegiera, incluso de forma más intensa, la familia cualquiera que sea su forma.

146 V., en este sentido, LABACA ZABALA, en: *RDPP 13* (2005), 136; BOIX REIG, en: BOIX REIG (dir.), *PE II*, 2012, 19, quien, refiriéndose a todos los delitos incluidos en este Capítulo sobre los matrimonios ilegales, afirma que mantener la punición de estas conductas comporta el riesgo de una cierta confusión entre Derecho y Moral. Con carácter previo, MIR PUIG, en: *ADPCP* 1974, 441, ha afirmado que si se hace abstracción de las connotaciones morales (y religiosas) que acompañan a la bigamia, y si se reconoce la necesaria delimitación entre Moral y Derecho, con tales consideraciones se ha de demandar la destipificación del delito de bigamia.

147 KUHLEN, en: VON HIRSCH/SEELMANN/WOHLERS (ed. alemana)/ROBLES PLANAS (ed. española), *Límites al DP*, 2012, 229 s., utiliza la clasificación de delitos sin bien jurídico o delitos de conducta para hacer referencia a los tipos penales que protegen necesidades colectivas elementales, los sentimientos, los tabúes o a los animales. La existencia de tales tipos penales no significa, sin embargo, como este autor advierte inmediatamente, que todos ellos carezcan de legitimidad. Sobre la legitimación de la intervención penal en estos ámbitos, en particular, ALONSO ÁLAMO, *en: CPC 106* (2012), 35-96, especialmente 55 al final.

148 Sobre el significado de bien jurídico-penal, y las diferencias del concepto "genérico" de bien jurídico, MIR PUIG, en: *EPC XIV* (1991), 205 ss.; (= *DP en el Estado social*

En concreto, en el delito de bigamia, se ha llegado a afirmar que "es una auténtica reliquia del derecho penal"[149], una tipificación que bien pudiera responder simplemente a una reminiscencia de la tradición, de épocas pasadas en las que el matrimonio era una institución sacramental[150], lo que a todas luces resulta un argumento que sirve para afirmar lo injustificable de la tipificación de este delito en el momento actual.

Este delito también ha sido calificado como un delito formal[151], pues solo requiere para su comisión la infracción de las normas civiles que regulan el matrimonio válido, argumento que conecta nuevamente con el argumento anterior, pues la caracterización o explicación del delito formal se hace precisamente desde la perspectiva de que se trata de un delito

---

y democrático de Derecho, 1994, 159 ss.); *PG*, 10ª, 2015, 130 ss., 171 ss. Parece admitir la categoría de bien jurídico-penal, LUZÓN PEÑA, *PG*, 2ª, 2012, 178/nm. 19. Este concepto de bien jurídico-penal deriva, por un lado, del principio de exclusiva protección de bienes jurídicos y, por otro, y particularmente, de los de subsidiariedad, intervención mínima, carácter fragmentario y *ultima ratio* del DP.

149 V., en este sentido, MARCO FRANCIA, en: *noticias.juridicas.com*, julio 2011, 5.

150 CARRASCO ANDRINO, en: *LLP 66* (2009), 7, pone de relieve la relación histórica que ha existido entre los delitos de bigamia y de adulterio, así como el entendimiento histórico del primero como un *delictum carnis*, una especie del delito de adulterio, llegando a la conclusión de que si bien en la actualidad la bigamia ha perdido este carácter, pues para su comisión ya no se exige la consumación material del matrimonio, sí parece que se conservan las connotaciones morales o religiosas asociadas a él. También LABACA ZABALA, en: *RDPP 13* (2005), 120, en la comparación entre los delitos de bigamia y celebración de matrimonios inválidos, con diferentes requisitos en uno y otro delito, deduce que en el delito de bigamia se contiene el peso de la tradición cristiana fuertemente *enraizada* en la escala de valores de la sociedad española.

151 Califican el delito de bigamia como delito formal, o un delito que consiste sustancial o exclusivamente en el incumplimiento de la normativa civil sobre el matrimonio, CARBONELL MATEU, en: *H-Vidal Guitarte I*, 1999, 173; CARBONELL MATEU/GONZÁLEZ CUSSAC, en: VIVES ANTÓN/ORTS BERENGUER/CARBONELL MATEU/GONZÁLEZ CUSSAC/MARTÍNEZ-BUJÁN PÉREZ, *PE*, 3ª, 2010, 380; CARBONELL MATEU, en: GONZÁLEZ CUSSAC (coord.), *PE*, 4ª, 2015, 314; TERRADILLOS BASOCO, en: COBO DEL ROSAL (dir.), *Comentarios CP VII*, 2003, 668; en: TERRADILLOS BASOCO (coord.), *PE I*, 2011, 298; MUÑOZ SÁNCHEZ, en: DÍEZ RIPOLLÉS/ROMEO CASABONA (coords.), *Comentarios CP II*, 2004, 1057 s., quien califica este delito como mera infracción de policía, que trata de sancionar ciertas prohibiciones legales, aproximándose a una pena por mera desobediencia; CARRASCO ANDRINO, en: *LLP 66* (2009), 7, 11; en: ÁLVAREZ GARCÍA (dir.)/MANJÓN-CABEZA OLMEDA/VENTURA PÜSCHEL (coords.), *PE I*, 2ª, 2011, 872; en: QUINTERO OLIVARES/CARBONELL MATEU/MORALES PRATS/GARCÍA RIVAS/ÁLVAREZ GARCÍA (dirs.)/MANJÓN-CABEZA OLMEDA/VENTURA PÜSCHEL (coords.), *PE*, 2011, 229; CASTIÑEIRA PALOU, en: SILVA SÁNCHEZ (dir.)/RAGUÉS I VALLÈS (coord.), *PE*, 3ª, 2011, 179; SERRANO TÁRRAGA, en: SERRANO GÓMEZ/SERRANO MAÍLLO/SERRANO TÁRRAGA/VÁZQUEZ GONZÁLEZ, *PE*, 2012, 217.

sin bien jurídico[152] o, siguiendo con la precisión y/o aclaración realizada anteriormente, sin bien jurídico-penal.

Más genéricamente, en muchas ocasiones aunado con el argumento anterior, se ha calificado de criticable el recurso al DP para la prevención de la bigamia, pues las sanciones civiles o administrativas deberían bastar. Y se ha añadido que se ha de evitar la intervención del DP en la tutela de una determinada concepción social de la familia que puede no corresponderse con los modos de vida de toda la sociedad[153], si bien de forma minoritaria sí se sigue defendiendo esta intervención penal para la defensa de la institución esencial como es la del matrimonio, una institución que tiene reconocimiento constitucional y que, a mayor abundamiento, está conectada con derechos fundamentales tales como los derechos contenidos en los arts. 14 y 16 CE[154]. También de forma minoritaria, sin llegar a

---

152 Nuevamente KUHLEN, en: VON HIRSCH/SEELMANN/WOHLERS (ed. alemana)/ ROBLES PLANAS (ed. española), *Límites al DP*, 2012, 229 s.

153 V., de esta opinión, MIR PUIG, en: *ADPCP* 1974, 440 s.; CARBONELL MATEU, en: *H-Vidal Guitarte I*, 1999, 173; CARBONELL MATEU/GONZÁLEZ CUSSAC, en: VIVES ANTÓN/ORTS BERENGUER/CARBONELL MATEU/GONZÁLEZ CUSSAC/MARTÍNEZ-BUJÁN PÉREZ, *PE*, 3ª, 2010, 380; CARBONELL MATEU, en: GONZÁLEZ CUSSAC (coord.), *PE*, 4ª, 2015, 314; TERRADILLOS BASOCO, en: COBO DEL ROSAL (dir.), *Comentarios CP VII*, 2003, 668, 671; en: TERRADILLOS BASOCO (coord.), *PE I*, 2011, 298; MUÑOZ SÁNCHEZ, en: DÍEZ RIPOLLÉS/ ROMEO CASABONA (coords.), *Comentarios CP II*, 2004, 1058 s.; LABACA ZABALA, en: *RDPP 13* (2005), 135 s.; CARRASCO ANDRINO, en: *LLP 66* (2009), 6, 11; en: ÁLVAREZ GARCÍA (dir.)/MANJÓN-CABEZA OLMEDA/VENTURA PÜSCHEL (coords.), *PE I*, 2ª, 2011, 872 s.; en: QUINTERO OLIVARES/CARBONELL MATEU/MORALES PRATS/GARCÍA RIVAS/ÁLVAREZ GARCÍA (dirs.)/MANJÓN-CABEZA OLMEDA/VENTURA PÜSCHEL (coords.), *PE*, 2011, 229; CASTIÑEIRA PALOU, en: SILVA SÁNCHEZ (dir.)/RAGUÉS I VALLÈS (coord.), *PE*, 3ª, 2011, 179; MARTÍNEZ GARCÍA, en: GÓMEZ TOMILLO (dir.), *Comentarios CP*, 2ª, 2011, 849, 855 s.; RAMÓN RIBAS, en: QUINTERO OLIVARES (dir.)/MORALES PRATS (coord.), *PE*, 9ª, 2011, 558; BOIX REIG, en: BOIX REIG (dir.), *PE II*, 2012, 18. Se hace eco de esta corriente doctrinal, pero no toma partido de manera expresa por ella, MORETÓN TOQUERO, *Matrimonios ilegales*, 2001, 11. Por su parte, MENDOZA BUERGO, en: MOLINA FERNÁNDEZ (coord.), *Memento práctico Penal*, 2015, 1020/nm. 10315, también destaca esta crítica a la intervención penal, salvo que se conciba este delito como una conducta falsaria o engañosa que presuponga en todo caso la buena fe y engaño al contrayente sin impedimento.

154 V., más ampliamente, CUESTA PASTOR, en: BENEYTO BERENGUER/TORRERO MUÑOZ/LLOPIS GINER (coords.), *Retos del siglo XXI para la familia*, 2008, 160 ss. Para este autor, la protección penal de la familia se justifica desde la teoría del bien jurídico constitucional, pues la institución matrimonial es la "célula primaria de la sociedad", digna de tutela penal, siendo la técnica penal utilizada para su protección la de los delitos obstáculo (comillas en el original). También MARCHENA GÓMEZ, en: DEL MORAL GARCÍA/SERRANO BUTRAGUEÑO (coords.), *CP II*, 3ª, 2002,

1569 s., considera idóneo el recurso al DP como medio de tutela reforzada de esta institución, teniendo en cuenta las repercusiones en el plano sucesorio, en materia de filiación o en el orden económico que trae consigo la prestación del consentimiento matrimonial, concluyendo que los "perniciosos efectos que puede traer consigo la artificiosa superposición de vínculos matrimoniales de imposible coexistencia jurídica hacen explicable la sanción penal". Frente a este argumento se puede señalar que la exclusión de la protección penal del matrimonio no significa que se permita la bigamia o la poligamia. Si la constitución de varios vínculos matrimoniales a la vez resultan perjudiciales para alguno de los contrayentes, generalmente para los que intervienen a partir del segundo o ulterior matrimonio, en tal caso está justificada la regulación civil para requerir como presupuesto de validez del matrimonio que se trate de una relación monógama; el control a través del Registro Civil servirá para que los futuros contrayentes conozcan la existencia o no de anteriores vínculos, para minimizar el riesgo de los posibles perjuicios que podrían derivarse de una relación bígama o polígama. Y con carácter previo a la celebración del matrimonio, porque además la inscripción en el Registro no es constitutiva del matrimonio, en la instrucción del expediente matrimonial se podrá detectar la existencia de impedimentos para su celebración, eso sí, si los contrayentes actúan de buena fe y facilitan la información correcta a las autoridades que intervienen en el mismo. Sobre los perjuicios que pueden aparecer en este tipo de relaciones debe tenerse en cuenta que, desde los organismos internacionales, la poligamia se presenta como una forma de discriminación hacia la mujer [por ejemplo, desde el Comité para la eliminación de la discriminación contra la mujer, en la Recomendación General 21 (1994), la igualdad en el matrimonio y en las relaciones familiares], reconociéndose que no todas las mujeres que están casadas en este régimen ostentan los mismos derechos. Ahora bien, esta consideración no ha de llevar a la necesaria intervención penal como única medida, y de eficacia asegurada además, para la erradicación de esta forma discriminatoria hacia la mujer. También QUINTANAR DÍEZ, en: COBO DEL ROSAL (dir.), *Comentarios CP, VII*, 2003, 663, considera un acierto que el DP proteja la institución familiar, alegando como argumento la superación de la concepción individualista y decimonónica de los derechos y la socialización de los mismos, un avance de la civilización jurídica. Si bien podemos compartir esta afirmación (al margen de su aplicación o no al tema que nos ocupa, la legitimidad o no de la tipificación de los matrimonios ilegales), consecuencia de los profundos cambios producidos en todos los frentes en nuestra sociedad en los dos últimos siglos, lo que no se puede entender es que de tal argumento se tenga que deducir la consecuencia de que la protección de tales derechos tenga que realizarse a través del sistema punitivo. Por su parte, PÉREZ DEL VALLE, en: BENEYTO BERENGUER/TORRERO MUÑOZ/LLOPIS GINER (coords.), *Retos del siglo XXI para la familia*, 2008, 317 s., 321 s., 335 s., sí defiende la sanción penal de la bigamia, pues se lesiona la vigencia de la norma que fundamenta la exclusividad de la relación matrimonial, base de la relación familiar. Frente a esta defensa sobre la necesaria intervención del DP en la protección de esta institución, CARRASCO ANDRINO, en: *LLP* 66 (2009), 6 s., considera que la libertad religiosa y la prohibición de la discriminación por razón de religión no resultan acordes con la tutela penal de un determinado sistema matrimonial, con mayor motivo cuando la realidad social demuestra que este no es el único núcleo sobre el que se constituye la familia; en: ÁLVAREZ GARCÍA (dir.)/MANJÓN-CABEZA OLMEDA/VENTURA PÜSCHEL (coords.), *PE I*, 2ª, 2011, 872.

discutir la intervención penal, se propone que se haga una interpretación restrictiva del delito de bigamia en el sentido de que quede fuera del tipo las situaciones en las que no se vulneran derechos subjetivos concretos y que no fueran atentatorias contra la esencia familiar[155], propuesta que solo resulta plausible si el bien jurídico protegido se conecta con los derechos subjetivos que se derivan de la celebración del matrimonio, y con todo no justificaría necesariamente la intervención penal para garantizar tales derechos subjetivos, pues la regulación civil sobre la institución matrimonial también permite esta protección y, en su caso, cuando se ocasione un perjuicio a uno de los contrayentes, es posible el ejercicio de la acción civil para su reclamación.

Precisamente el argumento constitucional también ha sido alegado para poner en entredicho la justificación de esta tipificación penal, pues se advierte que la protección penal del matrimonio monogámico puede que no sea acorde con principios y derechos fundamentales reconocidos en la CE, entre ellos el pluralismo (art. 1 CE), como valor superior del ordenamiento jurídico, o la libertad religiosa y la prohibición de la discriminación por razón religiosa (arts. 16 y 14 CE[156]. Hasta tal punto se lleva este argumento que se ha puesto en duda la propia constitucionalidad de la tipificación penal del delito de bigamia[157].

Volviendo a los argumentos sobre la falta de justificación de la intervención penal, ciertamente, en el delito de bigamia no se añade ningún ele-

---

155 Es la propuesta de PANIZO Y ROMO DE ARCE, en: *CPC 66* (1998), 632, ya que sí defiende que el DP intervenga para proteger la institución troncal básica en la que se asienta la sociedad actual. Este autor aclara este planteamiento en *RGDCDEE* 22 (2010), 11, señalando que en aquellas situaciones en las que no se vulneran los derechos subjetivos concretos y que no sean atentatorias contra la esencia familiar no parece que quepa reclamar la intervención punitiva. También PRATS CANUT, en: QUINTERO OLIVARES (dir.)/MORALES PRATS (coord.), *PE*, 8ª, 2009, 506, propone una interpretación restrictiva del delito que nos ocupa; desde la consideración de que el bien jurídico protegido son los derechos subjetivos de los contrayentes se deduce que, faltando la afectación de tales derechos subjetivos, la conducta no será típica. Si bien este autor sí pone en cuestión la tipificación del delito de bigamia, y de manera genérica los delitos de matrimonios ilegales.

156 V., en este sentido, CARBONELL MATEU, en: *H-Vidal Guitarte I*, 1999, 173; CARRASCO ANDRINO, en: *LLP 66* (2009), 6 s.; en: ÁLVAREZ GARCÍA (dir.)/MANJÓN-CABEZA OLMEDA/VENTURA PÜSCHEL (coords.), *PE I*, 2ª, 2011, 872. Por su parte, LABACA ZABALA, en: *RDPP 13* (2005), 136, señala que la vigencia de los delitos de matrimonios ilegales favorece los esquemas familiares preconstitucionales, se protegen y repiten estos modelos familiares.

157 SEGRELLES DE ARENAZA, en: *H-Del Rosal* 1993, 1062 ss., 1067 s. Se adhieren a esta opinión, GONZÁLEZ-CUÉLLAR GARCÍA/JAÉN VALLEJO, en: CONDE-PUMPIDO FERREIRO (dir.), *CP II*, 1997, 2459 s.

mento o circunstancia que sirva para diferenciar el ilícito civil, consistente en la celebración del matrimonio por persona que carece de capacidad para ello debido al impedimento de vínculo, y el ilícito penal; existe en ambos casos una plena equiparación: el incumplimiento de uno de los requisitos legales para la celebración válida del matrimonio, es decir, el impedimento de vínculo anterior conlleva la nulidad matrimonial y la comisión de un delito (eso sí, si se cumplen los requisitos típicos, particularmente si el contrayente afectado por el impedimento del vínculo actúa dolosamente). Desde la valoración de los principios de subsidiariedad, intervención mínima, carácter fragmentario y *ultima ratio* del DP, no parece que estos principios estén siendo operativos. Y con más motivo se ha de reclamar la aplicación de estos principios en el momento actual, pues, al margen de la consideración de que esta institución ha perdido al menos su protagonismo en la constitución de una relación familiar, la actual regulación civil sobre la misma también ha provocado un profundo cambio en su configuración, quedando prácticamente como único elemento definitorio el que se trate de la unión (monógama) entre dos personas. Pues bien, no parece razonable que tal elemento se estime de relevancia tal que para asegurar su respeto y cumplimiento se mantenga la tipificación penal del delito de bigamia. Si la normativa civil sobre la institución matrimonial evoluciona, afecta a sus rasgos esenciales, eliminándolos, ¿se puede deducir de ello que los rasgos esenciales configuradores de la institución que permanecen no deberían ser objeto de atención por el DP?

La doctrina también ha recurrido al principio de intervención mínima para abogar por la destipificación de la bigamia, pues si bien el CC mantiene la regulación de la institución del matrimonio monogámico también es cierto que en el mismo se contienen respuestas suficientes para sancionar la infracción de las normas reguladoras del mismo, a través de la acción de nulidad, protegiéndose al contrayente de buena fe que se haya visto perjudicado por el bígamo[158].

---

[158] Aluden al principio de intervención mínima para descartar la intervención penal en la protección de la institución del matrimonio a través del delito de bigamia, entre otros, TERRADILLOS BASOCO, en: COBO DEL ROSAL (dir.), *Comentarios CP VII*, 2003, 668; en: TERRADILLOS BASOCO (coord.), *PE I*, 2011, 298; MUÑOZ SÁNCHEZ, en: DÍEZ RIPOLLÉS/ROMEO CASABONA (coords.), *Comentarios CP II*, 2004, 1058 s.; CARRASCO ANDRINO, *LLP 66* (2009), 6; en: ÁLVAREZ GARCÍA (dir.)/MANJÓN-CABEZA OLMEDA/VENTURA PÜSCHEL (coords.), *PE I*, 2ª, 2011, 872 s.; en: QUINTERO OLIVARES/CARBONELL MATEU/MORALES PRATS/GARCÍA RIVAS/ÁLVAREZ GARCÍA (dirs.)/MANJÓN-CABEZA OLMEDA/VENTURA PÜSCHEL (coords.), *PE*, 2011, 229; MARCO FRANCIA, en: *noticias.juridicas.com*, julio 2011, 5, quien, refiriéndose a la postura de PRATS CANUT, en:

En la misma línea defensora de la destipificación del delito de bigamia se ha alegado un doble argumento, relacionado, por un lado, con el control administrativo existente previo a su constitución y, por otro lado, con la posibilidad de recurrir al DP para el caso de comportamientos falsarios realizados en este momento. Así, se ha puesto de relieve que el matrimonio es una institución regulada administrativamente. Con la confección del expediente matrimonial se ha de comprobar que los contrayentes reúnen los requisitos para contraer matrimonio, por lo que en principio no tendría que producirse ningún supuesto de bigamia si los controles legales actuaran adecuadamente, a no ser que se elaboren y aporten documentos falsos al expediente o el funcionario público actúe de manera ilegal, pero en tales casos se recurre a los delitos de falsedad y prevaricación para castigar el ataque a otros bienes jurídicos que se ven afectados por el comportamiento falsario o la actuación ilegal del funcionario[159].

Tampoco desde la perspectiva de los sujetos involucrados en la bigamia puede encontrarse un argumento para la defensa de esta tipificación. Porque en relación con el primer cónyuge, puede plantearse el delito de abandono de familia[160], y respecto del segundo cónyuge, en caso de que actúe de buena fe, no se descarta la posibilidad de que se apliquen delitos contra el patrimonio[161], aparte de las acciones civiles correspondientes

---

QUINTERO OLIVARES (dir.)/MORALES PRATS (coord.), *PE*, 8ª, 2009, 506, de que se podría mantener la tutela penal en situaciones en que se vulneren derechos subjetivos concretos, es partidaria de la despenalización completa del delito de bigamia, porque los derechos de los terceros de buena fe estarían tutelados conforme a la legislación civil.

159 V., en este sentido, MIR PUIG, en: *ADPCP* 1974, 440 s.; MARTÍNEZ GARCÍA, en: GÓMEZ TOMILLO (dir.), *Comentarios CP*, 2ª, 2011, 850.

160 V., de esta opinión, por todos, MIR PUIG, en: *ADPCP* 1974, 440 s.

161 Particularmente, el delito de estafa. V., por todos, CARRASCO ANDRINO, en: *LLP* 66 (2009), 6; en: ÁLVAREZ GARCÍA (dir.)/MANJÓN-CABEZA OLMEDA/VENTURA PÜSCHEL (coords.), *PE I*, 2ª, 2011, 872; CARBONELL MATEU/GONZÁLEZ CUSSAC, en: VIVES ANTÓN/ORTS BERENGUER/CARBONELL MATEU/GONZÁLEZ CUSSAC/MARTÍNEZ-BUJÁN PÉREZ, *PE*, 3ª, 2010, 382; BOIX REIG, en: BOIX REIG (dir.), *PE II*, 2012, 18. Con carácter general, refiriéndose a los delitos de celebración de matrimonios ilegales, MUÑOZ SÁNCHEZ, en: DÍEZ RIPOLLÉS/ROMEO CASABONA (coords.), *Comentarios CP II*, 2004, 1058, afirma que si estos delitos se configuraran como delitos autónomos que tratan de proteger los derechos subjetivos que nacen de las relaciones familiares, en ese caso se estarían creado delitos que no son más que concreciones de conductas delictivas genéricas. Porque los derechos subjetivos que surgen de la relación familiar ya tienen protección penal, a través de delitos como la estafa, las falsedades documentales, las coacciones, las prevaricaciones. Por tanto, la destipificación penal de los delitos de matrimonios ilegales no significaría la desprotección penal de los afectados por la bigamia y la celebración de matrimonio inválido, pues cabría recurrir a estas figuras delictivas (y, obviamente,

para indemnizar los perjuicios sufridos como consecuencia de la celebración del matrimonio nulo, y, claro, del reconocimiento de efectos para el contrayente de buena fe desde la celebración del matrimonio hasta la declaración de nulidad del mismo por sentencia firme.

La escasa relevancia o trascendencia práctica de este delito, puesta de manifiesto por su escasa aplicación, es un argumento para poner en entredicho la tipificación penal[162]. Esta escasa aplicación es presumible que se incremente a partir de las importantes reformas de 2005, en concreto con la modificación de los requisitos para la disolución del matrimonio a través del divorcio. La simplificación de los requisitos, con la supresión del divorcio causal, eliminando prácticamente los plazos para el planteamiento de la acción civil, pueden ser argumentos que permitan aventurar esta escasa aplicación judicial del delito.

Algunas críticas formuladas en relación con el delito de bigamia se han extendido al delito de celebración de matrimonios inválidos, desde la crítica de que también en esta modalidad delictiva subyace un contenido moralizante, la que considera que estamos ante un mero reforzamiento de la prohibición civil sobre la celebración de matrimonio inválido, pasando por la que destaca la inidoneidad del recurso al DP para proteger una determinada relación familiar en el momento actual[163].

La propia formulación legal de esta figura delictiva ofrece un argumento más para poner en entredicho la intervención penal en la protección de la institución matrimonial. Porque en el delito de celebración de matrimonios ilegales resulta elemento esencial, el delimitador entre el ilícito civil y el ilícito penal, un difuso especial elemento subjetivo del injusto, el ánimo de perjudicar[164]. Pues bien, si a través del ánimo de perjudicar se

---

sus derechos también estarían protegidos y garantizados por el Derecho civil, para el caso de que fueran contrayentes de buena fe).

162 Argumento planteado por MUÑOZ SÁNCHEZ, en: DÍEZ RIPOLLÉS/ROMEO CASABONA (coords.), *Comentarios CP II*, 2004, 1058; MARTÍNEZ GARCÍA, en: GÓMEZ TOMILLO (dir.), *Comentarios CP*, 2ª, 2011, 849.

163 V., en relación con la primera objeción, LABACA ZABALA, en: *RDDP 13* (2005), 136; BOIX REIG, en: BOIX REIG (dir.), *PE II*, 2011, 19. Sobre la segunda de las críticas, entre otros, MUÑOZ SÁNCHEZ, en: DÍEZ RIPOLLÉS/ROMEO CASABONA (coords.), *Comentarios CP II*, 2004, 1057 s.; MARTÍNEZ GARCÍA, en: GÓMEZ TOMILLO (dir.), *Comentarios CP*, 2ª, 2011, 849, 855 s.; BOIX REIG, *Op. cit.*, 18. Y en relación con la tercera de las críticas, MUÑOZ SÁNCHEZ, *Op. cit.*, 1058; PRATS CANUT, en: QUINTERO OLIVARES (dir.)/MORALES PRATS (coord.), *PE*, 8ª, 2009, 505; RAMÓN RIBAS, en: QUINTERO OLIVARES (dir.)/MORALES PRATS (coord.), *PE*, 9ª, 2011, 558; BOIX REIG, *Op. cit.*, *19*.

164 Porque la diferencia entre el ilícito civil y el ilícito penal descansa en la ausencia o presencial del ánimo de perjudicar. Así, por todos, MUÑOZ SÁNCHEZ, en: DÍEZ

pretende garantizar penalmente algún derecho del contrayente de buena fe, para tal protección no sería necesaria la tipificación penal de este delito de celebración de matrimonios ilegales, ya que tal derecho subjetivo puede estar garantizado a través de otros delitos, particularmente los delitos contra el patrimonio[165].

Efectivamente, a través de la normativa civil se protegen los derechos del contrayente de buena fe cuando el matrimonio celebrado es nulo, y tal protección se garantiza con independencia de cuál sea la intención que guía al otro contrayente, si quiere perjudicar o no de alguna manera a su cónyuge. Para el caso de que el otro contrayente actúe con ánimo o propósito de perjudicar, y tal perjuicio ha de traducirse en uno diferente al inherente a la celebración de un matrimonio nulo, según los casos, podrá dar lugar a una indemnización adicional en la vía civil o a la intervención penal si el perjuicio se traduce en la afectación de un bien jurídico-penal. Y, por supuesto, como ya se ha comentado, algunos supuestos de celebración de un matrimonio inválido o nulo por su forma comisiva pueden ser constitutivos de delito, con independencia del ánimo o intención que guíe al contrayente: es el caso de celebración de un matrimonio nulo porque se ha contraído por coacción o miedo grave; el recurso a la coacción o a la amenaza podrá dar lugar a los delitos de coacciones y amenazas, incluidos los delitos de violencia de género si tal coacción o amenaza (calificada de leve) procede del otro contrayente, o, en su caso, a los delitos de violencia doméstica, y tal aplicación se producirá con independencia de si se pretende celebrar un matrimonio nulo por coacción o amenaza con intención de perjudicar al otro contrayente o con otra intención.

De momento no ha habido aplicación judicial de esta modalidad delictiva, lo que resulta un dato de especial interés para la valoración sobre la necesidad de mantener la tipificación penal de esta conducta, pues es un indicativo, no de su eficacia preventiva, sino de la falta de trascendencia penal de la conducta incriminada[166].

RIPOLLÉS/ROMEO CASABONA (coords.), *Comentarios CP II*, 2004, 1085; CARRASCO ANDRINO, en: *LLP* 66 (2009), 17, añadiendo que, aun con el ánimo de perjudicar, sigue siendo controvertida la penalización de esta conducta.

165 V., en este sentido, MUÑOZ SÁNCHEZ, en: DÍEZ RIPOLLÉS/ROMEO CASABONA (coords.), *Comentarios CP II*, 2004, 1059.

166 Afirmación que MUÑOZ SÁNCHEZ, en: DÍEZ RIPOLLÉS/ROMEO CASABONA (coords.), *Comentarios CP II*, 2004, 1058, extiende también al delito de bigamia; MARTÍNEZ GARCÍA, en: GÓMEZ TOMILLO (dir.), *Comentarios CP*, 2ª, 2011, 849, 855 s. Por su parte, CUGAT MAURI, en: CÓRDOBA RODA/GARCÍA ARÁN (dirs.), *Comentarios CP PE I*, 2004, 551, señala que el delito de celebración de matrimonio ilegal aún no ha sido aplicado, por lo que las consideraciones que sobre el

III. LOS "OTROS" MATRIMONIOS ILEGALES

1. *El matrimonio de conveniencia*

En el inicio de este trabajo se ha ofrecido una definición de matrimonio como la unión de dos personas a través del cumplimiento de determinados ritos o formalidades. Si bien en la actualidad ya no se deduce de la regulación legal de la institución, la definición se complementa con la finalidad de constituir una vida en común entre los contrayentes.

Esta finalidad es la que está ausente en el matrimonio de conveniencia, o también denominado matrimonio blanco, una modalidad de los denominados genéricamente matrimonios simulados[167]. La falta del elemento relativo a la constitución de una vida en común, o dicho de forma más ajustada a la norma, la falta de intención de asumir los derechos y obligaciones que surgen de la celebración de este negocio jurídico (plasmados en los arts. 67 y 68 CC) tiene como consecuencia que no haya un auténtico consentimiento matrimonial, elemento esencial que ha de concurrir para la constitución de esta unión por lo que, faltando tal elemento, el matrimonio celebrado de esta manera es nulo de pleno derecho[168].

En esta caracterización del matrimonio de complacencia o blanco, nulo por falta de consentimiento matrimonial, ha podido incidir las importantes reformas de la institución matrimonial operadas en el año 2005, en particular la relacionada con la regulación sobre separación y divorcio. Porque, tal como ha puesto de relieve la doctrina civilista, esta reforma ha podido afectar, sin pretenderlo de manera expresa, a la propia concepción del consentimiento matrimonial. Este comporta la adhesión de ambos contrayentes al modelo de matrimonio que regula el ordenamiento jurídico, modelo que los contrayentes no pueden cambiar, pero esta regulación normativa ha ido eliminando las notas que permitían su identificación, resultando en la actualidad difícil precisar en qué consiste precisamente el consentimiento matrimonial fuera o más allá de su emisión en la forma

---

mismo realiza "carecen de la convicción de que se trate de una conducta que merezca el necesario reproche social".

167 Para más detalles sobre esta categoría de matrimonios simulados, v., por todos, CARRASCOSA GONZÁLEZ, y SERRANO GÓMEZ, en: YZQUIERDO TOLSADA/CUENA CASAS (dirs.), *Tratado Derecho de Familia I*, 2011, 1054, y *II*, 59 ss., 65, 573 ss., 582, 586 respectivamente.

168 V., en este sentido, entre otros, SERRANO GÓMEZ, en: YZQUIERDO TOLSADA/CUENA CASAS (dirs.), *Tratado Derecho de Familia II*, 2011, 59, 61, 65, 586. Esta consecuencia también es destacada en la Instrucción DGRN de 31 de enero de 2006 (BOE 17-2-2006), sobre los matrimonios de complacencia.

requerida por la ley. Se llega a afirmar que, tras la reforma en materia de divorcio, aceptando su carácter unilateral y acausal, ya no existe razón para mantener que el consentimiento matrimonial haya de referirse a los deberes conyugales y, en consecuencia, su exclusión no puede ser motivo de nulidad del matrimonio[169].

Si esto es así, el matrimonio de conveniencia o blanco no podría ser calificado como matrimonio nulo por falta de consentimiento matrimonial; si tal consentimiento no tiene un contenido sustantivo, solo exige que se emita en la forma establecida en la ley, eso sí, individualizando e identificando claramente a la persona con la que se consiente en contraer matrimonio, y siempre y cuando no concurran vicios que afecten a la libertad de emisión de tal declaración de voluntad, este consentimiento debería ser calificado como matrimonial, declarando válido el así contraído[170].

A pesar de lo señalado, como se ha descrito al inicio de este epígrafe, el matrimonio de conveniencia o complacencia sigue considerándose un matrimonio nulo por falta de consentimiento matrimonial. Y es objeto

---

169 V., para más detalles, DE PABLO CONTRERAS, en: YZQUIERDO TOLSADA/CUENA CASAS (dirs.), *Tratado Derecho de Familia I*, 2011, 514 ss. También ÁLVAREZ GONZÁLEZ, en: *Revista Xurídica da Universidade de Santiago de Compostela 16* (2007), 32, precisamente en relación con el matrimonio de conveniencia, porque el problema de este tipo de uniones está relacionado directamente con el consentimiento matrimonial, se pregunta si hay un concepto unívoco de consentimiento matrimonial, y, sobre todo, cuál es el contenido de este consentimiento.

170 Así lo reconoce DE PABLO CONTRERAS, en: YZQUIERDO TOLSADA/CUENA CASAS (dirs.), *Tratado Derecho de Familia I*, 2011, 522 s. También GUTIÉRREZ SANTIAGO/GARCÍA AMADO, en: *Revista Digital Facultad de Derecho 6* (2013), 169 s. y n. 27, aceptando la tesis de DE PABLO CONTRERAS sobre la falta de contenido sustantivo del consentimiento matrimonial, llegan a afirmar que lo que en la actualidad define la institución matrimonial es únicamente, o al menos principalmente, la forma: el acto formal de celebración del matrimonio con arreglo a los ritos y formalidades que señala el CC. Si esto es así, el matrimonio de conveniencia o blanco sí se celebraría cumpliendo con tales ritos y formalidades, luego tendría que ser calificado como auténtico matrimonio. Por su parte, FÁBREGA RUIZ, en: *H-González García* 2012, 1187, 1198 s., define el consentimiento matrimonial como el prestado en el ámbito del negocio matrimonial, sin connotaciones causales. Más adelante señala que, cuando en el art. 45 CC se alude al consentimiento matrimonial, se está haciendo referencia al consentimiento viciado por error, coacción, miedo, falta de capacidad para prestarlo, no se pretende hacer referencia a intención alguna. De este planteamiento se deduce que el matrimonio de conveniencia, de calificarse como matrimonio nulo, la nulidad no se deriva de la falta de consentimiento matrimonial, sino de la falta de la causa para el matrimonio (partiendo de la hipótesis de que la legislación civil exige tal causa, lo que no sucede).

de preocupación y atención en un supuesto muy particular, cuando en el matrimonio concurre un factor de extranjería[171].

En efecto, el motivo más habitual que está detrás de esta unión o, al menos, el motivo que más preocupa a las autoridades que han de controlar y evitar la inscripción de un matrimonio de estas características en el Registro Civil, es el fin de regularizar la situación administrativa en el país de uno de los contrayentes[172]. Porque a través del matrimonio los requisitos para la adquisición de la nacionalidad se simplifican, o, en primera instancia, son también más accesibles los requisitos para permanecer en el país de manera regular[173].

Solo cuando la inmigración ilegal se ha convertido en un fenómeno habitual, generando problemas para su control, los matrimonios de con-

---

171 Porque, como ha afirmado ÁLVAREZ GONZÁLEZ, en: *Revista Xurídica da Universidade de Santiago de Compostela 16* (2007), 32, 49 s., el tratamiento del matrimonio de complacencia o conveniencia por parte de las autoridades es una tutela de las normas sobre extranjería o sobre nacionalidad y, correlativamente, sobre las que derivan de las situaciones de "legalidad" de los extranjeros en España.

172 Así lo destaca ÁLVAREZ GONZÁLEZ, en: *Revista Xurídica da Universidade de Santiago de Compostela 16* (2007), 34 s., 41 s., cuando advierte que la protección de la institución matrimonial (o dicho de otra manera, en lo que aquí interesa, la preocupación por la celebración de matrimonios de conveniencia) solo se activa en determinados matrimonios particularmente sospechosos: no se protege cuando el matrimonio es entre españoles, entre residentes legales o entre nacionales comunitarios.

173 El matrimonio tiene estos efectos en materia de nacionalidad y extranjería: a) permite adquirir de modo acelerado la nacionalidad española, en la medida en que el cónyuge del ciudadano español goza de una posición privilegiada para la adquisición de la nacionalidad española (art. 22.2 CC): basta un año de residencia en España por parte del sujeto extranjero [art. 22.2 d) CC], siempre que sea una residencia "legal, continuada e inmediatamente anterior a la petición" (art. 22.3 CC); b) permite lograr y mantener una autorización de residencia en España, incluida la residencia con carácter permanente, del extranjero que sea cónyuge o pareja de hecho de un ciudadano español o de un ciudadano miembro de un Estado de la UE o de un Estado parte del Acuerdo sobre el EEE, tal como establecen los arts. 2, 8, 9 y 9 bis RD 240/2007, de 16 de febrero, sobre entrada, libre circulación y residencia en España de ciudadanos de los Estados miembros de la Unión Europea y de otros Estados parte en el Acuerdo sobre el Espacio Económico Europeo; c) permite lograr la reagrupación familiar de nacionales de terceros Estados, tal como disponen los arts. 17 ss. LO 4/2000, de 11 de enero, sobre derechos y libertades de los extranjeros en España y su integración social y los arts. 52 ss. (y para casos de residencia de larga duración-UE, art. 156) RD 557/2011, de 20 de abril, por el que se aprueba el Reglamento de la LO 4/2000, sobre derechos y libertades de los extranjeros en España y su integración social, tras su reforma por LO 2/2009.

veniencia han despertado el interés de las autoridades, controlando los intentos de acceso al Registro Civil de este tipo de matrimonio simulado[174].

Tal interés y preocupación por este tipo de uniones, por las implicaciones que se derivan en materia de extranjería, se ha reflejado ya en la Resolución del Consejo UE, de 4 de diciembre de 1997, sobre medidas que deberán adoptarse en materia de lucha contra los matrimonios fraudulentos[175].

Inicialmente, la normativa en materia de extranjería ha tratado de adoptar medidas relacionadas con los matrimonios de conveniencia, para evitar que se puedan derivar de tales uniones los derechos relacionados con los permisos o autorizaciones de residencia. Pero, dado que la formalización de una pareja de hecho también genera derechos para la obtención de permisos de residencia, con el aumento del registro de parejas de hecho de conveniencia, la normativa en materia de extranjería también ha extendido aquella previsión a este tipo de uniones, también para evitar que el extranjero pueda lograr un permiso o autorización de residencia a través de la formación de parejas de hecho fraudulentas o de conveniencia. Así, la LO 2/2009, de reforma de la LO 4/2000, reconoce el derecho a la reagrupación familiar del cónyuge o de la pareja de hecho del extranjero residente en España (art. 18 LO 4/2000 tras la reforma de la LO 2/2009) y, por otro lado, tipifica como infracción muy grave el contraer matrimonio o simular una relación afectiva análoga con el propósito de obtener indebidamente un derecho de residencia [art. 53.2 b) de la citada LO][176].

---

174 Con este objetivo, en la Circular FGE 1/2002, de 19 de febrero, sobre aspectos civiles, penales y contencioso-administrativos de la intervención del Fiscal en materia de extranjería, se establecen los criterios que han de adoptarse en caso de intervención del Ministerio Fiscal ante los matrimonios simulados. Con anterioridad, en la Instrucción DGRN de 9 de enero de 1995, se establecían determinadas normas para la tramitación del expediente previo al matrimonio cuando uno de los contrayentes esté domiciliado en el extranjero. Y más recientemente, se adoptado la Instrucción DGRN de 31 de enero de 2006, sobre los matrimonios de complacencia, en la que se hace un análisis detallado de este tipo de uniones.

175 En esta Resolución se ofrece la siguiente definición de matrimonio de conveniencia, denominado en la Resolución matrimonio fraudulento: matrimonio de un nacional de un Estado miembro o de un nacional de un tercer Estado que resida regularmente en un Estado miembro con un nacional de un tercer país, con el fin exclusivo de eludir las normas relativas a la entrada y la residencia de nacionales de terceros países y obtener, para el nacional de este tercer país, un permiso de residencia o una autorización de residencia en un Estado miembro.

176 Concretamente, el art. 53.2 b) LO 4/2000 tras la reforma de la LO 2/2009 tipifica como infracción grave la conducta consistente en contraer matrimonio, simular una relación afectiva análoga o constituirse en representante legal de un menor, cuando

Dado el objetivo del trabajo, las cuestiones que nos hemos de plantear son, por un lado, si el DP interviene en la evitación de este tipo de matrimonios ilegales. Y, por otro lado, adelantando el hecho de que no hay un delito específico denominado de matrimonio de conveniencia o término similar, si sería legítimo el recurso al sistema punitivo para prevenir estas conductas.

1.1. El matrimonio de conveniencia y el DP

Hemos visto hasta ahora que el CP sí contiene una regulación sobre la institución matrimonial, castigando los delitos de bigamia y de celebración de matrimonio inválido, además del delito de autorización de matrimonio inválido (art. 219 CP).

De estos delitos el que inicialmente podría ser aplicable sería el relativo a la celebración de matrimonio inválido (art. 218 CP), si tenemos en cuenta que en el matrimonio de conveniencia no hay un auténtico consentimiento matrimonial, es, por tanto, un matrimonio inválido o nulo de pleno derecho.

Pero la aplicación de esta figura delictiva presenta varios problemas. El primero es que son los dos contrayentes los que emiten un consentimiento aparente en la celebración del matrimonio. Por tanto, no hay ningún contrayente de buena fe, ambos son conocedores de que la celebración de esa unión no va a generar auténticos derechos matrimoniales. Y aunque se ha defendido que esta figura delictiva no tiene como objeto de protección los derechos subjetivos de uno de los contrayentes (el que hipotéticamente actúa de buena fe), sí se ha considerado necesario que haya un contrayente que actúe de buena fe, derivando este requisito del especial elemento subjetivo exigido en el art. 218 CP, el ánimo de perjudicar al otro.

El segundo problema aplicativo deriva precisamente de este requisito típico, el ánimo de perjudicar al otro, elemento subjetivo que estará ausente en los matrimonios de conveniencia, pues el perjuicio, en todo caso, estará dirigido hacia el Estado, si como perjuicio se puede calificar que una persona pretenda adquirir la nacionalidad o la residencia de manera fraudulenta.

Atendiendo a la propia institución matrimonial, por tanto, no hay respuesta penal frente a los matrimonios de conveniencia. Y parece razonable que tal cosa no suceda si la actual regulación sobre los delitos de matrimo-

---

dichas conductas se realicen con ánimo de lucro o con el propósito de obtener indebidamente un derecho de residencia, siempre que tales hechos no constituyan delito.

nios ilegales está en entredicho ya desde el primer nivel de legitimación de la intervención penal, la falta de un auténtico bien jurídico-penal.

Ahora bien, puede suceder que, para promover la celebración de un matrimonio de conveniencia, se utilicen medios que sí pueden ser constitutivos de delito.

No resulta infrecuente que haya organizaciones criminales que se dediquen a la organización de estos matrimonios[177].

La organización, para facilitar la adquisición de la nacionalidad o de la residencia al extranjero en situación irregular, recurre a medios que pueden dar lugar a diferentes infracciones penales. Aparte de los propios delitos de organización o grupo criminal (arts. 570 bis a 570 quater CP), o el de asociación ilícita (art. 515 CP), pueden cometer los delitos de tan diferente significado como los de falsedad documental, estafa, delitos contra la Administración Pública, particularmente el cohecho, o delitos contra la libertad como los delitos de coacciones y amenazas, si para el contrayente en situación regular no resulta suficiente aliciente la retribución económica que va a recibir por la celebración de esta unión, hasta el delito de ayuda a la inmigración ilegal (art. 318 bis CP)[178].

---

177 Tal como señala CARRASCOSA GONZÁLEZ, en: YZQUIERDO TOLSADA/CUENA CASAS (dirs.), *Tratado Derecho de Familia I*, 2011, 1053, existen organizaciones criminales implicadas en la celebración masiva de esta clase de matrimonios. El precio de estas uniones ronda en torno a los diez mil euros: la red criminal que organiza el falso matrimonio se queda con unos siete mil euros, y el contrayente con tres mil. También FÁBREGA RUIZ, en: *H-González García* 2012, 1183, señala que las mafias que se dedican al tráfico de seres humanos recurren a los matrimonios de conveniencia para retener a las víctimas en el negocio de la prostitución o como un nueva vía para exprimir a la población inmigrante. GIMÉNEZ-SALINAS FRAMIS, en: CANCIO MELIÁ/POZUELO PÉREZ (coords.), *Política criminal en vanguardia*, 2008, 208 s., explica la manera de proceder de las organizaciones criminales en la fase de captación del ciudadano extranjero. Concretamente, su funcionamiento es el de una agencia de viaje, proponiendo varias posibilidades; en la segunda modalidad cita la utilización de matrimonios fraudulentos.

178 Así se refleja en la Circular FGE 1/2002, de 19 de febrero, sobre aspectos civiles, penales y contencioso-administrativos de la intervención del Fiscal en materia de extranjería. CARRASCOSA GONZÁLEZ, en: YZQUIERDO TOLSADA/CUENA CASAS (dirs.), *Tratado Derecho de Familia I*, 2011, 1053 s., cuando se trata de una organización criminal que se dedica a la preparación de estos matrimonios, y cuando se trata de personas que, a sabiendas, participan en los falsos matrimonios, menciona los delitos que pueden cometerse en la celebración de estos matrimonios: asociaciones ilícitas, usurpación del estado civil, favorecimiento de la inmigración ilegal, falsedades documentales, estafas, bigamia. Concretamente, al antiguo delito de tráfico ilegal (art. 318 bis anterior a la reforma de la LO 1/2015) alude MARTÍNEZ-BUJÁN PÉREZ, *DP económico PE*, 5ª, 2015, 899, para el caso de organizaciones dedicadas a preparar matrimonios de conveniencia entre españolas y extranjeros. Advierte este autor que

Como puede observarse, hasta ahora se han mencionado tipos penales que resultan aplicables a personas que no son los contrayentes. Pero también estos pueden incurrir en algún ilícito penal como consecuencia de la celebración de matrimonios de conveniencia[179]; a través de las reglas de la autoría y la participación es posible el castigo de ambos contrayentes.

Así, se puede plantear el delito de usurpación del estado civil (art. 401 CP), cuando el contrayente de nacionalidad extranjera y en situación irregular no habla español y, para evitar suspicacias de las autoridades que van a intervenir en su celebración, es suplantado por otra persona de similares características pero que sí domina el castellano; o el propio delito de bigamia (art. 217 CP), cuando en el contrayente nacional concurre el impedimento de vínculo; hasta el propio delito de ayuda a la inmigración ilegal (art. 318 bis CP).

El delito de ayuda a la inmigración ilegal solo se aplica al contrayente en situación regular, no al extranjero que carece del permiso de residencia y que pretende utilizar el matrimonio como medio para regularizar su situación. Y, claro está, en este caso no se puede tampoco recurrir a la regulación penal de la participación para castigar al contrayente-extranjero que carece del permiso de residencia, pues, como se comentará más adelante, desde la perspectiva del bien jurídico que se protege en esta figura delictiva, él es el partícipe necesario del delito.

Hasta la reforma operada por la LO 1/2015, el delito de ayuda a la inmigración ilegal castigaba al sujeto que, directa o indirectamente, promovía, favorecía o facilitaba el tráfico ilegal o la inmigración clandestina de personas desde, en tránsito o con destino a España, o con destino a otro país de la UE, y como tipo agravado castigaba al que realizaba tales hechos utilizando determinados medios comisivos, en particular cuando se actuaba con ánimo de lucro. Tal amplia descripción de la conducta típica permitía su aplicación a los casos de celebración de matrimonios de conveniencia, claramente al menos si era para facilitar la entrada en el país, con más dudas si el matrimonio se celebraba con la finalidad de facilitar la permanencia en el país[180].

---

este matrimonio solo se castigará si el que interviene forma parte de la red mafiosa y su conducta es parte integrante del plan delictivo de favorecer la inmigración ilegal.

179 FÁBREGA RUIZ, en: *H-González García* 2012, 1187, en la enumeración de mecanismos de control de los matrimonios de conveniencia alude de manera genérica a la reacción penal ante estos hechos cuando ello sea posible, sin que se especifique a qué tipos penales puede recurrirse en la prevención de esta clase de uniones.

180 Sobre la interpretación del antiguo art. 318 bis, en particular los conceptos de tráfico ilegal e inmigración clandestina, los verbos que describen las conductas típicas, promover, favorecer, facilitar, los adverbios directa o indirectamente, y la forma de

describir el elemento transfronterizo, desde, en tránsito o con destino a España, o con destino a otro país de la UE (literalmente no se menciona expresamente o para permanecer en España), v., por todos, PÉREZ CEPEDA, *Globalización,* 2004, 196 ss., 206 ss., 240 ss.; VILLACAMPA ESTIARTE, en: *RP 14* (2004), 187 ss., 200 ss.; CANCIO MELIÁ/MARAVER GÓMEZ, en: BACIGALUPO/CANCIO MELIÁ (coords.), *DP y política transnacional,* 2005, 352 ss., 358 ss.; Circular FGE 2/2006, de 27 de julio, sobre diversos aspectos relativos al régimen de extranjería, 90 ss., 134 s.; PÉREZ FERRER, en: COBO DEL ROSAL (dir.), *Comentarios CP X-I,* 2006, 476 s., 478 ss., 481 s., 486 s.; DÍAZ Y GARCÍA CONLLEDO (dir.)/OLAIZOLA NOGALES/ TRAPERO BARREALES/BARBER BURUSCO/JERICÓ OJER, *Protección y expulsión de extranjeros,* 2007, 214 ss., 225 ss., 230 ss.; DÍAZ Y GARCÍA CONLLEDO/ OLAIZOLA NOGALES, en: MIR PUIG/CORCOY BIDASOLO (dirs.)/HORTAL IBARRA (coord.), *Protección penal de los derechos de los trabajadores,* 2009, 455 ss., 457 ss., 462 ss., 465 ss.; HORTAL IBARRA, en: MIR PUIG/CORCOY BIDASOLO (dirs.)/GÓMEZ MARTÍN (coord.), *Política criminal y reforma penal,* 2007, 485 ss.; MARTÍNEZ ESCAMILLA, *La inmigración como delito,* 2007, 44 ss., 129 ss., 136 ss., 140 s., 147 ss., 152 ss., 156 s., 157 s.; PÉREZ ALONSO, *Tráfico de personas,* 2008, 248 ss., 256 ss., 282 ss. (proponiendo una interpretación diferenciadora de los términos tráfico e inmigración clandestina); en: MIR PUIG/CORCOY BIDASOLO (dirs.)/ HORTAL IBARRA (coord.), *Protección penal de los derechos de los trabajadores,* 2009, 450 s.; DAUNIS RODRÍGUEZ, *Política migratoria,* 2009, 42 ss., 74 ss., 77 ss., 84 ss., 90 ss.; SANTANA VEGA, en: MIR PUIG/CORCOY BIDASOLO (dirs.)/HORTAL IBARRA (coord.), *Protección penal de los derechos de los trabajadores,* 2009, 516 ss., 519 ss., 522 ss.; MARAVER GÓMEZ, en: ORTIZ DE URBINA GIMENO (coord.), *Reforma penal de 2010,* 2010, 338 ss./nm.3212 ss., 341 ss./nm. 3222 ss.; en: DÍAZ-MAROTO Y VILLAREJO (dir.), *Reformas CP,* 2011, 343 ss., 346 ss.; PORTILLA CONTRERAS/POMARES CINTAS, en: ÁLVAREZ GARCÍA/GONZÁLEZ CUSSAC (dirs.), *Reforma penal de 2010,* 2010, 357 s., 363; Circular FGE 5/2011, de 2 de noviembre, sobre criterios para la unidad de actuación especializada del Ministerio Fiscal en materia de extranjería e inmigración, 11 s., 36, 37 ss., 43 ss., 47 ss., con amplias referencias jurisprudenciales sobre las formas de entrada fraudulenta como modalidades de inmigración clandestina; MAYORDOMO RODRIGO, en: *EPC XXXI* (2011), 327 ss., 337 ss.; GARCÍA ÁLVAREZ, en: *RGDP 21* (2014), 7-14. El recurso al antiguo delito de tráfico de personas es planteado por PÉREZ CEPEDA, *Op. cit.,* 40, para el caso de celebración de matrimonios falsos para eludir las leyes de inmigración, siempre y cuando el matrimonio sea voluntario por ambas partes y aunque se celebre por precio (descartándose así la posible aplicación del delito de trata de personas); ZURDO SANTAMARÍA, en: *Ciencia Policial. Revista del Instituto de Estudios de Policía 106* (2011), 17 s., también plantea la aplicación del delito tipificado en el art. 318 bis CP en la prevención de matrimonios de conveniencia. Para MARTÍNEZ-BUJÁN PÉREZ, *DP económico PE,* 5ª, 2015, 899, el delito del antiguo art. 318 bis se aplicaba a supuestos de organizaciones dedicadas a preparar matrimonios de conveniencia, y el contrayente tenía que formar parte de la organización. Pero si el extranjero está en España y el que interviene en el matrimonio no es parte integrante de la red, en tal caso este sujeto no comete el delito del antiguo art. 318 bis, pues su conducta sería calificable como una participación posterior a la consumación. En consecuencia, si no se interviene en la entrada no habría delito. Desde el punto de vista judicial, el antiguo art. 318 bis se ha aplicado a matrimonios de conveniencia

La actual regulación del delito de ayuda a la inmigración ilegal también puede ser aplicable a los supuestos de celebración de matrimonios de conveniencia[181].

---

concertados por grupos y organizaciones criminales o por personas particulares. En el primer caso, v., por ejemplo, el AAP Barcelona núm. 1479/2011, 11-10, en el que se afirma existen indicios de que se han cometido los delitos contra los derechos de los ciudadanos extranjeros, pertenencia a organización criminal, intrusismo (y cohecho y estafa), concretamente, en relación con el primero de los delitos, entre los indicios que se detallan se menciona la concertación de matrimonios de conveniencia; el ATSJ Cataluña núm. 98/2013, 24-10 *(Tol 5380471)*, en el que se aprecian indicios de que el sujeto pertenece a un grupo criminal que se dedica a preparar y celebrar matrimonios de conveniencia. En el segundo caso, v. la SAP Madrid núm. 548/2004, 21-12, en la que se ha aplicado el delito en un matrimonio de conveniencia celebrado entre dos extranjeros, considerando que el extranjero en situación legal ha favorecido la inmigración clandestina del otro contrayente; el AAP Santa Cruz de Tenerife de 11-9-2008, en el que se plantea la posible aplicación del delito al sujeto que se dedica a concertar matrimonios de conveniencia para favorecer la inmigración clandestina; el AAP Tarragona núm. 599/2010, 9-12 *(Tol 3572006)*, en el que se admite que existen indicios de que el sujeto ofrece compensaciones económicas a las mujeres, también imputadas en la causa, para que contraigan matrimonio con extranjeros para regularizar su situación en territorio español; la SAP Santa Cruz de Tenerife núm. 46/2010, 8-2 *(Tol 2041139)*, en la que se ha aplicado el delito a mujeres que se dedican a concertar los matrimonios de conveniencia, contactando con los contrayentes, realizando todos los trámites para la celebración del matrimonio, y a las mujeres que han contraído el matrimonio con extranjeros para facilitar su entrada legal en España (en el primer grupo no se ha apreciado la modalidad agravada consistente en la pertenencia a organización o asociación, aun de carácter transitorio); la STS núm. 896/2013, 28-11 *(Tol 4050276)*, en la que se planteaba la aplicación de este delito en el caso de un matrimonio celebrado entre dos extranjeros (en este caso no se pudo probar que se trataba de un matrimonio de conveniencia).

181 Sobre la interpretación de los requisitos típicos exigidos en los delitos de ayuda a la entrada en territorio español, ayuda a transitar por territorio español o ayuda a permanecer en territorio español, v. GARCÍA ÁLVAREZ, en: *RGDP 21* (2014), 38-50; MARTÍNEZ ESCAMILLA, en: ÁLVAREZ GARCÍA (dir.)/ANTÓN BOIX (coord.), *Informe Colegio de Abogados de Madrid,* 2014, 87 ss.; TERRADILLOS BASOCO, en: PÉREZ CEPEDA (dir.)/GORJÓN BARRANCO (coord.), *Proyecto de reforma a debate,* 2014, 144 ss.; ALADRO FERNÁNDEZ, en: ROMA VALDÉS (dir.), *CP Comentado,* 2015, 546 ss.; IGLESIAS SKULJ, en: GONZÁLEZ CUSSAC (dir.)/GÓRRIZ ROYO/MATALLÍN EVANGELIO (coords.), *Reforma CP de 2015,* 2ª, 2015, 986 ss.; JAEN VALLEJO/PERRINO PÉREZ, *Reforma penal de 2015,* 2015, 162 s.; MANZANARES SAMANIEGO, *Reforma,* 2015, 270 ss.; MARTÍNEZ-BUJÁN PÉREZ, *DP económico. PE,* 5ª, 2015, 898 ss.; en: GONZÁLEZ CUSSAC (coord.), *PE,* 4ª, 2015, 543 ss.; MESTRE DELGADO, en: LAMARCA PÉREZ (coord.), *PE,* 3ª, 2015, 534 ss.; PÉREZ ARIAS, en: MORILLAS CUEVA (dir.), *CP reformado,* 2015, 715 ss.; PÉREZ CEPEDA, en: GÓMEZ RIVERO (dir.), *PE I,* 2ª, 2015, 248 ss.; QUERALT JIMÉNEZ, *PE,* 7ª, 2015, 925 s.

En primer lugar, este tipo penal diferencia entre la ayuda a la entrada o al tránsito por territorio español (art. 318 bis.1 CP) y la ayuda a permanecer en territorio español (art. 318 bis.2 CP); abarcará, por tanto, los supuestos en los que el matrimonio de conveniencia se celebra previamente en el extranjero, para facilitar la entrada regular de uno de los contrayentes, como el que se celebra una vez que el extranjero se encuentra en España, para facilitar su permanencia a través del matrimonio.

En el caso de la ayuda a la entrada o transito se ha previsto como modalidad agravada la actuación con ánimo de lucro, mientras que la conducta consistente en ayudar a permanecer en territorio español solo es típica si el sujeto actúa con ánimo de lucro. Generalmente la celebración de estos matrimonios se lleva a cabo concurriendo una contraprestación económica a favor del contrayente en situación regular, pues accede a celebrar esta unión a cambio de una cantidad económica. La contraprestación económica está presente siempre cuando son las organizaciones o grupos criminales los encargados de concertar estas uniones. Por tanto, también este requisito típico puede cumplirse en el caso de celebración de un matrimonio de conveniencia.

Quizás el requisito típico que puede no concurrir es el referido al elemento subjetivo exigido en el actual delito de ayuda a la inmigración ilegal. Tanto en la conducta consistente en ayudar a la entrada o al tránsito por territorio español como en la conducta de ayudar a permanecer en territorio español se exige que el sujeto actúe intencionadamente.

Respecto de este elemento subjetivo cabe formular una interpretación amplia, en el sentido de que tal adverbio está aludiendo simplemente a la exigencia de que el sujeto actúe dolosamente, abarcando tanto los supuestos de ayuda con dolo directo como con dolo eventual[182]. Pero también es factible plantear una interpretación restrictiva, lo que parece además la opción más acertada, dada la cuestionable legitimidad penal de este delito, si atendemos a su objeto de protección, relacionado con el interés estatal en el control de los flujos migratorios[183]. Esta interpretación res-

182 Parece que así lo interpretan ALADRO FERNÁNDEZ, en: ROMA VALDÉS (dir.), *CP comentado*, 2015, 546, al entender que de este término se deriva la imposibilidad de la comisión imprudente del delito; IGLESIAS SKULJ, en: GONZÁLEZ CUSSAC (dir.)/GÓRRIZ ROYO/MATALLÍN EVANGELIO (coords.), *Reforma CP de 2015*, 2ª, 2015, 986, cuando afirma que estamos ante un término redundante pues, al no haberse previsto la comisión imprudente del delito, solo cabe su modalidad dolosa, lo que ha de entenderse que esta autora admite cualquier forma de dolo; MESTRE DELGADO, en: LAMARCA PÉREZ (coord.), *PE*, 3ª, 2015, 535.

183 En la antigua regulación del delito de ayuda al tráfico ilegal o a la inmigración clandestina (art. 318 bis anterior a la reforma de la LO 1/2015) ha sido objeto de contro-

versia doctrinal qué bien jurídico se protegía. Esta discusión se remonta a la aparición del delito ubicado en el Título XV bis del Libro II CP, en la reforma aprobada por LO 4/2000, estando muy influida por la defectuosa regulación de un delito que, pese a ser objeto de constantes reformas, no se ha conseguido una correcta redacción técnica, ni siquiera con la más importante, la operada por la LO 5/2010; la discusión no ha cesado a pesar de que en esta última reforma se ha pretendido diferenciar el delito de trata de seres humanos del delito de tráfico e inmigración clandestina, con la creación de una nueva figura delictiva, la del art. 177 bis, y la modificación de la redacción del art. 318 bis. Lo que sí ha provocado este continuo cambio en la regulación del art. 318 bis, particularmente tras la reforma de 2010, es el cada vez más forzado reconocimiento de que el objeto de protección de este delito se aleja de los derechos de los ciudadanos extranjeros en la medida en que se acerca cada vez más a la protección del interés estatal en el control de los flujos migratorios. Porque, en última instancia, la discusión en torno al bien jurídico protegido por el art. 318 bis anterior a la reforma de 2015 gira sobre estos dos grandes bloques, esto es, los que han entendido que se protegía el interés del Estado en el control de los flujos migratorios (en ocasiones desde la consideración de que se trataba de un delito pluriofensivo, siendo este uno de los bienes protegidos) y los que proponían un bien jurídico orientado por la rúbrica del Título en el que se ubicaba este precepto, los derechos de los ciudadanos extranjeros (dentro de este sector doctrinal algunos autores proponen como bien jurídico protegido la dignidad). Sobre las diferentes posturas doctrinales en torno al bien jurídico protegido en el antiguo art. 318 bis, v., defendiendo la primera de las tesis doctrinales, entre otros, CANCIO MELIÁ/MARAVER GÓMEZ, en: BACIGALUPO/CANCIO MELIÁ (coords.), *DP y política transnacional,* 2005, 367 ss., 375 ss., 378 ss.; Circular FGE 2/2006, 89 s. (si bien desde el carácter pluriofensivo del delito), y de manera más reforzada en la Circular FGE 5/2011, 36, como consecuencia de la reforma operada por la LO 5/2010, donde se reconoce que en esta reforma, en lugar de potenciar la protección de los derechos de los ciudadanos extranjeros, se prioriza la protección de los intereses estatales en el control de los flujos migratorios (si bien, más adelante, se recoge la interpretación jurisprudencial sobre este delito, defendiendo el carácter pluriofensivo del mismo, p. 42); DÍAZ Y GARCÍA CONLLEDO (dir.)/OLAIZOLA NOGALES/TRAPERO BARREALES/BARBER BURUSCO/JERICÓ OJER, *Protección y expulsión de extranjeros,* 2007, 195 ss., 205 ss.; HORTAL IBARRA, en: MIR PUIG/CORCOY BIDASOLO (dirs.)/GÓMEZ MARTÍN (coord.), *Política criminal y reforma penal,* 2007, 471 ss., 475 ss., 479 ss., 481 ss.; MARTÍNEZ ESCAMILLA, *La inmigración como delito,* 2007, 52 ss., 55 ss., 64 ss., 74 ss., 83 ss., 117 ss., 139, 151; LAURENZO COPELLO, en: CANCIO MELIÁ/POZUELO PÉREZ (coords.), *Política criminal en vanguardia,* 2008, 225 s., 237 s. y n. 42, 242 s., 243 s.; en: *E-Vives Antón II,* 2009, 1151, 1163 ss. y n. 57, 1165 s., 1170 s.; PÉREZ ALONSO, *Tráfico de personas,* 2008, 340 ss., 355 ss. (desde la distinción entre tráfico —equiparado a la trata- y la inmigración clandestina, con esta modalidad se protegería el control de los flujos migratorios); en: MIR PUIG/CORCOY BIDASOLO (dirs.)/HORTAL IBARRA (coord.), *Protección penal de los derechos de los trabajadores,* 2009, 443 ss., 450; DAUNIS RODRÍGUEZ, *Política migratoria,* 2009, 54 ss., 62 ss., 66 ss., 69 ss.; en: ZÚÑIGA RODRÍGUEZ/GORJÓN BARRANCO/FERNÁNDEZ GARCÍA (coords.), *Reforma penal de 2010,* 2011, 123 ss., 128 s.; DÍAZ Y GARCÍA CONLLEDO/OLAIZOLA NOGALES, en: MIR PUIG/CORCOY BIDASOLO (dirs.)/HORTAL IBARRA (coord.), *Protección penal de los derechos de los trabajadores,* 2009, 478 s., 493 s.;

SANTANA VEGA, en: MIR PUIG/CORCOY BIDASOLO (dirs.)/HORTAL IBARRA (coord.), *Protección penal de los derechos de los trabajadores,* 2009, 526 ss.; MARAVER GÓMEZ, en: ORTIZ DE URBINA GIMENO (coord.), *Reforma penal de 2010,* 2010, 335 ss./nm. 3202 ss.; en: DÍAZ-MAROTO Y VILLAREJO (dir.), *Reformas CP,* 2011, 340 ss.; PORTILLA CONTRERAS/POMARES CINTAS, en: ÁLVAREZ GARCÍA/GONZÁLEZ CUSSAC (dirs.), *Reforma penal de 2010,* 2010, 362, 364 s.; TERRADILLOS BASOCO, en: *Indret* 1/2010, 15, 16 s., 19 s.; MAYORDOMO RODRIGO, en: *EPC XXXI* (2011), 338; LAFONT NICUESA, en: RICHARD GONZÁLEZ/RIAÑO BRUN/POELEMANS (coords.), *Trata de seres humanos,* 2013, 206 s.; OLAIZOLA NOGALES, en: *H-Suárez Montes* 2013, 462 s., 463 ss., 468 s.; REQUEJO NAVEROS, en: VALLE MARISCAL DE GANTE/BUSTOS RUBIO (coords.), *Reforma penal,* 2014, 67. Y defendiendo la segunda de las tesis doctrinales, entre otros, RODRÍGUEZ MESA, *Delitos contra los ciudadanos extranjeros,* 2001, 45 ss., 55 ss., 59 s.; NAVARRO CARDOSO, en: *RP 10* (2002), 41 ss., 43 ss., 45 ss.; SÁNCHEZ LÁZARO, en: LAURENZO COPELLO (coord.), *Inmigración y DP,* 2002, 289; en: *Reforma Judicial. Revista Mexicana de Justicia 15-16* (2010), 155 ss., 183 ss., 190 ss., 193 ss.; SERRANO-PIEDECASAS, en: LAURENZO COPELLO (coord.), *Inmigración y DP,* 2002, 319 ss., 322 ss., 329 ss.; PÉREZ CEPEDA, *Globalización,* 2004, 157 ss., 163 ss., 170 ss.; BAUCELLS I LLADÓS, en: *RDPP 13* (2005), 56 ss.; VILLACAMPA ESTIARTE, en: *RP 14* (2004), 186 s., 200, si bien esta autora reconoce que ya en la reforma de 2003 el bien jurídico dignidad cada vez goza de menor apoyo legal; *Trata de seres humanos,* 2011, 380 ss., 385 ss. y n. 65; PÉREZ FERRER, en: COBO DEL ROSAL (dir.), *Comentarios CP X-I,* 2006, 472 ss., 474 s.; GARCÍA ÁLVAREZ, en: *RGDP 21* (2014), 15 ss., 17 ss., 22 s.; MARTÍNEZ-BUJÁN PÉREZ, *DP económico. PE,* 5ª, 2015, 896 s. En la actual regulación, pese a que la rúbrica del Título no se ha modificado, sí ha sufrido un cambio sustancial la tipificación del delito de ayuda a la inmigración ilegal, al tiempo que se han rebajado sustancialmente los marcos penales de las distintas modalidades, básicas y agravadas, previstas en el actual art. 318 bis. Estos profundos cambios se justifican en el Preámbulo LO 1/2015 con una expresa referencia a la normativa europea en materia de inmigración, concretamente, se alude a la Directiva 2002/90/CE, y por este motivo se definen con claridad las conductas constitutivas de inmigración ilegal (de manera diferenciada con la trata de seres humanos) y se alude a la Decisión Marco 2002/946/JAI, para revisar las penas con las que se conminan los diferentes apartados del art. 318 bis. Todo ello debe llevar a la conclusión de que el actual art. 318 bis protege, ya sin ningún género de dudas, el interés del Estado en el control de los flujos migratorios. Reconocen que este es el bien jurídico protegido en el actual art. 318 bis, cuestionando por ello esta tipificación penal, TERRADILLOS BASOCO, en: PÉREZ CEPEDA (dir.)/GORJÓN BARRANCO (coord.), *El Proyecto de reforma a debate,* 2014, 143 s., 146; IGLESIAS SKULJ, en: GONZÁLEZ CUSSAC (dir.)/GÓRRIZ ROYO/MATALLÍN EVANGELIO (coords.), *Reforma CP de 2015,* 2ª, 2015, 985; MARTÍNEZ-BUJÁN PÉREZ, *Op. cit.,* 897, afirmando que el bien jurídico que ahora predomina (y se está refiriendo ya a la reforma de la LO 5/2010, cuando se ha tratado de distinguir penalmente entre los delitos de trata de personas y tráfico ilegal e inmigración clandestina) es el control de los flujos migratorios; MESTRE DELGADO, en: LAMARCA PÉREZ (coord.), *PE,* 3ª, 2015, 534; PÉREZ CEPEDA, en: GÓMEZ RIVERO (dir.), *PE I,* 2ª, 2015, 247 s., 253; VILLACAMPA ESTIARTE, en: *LL núm. 8554,* 2015, 7. No es esta, sin embargo, opinión unánime, pues se sigue defendiendo que el objeto de protección ha de estar

trictiva consistiría en entender que el término "intencionadamente" está aludiendo, sí, al tipo subjetivo, pero para requerir que la ayuda se realice con dolo directo[184].

Incluso, en la interpretación más restrictiva posible, y que sería la opción elegible para limitar la aplicación de esta modalidad delictiva tan cuestionable, tal elemento subjetivo se podría identificar con el dolo directo de primer grado, exigiendo por tanto que el propósito o intención principal del sujeto ha de ser ayudar a la inmigración ilegal. No sería suficiente con que el sujeto tenga conocimiento de que su intervención tiene este efecto o consecuencia si su propósito principal no es este.

Desde esta interpretación hiperrestrictiva se podría cuestionar la subsunción en este delito de los supuestos de celebración de matrimonios de conveniencia. Porque aun cuando el contrayente en "situación regular" tiene conocimiento cierto de los efectos de la celebración de este matrimonio, sabe por tanto que está realizando la conducta de ayuda a la inmigración ilegal, y pese a que actúa para obtener un beneficio económico por esta ayuda, su propósito principal o primero precisamente es la obtención del beneficio económico, la consecuencia necesaria de su actuación es que

---

relacionado con los derechos de los ciudadanos extranjeros, derivando tal postura de la rúbrica del Título XV bis. V., de esta opinión, GARCÍA ÁLVAREZ, *Op. cit.*, 39, 49; QUERALT JIMÉNEZ, *PE*, 7ª, 2015, 924, quien plantea como bien jurídico la protección al emigrante en situación de búsqueda de una integración social con total ejercicio de las libertades públicas. Una postura intermedia es la defendida por MARTÍNEZ-BUJÁN PÉREZ, *Op. cit.*, 896 s.; en: GONZÁLEZ CUSSAC (coord.), *PE*, 4ª, 2015, 543, pues reconoce que en la actual regulación predomina la tutela del interés estatal en el control de los flujos migratorios, pero el bien jurídico protegido también se ha de identificar con los derechos y libertades reconocidos al extranjero en el ordenamiento jurídico español. No hay discusión en que este debería ser el objeto de protección penal, pues solo desde este planteamiento del bien jurídico-penal se respetarían los principios limitadores del *ius puniendi*, estableciendo, además, una clara diferencia entre el ilícito administrativo y el ilícito penal. Pero la literalidad de la regulación del vigente art. 318 bis y los requisitos típicos exigidos en la incriminación de la ayuda a la inmigración ilegal no parece que sirvan para mantener tal planteamiento en torno al bien jurídico-penal. Por otro lado, la rúbrica del Título en el que se ubica el art. 318 bis no es un criterio decisivo a la hora de la deducción del bien jurídico protegido, pues no son raros los casos en los que falta coincidencia entre la ubicación de un determinado precepto penal y el bien jurídico que se protege con dicha figura delictiva.

184 Defiende esta interpretación restrictiva, identificando el adverbio intencionadamente con el dolo directo, GARCÍA ÁLVAREZ, en: *RGDP 21* (2014), 38 n. 84; MARTÍNEZ-BUJÁN PÉREZ, *DP económico. PE*, 5ª, 2015, 901, aunque con ciertas dudas; en: GONZÁLEZ CUSSAC (coord.), *PE*, 4ª, 2015, 544, descartando sin dudas la realización del delito con dolo eventual; PÉREZ CEPEDA, en: GÓMEZ RIVERO (dir.), *PE I*, 2ª, 2015, 250.

facilita la inmigración ilegal, pero este no es su objetivo principal. Aunque este planteamiento nos enfrenta con la difícil delimitación entre los conceptos propósito, motivo y móvil, si se identifica el adverbio intencionadamente con el dolo directo de primer grado cabría cuestionar que en este caso el sujeto esté ayudando a la inmigración ilegal con aquella intención o propósito. Porque cabría entender que su actuación puede estar guiada por diferentes móviles o motivos, pero habría que averiguar si su propósito principal es o no el de ayudar a la entrada o a la permanencia en el territorio nacional de extranjero no comunitario y que no cumple los requisitos exigidos legalmente sobre la entrada, el tránsito o la permanencia o estancia de extranjeros.

De esta manera, además, y para el caso que nos ocupa, se podría encontrar una vía de diferenciación entre el delito de ayuda a la inmigración ilegal y las infracciones administrativas, por un lado, la infracción grave consistente (entre otras conductas) en contraer matrimonio o simular una relación afectiva análoga cuando dichas conductas se realicen con ánimo de lucro o con propósito de obtener indebidamente un derecho de residencia [art. 53.2 b) LO 4/2000]. Y, por otro lado, la infracción muy grave consistente en inducir, promover, favorecer, facilitar con ánimo de lucro la inmigración clandestina en tránsito o con destino al territorio español o la permanencia en el territorio español [art. 54.1 b) LO 4/2000][185]. A través

---

[185] Pese a los cambios operados en la redacción del art. 318 bis tras la reforma de la LO 1/2015, sigue sin establecerse una clara diferencia, cualitativamente considerada, entre la infracción (muy grave) administrativa de ayuda a la inmigración clandestina y el delito de ayuda a la inmigración ilegal. Al menos tal diferencia no se va a establecer en la conducta típica, por mucho que se hayan utilizado otros verbos en su formulación (pues ayudar, verbo típico del art. 318 bis, va a significar lo mismo que promover, favorecer, facilitar, verbos empleados para la descripción de la infracción administrativa) y otras palabras y expresiones para completar su descripción (en el delito, con una delimitación expresa del sujeto pasivo de la acción, ayudar a persona que no sea nacional de un Estado miembro de la UE a entrar en territorio español o a transitar a través del mismo vulnerando la legislación sobre entrada o tránsito de extranjeros, o a permanecer en España vulnerando la legislación sobre estancia de extranjeros; en la infracción administrativa, de manera más sintética, la inmigración clandestina en tránsito o con destino al territorio o la permanencia en el territorio español). Si, pese a la diferente descripción de las conductas típicas, se llega a la conclusión de que en el delito y en la infracción administrativa se sanciona la ayuda a la entrada, tránsito o permanencia de extranjeros no comunitarios que incumplen la normativa administrativa sobre entrada, tránsito o permanencia, entonces sigue sin corregirse totalmente la deficiente regulación de las infracciones en materia de ayuda a la inmigración ilegal, vulnerando los principios de subsidiariedad, intervención mínima, carácter fragmentario y *ultima ratio* del DP. Porque, en el caso de ayuda a la permanencia, existe coincidencia entre la infracción administrativa muy grave del art.

de la interpretación hiperrestrictiva del delito de ayuda a la inmigración ilegal, la prevención de los matrimonios de conveniencia sería objetivo del Derecho Administrativo sancionador[186].

1.2. El delito de matrimonio de conveniencia, ¿una tipificación necesaria?

Las respuestas punitivas que se han mencionado en el epígrafe anterior van encaminadas al castigo de conductas que estarían relacionadas colateralmente con el matrimonio de conveniencia, y tampoco serían consustanciales a su celebración, pero no hay una regulación punitiva dirigida de manera directa a reprimir este tipo de conductas.

La cuestión que se suscita a continuación es si estaría justificada una reforma legislativa para su prevención, a través de la tipificación penal autónoma de un delito denominado de celebración de un matrimonio de conveniencia.

Tal previsión tendría que estar dirigida a la protección de la propia institución del matrimonio, pues con su celebración se está llevando a cabo un fraude de ley, simulando el cumplimiento de los requisitos formales que dan apariencia de validez del mismo, pero es nulo de pleno derecho por ausencia de un elemento esencial para su constitución, el consentimiento matrimonial (con las dificultades que se han mencionado para dar contenido a este elemento).

54.1 b) LO 4/2000 y el delito tipificado en el art. 318 bis.2 CP: ayudar, con ánimo de lucro, a la permanencia en España (la descripción de las conductas sí es diferente, pero no lo es el sentido de las infracciones). Y en el caso de ayuda a la entrada o tránsito, la infracción administrativa es más restrictiva en su ámbito aplicativo, por tanto se reserva para hechos más graves, siendo más amplio el ámbito de aplicación del delito, abarcando por tanto hechos menos graves: la infracción administrativa exige ayudar, con ánimo de lucro, a la entrada o tránsito, mientras que el delito se refiere a ayudar a entrar o transitar por territorio español, pasando a circunstancia cualificante el ánimo de lucro. Para mitigar esta deficiente regulación, tratando de "rehacer" la relación entre infracción administrativa y penal por vía interpretativa, puede ser de utilidad el especial elemento subjetivo del injusto en el delito de ayuda a la inmigración ilegal, interpretando de la manera más restrictiva posible la exigencia de que la ayuda ha de ser intencionada. Sobre las observaciones acabadas de señalar, v. PÉREZ CEPEDA, en: GÓMEZ RIVERO (dir.), *PE I*, 2ª, 2015, 248.

186 A través del Derecho Administrativo sancionador se logra castigar a los dos contrayentes (quedando los dos al margen del DP): al contrayente en situación regular, a través de las infracciones grave y muy grave mencionadas en el texto; al contrayente extranjero en situación irregular a través de las infracciones sobre entrada y residencia irregulares previstas en la LO 4/2000.

Pero desde esta perspectiva ya se ha demostrado que no resulta justificada la tipificación penal de los matrimonios ilegales ya existentes, y tampoco se ajusta a los principios que regulan el *ius puniendi* la protección penal del régimen legal del matrimonio, pues este es el bien jurídico que resulta vulnerado con la celebración de un matrimonio nulo por ausencia de consentimiento matrimonial.

Si desde la perspectiva de la propia institución del matrimonio no está justificada la intervención penal, ¿se podría justificar atendiendo a otras razones?

En concreto, si el matrimonio de conveniencia se celebra para lograr por medios fraudulentos la regularización administrativa de una persona extranjera en situación irregular, al menos este es el supuesto que preocupa realmente a las autoridades, ¿estaría justificada la tipificación penal para proteger la política estatal relacionada con el control de los flujos migratorios?

Se puede formular esta cuestión desde el momento en que la UE ha adoptado la ya mencionada Resolución de 4 de diciembre de 1997, sobre las medidas que deberán adoptarse en materia de lucha contra los matrimonios fraudulentos. En esta Resolución se pone de relieve la preocupación porque el matrimonio se utilice como medio para vulnerar la normativa en materia de extranjería, concretamente para vulnerar la normativa sobre la entrada y la residencia en un Estado miembro de la UE. Ciertamente, en esta Resolución no se exige que se adopten medidas de tipo penal para la prevención de estos matrimonios fraudulentos.

Algunos países de la UE sí han incluido en su normativa para controlar la inmigración ilegal el delito de matrimonio de conveniencia. Es el caso, por ejemplo, de Francia, en la Ordenanza núm. 2004-1248, de 24 de noviembre de 2004 (art. L. 623-1), castigando con prisión de 5 años y multa de 15.000 euros la celebración de un matrimonio con el fin de obtener el título de residencia o para adquirir la nacionalidad francesa[187].

Pese a la cuestionable legitimidad penal para ello, la lucha contra la inmigración ilegal ya es objeto de atención a través de los delitos de ayuda a la inmigración ilegal (art. 318 bis) y de contratación de extranjeros que

---

[187] También se ha tipificado la conducta de reconocimiento de hijo para obtener el título de residencia o la protección frente al alejamiento o para adquirir la nacionalidad francesa. Se ha previsto el castigo de la tentativa de ambas conductas y como modalidad agravada, castigada con prisión de hasta diez años y multa de setecientos cincuenta mil euros, la realización de estas conductas por banda organizada.

carecen de permiso de trabajo (art. 311 y, sobre todo, 311 bis CP)[188]. El primero de los delitos mencionados, como se ha explicado en el apartado anterior, si no se propone una interpretación restrictiva del mismo, puede ser aplicado en casos de celebración de matrimonios de conveniencia.

No está justificada la extensión de la protección de este bien jurídico (que no alcanza la categoría de bien jurídico-penal) también a través de la tipificación penal del delito de celebración de matrimonios de conveniencia, siguiendo el modelo francés. Para la prevención de estas conductas fraudulentas basta con las actuaciones que se llevan a cabo desde las instancias administrativas y civiles[189], controlando el acceso del matrimonio a su inscripción en el Registro Civil para que no se cometa un fraude de ley, o declarando nulo el matrimonio así celebrado, adoptando en su caso sanciones de índole administrativa relacionadas con la infracción de la normativa en materia de extranjería.

Hemos de felicitar a nuestro legislador penal porque en un momento histórico de expansionismo del DP, y de utilización abusiva del mismo, no

---

188 Pese a la ubicación sistemática de los arts. 311 y 311 bis en el Título XV del Libro II CP, relativo a los delitos contra los derechos de los trabajadores, el bien jurídico está muy lejos de estar relacionado con el ámbito laboral, en particular en el caso del delito tipificado en el art. 311 bis. Para más detalles sobre el bien jurídico protegido en este precepto, v. TRAPERO BARREALES, en: *CPC 114* (2014), 7 ss., 19-37; en: *Libertas 3* (2015), en prensa; FARALDO CABANA, en: GONZÁLEZ CUSSAC (dir.)/GÓRRIZ ROYO/MATALLÍN EVANGELIO (coords.), *Reforma CP de 2015*, 2ª, 2015, 978, quien reconoce que el objetivo declarado es la lucha contra la inmigración irregular, por lo que su ubicación en el Título XV "no deja de ser un sarcasmo"; MARTÍNEZ-BUJÁN PÉREZ, en: GONZÁLEZ CUSSAC (coord.), *PE*, 4ª, 2015, 533, 536; PÉREZ CEPEDA, en: GÓMEZ RIVERO (dir.), *PE II*, 2ª, 2015, 410; POMARES CINTAS, en: QUINTERO OLIVARES (dir.), *Reforma penal de 2015*, 2015, 636 s., para quien el bien jurídico protegido es doble: por un lado, se protege la competencia empresarial; por otro lado, se protege la política de control del flujo migratorio; QUERALT JIMÉNEZ, *PE*, 7ª, 2015, 911, 912, quien afirma que se han criminalizado faltas administrativas y que nos encontramos ante un delito formal. Por su parte, MARTÍNEZ ESCAMILLA, en: ÁLVAREZ GARCÍA (dir.)/ANTÓN BOIX (coord.), *Informe Colegio de Abogados de Madrid*, 2014, 86, se limita a destacar que en la redacción del entonces proyectado delito de contratación de extranjeros sin permiso no se exige el abuso de la persona a la que emplea, castigándose conductas de nulo desvalor. Sí relaciona el bien jurídico con el Título XV, PÉREZ ARIAS, en: MORILLAS CUEVA (dir.), *CP reformado*, 2015, 713.

189 El control registral como medida para evitar los matrimonios de conveniencia, a través de controles previos, en el expediente matrimonial, o a través del control posterior, en el momento de la inscripción en el Registro, no está exento de objeciones, fundamentalmente por la posible vulneración del derecho a contraer matrimonio. Para más detalles, v., por todos, ÁLVAREZ RODRÍGUEZ, en: *Revista Cultural El Foro III, núm. 4* (1996), 23 s.; FÁBREGA RUIZ, en: *H-González García* 2012, 1187, 1187 ss., 1191 ss.

se haya propuesto introducir un cambio en la normativa penal para luchar contra los matrimonios de conveniencia, a pesar de que es consciente de la utilización fraudulenta de esta institución desde una perspectiva especialmente sensible y preocupante para los Estados, con la intención de burlar el control estatal de los flujos migratorios.

2. *El matrimonio forzado*

2.1. Contextualización de la problemática

Desde hace años existe gran preocupación por este fenómeno, sobre el que se han planteado diferentes enfoques para su tratamiento, si bien en las últimas décadas, con la potenciación de las actuaciones dirigidas a la erradicación de la violencia doméstica y de género, estas iniciativas se han incrementado de manera especial, tomando también especial relevancia este enfoque en su tratamiento, al menos en los textos internacionales, como se va a exponer a continuación[190].

De forma destacada, por las repercusiones que las mismas pueden tener en nuestro entorno, merecen mención especial los impulsos desarrollados desde la ONU y desde el Consejo de Europa, además de las referencias que han de realizarse a las actuaciones desde la UE.

Desde la ONU se han adoptado diversos instrumentos para erradicar este tipo de prácticas, atentatoria de derechos fundamentales, con especial atención en los últimos tiempos al matrimonio forzado como una manifestación de la discriminación contra la mujer. En estos instrumentos se ha producido una evolución significativa de la forma de entender las distintas prácticas (entre las que se encuentran los matrimonios forzados) basadas en las costumbres y en las leyes y que afectan especialmente a las mujeres, desde el principio con el reconocimiento del derecho a celebrar un matri-

---

[190] Esto no quiere decir que el matrimonio forzado se ha de identificar con la violencia de género o la violencia doméstica, aunque CERVELLÓ DONDERIS/CHAVÉS PEDRÓN, en: GONZÁLEZ CUSSAC (dir.)/GÓRRIZ ROYO/MATALLÍN EVANGELIO (coords.), *Reforma CP de 2015*, 2ª, 2015, 507, sí parecen identificar el matrimonio forzado con la violencia de género. CUERDA ARNAU, en: GONZÁLEZ CUSSAC (coord.), *PE*, 4ª, 2015, 174, reconoce que el matrimonio forzado, desde una perspectiva criminológica, es un genuino delito de violencia de género o contra las mujeres. IGAREDA GONZÁLEZ, en: *Anales de la Cátedra Francisco Suárez* 47 (2013), 209 ss.; en: *Oñati Socio-Legal Series volumen 5, núm.* 2 (2015), 617 ss.; en: *Indret* 1/2015, 4 s., 14, menciona los siguientes enfoques en la respuesta legal ante los matrimonios forzados: planteamiento como un problema relacionado con la migración, fenómeno asociado a determinadas religiones, problema de otras culturas, forma de violencia de género y uso fraudulento de la institución matrimonial.

monio solo si concurre el libre y pleno consentimiento de los contrayentes, hasta llegar a su valoración como conductas que discriminan a la mujer pasando por su calificación como actos de violencia contra la mujer para, finalmente, llegar a ser considerados como actos de violencia de género[191].

---

191 Sin ánimo de exhaustividad, por su importancia, los primeros instrumentos que deben destacarse son la Declaración Universal de Derechos Humanos de 10 de diciembre de 1948, en cuyo art. 16 se declara que hombres y mujeres, a partir de la edad nubil, tienen derecho a casarse y fundar una familia sin restricción alguna por motivos de raza, nacionalidad o religión. Igualmente, se establece que solo mediante un libre y pleno consentimiento de los esposos podrá contraerse matrimonio (art. 16.2), y el Pacto Internacional de derechos civiles y políticos de 16 de diciembre de 1966, en el que también se reconoce el derecho a contraer matrimonio (art. 23.2). Más específicamente, debe mencionarse la Resolución 843 (IX) de 17 de diciembre de 1954, en la que se declara que ciertas costumbres, leyes y prácticas sobre el matrimonio y la familia son incompatibles con los principios sentados en la Carta de Naciones Unidas y en la Declaración Universal de Derechos Humanos, concluyendo que tales matrimonios no deberían tener lugar en sociedades que protegen los derechos humanos y los derechos del niño. Para concretar esta propuesta se elabora la Convención de 7 de noviembre de 1962 sobre el consentimiento para contraer matrimonio, la edad mínima y el registro del matrimonio, donde se dispone que el matrimonio se contrae legalmente si hay pleno y libre consentimiento de ambos contrayentes (art. 1), al tiempo que se demanda que los Estados adopten medidas legislativas necesarias para determinar la edad mínima para contraer matrimonio (art. 2). En la Resolución 2018 (XX), de 1 de noviembre de 1965, se vuelve a hacer hincapié en lo dispuesto en los textos anteriormente mencionados, formulando los dos principios siguientes: primero, no se podrá contraer matrimonio sin pleno y libre consentimiento de ambos contrayentes; segundo, se han de adoptar medidas legislativas necesarias para determinar la edad mínima para contraer matrimonio, la cual no será en ningún caso inferior a 15 años (si bien la autoridad competente podrá dispensar este requisito por causas justificadas y en interés de los contrayentes). La Convención ONU sobre la eliminación de todas las formas de discriminación contra la mujer, adoptada el 18 de diciembre de 1979, presenta esta práctica del matrimonio forzado como discriminatoria para la mujer, obligando a los Estados a que modifiquen o deroguen las leyes o costumbres que apoyan esta práctica. En concreto, en relación con el matrimonio, se establece que los Estados han de adoptar las medidas adecuadas para eliminar la discriminación contra la mujer en todos los asuntos relacionados con el matrimonio, en particular se asegurará el derecho a elegir libremente cónyuge y contraer matrimonio solo por su libre albedrío y pleno consentimiento (art. 16.1.b), y no tendrán efecto jurídico los esponsales y matrimonios de niños, exigiendo que se adopten las medidas necesarias para fijar una edad mínima para celebrar el matrimonio (art. 16.2). En la Declaración de 20 de diciembre de 1993 sobre la eliminación de la violencia contra la mujer (en este documento ya se ha producido el cambio de perspectiva, reconociendo expresamente que la violencia contra la mujer es una forma de discriminación de la mujer) no se alude de manera expresa al matrimonio forzado, pero ha de entenderse que esta práctica está incluida en la cláusula abierta "otras prácticas tradicionales nocivas para la mujer". En la Declaración se define la violencia contra la mujer como todo acto de violencia basado en la pertenencia al sexo femenino que tenga o pueda tener como resultado un daño o sufrimiento físico, sexual o sicológico para la mujer, así como las

Desde la ONU también ha habido preocupación por la otra forma de manifestarse el matrimonio forzado, como una forma de esclavitud y trata de seres humanos. Este punto de vista se refleja en el art. 2 de la Convención suplementaria de 7 de septiembre de 1956 sobre la abolición

---

amenazas de tales actos, la coacción o la privación arbitraria de la libertad, tanto si se producen en la vida pública como en la vida privada (art. 1). De manera específica se enumeran una serie de actos que se califican de violencia contra la mujer, reconociendo que no son los únicos: la violencia física, sexual y sicológica que se produzca en la familia, incluidos los malos tratos, el abuso sexual de las niñas en el hogar, la violencia relacionada con la dote, la violación por el marido, la mutilación genital femenina y otras prácticas tradicionales nocivas para la mujer, los actos de violencia perpetrados por otros miembros de la familia y la violencia relacionada con la explotación (art. 2 a). Desde el Comité para la eliminación de la discriminación contra la mujer se han impulsado las medidas para erradicar las prácticas de matrimonios forzados y de niños, porque presentan a la mujer como una persona subordinada al hombre y perpetúan prácticas que entrañan violencia o coacción frente a ellas, recomendando a los Estados la adopción de medidas legislativas, incluidas las penales, para proteger a las mujeres contra toda forma de violencia. Así, puede consultarse la Recomendación general núm. 19 (1992), sobre la violencia contra la mujer (donde ya se alude a la violencia que sufren las mujeres como una forma de discriminación que impide que puedan gozar de los derechos y libertades en el mismo plano de igualdad con los hombres), la Recomendación general núm. 21 (1994), sobre la igualdad en el matrimonio y en las relaciones familiares y la Recomendación general núm. 24 (1999), sobre la mujer y la salud. También merece destacarse el Informe de la Cuarta Conferencia Mundial sobre la mujer, Beijing 4 a 15 de septiembre de 1995, porque ya se adopta la perspectiva de género en la explicación de la discriminación que sufren mujeres y niñas. La eliminación de los matrimonios forzados y los matrimonios de niñas forman parte de varios objetivos estratégicos, tales como el relativo al fortalecimiento de programas de prevención que promueven la salud de la mujer, el referido a la eliminación de la trata de mujeres y la prestación de asistencia a las víctimas de la violencia derivada de la prostitución y la trata de mujeres, el relativo a la eliminación de todas las formas de discriminación contra las niñas y el referido a la eliminación de las actitudes y prácticas culturales que perjudican a las niñas. El texto fundamental para la prevención del matrimonio precoz o infantil (además de los anteriormente mencionados) es la Convención sobre los derechos del niño de 20 de noviembre de 1989; al margen de otros preceptos de este texto normativo, se ha tener en cuenta lo dispuesto en el art. 24.3, en el que se insta a los Estados a adoptar las medidas eficaces y apropiadas para abolir las prácticas tradicionales que sean perjudiciales para la salud de los menores (y el matrimonio infantil encaja en esta calificación), así como en el art. 19, sobre la adopción de las medidas legislativas administrativas, sociales y educativas apropiadas para proteger al menor de toda forma de perjuicio o abuso físico o mental, descuido o trato negligente, malos tratos o explotación (y el matrimonio puede ser una forma de explotación sexual y laboral, o una forma de abuso —en la medida en que no está preparado para la vida en común derivada del matrimonio—). En los últimos años se han intensificado las actuaciones en Naciones Unidas dirigidas a la eliminación de los matrimonios forzados. V. las resoluciones e informes de 2013 y 2014 citados por TORRES ROSELL, en: VILLACAMPA ESTIARTE (coord.), *Libertad e indemnidad sexual,* 2015, 406 s.

de la esclavitud, la trata de esclavos y las instituciones y prácticas análogas a la esclavitud[192]. El instrumento más reciente para abolir la trata de seres humanos es el Protocolo para prevenir, reprimir y sancionar la trata de personas, especialmente mujeres y niños, que complementa la Convención contra la delincuencia organizada transnacional, firmados en Palermo el 15 de noviembre de 2000[193].

En el Consejo de Europa se están adoptando distintos acuerdos para luchar contra esta práctica vulneradora de derechos básicos como la autodeterminación personal, la libertad, la integridad y la igualdad[194].

---

192 En el art. 2 de la Convención suplementaria se describen como instituciones y prácticas análogas a la esclavitud, que deberán abolirse, a) que una mujer, sin que le asista el derecho a oponerse, sea prometida o dada en matrimonio a cambio de una contrapartida en dinero o en especie entregada a sus padres, tutor, familia o a cualquier otra persona o grupo de personas; b) que el marido de una mujer, la familia o el clan del marido tenga derecho a cederla a un tercero a título oneroso o de otra manera; c) que la mujer, a la muerte de su marido, pueda ser transmitida por herencia a otra persona. En esta Convención también se establece el compromiso por parte de los Estados a prescribir edades mínimas apropiadas para el matrimonio y a fomentar la adopción de un procedimiento que permita a cualquiera de los contrayentes a expresar libremente su consentimiento al matrimonio ante la autoridad civil o religiosa competente y a inscribir el matrimonio en un registro.

193 Sobre la evolución de la concepción del matrimonio forzado (incluyendo en el término el matrimonio precoz o infantil) como práctica asimilable a la esclavitud, en los últimos tiempos, v., ampliamente, TORRES ROSELL, en: VILLACAMPA ESTIARTE (coord.), *Libertad e indemnidad sexual*, 2015, 404 ss. De manera particularizada, en la prevención del matrimonio precoz o infantil, también ha de ser mencionada la normativa internacional aprobada para eliminar la venta de niños y la explotación infantil. Porque, como ha señalado TORRES ROSELL, *Op. cit.*, 401, el matrimonio infantil se puede utilizar como medio para cancelar deudas familiares. Esta práctica supone una vulneración del art. 35 de la Convención de los derechos del niño. Sobre este particular también ha de ser mencionado el Protocolo facultativo de la ONU de 25 de mayo de 2000, relativo a la venta de niños, la prostitución infantil y la utilización de niños en la pornografía. En este Protocolo se reclama la tipificación (entre otras figuras) del delito de venta de niños, y como venta de niños se propone el ofrecimiento, la entrega o la aceptación, por cualquier medio, de un niño con fines de explotación sexual o trabajo forzoso del niño (aparte de otras finalidades).

194 Para ABAD ARENAS, en: *H-Rams Albesa* 2013, 1065 s., 1067, 1073; en: *LL* 2014-2, 1316, el matrimonio forzado constituye una violación de derechos humanos y conculca el requisito del consentimiento libre y pleno de ambas partes inherentes al derecho del matrimonio. En el caso de matrimonio precoz (que, atendiendo a la falta de consentimiento libre y pleno —porque es otorgado por menor de edad-, lo equipara al matrimonio forzado) se produce una vulneración de la Convención de los derechos del niño. En el mismo sentido, ELVIRA BENAYAS, en: *AEDIPr X* (2010), 710, para quien el matrimonio forzoso supone una vulneración de derechos humanos; IGAREDA GONZÁLEZ, en: *Anales de la Cátedra Francisco Suárez* 47 (2013), 213 s., 218, para quien el matrimonio forzado supone una violación del derecho fundamental de

Centrando la atención en los últimos años[195], en 2002 se ha adoptado la Recomendación sobre la protección de las mujeres contra la violencia [Rec 5 (2002), de 30 de abril]. En ella se define la violencia contra la mujer como cualquier acto violento por razón del género que resulta, o podría resultar, daño físico, sexual o psicológico o el sufrimiento de la mujer, incluyendo las amenazas de realizar tales actos, la coacción o la privación de libertad. De manera expresa se alude a la violencia que se produce en la familia o la unidad familiar, consistente en la agresión física y mental, el abuso emocional y psicológico, la violación y los abusos sexuales, el incesto, la violación entre cónyuges, compañeros ocasionales o estables y personas con las que conviven, los crímenes perpetrados en nombre del honor, la mutilación genital y sexual femenina y otras prácticas tradicionales perjudiciales para la mujer como son los matrimonios forzados. En esta Recomendación se alude a las medidas adicionales relativas a los matrimonios forzados, proponiendo que los Estados prohíban el matrimonio forzado llevado a cabo sin el consentimiento de las personas afectadas[196].

En 2005 aparecen otras dos iniciativas para erradicar los matrimonios forzados, en la Resolución sobre matrimonios forzados y de niños y en la Recomendación sobre matrimonios forzados y de niños [Rec 1468 (2005) y Rec 1723 (2005) respectivamente]. En esta ocasión la atención se centra en la especial vulnerabilidad de los menores, más fácilmente manipulables y víctimas propiciatorias de matrimonios pactados sin su anuencia. Por esta razón en la Resolución se propone la elevación de la edad para la celebra-

---

consentir libremente el matrimonio y puede suponer una forma de violencia de género, siendo esta una grave violación del derecho fundamental a la dignidad humana; en: *Oñati Socio-Legal Series volumen 5, núm.* 2 (2015), 618, 619 ss.; JAEN VALLEJO/PERRINO PÉREZ, *Reforma penal de 2015*, 2015, 77, para quienes el matrimonio forzado es una forma de esclavitud, íntimamente enlazado con la violencia sobre la mujer y la trata.

195 El primer instrumento que ha de mencionarse es el Convenio del Consejo de Europa de 4 de noviembre de 1950 para la protección de los derechos humanos y las libertades fundamentales. En este Convenio se reconoce el derecho del hombre y la mujer a casarse y a fundar una familia a partir de la edad núbil (art. 12).

196 No hay adjetivación de esta prohibición, si se ha de tratar de una prohibición jurídica general, desde la regulación civil de los requisitos para la celebración del matrimonio, en concreto en cuanto a la inexistencia de vicios que anulen la validez del consentimiento otorgado por los contrayentes (si se recurre a la amenaza o a la coacción —lo que puede dar lugar a un ilícito penal— no habrá un consentimiento libre y voluntariamente otorgado, resultando el matrimonio nulo por falta de un consentimiento válido) o ha de darse un paso adelante en la prohibición a través del sistema punitivo estatal, obviamente a través de la tipificación específica del matrimonio forzado, al margen por tanto de los delitos que protegen la libertad personal como son los delitos de amenazas y coacciones.

ción de un matrimonio a los 18 años[197]. Entre las medidas penales que se promueven en esta Resolución 1468 (2005) así como en la Recomendación 1723 (2005) se mencionan, por un lado, que las relaciones sexuales mantenidas dentro de un matrimonio forzado se contemplen como actos que se han llevado a cabo mediante coacción y, por otro lado, que se considere la posibilidad de tipificar como delito independiente el de matrimonio forzado, castigando también a los cómplices si participan voluntariamente en la perpetración del matrimonio forzado, en especial si se trata de personas de quienes dependen las víctimas, siendo esta una agravante.

La última iniciativa[198] para la erradicación de los matrimonios forzados se ha producido en 2011, con el Convenio del Consejo de Europa sobre la prevención y lucha contra la violencia contra las mujeres y la violencia doméstica (Estambul, 11 de mayo de 2011)[199]. Se define la violencia contra las mujeres como una violación de los derechos humanos y una forma de discriminación contra las mujeres, y designa todos los actos de violencia basados en el género que implican o pueden implicar para las mujeres daños o sufrimientos de naturaleza física, sexual, psicológica o económica, incluidas

---

197 Se recuerda la declaración formulada en la Resolución de la Asamblea General de Naciones Unidas 843 (IX) de 17 de diciembre de 1954 en la que se reconoce que ciertas costumbres, leyes antiguas y prácticas sobre el matrimonio y la familia son incompatibles con los principios sentados en la Carta de Naciones Unidas y en la Declaración Universal de Derechos Humanos, concluyendo que tales matrimonios no deberían tener lugar en nuestras sociedades que protegen los derechos humanos y los derechos del niño. En esta propuesta también se reafirman las consideraciones formuladas en la Convención de Naciones Unidas de 1962 sobre el consentimiento para contraer matrimonio, la edad mínima y el registro del matrimonio, donde se vuelven a repetir las consideraciones ya formuladas en la Resolución de 1954 anteriormente mencionada sobre la abolición de las leyes y prácticas que afectan a la libertad para elegir cónyuge y para eliminar los matrimonios de niños, al tiempo que se promueve la adopción de medidas penales y civiles para eliminar estas prácticas.

198 También merece destacarse la Recomendación 1847 (2008) de la Asamblea Parlamentaria del Consejo de Europa para combatir la violencia contra las mujeres: hacia una Convención del Consejo de Europa, en la que se menciona la necesidad de combatir las distintas manifestaciones de la violencia contra las mujeres, en concreto se aboga por la actuación para prevenir la violencia doméstica, las agresiones sexuales, el acoso, los matrimonios forzados, los crímenes de honor y la mutilación genital femenina.

199 En el Convenio se reconoce de manera explícita que la violencia contra las mujeres es una manifestación del desequilibrio histórico entre la mujer y el hombre que ha llevado a la dominación y a la discriminación de la mujer por el hombre, y que la naturaleza estructural de esta violencia está basada en el género. El Convenio ha sido ratificado por 18 Estados, entre ellos España (v. BOE de 6 de junio de 2014), y otros 18 lo han firmado. La entrada en vigor (dependía de la ratificación de diez Estados, al menos ocho de ellos sean miembros del Consejo de Europa) se ha producido el 1 de agosto de 2014.

las amenazas de realizar dichos actos, la coacción o la privación arbitraria de libertad, en la vida pública o privada (art. 3 a)[200].

Se formulan distintas modalidades delictivas relacionadas con la violencia doméstica y de género: la violencia psicológica, el acoso, la violencia física, la violencia sexual, el matrimonio forzado, la mutilación genital femenina, el aborto forzado y la esterilización forzada y el acoso sexual (arts. 33 a 40). En concreto, en relación con el matrimonio forzado, se dispone que se adopten las medidas legislativas necesarias para tipificar como delito el hecho de obligar a un adulto o un menor a contraer matrimonio cuando se cometa intencionadamente. Igualmente, se dispone que se adopten las medidas legislativas necesarias para tipificar como delito el hecho de engañar a un adulto o un menor para llevarlo al territorio de una parte o de un Estado distinto a aquel en el que reside con la intención de obligarlo a contraer matrimonio cuando se cometa intencionadamente. Además, se prevén disposiciones que faciliten la aplicación extraterritorial del Convenio con el objetivo de luchar contra estas prácticas de violencia (art. 44: a través del principio de territorialidad, nacionalidad o residencia en el territorio, del autor o de la víctima), al tiempo que se dispone que las sanciones aplicables, además de ser respetuosas con el principio de proporcionalidad, y que sean efectivas y disuasorias de este tipo de conductas, han de ser sanciones que permitan la extradición (por tanto han de ser castigados con penas de prisión de determinada duración, en el caso español). Y también se prevé un catálogo de circunstancias agravantes aplicables a esta lista de delitos[201].

---

200 En el Convenio se define la violencia doméstica como los actos de violencia física, sexual, psicológica o económica que se producen en la familia o en el hogar o entre cónyuges o parejas de hecho antiguos o actuales, independientemente de que el autor del delito comparta o haya compartido el mismo domicilio que la víctima (art. 3 b); por género se entenderán los papeles, comportamientos, actividades y atribuciones socialmente construidos que una sociedad concreta considera propios de mujeres o de hombres (art. 3 c); y por violencia contra las mujeres por razones de género se entenderá toda violencia contra una mujer porque es una mujer o que afecte a las mujeres de manera desproporcionada (art. 3 d).

201 Las agravantes son las siguientes (art. 46): que el delito haya sido cometido contra el cónyuge o pareja de hecho, actual o antigua, por un miembro de la familia, una persona que conviva con la víctima o por una persona que abuse de su autoridad; que el delito, o los delitos emparentados, se haya cometido de forma reiterada; que la víctima se encuentre en situación de vulnerabilidad por la concurrencia de particulares circunstancias; que el delito se haya cometido contra o en presencia de un menor; que el delito se haya cometido por dos o más personas actuando conjuntamente; que el delito haya sido precedido o se haya acompañado de una violencia de extrema gravedad; que el delito se haya cometido utilizando o amenazando con un arma; que

Desde el Consejo de Europa también se han adoptado decisiones que van dirigidas a la erradicación de la trata de personas, otra forma de manifestarse la práctica de los matrimonios forzados. El último instrumento que pretende prevenir las conductas incluidas en la trata de personas, vulneradoras de derechos fundamentales de las víctimas, es el Convenio del Consejo de Europa sobre la lucha contra la trata de seres humanos de 3 de mayo de 2005[202].

La UE también ha tratado de prevenir los matrimonios forzados desde este doble enfoque: desde la perspectiva de la prevención de la trata de seres humanos[203] y desde la consideración de que este tipo de matrimonio es una manifestación de la violencia de género[204].

---

el delito haya provocado graves daños físicos o psicológicos a la víctima; que el autor haya sido condenado anteriormente por hechos de similar naturaleza.

202 Con anterioridad se han aprobado distintas Recomendaciones, del Comité de Ministros y de la Asamblea Parlamentaria, en un primer momento dirigidas especialmente a la eliminación de la explotación sexual [por ejemplo, la Recomendación (91) 11, de 9 de septiembre, sobre la explotación sexual, la pornografía, la prostitución y la trata de niños y jóvenes; la Recomendación 1325 (1997) de 23 de abril, relativa a la trata de mujeres y a la prostitución forzosa en los Estados miembros del Consejo de Europa; la Recomendación (2000) 11, de 19 de mayo, sobre la lucha contra la trata de seres humanos con fines de explotación sexual; la Recomendación (2001) 16, de 31 de octubre, sobre la protección de los niños contra la explotación sexual; la Recomendación 1610 (2003) de 25 de junio, sobre migraciones relacionadas con la trata de mujeres y la prostitución], en los últimos años adoptando decisiones sobre otras de las finalidades inherentes a la trata de personas [Recomendación 1545 (2003) de 21 de enero, sobre campaña contra la trata de mujeres; la Recomendación 1611 (2003) sobre tráfico de órganos en Europa; la Recomendación 1663 (2004) sobre esclavitud doméstica, servidumbre, personas "au pair" y esposas compradas por correspondencia].

203 Con carácter previo, debe mencionarse la Carta de derechos fundamentales de la UE, de 18 de diciembre de 2000 (DOUE C 364/1), donde se reconoce el derecho a contraer matrimonio y el derecho a fundar una familia según las leyes nacionales que regulen este ejercicio (art. 9). En la UE se ha sentido la necesidad de adoptar medidas para eliminar la trata de personas. Refiriéndonos a los últimos instrumentos, cabe citar la Decisión Marco 2002/629/JAI, de 19 de junio, relativa a la lucha contra la trata de seres humanos, sustituida por la Directiva 2011/36/UE, de 5 de abril de 2011, relativa a la prevención y lucha contra la trata de seres humanos y a la protección de las víctimas. En esta Directiva se reconoce que en el concepto de trata de seres humanos se ha de incluir prácticas como los matrimonios forzados, siempre y cuando concurran los elementos constitutivos de la trata. También ha de citarse la declaración de la UE con ocasión del día internacional de la eliminación de la violencia contra las mujeres de 25 de noviembre de 2011; en esta declaración se ha equiparado el matrimonio forzado a una forma de esclavitud a erradicar.

204 La UE ha sido muy activa en el desarrollo de políticas comunitarias para luchar contra la violencia de género. Centrando la atención en los últimos años cabe citar, entre otras, la Decisión del Consejo de 20 de diciembre de 2000 sobre el programa de acción co-

Coincidiendo con la última iniciativa del Consejo de Europa, con la adopción del Convenio de Estambul, y con la aprobación por la UE de la

---

munitaria y la estrategia comunitaria en materia de igualdad entre mujeres y hombres (aplicable hasta el 31 de diciembre de 2005); la Decisión 803/2004/CE, de 21 de abril, por la que se aprueba un programa de acción comunitario (2004-2008) para prevenir y combatir la violencia ejercida sobre los niños, los jóvenes y las mujeres y proteger a las víctimas y grupos de riesgo (programa Daphne); la Comunicación de la Comisión al Consejo, al Parlamento Europeo, al Comité Económico y Social Europeo y al Comité de las Regiones-Plan de trabajo para la igualdad entre las mujeres y los hombres 2006-2010 [SEC(2006)275], el Dictamen del Comité Económico y Social Europeo sobre la violencia doméstica contra las mujeres, de 16 de marzo de 2006; la Resolución del Parlemento europeo de 22 de enero de 2006 sobre la situación actual en la lucha contra la violencia ejercida contra las mujeres y futuras acciones (2004/2220(INI). El Programa Daphne (Decisión núm. 779/2007/CE del Parlamento Europeo y del Consejo, de 20 de junio) establece para el periodo 2007-2013 un programa específico para prevenir y combatir la violencia ejercida sobre niños, jóvenes y mujeres y proteger a las víctimas y grupos de riesgo; en este programa se integra el proyecto Shehrazad en el que hay un tratamiento multidisciplinar de los crímenes de honor, los matrimonios forzados y los matrimonios prematuros; la Resolución del Parlamento europeo de 26 de noviembre de 2009 sobre la eliminación de la violencia contra la mujer; la Comunicación de la Comisión al Parlamento, al Consejo, al Comité Económico y Social Europeo y al Comité de las Regiones de 21 de septiembre de 2010-Estrategia para la igualdad entre mujeres y hombres 2010-2015 [COM(2010)491 final]; la resolución del Parlamento europeo de 5 de abril de 2011, sobre las prioridades y líneas generales del nuevo marco político de la Unión para combatir la violencia contra las mujeres, en la que, si bien no se hace una mención expresa al matrimonio forzado como manifestación de la violencia de género, sí se afirma que la violencia contra las mujeres abarca toda clase de violaciones de derechos humanos, como el abuso sexual, la violación, la violencia doméstica, la agresión sexual, el acoso, la prostitución, la trata de mujeres y niñas, la violación de derechos sexuales y reproductivos de las mujeres, la violencia contra las mujeres en el entorno laboral, la violencia contra las mujeres en situaciones de conflicto, la violencia contra las mujeres en las prisiones o instituciones de asistencia y *diversas prácticas tradicionales nocivas*; la Directiva 2011/99/EU, de 13 de diciembre, sobre la orden europea de protección contra los delitos violentos; la Directiva 2012/29/UE, de 25 de octubre, por la que se establecen normas mínimas sobre los derechos, el apoyo y la protección de las víctimas de delitos, en la que se menciona el matrimonio forzado y la trata de personas como prácticas nocivas que constituyen una manifestación de la violencia por motivo de género. Aunque la finalidad es el control de los flujos migratorios, la Directiva 2003/86/UE, de 22 de septiembre, sobre el derecho a la reunificación familiar, también es un mecanismo indirecto en la prevención de matrimonios forzados. En esta Directiva se permite al Estado que exija que el reagrupante y su cónyuge hayan alcanzado una edad mínima, sin que exceda de 21 años, antes de que el cónyuge pueda reunirse con el reagrupante. En este precepto se reconoce que la medida pretende garantizar un mayor grado de integración y evitar matrimonios forzados. Finalmente, en el Tratado sobre la Constitución para Europa, aprobado por el Consejo europeo el 17 y 18 de junio de 2004 y firmado en Roma el 29 de octubre de 2004, lleva incorporada una declaración específica relativa a la lucha contra la violencia doméstica (la número 13).

Directiva 2011/36/UE, y reforzado por el conocimiento de estas prácticas en nuestro país, saliendo a la luz pública la actuación de la policía autonómica catalana impidiendo una treintena de casos, informando también de que se han detectado unos trescientos casos de matrimonios forzados[205], el 3 de mayo de 2011 se ha aprobado por el Congreso de los Diputados una proposición no de ley presentada por el Partido Popular para la modificación del CP con la finalidad de incluir el matrimonio forzado como delito específico, al tiempo que se propone (entre otras medidas) la creación de una orden de protección específica para las víctimas de estas prácticas. En esta iniciativa se pide que el matrimonio forzado se tipifique, bien dentro del Título VI del Libro II del CP, relativo a los delitos contra la libertad, tratado como un tipo agravado de coacciones, bien dentro del Título XII del Libro II del CP, relativo a los delitos contra las relaciones familiares, incluyendo un delito autónomo o específico[206].

---

205 Noticia publicada el 26 de abril de 2011, que puede consultarse en www.lavanguardia.com/opinion/editorial/20110426/54145750533/matrimonios-forzados.html (la noticia ha sido consultada el 26 de agosto de 2014). La detección de casos de matrimonios forzados en Cataluña puede tener una explicación. En esta Comunidad Autónoma el área de Relaciones Institucionales y Participación del Departamento de Interior ha elaborado en 2009 un procedimiento para la prevención y atención policial de los matrimonios forzados, dentro del programa de seguridad contra la violencia machista. Este programa está accesible y puede consultarse a través del enlace www.observatorioviolencia.org/upload_imagen/File/DOC/1261477108_PROCEDIMIENTO_mf_def_espanol.pdf (consultado el 26 de agosto de 2014).

206 La iniciativa se presenta el 18 de abril de 2011. V. BOCG Congreso de los Diputados, IX Legislatura, Serie D núm. 558, 18 de abril de 2011. En el debate de esta iniciativa presentada por el Grupo Popular se presentaron diferentes enmiendas por los restantes Grupos Parlamentarios: así, Ezquerra Republicana—Izquierda Unida—Iniciativa per Catalunya Verds presentó varias enmiendas, la primera de reforma de la LOPJ para modificar los criterios establecidos en esta Ley a los efectos de dotar de competencias territoriales a los jueces en la persecución de las prácticas de los matrimonios forzados aunque se hayan realizado o consumado en el extranjero. La segunda enmienda se refería a la eventual ampliación de los plazos de prescripción para la interposición de acciones civiles y penales contra los matrimonios forzados. La tercera enmienda se refería a la elaboración en el plazo de seis meses de una estrategia específica para abordar de manera integral los matrimonios forzados. La cuarta enmienda proponía la creación de lugares de alojamiento específicos y de hogares de acogida para mujeres en situación de urgencia. Y la última enmienda presentada por este Grupo Parlamentario se refería al establecimiento de un fondo de ayudas dirigido a las actuaciones de las asociaciones y entidades de defensa de los derechos de las mujeres y a desarrollar acciones a nivel local y regional en los planes de igualdad y/o de los planes y políticas de integración. El Grupo Parlamentario Convergencia i Unió proponía la elaboración de un informe sobre si la legislación vigente es o no suficiente y adecuada para combatir los matrimonios forzados. Sí estaba de acuerdo en la creación de una orden de protección específica para las víctimas de matrimonios forzados. Por

Esta iniciativa ha sido acogida en el Anteproyecto-octubre 2012 (no lo fue, sin embargo, en el Anteproyecto de LO inicialmente preparado en julio de 2012), materializada en la regulación específica del delito de matrimonio forzado, proponiendo su inclusión dentro del Libro II CP en el Título VI relativo a los delitos contra la libertad, en el Capítulo III dedicado a las coacciones, en el proyectado art. 172 bis. Finalmente, tras un proceso prelegislativo un tanto dudoso[207], se ha aprobado la reforma del CP a través de la LO 1/2015, de 30 de marzo, en la que se ha decidido finalmente incorporar al texto punitivo de manera expresa y específica el delito de matrimonio forzado, en el art. 172 bis, dentro del Libro II, en el Título VI, relativo a los delitos contra la libertad, en el Capítulo III, de las coacciones.

otro lado. proponía que la UE convirtiera la lucha contra los matrimonios forzados en una acción prioritaria en el marco de sus relaciones con otros países mediante la "cláusula de derechos humanos". Finalmente, proponía el desarrollo de programas de divulgación e información dirigidos a la población en riesgo y a la sociedad en general para conseguir la sensibilización de la población ante este fenómeno, participando las CCAA, profesionales sociosanitarios, profesionales de la enseñanza, organizaciones propias de los inmigrantes, mediadores culturales y ONG. El Grupo Parlamentario Socialista también presentó una enmienda a la proposición no de ley del Grupo Parlamentario Popular; en ella se solicitaba, en primer lugar, la elaboración de un informe sobre si la legislación vigente es suficiente y adecuada para eliminar esta práctica, en segundo lugar, se pedía el reforzamiento de los instrumentos de protección de las víctimas durante la fase de denuncia y el proceso judicial y, en tercer lugar, también se solicitaba que la UE convierta la lucha contra el matrimonio forzoso en una acción prioritaria en el marco de sus relaciones con terceros países mediante la "cláusula de derechos humanos". Para más detalles sobre las enmiendas presentadas y el acuerdo adoptado finalmente v. BOCG Congreso de los Diputados, IX Legislatura, Serie D núm. 570, 11 de mayo de 2011.

207 El proceso no está exento de irregularidades, con el posible efecto de inconstitucionalidad de la que finalmente se ha convertido en LO 1/2015: porque el Anteproyecto-octubre 2012 fue enviado para el preceptivo informe al CF y al CGPJ. Tras el cumplimiento de este requisito procedimental, en el mes de abril el Ministro de Justicia presenta el Anteproyecto-abril 2013, en el que se introducen cambios, algunos relevantes, cambios que no fueron objeto de los preceptivos informes del CF y del CGPJ, y este texto fue el que se remitió al Consejo de Estado para su informe. Tras la superación de este trámite, el 20 de septiembre de 2013 se remite al Congreso el Proyecto de LO de reforma del CP, publicándose en el BOCG el 4 de octubre de 2013 (se toma como referencia esta fecha de publicación en el BOCG para su denominación como Proyecto-octubre 2013). Sobre los posibles vicios procedimentales en la tramitación de la que ha acabado convirtiéndose en LO 1/2015, v. ÁLVAREZ GARCÍA, en: *ReCrim* 9 (2013), 72 ss.

2.2. Definición de matrimonio forzado

En la Resolución 1468 (2005) del Consejo de Europa sobre matrimonios forzados y matrimonios de niños se define el primero como la unión de dos personas en la que al menos una de ellas no ha dado su libre y pleno consentimiento para contraer matrimonio[208]. Y es matrimonio de menores o niños aquel en el que al menos uno de los contrayentes no ha cumplido los 18 años[209].

La primera definición es muy amplia para una eventual justificación de la intervención penal en la prevención del matrimonio forzado, aunque sí resulta acertada para la regulación civil sobre los requisitos sobre la capacidad para otorgar el consentimiento y sobre la validez del mismo: este se ha de otorgar de manera plenamente libre y voluntaria, y los vicios del consentimiento son causas de nulidad por falta de un requisito esencial para la constitución de esta forma especial de unión entre dos personas (arts. 45 y 73 ss. CC).

La segunda definición tampoco sirve para enmarcar el problema que nos ocupa, pues no puede presumirse que se está ejerciendo fuerza o coac-

---

208 Como ya se ha mencionado con anterioridad, en la Recomendación 1723 (2005) del Consejo de Europa sobre matrimonios forzados y matrimonios de menores se propone a los Estados miembros la adopción de la Resolución citada en el texto, y entre otras medidas que se mencionan se propone que se castigue a quienes participan voluntariamente en el matrimonio forzado y en el de menores y a quienes sean cómplices de la organización de tales matrimonios, actuando como agravante la circunstancia de que la víctima haya dependido de estas personas. Si se toma como referencia el concepto de matrimonio forzado incluido en la Resolución 1468 (2005), la tipificación penal que se sugiere en esta Recomendación y se formula como posibilidad en la Resolución citada en el texto podría resultar desproporcionada.

209 ABAD ARENAS, en: *H-Rams Albesa* 2013, 1065 s., 1067; en: *LL* 2014-2, 1316, define el matrimonio forzado como aquel en el que falta el libre y válido consentimiento de alguno de los contrayentes, mientras que el matrimonio precoz es el contraído por un menor de 18 años. Partiendo de estas definiciones, para esta autora, "los matrimonios forzosos se equiparan a los precoces, en los supuestos en los que el enlace matrimonial se realiza con menores, conculcan el libre consentimiento de los contrayentes, y omiten el requisito de edad, por lo que en estos casos nos encontramos ante un mismo tipo de matrimonio caracterizado por una práctica atentatoria contra la libertad y la autonomía de la menor". También parecen identificar el matrimonio precoz con el forzado ELVIRA BENAYAS, en: *AEDIPr X* (2010), 709, pues indica que si uno o ambos cónyuges son menores de 18 años los matrimonios forzados reciben la denominación de matrimonios prematuros; y RAVETLLAT BALLETÉ, en: RIVAS VALLEJO/BARRIOS BAUDOR (dirs.)/SERRANO FALCÓN (coord.), *Violencia de género,* 2ª, 2014, 1172 s., al describir que cuando el matrimonio forzado se produce (y es matrimonio forzado aquel en el que falta el consentimiento válido de, al menos, uno de los contrayente) y uno o ambos contrayentes son menores de dieciocho años también recibe el calificativo de matrimonio precoz.

ción para que se lleve a cabo la celebración del matrimonio por el simple hecho de que uno de los contrayentes es menor de 18 años, al margen de que no se ajusta a la regulación positiva del Derecho español, ya que, hasta la entrada en vigor de la Ley 15/2015, el antiguo art. 48 CC establecía que, a partir de los 14 años, se podía contraer matrimonio con autorización judicial[210]. Con la entrada en vigor de la citada Ley, este límite de edad se ha elevado a los 16 años, pues se ha derogado la posibilidad de que el juez autorice el matrimonio del menor a partir de los 14 años, por lo que hay que estar a lo dispuesto con carácter general en el art. 46.1° CC, en el que se prohíbe el matrimonio de los menores no emancipados (y, como se sabe, la emancipación se reconoce a partir de los 16 años, arts. 317 ss. CC).

Desde las organizaciones internacionales se promueve la elevación de la edad mínima para contraer matrimonio a los 18 años atendiendo a los graves riesgos que pueden derivarse de estas uniones para los menores, aun cuando se trate de matrimonios válidamente constituidos, porque pueden generar riesgos para su bienestar físico y psicológico, sin minusvalorar el riesgo de que se interrumpa su proceso formativo y educativo.

Como se acaba de indicar, tal propuesta no se ha adoptado en el ordenamiento jurídico español. Desde nuestra regulación positiva, que uno de los contrayentes sea menor de 18 años (y mayor de 16 años) es un dato que no puede ser utilizado para presumir la falta de consentimiento libre y voluntario, pero sí es un factor que ha de generar una intensificación de los controles y actuaciones previas para la comprobación de si los contrayentes actúan o no de manera libre, sin influencias ni presiones externas, y de manera acentuada cuando entre ellos exista una diferencia de edad cualitativa y/o significativa.

En cualquier caso, la prevención del matrimonio forzado no está condicionada tanto al establecimiento de un límite de edad más o menos próximo a la mayoría de edad como al desarrollo de planes integrales de actuación para evitar estas prácticas abusivas, con especial atención a las campañas informativas que podrían desarrollarse en los centros educati-

---

210 En el Derecho español el impedimento de edad es convalidable. El art. 75 CC regula el ejercicio de la acción de nulidad matrimonial cuando el motivo de la nulidad es por razón de la edad; una vez que el menor ha alcanzado la mayoría de edad, solo él puede ejercer esta acción, pero el matrimonio se convalida si los cónyuges viven juntos durante un año contado a partir del momento en que el contrayente menor ha alcanzado la mayoría de edad.

vos, pues es cierto que frecuentemente las víctimas de estas prácticas son menores de edad[211].

En la doctrina se propone una definición más restrictiva: es el matrimonio celebrado entre dos personas en que al menos una de ellas está coaccionada o amenazada[212].

Este sí es el concepto que puede servir de pauta orientativa a la intervención penal para prevenir esta clase de comportamientos, ya que el recurso a la coacción o a la amenaza comporta un ataque contra la libertad personal de uno o de los dos contrayentes, un bien jurídico eminentemente personal que ha de ser protegido ante cualquier ataque y en cualquier situación en que se produzca su afectación. La amenaza o la coacción se emplean para doblegar o anular la libertad del contrayente que se opone a la celebración de esa unión; son, pues, comportamientos violentos o intimidatorios realizados antes de la celebración del matrimonio[213].

---

211 Así lo destaca IGAREDA GONZÁLEZ, en: *Anales de la Cátedra Francisco Suárez 47* (2013), 209, ofreciendo dos razones para que ello sea así: por un lado, porque culturalmente se entiende que, aunque no han cumplido los 18 años, los contrayentes ya han alcanzado la madurez para formar una familia y tener hijos. Por otro lado, porque tienen menos recursos y es más probable que no opongan resistencia y cumplan los designios de las familias; en: *Indret* 1/2015, 13 s., poniendo como ejemplo, aunque mejorable, el enfoque y tratamiento que se ha dado al matrimonio forzado en Reino Unido, antes de que se haya optado por la tipificación penal del delito de matrimonio forzado.

212 Definición ofrecida por BRIONES MARTÍNEZ, en: *RGDCDEE 20* (2009), 5. En términos muy parecidos IGAREDA GONZÁLEZ, en: *Anales de la Cátedra Francisco Suárez 47* (2013), 204, define el matrimonio forzado como aquel en el que al menos uno de los contrayentes ha sido forzado, física o psicológicamente, a contraer matrimonio. Esta autora diferencia el matrimonio forzado del matrimonio forzoso sobrevenido; en este segundo caso el matrimonio inicialmente se contrae de forma voluntaria, pero no puede ser disuelto porque mediante la coacción se obliga a uno o a ambos cónyuges a permanecer juntos (p. 204 s.); en: *Oñati Socio-Legal Series volumen 5, núm.* 2 (2015), 616, 617; en: *Indret* 1/2015, 2. A la modalidad de matrimonio forzado sobrevenido corresponde el caso resuelto en STS núm. 191/2015, 13-10 *(Tol 5512858)*. ELVIRA BENAYAS, en: *AEDIPr X* (2010), 709, también diferencia entre el matrimonio forzado y el matrimonio forzado sobrevenido. En una investigación realizada en Alemania en el año 2011 (Zwangsverheiratung in Deutschland- Anzahl und Analyse von Beratungsfällen. Se puede acceder a través del siguiente enlace: frauenrechte.de/online/images/downloads/zwangsheirat/zwangsverheiratung-in-deutschland), se propone la siguiente definición: existe matrimonio forzado cuando al menos uno de los contrayentes, por medio de la coacción o de la amenaza de un mal apreciable, es forzado a contraer matrimonio formal o informal (con ceremonia religiosa o social) y no se atiende a su negativa o no se atreve a oponerse.

213 La diversidad de medios coactivos para lograr vencer la resistencia del contrayente se contempla en la Exposición de Motivos de la proposición no de ley del Grupo Popular sobre la regulación del matrimonio forzado, al explicar que las mujeres obligadas a

La peculiaridad del matrimonio forzado, tal como se demuestra en los casos denunciados, es que tal ataque a la libertad personal generalmente procede del grupo familiar más o menos amplio de uno de los contrayentes[214], que puede estar o no en connivencia con el otro contrayente y/o su familia; el matrimonio es concertado por los familiares estando al margen de la "negociación" al menos uno de los contrayentes, y el pacto se logra

---

contraer matrimonio lo hacen normalmente bajo coacción, amenaza, privación de libertad o mediante otras conductas ilícitas. En la Exposición de Motivos del Anteproyecto-octubre 2012 (punto XXV) y del Anteproyecto-abril 2013 (punto XXX) se indicaba que, tratándose el matrimonio forzado de un comportamiento coactivo, se estimaba oportuno recogerlo como modalidad agravada dentro del delito de coacciones. Esta idea se mantiene en el Preámbulo de la LO 1/2015 (punto XXVIII), si bien ahora se matiza que se considera oportuno tipificarlo como un supuesto de coacciones cuando se compeliere a otra persona a contraer matrimonio, o a quien utilice medios coactivos para forzar a otro a abandonar el territorio español o a no regresar al mismo con esa misma finalidad de obligarle a contraer matrimonio, omitiéndose la alusión a que se considera un delito agravado de coacciones.

214 En la investigación realizada en Alemania citada anteriormente se ha constatado esta circunstancia. Así, el padre es el pariente que fuerza a la celebración del matrimonio en el 80% de los casos detectados; la madre en el 62% de los casos y la familia en sentido amplio en el 38%. En esta investigación también se destaca que la familia del cónyuge y los hermanos juegan un papel mucho más reducido (p. 37 del estudio). También la doctrina ha destacado el hecho de que, en la mayoría de las ocasiones, uno o los dos contrayentes son forzados a contraer matrimonio por sus parientes más próximos. V., en este sentido, por todos, IGAREDA GONZÁLEZ, en: *Anales de la Cátedra Francisco Suárez* 47 (2013), 204; ABAD ARENAS, en: *H-Rams Albesa* 2013, 1059, 1067; en: *LL* 2014-2, 1313; MAQUEDA ABREU, en: ÁLVAREZ GARCÍA (dir.)/DOPICO GÓMEZ-ALLER (coord.), *Estudio crítico sobre el Anteproyecto de 2012*, 2013, 560; GARCÍA CUESTA/HERNÁNDEZ CORROCHANO, en: *Dilemata* 16 (2014), 110 s.; RAVETLLAT BALLETÉ, en: RIVAS VALLEJO/BARRIOS BAUDOR (dirs.)/SERRANO FALCÓN (coord.), *Violencia de género*, 2ª, 2014, 1172; GUINARTE CABADA, en: GONZÁLEZ CUSSAC (dir.)/GÓRRIZ ROYO/MATALLÍN EVANGELIO (coords.), *Reforma CP de 2015*, 2ª, 2015, 563. Destaca el aspecto cultural (no necesariamente consecuencia o efecto de la inmigración) y familiar PÉREZ MACHÍO, en: PUENTE ABA (dir.)/ZAPICO BARBEITO/RODRÍGUEZ MORO (coords.), *Criminalidad organizada, terrorismo e inmigración*, 2008, 299 s., quien reconoce que la mayor parte de situaciones de matrimonios no consentidos proceden de presiones psicológicas ejercidas por la familia a modo de amenazas, coacciones, violencia como medio legítimamente asumido en un determinado ámbito cultural y familiar. A esto se suma el miedo a perder unas tradiciones culturales y religiosas que pueden desvanecerse frente a la sociedad mayoritaria. Como muestra de que el grupo familiar más o menos amplio está detrás de los matrimonios forzados cabe citar la STS núm. 191/2015, 13-10 *(Tol 5512858)*, pues si bien se condena a ocho familiares de la víctima en un caso de matrimonio forzado sobrevenido, del relato de hechos probados también se puede intuir que se podría estar ya desde el inicio ante un matrimonio forzado, desde luego en el relato queda claro que, al menos, sí era un matrimonio pactado o concertado.

con el objetivo de alcanzar distintos intereses[215]. Si este contrayente no se muestra conforme con esta unión, o no se resigna, el grupo familiar (más o menos amplio: padres, hermanos, tios...) recurrirá a la coacción, a la amenaza, al acoso, presionará para que el matrimonio se celebre, si es necesario se privará de libertad al futuro contrayente para evitar la huida y que se frustren las expectativas que se han creado con la unión. En definitiva, el matrimonio forzado no tiene como sujeto que ejerce la violencia necesariamente a la otra parte contrayente, al menos no durante la fase previa a su celebración, sino que es la propia familia de la víctima la que va a ejercer esta presión.

La presión ejercida por el grupo familiar o, en general, por el sujeto que pretende forzar la celebración del matrimonio, será más o menos intensa atendiendo a la edad del contrayente, pues si se trata de menores de edad su mayor vulnerabilidad (en una primera valoración de la situación así se puede afirmar, por su dependencia del grupo familiar, o por existir temor reverencial, o por ser más influenciable...) les convertirá en víctimas propiciatorias de estos matrimonios, lográndose más fácilmente doblegar su voluntad o pasar por encima de ella o, incluso, si el matrimonio se celebra a una edad muy temprana (o, en su caso, los esponsales), desde la perspectiva del ordenamiento español, y desde la entrada en vigor de la Ley 15/2015, por debajo de los 16 años, este hecho puede suceder si se recurre a la legislación nacional de uno de los contrayentes para celebrar el matrimonio (o se opta por celebrar el matrimonio fuera del territorio español), lo que ocurrirá es que el contrayente de tan temprana edad no

---

215 En seguimiento de la IV Conferencia Mundial sobre la mujer, en el año 2008, el Secretario General presenta un Informe sobre el matrimonio forzado de niñas, en la Comisión de la Condición Jurídica y Social de la Mujer (E/CN.6/2008/4). En este informe se describen algunos motivos que pueden provocar el matrimonio forzado de niñas: porque se pretende proteger y defender una cultura; se pretende proteger a las niñas de insinuaciones sexuales indeseadas; puede tratarse de una estrategia de ampliación de la familia o un arreglo económico (estrechamente relacionado con las prácticas en las que la familia de la mujer recibe una dote por la celebración del matrimonio); son una forma de trata de personas. Otras motivaciones pueden estar relacionadas con el deseo de reforzar los vínculos familiares o como forma de ayuda para la obtención de permisos de residencia o de la nacionalidad. O los matrimonios forzados dirigidos a restablecer el honor familiar, supuesto en el que se engloba el matrimonio celebrado entre la mujer que ha sido víctima de la violación y su violador. Sobre algunas de las motivaciones que llevan al matrimonio forzado v. BRIONES MARTÍNEZ, en: *RGDCDEE 20* (2009), 6, haciendo especial hincapié en las razones de tipo económico; ABAD ARENAS, en: *H-Rams Albesa* 2013, 1059; en: *LL* 2014-2, 1313; RAVETLLAT BALLETÉ, en: RIVAS VALLEJO/BARRIOS BAUDOR (dirs.)/ SERRANO FALCÓN (coord.), *Violencia de género*, 2ª, 2014, 1171; VARGAS GALLEGO, *Elderecho.com*, 2014, 2.

tendrá el grado de madurez necesario para entender plenamente el significado del matrimonio, no estando en condiciones de dar un consentimiento válido por tanto[216].

En la caracterización del matrimonio forzado, para el supuesto más frecuente en que la presión es ejercida por el grupo familiar de uno de los contrayentes, habrá que prestar atención especial para delimitar las presiones familiares que entrarían dentro de lo tolerable, dirigidas a obtener el consentimiento presentando las múltiples ventajas que la unión puede suponer, de la actuación que va dirigida a imponer la voluntad del grupo familiar por encima o al margen de la del contrayente[217].

El matrimonio forzado puede presentar otras formas de manifestación, en ocasiones interviniendo también el grupo familiar para su celebración, en otras ocasiones serán personas ajenas al grupo familiar las que forzarán estas uniones. Se trata de una de las situaciones que puede generar la aparición del delito de trata de seres humanos[218] y del delito de

---

216 Para que en estos casos se siga manteniendo la calificación como matrimonio forzado, junto a la falta de madurez del menor para dar un consentimiento válido habrá que exigir el recurso a la coacción o a la amenaza para obligar al menor a celebrar esta unión. BRIONES MARTÍNEZ, en: *RGDCDEE 20* (2009), 6, advierte de lo preocupante que resulta que uno de los contrayentes sea menor de edad, pues puede producirse una violación de los derechos del niño, una discriminación porque les priva de derechos básicos de salud, educación, desarrollo e igualdad, haciéndose eco de las observaciones formuladas en este sentido desde las organizaciones internacionales, por ejemplo, en el Informe de la IV Conferencia mundial sobre la mujer de 1995. Más tajante, ABAD ARENAS, en: *H-Rams Albesa* 2013, 1067; en: *LL* 2014-2, 1316, quien llega a equiparar los matrimonios forzados y los matrimonios precoces, considerando que en el segundo caso se produce una vulneración de la Convención de los Derechos del Niño.

217 Sobre este particular, GUINARTE CABADA, en: GONZÁLEZ CUSSAC (dir.)/GÓRRIZ ROYO/MATALLÍN EVANGELIO (coords.), *Reforma CP de 2015*, 2ª, 2015, 564, en la interpretación del delito de matrimonio forzado, introducido en el CP con la aprobación de la LO 1/2015, destaca como en la tipificación se está exigiendo el recurso a la intimidación o a la violencia, no resultando suficiente el empleo de otros medios de influencia, incitación o persuasión que incida en la voluntad del futuro contrayente. También hay que excluir los supuestos en los que la presunta víctima, por sus propias convicciones, por respeto o por temor reverencial hacia la persona que la induce o persuade, o por otro motivo, no se opone a la celebración del matrimonio. También CUERDA ARNAU, en: GONZÁLEZ CUSSAC (coord.), *PE*, 4ª, 2015, 173, porque se exigen medios intimidatorios o coactivos en la tipificación del delito de matrimonio forzado, los matrimonios pactados o acordados quedarían fuera de este delito.

218 Esta posibilidad era reconocida por la doctrina antes de la modificación del delito de trata de personas por la LO 1/2015 (reforma que, como veremos, además de otros cambios, ha incorporado como finalidad de la trata la celebración de matrimonios forzados). V., a favor de esta tesis, para más detalles, por todos, PÉREZ CEPEDA,

Globalización, 2004, 40; PÉREZ ALONSO, *Tráfico de personas*, 2008, 71, 82; ELVIRA BENAYAS, en: *AEDIPr X* (2010), 711; POMARES CINTAS, en: *RECPC 13-15* (2011), 15 n. 53, incluyendo en la finalidad de explotación sexual el matrimonio forzado que implique servidumbre sexual; VILLACAMPA ESTIARTE, *Trata de seres humanos*, 2011, 71 s.; en: *RDPC 10* (2013), 305, 316, 317; en: QUINTERO OLIVARES (dir.), *Reforma penal de 2015*, 2015, 407; en: *LL* núm. 8554, 2015, 4; Informe CF Anteproyecto-octubre 2012, 142; Informe CGPJ Anteproyecto-octubre 2012, 164 s.; ABAD ARENAS, en: *H-Rams Albesa* 2013, 1067 n. 25; en: *LL* 2014-2, 1316; IGAREDA GONZÁLEZ, en: *Anales de la Cátedra Francisco Suárez 47* (2013), 213; LAFONT NICUESA, en: RICHARD GONZÁLEZ/RIAÑO BRUN/POELEMANS (coords.), *Trata de seres humanos*, 2013, 165; GARCÍA CUESTA/HERNÁNDEZ CORROCHANO, en: *Dilemata 16* (2014), 101 ss., 105 s., 109 ss.; IGLESIAS SKULJ, en: GONZÁLEZ CUSSAC (dir.)/GÓRRIZ ROYO/MATALLÍN EVANGELIO (coords.), *Reforma CP de 2015*, 2ª, 2015, 599. La falta de mención de la finalidad de celebrar matrimonios forzados en la tipificación del delito de trata de personas antes de la reforma de 2015 ha sido destacada por un sector de la doctrina, poniendo en duda que tal finalidad se pueda incluir en esta figura delictiva, pues además la enumeración de fines en la trata es cerrada. De esta opinión, entre otros, BOLDOVA PASAMAR/URRUELA MORA/LIBANO BERISTAIN/BOLAÑOS VÁSQUEZ/FARJAS BALLESTER, en: *Derecho Migratorio y de Extranjería 23* (2010), 107 ss.; DAUNIS RODRÍGUEZ, en: *Indret* 1/2010, 37; en: ZÚÑIGA RODRÍGUEZ/GORJÓN BARRANCO/FERNÁNDEZ GARCÍA (coords.), *Reforma penal de 2010*, 2011, 131, quien señala que la finalidad de explotación a través de matrimonios forzados en principio quedan fuera del tipo del delito de trata de personas, aunque podría considerarse como una práctica análoga a la esclavitud moderna, interpretación que se puede sustentar en la Convención suplementaria sobre la abolición de la esclavitud, la trata de esclavos y las instituciones y prácticas análogas a la esclavitud de 1956, pero pone en duda que se pueda recurrir a esta vía interpretativa, pues podría suponer analogía *in malam partem*; *Trata de seres humanos*, 2013, 105; MARAVER GÓMEZ, en: DÍAZ-MAROTO Y VILLAREJO (dir.), *Reformas CP*, 2011, 325; REQUEJO NAVEROS, en: VALLE MARISCAL DE GANTE/BUSTOS RUBIO (coords.), *Reforma penal*, 2014, 77 s. Parece defender esta tesis a favor de la aplicación del delito de trata de personas en la prevención de matrimonios forzados (antes de la reforma de la LO 1/2015), OLAIZOLA NOGALES, en: *H-Suárez Montes* 2013, 472 y n. 31, 485, pues si bien inicialmente advierte que el CP ha considerado merecedora de pena únicamente la trata de personas dirigida a tres concretas formas de explotación, lo que puede resultar criticable, más adelante sí incluye los matrimonios forzados en la explotación sexual. La actuación de la UE se ha centrado en este aspecto, como se demuestra (a modo ejemplificativo) con la adopción de la Directiva 2011/36/UE del Parlamento Europeo y del Consejo de 5 de abril de 2011, relativa a la prevención y lucha contra la trata de seres humanos y a la protección de las víctimas, citada expresamente en el Preámbulo de la LO 1/2015 (punto XXVIII) para justificar que la propuesta de tipificación del delito de matrimonio forzado responde al cumplimiento de los compromisos internacionales suscritos por España en lo relativo a la persecución de los delitos que atentan contra los derechos humanos. Ahora bien, en la reforma de la LO 1/2015, la celebración de matrimonios forzados ha sido objeto de una doble atención: en primer lugar, al tipificarse de manera específica y autónoma este delito, en el art. 172 bis CP; en segundo lugar, al incluir como finalidad de la trata de personas la celebración

lesa humanidad[219]. En el comentario que nos ocupa, sin embargo, no se va a aludir a estas otras manifestaciones del matrimonio forzado, con la excepción de alguna referencia al delito de trata de personas, por tener unas connotaciones muy definidas, y porque su prevención penal está fuera de toda duda, a través de estas modalidades delictivas.

Desde la perspectiva expuesta, porque la víctima de esta práctica es habitualmente la mujer y los medios coactivos e intimidatorios proceden de los miembros de la familia, es cierto que nos encontramos ante una práctica que se engloba dentro de los genéricos conceptos de violencia de género y violencia doméstica o familiar, tal como se ha reflejado en los textos internacionales a los que hacíamos referencia en el apartado anterior. Ahora bien, no puede aceptarse la identificación completa, en el caso de pretender englobar esta práctica en la violencia de género, desde el momento en que también se han detectado víctimas del sexo masculino en el matrimonio forzado[220], y en la violencia doméstica o familiar, desde

---

de matrimonios forzados, en el art. 177 bis CP. Como veremos más adelante, esta duplicidad regulativa va a provocar complicados problemas concursales entre estas dos modalidades delictivas, de difícil resolución, pues la solución que inicialmente se puede sugerir, a favor del concurso de leyes resuelto con la aplicación del delito de matrimonio forzado, generaría un efecto privilegiante en el tratamiento penal de una modalidad de trata de seres humanos, la que tiene como finalidad la celebración de un matrimonio forzado, lo que no parece de recibo.

219 Esta ha sido la calificación que se ha hecho en el Tribunal Especial para Sierra Leona para juzgar las conductas de captación de mujeres y niñas para ser entregadas a los combatientes. La primera calificación del matrimonio forzado como un acto inhumano, independiente de la esclavitud sexual, que ha de ser englobado en el crimen de lesa humanidad, se ha realizado en el caso Alex Tamba Brima/Ibrahim Bazzy Kamara/Santigie Borbor Kanu (causa AFRC, Sentencia de 22 de febrero de 2008), donde se define el matrimonio forzado como la situación en la que el perpetrador, por sus palabras o conducta o las de un tercero de cuyas acciones es responsable, obliga a una persona por la fuerza, la amenaza de la fuerza o la coerción a actuar como cónyuge. Se reconoce que este comportamiento genera graves sufrimientos o daños físicos, mentales o psicológicos para la víctima. En el caso Foday Saybana Sankoh/Sam Bockarie/Issa Hassan Sesay/Morris Callón/Augustine Gbao (causa RUF, Sentencia de 26 de octubre de 2009) se aplicó esta doctrina, condenando a tres altos dirigentes del Frente Unido Revolucionario por participar en empresa delictiva conjunta por la que se obligaba a mujeres y niñas a casarse con soldados rebeldes.

220 En efecto, también los menores y jóvenes del sexo masculino se ven involucrados en estas prácticas, tal como se revela en el estudio llevado a cabo en Alemania en el año 2011 (p. 26 s.): entre el 5% y el 8% de casos detectados se refieren al género masculino. Por esta razón no se puede identificar el matrimonio forzado con la violencia de género o la violencia contra la mujer.

el momento en que la coacción o amenaza puede proceder de personas ajenas al círculo familiar de la víctima[221].

Con estos precedentes, valorando especialmente la iniciativa del Grupo Popular en la anterior legislativa con su propuesta de tipificación de un delito específico para prevenir esta práctica, iniciativa que se ha plasmado en la vigente legislatura en el art. 172 bis CP tras la reforma operada por la LO 1/2015, las cuestiones que inmediatamente surgen son las siguientes: ¿es necesaria realmente una nueva reforma del CP para luchar contra el matrimonio forzado? ¿No había respuesta adecuada con la legislación penal hasta ahora vigente para prevenir, como último recurso, este tipo de prácticas? La tipificación autónoma del delito de matrimonio forzado, ¿qué valoración merece en el tratamiento de los matrimonios forzados?

A estas y otras interrogantes se tratará de dar respuesta en la siguiente exposición.

2.3. La respuesta penal frente al matrimonio forzado

2.3.1. Respuesta penal en Europa

En la respuesta a las cuestiones planteadas con anterioridad puede ser de utilidad la opción elegida por alguno de los países europeos que sí se han decantado por la tipificación penal del matrimonio forzado.

La tipificación específica del delito de matrimonio forzado ha sido la vía que han adoptado algunos países europeos, como Alemania, Austria, Bélgica, Noruega, Reino Unido y Suiza, siendo mayoría los que han optado, además, por otras medidas legislativas de naturaleza civil y administrativa para su prevención[222].

---

221 Como muestra cabe citar el caso resuelto en la SAP Córdoba núm. 6/2002, 18-7: se condena por delito de amenazas al sujeto que pretendía contraer matrimonio con una española para adquirir la nacionalidad española o el permiso de residencia.

222 Con carácter general, en Europa el problema de los matrimonios forzados se ha asociado con la inmigración, circunstancia que ha influido necesariamente en su tratamiento y en la adopción de medidas para su prevención. Así lo destaca IGAREDA GONZÁLEZ, en: *Anales de la Cátedra Francisco Suárez* 47 (2013), 213, quien señala que, recientemente, en la esfera internacional el problema de los matrimonios forzados se ha vinculado a un problema ligado a los flujos migratorios, hecho que tiene consecuencias en las legislaciones y actuaciones en materia de políticas públicas de los Estados, que tienden cada vez más a vincular los matrimonios forzados con un problema migratorio y no como una violación de los derechos humanos. V., para más detalles sobre las medidas adoptadas en Francia, Dinamarca, Reino Unido, Alemania y Noruega, BRIONES MARTÍNEZ, en: *RGDCDEE 20* (2009), 12 ss., 16 ss., 23 ss., 28 ss., 32 ss.; y en Reino Unido, Bélgica y Noruega en ABAD ARENAS, en: *H-Rams Albesa* 2013, 1068 s.; y en Dinamarca, Francia, Reino Unido, y países europeos que

En Alemania se ha introducido este delito en el CP, en el Título XVIII dedicado a los delitos contra la libertad personal, como delito autónomo, castigando con la pena de prisión de 6 meses a 5 años a quien con violencia o amenaza coaccione antijurídicamente a una persona para contraer matrimonio. Se castiga con la misma pena a quien, para la realización del hecho descrito anteriormente, por medio de la violencia, amenaza de un mal considerable o engaño, mantiene a la persona en un lugar fuera del ámbito de aplicación de la ley alemana o le obliga a trasladarse allí o le impide regresar del mismo (§ 237 CP alemán)[223].

En Austria se ha tipificado como modalidad del delito de coacción grave, dentro del Título tercero relativo a los delitos contra la libertad, castigando con la pena de prisión de 6 meses hasta 5 años a quien cometa una coacción dirigida a la celebración de un matrimonio o la formación de una pareja registrada (§ 106.1.3 CP austríaco).

De los textos punitivos europeos consultados, el de Austria es uno de los pocos que ha incluido en la regulación una previsión específica para las parejas de hecho forzadas, lo que puede servir como indicio de que se pretende deslindar claramente el tratamiento de los matrimonios forzados como problema vinculado necesariamente con la inmigración o con la tradición y la cultura, ya que la unión no formalizada que corresponde a la pareja de hecho no es propia de tradiciones o culturas en las que el

---

han recurrido al delito de matrimonio forzado (entre los que se cita Austria, Chipre, Alemania, Bélgica, Noruega, Serbia, Albania, Reino Unido), IGAREDA GONZÁLEZ, en: *Indret* 1/2015, 11 ss. y n. 61, 14 n. 69. En el Preámbulo de la LO 1/2015 (en el punto XXVIII), para reforzar el argumento a favor de la tipificación del delito de matrimonio forzado, se alega que esta tipificación ya se ha llevado a cabo en países de nuestro entorno como Francia, Dinamarca, Reino Unido, Alemania o Noruega. Pero el matrimonio forzado no se puede identificar con la inmigración y, por tanto, tampoco se puede explicar desde la perspectiva de que se trata de prácticas basadas en tradiciones y culturas diferentes. Así lo advierten, entre otros, IGAREDA GONZÁLEZ, en *Anales de la Cátedra Francisco Suárez 47* (2013), 203 ss., en particular 213 s., 218; en: *Oñati Socio-Legal Series volumen 5, núm. 2* (2015), 613 ss., en particular 619 ss.; en: *Indret* 1/2015, 2 ss., en particular 11 ss., 14; GARCÍA CUESTA/HERNÁNDEZ CORROCHANO, en: *Dilemata 16* (2014), 113 s., quienes, analizando los matrimonios forzados con fines de trata de personas, llegan a la conclusión de que en la actualidad los matrimonios forzados tienen que ver cada vez más con la globalización de prácticas e ideas y con la trasnacionalidad, no con lo cultural y lo local.

223 En este precepto se añade que el hecho es antijurídico si el recurso a la violencia o a la amenaza de un mal debe considerarse reprobable para el fin propuesto. Para este delito se ha previsto expresamente la punibilidad de la tentativa. Y se ha previsto un apartado cuarto en el que se establece que, para los casos menos graves, la pena es prisión de hasta tres años o multa.

matrimonio aparece como acto formal, revestido de determinados ritos y ceremonias.

En Bélgica se ha introducido este delito específico en el Libro II CP belga, en el Capítulo XI (art. 391 sexies) dentro del Título VII relativo a los delitos contra el orden de las familias y la moralidad pública, castigando con pena de prisión de un mes a dos años o multa de cien a quinientos euros a quien por medio de la violencia o la amenaza obligue a otro a contraer matrimonio; en esta previsión se establece expresamente el castigo de la tentativa, con prisión de 15 días a 1 año o multa de cincuenta a doscientos cincuenta euros.

En Noruega se ha introducido el delito de matrimonio forzado como un delito contra la libertad personal; se castiga con prisión de hasta 6 años al que fuerce a otro a concluir un matrimonio a través de la violencia, la privación de libertad, bajo presión o cualquier otro comportamiento ilegal o a través de las amenazas; la misma pena se puede imponer a los cómplices y a los inductores (art. 222 CP noruego).Y se castiga con prisión de hasta 4 años a quien contraiga matrimonio con un menor de 16 años o que incite a la celebración de un matrimonio con menor de 16 años (art. 220 CP noruego). Una previsión esta última que hace referencia al tratamiento penal del matrimonio precoz o prematuro, parece que sin requerir para su relevancia penal que tal matrimonio se imponga a través de medios violentos o intimidatorios, bastando simplemente con que la víctima sea menor de determinada edad, castigando el hecho si se lleva a cabo la celebración del matrimonio (al autor o al inductor).

En Reino Unido, a todas las medidas existentes para prevenir este tipo de prácticas se ha añadido una más, y así en el año 2014 se ha tipificado el delito de matrimonio forzado, castigando a quien emplee la violencia o la amenaza para obligar a una persona a contraer matrimonio o a quien recurra al engaño para que una persona que se encuentra en Reino Unido abandone el país para ser obligado a contraer matrimonio. En esta regulación se han previsto normas de aplicación extraterritorial de la ley para la prevención de este tipo de prácticas (en Crime and Policing Act 2014, Parte 10).

Desde julio de 2013, en Suiza está en vigor la ley federal relativa a las medidas sobre la lucha contra los matrimonios forzados, una reforma legislativa que incluye cambios en la normativa en materia de extranjería, asilo, CC, parejas de hecho, Derecho internacional privado y CP. En este último caso se incluye un delito de matrimonio forzado, en el art. 181 a, ubicado en el Capítulo relativo a los crímenes o delitos contra la libertad (detrás de los delitos de amenazas y coacciones y antes de la regulación del delito de trata de seres humanos), en el que se castigará con la pena de prisión de 5 años o más o con la pena de multa a quien, usando la violencia o la amenaza de causar un daño grave o impidiendo de otra manera su libertad de acción, obligue a otra a contraer matrimonio o una pareja de hecho. También se prevé castigar con esta pena a quien, encontrándose en Suiza, cometa la infracción en el extranjero y no pueda ser extraditado.

Como se puede comprobar, también en Suiza se ha optado por la tipificación expresa y específica relativa a forzar a formar una pareja de hecho.

En el caso de Francia se ha previsto la regulación del delito de matrimonio forzado, incluido en el CP francés por Ley de 5 de agosto de 2013, así como la aplicación de una circunstancia cualificante en varias figuras delictivas.

Desde la primera perspectiva, en el Libro II, relativo a crímenes y delitos contra las personas, en el Título II, sobre los atentados contra las personas, en el Capítulo II, sobre atentados contra la integridad física o psíquica, en la Sección primera, relativa a los atentados voluntarios contra la integridad, y en el parágrafo 2, de las violencias, se ha incluido el art. 222-14-4, en el que se ha tipificado el delito consistente en que, con el fin de forzar a una persona a contraer matrimonio o a concluir una unión en el extranjero, el hecho de que se use respecto de ella de maniobras dolosas para determinarla a abandonar el territorio de la República, castigando el delito con penas de prisión de 3 años y multa de 45.000 euros.

Desde la segunda perspectiva, en el Título II, relativo a los atentados contra las personas, en el Capítulo I, dedicado a los atentados contra la vida de una persona, se ha incluido la agravación de la pena del asesinato cuando la víctima se ha opuesto a contraer un matrimonio o a finalizar una unión (art. 221.4.10 CP francés). En segundo lugar, en el Capítulo II, relativo a los atentados contra la integridad física o píquica de las personas, para el delito de sometimiento a torturas o a otro acto de barbarie (art. 222.1) se ha previsto la agravación consistente en que tal acto se comete contra una persona para obligarla a contraer matrimonio o a concluir una unión o contra una persona porque se niega a contraer matrimonio (art. 222.3.6 bis CP francés).

De esta mera cita ejemplificativa de la perspectiva penal sobre la regulación del matrimonio forzado en algunos países europeos se advierte la doble perspectiva que puede adoptarse en la incriminación específica: la primera, adoptada de manera absolutamente mayoritaria, la que presenta esta práctica como un atentado contra la libertad de las personas, especificada en los medios comisivos empleados para doblegar la voluntad contraria a la celebración de la unión matrimonial. La otra perspectiva, minoritaria, presenta el matrimonio forzado como un delito contra las relaciones familiares, quizás desde la hipótesis de que el matrimonio forzado es nulo de pleno derecho debido a los vicios en el consentimiento de uno de los contrayentes, siendo la coacción o la amenaza las causas de la nulidad.

2.3.2. *Respuesta penal en España*

Como en Europa, los movimientos migratorios han tenido una especial incidencia en el conocimiento e incremento de casos de matrimonios forzados en España[224]. Las noticias denuncian este tipo de prácticas desarrolladas en una determinada área geográfica, pues, como se ha indicado con anterioridad, los datos proceden de Cataluña, y se trata de los casos detectados, unos 300 en los últimos años[225].

Hasta la reforma aprobada por la LO 1/2015, en nuestro CP no se había previsto una modalidad delictiva específica dirigida a la prevención de estas prácticas atentatorias de derechos fundamentales.

Pero esto no significaba que no pudiera protegerse a las víctimas de estas uniones forzadas también a través del sistema punitivo español, como veremos a continuación.

Para el caso de que se llegue a la conclusión de que esta respuesta punitiva resulta insuficiente, si hacemos una valoración de las regulaciones específicas sobre los delitos de matrimonios forzados en los países europeos mencionados, parece más acertada la opción que pone el acento en la protección de los derechos fundamentales que se ven afectados por estas conductas, como mínimo la libertad y la autodeterminación personal.

---

224 Porque, como ya se ha comentado con anterioridad, los matrimonios forzados no pueden identificarse sin más con el fenómeno migratorio. Así lo reconocen, por todos, MANZANARES SAMANIEGO, en: *LL* 2013-2, 1569. Es cierto que, como se ha indicado con anterioridad, los matrimonios forzados en Europa se han vinculado a la existencia de comunidades migratorias de determinadas áreas geográficas en las que esta práctica sí es frecuente. Así lo indican, por todos, ABAD ARENAS, en: *H-Rams Albesa* 2013, 1068; en: *LL* 2014-2, 1313; IGAREDA GONZÁLEZ, en: *Anales de la Cátedra Francisco Suárez* 47 (2013), 205, 213; en: *Oñati-Socio Legal Series volumen 5, núm.* 2 (2015), 617 ss.; en: *Indret* 1/2015, 2 ss.

225 IGAREDA GONZÁLEZ, en: *Indret* 1/2015, 7, da una razón para que los escasos datos estadísticos existentes en España se limiten a una determinada área geográfica, Cataluña: porque la ley catalana de violencia machista (Ley 5/2008, de 24 de abril, del derecho de las mujeres a erradicar la violencia machista) reconoce los matrimonios forzados como una forma de violencia de género en la comunidad, obligando a los cuerpos policiales a registrar de manera específica esta práctica.

Significa esto que una eventual intervención penal desde la regulación de los delitos contra las relaciones familiares no sería una respuesta adecuada[226], pues significaría dispensar protección penal a la propia institución matrimonial, cuando además existen serias dudas en torno a la necesidad de que se mantengan los delitos relativos a los matrimonios ilegales en el texto punitivo vigente, tal como se ha expuesto en el apartado relativo a la regulación vigente sobre los matrimonios ilegales.

Como ya se ha indicado, la LO 1/2015 ha optado por el criterio adoptado en la mayoría de los países europeos citados, proponiendo la incriminación específica del matrimonio forzado en el Título relativo a los delitos contra la libertad, en el Capítulo dedicado a los delitos de coacciones, en el art. 172 bis[227].

2.3.2.1. Respuesta penal desde la regulación de los delitos de violencia de género y los delitos de violencia doméstica

Como se tratará de explicar a continuación, *prima facie*, todo el sistema normativo existente para erradicar la violencia de género y la violencia doméstica o similar[228] resulta aplicable en la prevención de los matrimonios forzados.

---

226 De otra opinión MANZANARES SAMANIEGO, en: *LL* 2013-2, 1570, quien, refiriéndose a la propuesta regulativa del matrimonio forzado del Proyecto-octubre 2013, al margen de si la tipificación ha de limitarse al contenido del párrafo primero o también ha de incluirse el contenido del párrafo segundo, plantea que quizás la ubicación sistemática más adecuada de esta modalidad delictiva fuera en el Título dedicado a los delitos contra las relaciones familiares.

227 En la ya mencionada proposición no de ley presentada por el Grupo Popular el 3 de mayo de 2011 se abogaba por la tipificación específica del matrimonio forzado, si bien se dejaba abierta la cuestión de si tal incriminación se debería realizar en el Título dedicado a los delitos contra la libertad o en el Título relativo a los delitos contra las relaciones familiares.

228 La diferenciación entre estas dos categorías —violencia de género y violencia doméstica o similar— se produce con la reforma del CP operada por la LO 1/2004, de 28 de diciembre, de medidas de protección integral contra la violencia de género. A través de esta LO se reforma el CP para introducir y/o diferenciar los delitos pertenecientes a la primera categoría, si bien en su redacción no se utiliza aquella expresión para su caracterización o descripción (cosa que tampoco sucede en los calificados como delitos de violencia doméstica o similar), ni se ha introducido elemento que explique el fundamento que subyace a las figuras delictivas incluidas en ella. El concepto sí se ha utilizado en la redacción de los antiguos arts. 83 y 88 CP antes de la reforma de la LO 1/2015 (reguladores de la suspensión y de la sustitución de las penas de prisión), pues esta LO 1/2015 ha suprimido el art. 88 y ha cambiado la redacción del art. 83.2, utilizando la expresión delitos cometidos sobre la mujer por quien sea o haya sido su cónyuge o por quien esté o haya estado ligado a ella por una relación similar

A tal conclusión ha de llegarse atendiendo a las dos consideraciones siguientes: desde la primera perspectiva, porque en los instrumentos internacionales se ha identificado el matrimonio forzado como una forma de manifestarse la violencia y discriminación contra la mujer, conectando este tipo de conductas con atentados a derechos fundamentales como la libertad, la igualdad y, en última instancia, la dignidad[229], mencionando

---

de afectividad, aun sin convivencia (esta misma referencia también se utiliza en la redacción del actual art. 84.2 CP). Aquel concepto se ha utilizado y definido en el art. 1 LO 1/2004, limitándose a la ejercida sobre la mujer en la relación de pareja por su (ex)compañero sentimental cuando, además, concurra la razón o fundamento de esta clase de violencia. La forma como se ha plasmado legalmente la redacción de los tipos penales que engloban los delitos de violencia de género no está exenta de problemas: por un lado, porque cuando se adopta la perspectiva de género esta se utiliza de manera muy restrictiva, para castigar la violencia cometida por el hombre sobre la mujer cuando entre ellos existe o ha existido una relación de pareja (con o sin convivencia), siguiendo en este punto la perspectiva restrictiva adoptada en la citada LO 1/2004; por otro lado, porque en esos mismos tipos penales también se ha prescindido de la perspectiva de género para describir a otros posibles sujetos pasivos de la conducta violenta, y en su lugar se ha puesto el acento en las características de la víctima del comportamiento delictivo: persona especialmente vulnerable que conviva con el autor, equiparando en el tratamiento penal la violencia ejercida sobre la mujer pareja (actual o pasada) basada en la razón de género y la violencia ejercida sobre una persona especialmente vulnerable. Y todo ello sin entrar a valorar la opción legislativa de tipificar como violencia de género ataques leves que, fuera de este ámbito, hasta la reforma de la LO 1/2015 eran constitutivos de faltas de lesiones, coacciones y amenazas, tras la reforma de la LO 1/2015 son constitutivos de delitos leves. Precisamente porque, tal como se ha explicado, la forma como se ha llevado a cabo la reforma del CP a través de la LO 1/2004 no se ajusta a la perspectiva de género, CORCOY BIDASOLO, en: MIR PUIG/CORCOY BIDASOLO (dirs.), *Política criminal*, 2006, 144, prefiere utilizar el concepto de violencia doméstica. Es de sobra conocido que la inclusión del supuesto de la violencia realizada sobre persona especialmente vulnerable que conviva con el autor en los tipos penales que castigan la violencia de género se produjo durante la tramitación de la LO 1/2004, siendo la razón de su previsión la evitación de una posible declaración de inconstitucionalidad de esta reforma penal por vulneración del principio de igualdad (porque se pretendía introducir tipos penales para proteger exclusivamente a las mujeres víctimas de la violencia cometida por sus parejas o exparejas), tal como se pone de relieve en el propio debate parlamentario sobre aquella Ley. Así lo destaca, por todos, ÁCALE SÁNCHEZ, en: PUENTE ABA (dir.)/RAMOS VÁZQUEZ/SOUTO GARCÍA (coords.), *Violencia de género*, 2010, 68 s. El resultado de la regulación sobre la violencia de género propuesta por el legislador no ha evitado, sin embargo, que se hayan planteado varias cuestiones de inconstitucionalidad, de momento todas ellas resueltas por el TC, entre otras, en las SSTC 59/2008, de 14 de mayo, 45/2009, de 19 de febrero o 45/2010, de 28 de julio, a favor de la constitucionalidad de la regulación penal de los denominados delitos de violencia de género.

229 Como ya se ha indicado con anterioridad, para IGAREDA GONZÁLEZ, en: *Anales de la Cátedra Francisco Suárez* 47 (2013), 213 s., 218; en: *Oñati Socio-Legal Series volumen 5, núm.* 2 (2015), 618 ss.; en: *Indret* 1/2015, 2, 6, 14, los matrimonios for-

expresamente el matrimonio forzado como uno de los comportamientos violentos contra las mujeres o incluyéndolo dentro de la cláusula de las prácticas perjudiciales y nocivas para la mujer. Desde la segunda perspectiva, como ya se ha señalado, porque en muchas ocasiones es el grupo familiar de uno o de los dos contrayentes el que acuerda la celebración del matrimonio, recurriendo a los medios coactivos para doblegar la voluntad del contrayente que se niega a la celebración de esta unión. Además, desde esta segunda perspectiva resulta *a priori* más fácil dar respuesta a los casos, ciertamente menos frecuentes en la práctica, en los que la víctima de esta práctica sea de sexo masculino.

La respuesta penal a través de los delitos de violencia de género y violencia doméstica o similar puede comportar la imposición de la pena de prisión, prevista como alternativa en la casi totalidad (excepto en el actual art. 173.4, donde no se ha previsto la pena de prisión para las injurias y vejaciones injustas leves) de los delitos de violencia de género (y es pena principal y única en el delito de lesiones del art. 148.4° CP y pena principal y cumulativa con otra u otras en el delito de maltrato habitual

---

zados suponen una violación del derecho fundamental de consentir libremente el matrimonio, reconociendo esta autora que supone un atentado contra los derechos humanos y puede suponer una forma de violencia de género; en el mismo sentido, entre otros, MAQUEDA ABREU, en: ÁLVAREZ GARCÍA (dir.)/DOPICO GÓMEZ-ALLER (coord.), *Estudio crítico sobre el Anteproyecto 2012*, 2013, 564, reconoce que el matrimonio forzado es un delito de género; VARGAS GALLEGO, en: *Elderecho.com*, 2014, 2; GUINARTE CABADA, en: GONZÁLEZ CUSSAC (dir.)/GÓRRIZ ROYO/ MATALLÍN EVANGELIO (coords.), *Reforma CP de 2015*, 2ª, 2015, 566. También se ha señalado anteriormente que en la proposición no de ley presentada por el Grupo Popular y aprobada por el Congreso de los Diputados se ha establecido esta relación entre la libertad, la igualdad y la dignidad de las mujeres y su vulneración a través de los matrimonios forzados. Y como ya se ha indicado en una nota anterior, en el Preámbulo de la LO 1/2015 (punto XXVIII) se justifica la tipificación del matrimonio forzado en el cumplimiento de los compromisos internacionales suscritos por España en la persecución de los delitos que atentan contra los derechos humanos, citando la Directiva 2011/36/UE, de 5 de abril de 2011, relativa a la prevención y lucha contra la trata de seres humanos y a la protección de las víctimas y la Convención ONU sobre la eliminación de todas las formas de discriminación contra la mujer (en concreto, el art. 16 de esta Convención). En general, la violencia contra la mujer es planteada como un atentado a la dignidad y como un obstáculo para el pleno goce de los derechos humanos por LAURENZO COPELLO, en: LAURENZO COPELLO (coord.), *Violencia de género*, 2010, 26. Para ALONSO ÁLAMO, en: *EP-Cobo del Rosal* 2005, 10; en: *CPC* 95 (2008), 21 s., 24, 29, 31, 42 s., 45 ss., 50, el DP de género se explica desde la protección penal de la igualdad; el DP de género tiene como fundamento el reconocimiento y respeto de un derecho fundamental, el derecho a la igualdad. Comparte esta tesis, FERNÁNDEZ PANTOJA, en: JIMÉNEZ DÍAZ (coord.), *Ley integral*, 2009, 250 s.

del art. 173.2 CP)[230] y en la mayoría de los delitos de violencia doméstica o similar (con la excepción, además de en los delitos leves de injurias y vejaciones injustas del art. 173.4, en los delitos leves de amenazas y de coacciones de los arts. 171.7 y 172.3 CP, castigados con pena de localización permanente —en domicilio diferente al de la víctima—, o trabajos en beneficio de la comunidad o multa —si entre autor y víctima no existe una pensión alimenticia—, mientras que en el delito de maltrato habitual del art. 173.2 CP la pena de prisión es principal y cumulativa con otra u otras), pena que puede imponerse en su mitad superior (con la excepción del delito de lesiones del art. 148, los delitos leves de amenazas, coacciones, injurias y vejaciones injustas de los arts. 171.7, 172.3, 173.4, y desde la reforma de la LO 1/2015, del delito de acoso del art.172 ter.2 CP) si concurren circunstancias cualificantes tales como que el delito se cometa en presencia de menores, utilizando armas (esta circunstancia no está prevista en las amenazas leves y coacciones leves en violencia de género de los arts. 171.4 y 5.2° párrafo y 172.2, y es el elemento típico de las amenazas leves con armas en la violencia doméstica o similar del art.171.5 primer párrafo), o tenga lugar en el domicilio común o en el de la víctima, o quebrantando una pena de las previstas en el art. 48 CP o una medida cautelar o de seguridad de la misma naturaleza; si el grupo familiar es el que ejerce la presión para imponer la celebración del matrimonio es posible que concurran las circunstancias cualificantes de que el comportamiento violento se realice en el domicilio de la víctima (y será domicilio común de autor y víctima) o en presencia de menores[231].

---

230 Aunque el art. 173.2 CP no se ha reformado con la LO 1/2004, Ley que, como hemos mencionado anteriormente, introduce, sin utilizar esta denominación, los delitos de violencia de género (específicos) en el CP. Tampoco se diferencia entre víctimas de violencia de género y violencia doméstica o similar en el delito de acoso, introducido *ex novo* en el CP con la reforma de la LO 1/2015, en el art. 172 ter, y en los delitos leves de injurias y vejaciones injustas del actual art. 173.4; tanto en estos delitos como en el anterior mencionado de violencia física o psíquica habitual se alude a las víctimas de la violencia de género y la violencia doméstica de manera conjunta.

231 En relación con esta circunstancia cualificante se ha planteado la duda de si puede ser también apreciada cuando el menor es la víctima del maltrato. Y, por otro lado, como han puesto de relieve GISBERT GRIFO/MARTÍNEZ GARCÍA, *Género y violencia*, 2015, 78 s., en los últimos tiempos, se está demandando la inclusión en el ámbito de la violencia de género de manera autónoma de los delitos cometidos contra los menores, hijos de la pareja o ex pareja, porque la violencia sobre los hijos es un modo de violencia sobre la mujer. Sobre el fundamento de las agravaciones, el ámbito aplicativo de las mismas y la corrección o no de su previsión, v., entre otros, ASÚA BATARRITA, en: *Cuadernos Penales José María Lidón 1* (2004), 219 ss.; COMAS D'ARGEMIR I CENDRA/QUERALT JIMÉNEZ, en: *H-Rodríguez Mourullo* 2005, 1215 ss.; CORTÉS BECHIARELLI, en: *EP-Ruiz Antón* 2004, 258 ss., 261;

La reforma aprobada por la LO 1/2015 ha incluido otra consecuencia jurídica aplicable en alguno de los delitos de violencia de género y violencia doméstica o similar: en los arts. 156 ter y 173.2 párrafo tercero CP se ha previsto la posibilidad de imponer la medida de seguridad de libertad vigilada en el caso de que se cometa un delito de lesiones (uno o varios delitos de lesiones del Título III) o un delito de violencia física o psíquica habitual.

La previsión de la pena de prisión como pena principal en estas figuras delictivas facilita (aunque no implica necesariamente) la aplicación del procedimiento de extradición[232] a sus responsables, una de las reclamaciones del Convenio del Consejo de Europa sobre la prevención y lucha contra la violencia contra las mujeres y la violencia doméstica, tal como hemos indicado anteriormente. También facilita la aplicación de la Ley 23/2014, de 20 de noviembre, de reconocimiento mutuo de resoluciones penales en la UE.

También supone la adopción de todas las medidas protectoras de las víctimas de violencia doméstica y de género[233], otra de las exigencias plas-

---

ARANGUEZ SÁNCHEZ, en: *EP-Cobo del Rosal* 2005, 29 s., 31 s.; QUERALT JIMÉNEZ, en: *CDJ* 2005-XXII, 162 ss.; MENDOZA CALDERÓN, en: BOLDOVA PASAMAR/RUEDA MARTÍN (coords.), *Violencia doméstica y de género*, 2006, 138 s.; en: NÚÑEZ CASTAÑO (dir.), *Violencia de género*, 2009, 132 ss.; POLAINO NAVARRETE, en: LADRÓN DE GUEVARA (coord.), *Violencia de género*, 2007, 53 s.; ALONSO DE ESCAMILLA/LAMARCA PÉREZ, en: *EP-Gimbernat II*, 2008, 1770; LÓPEZ PEREGRÍN, en: NÚÑEZ CASTAÑO (dir.), *Violencia de género*, 2009, 273 s.; OLMEDO CARDENETE, en: JIMÉNEZ DÍAZ (coord.), *Ley integral*, 2009, 359 ss., 363 ss., 366; PÉREZ FERRER, en: JIMÉNEZ DÍAZ (coord.), *Ley integral*, 2009, 385, 388 s.; en: PÉREZ VALLEJO (coord.), *Igualdad efectiva*, 2009, 245; GORJÓN BARRANCO, *Tipificación del género*, 2013, 94 ss.; CORCOY BIDASOLO, en: CORCOY BIDASOLO (dir.)/VERA SÁNCHEZ (coord.), *PE I*, 2015, 221 ss.

232 A salvo de lo que se establezca en los distintos Convenios de extradición, bilaterales o multilaterales, ratificados por España, v. lo dispuesto en el art. 2 Ley 4/1985, de 21 de marzo, de extradición pasiva.

233 Sobre las medidas protectoras de las víctimas de violencia de género v. la LO 1/2004. En particular, sobre la orden de protección de la víctima y medidas de alejamiento del agresor, v. la Ley 27/2003, de 31 de julio, que regula la orden de protección de las víctimas de la violencia doméstica y el art. 62 LO 1/2004. También ha de ser mencionada la Ley 23/2014, en la que se regula la orden europea de protección (en particular arts. 130 ss.). Para el caso de que el matrimonio forzado se pretenda cometer en el extranjero, si la víctima logra huir y llega a España, al tratarse de una forma de violencia de género, será una causa para el reconocimiento de la condición de refugiada [v. el art. 3 Ley 12/2009, de 30 de octubre, reguladora del derecho de asilo y de la protección subsidiaria. Con anterioridad a esta Ley, se ha reconocido el derecho de asilo en la STS, Sala tercera, núm. 3155/2006, 11-5-2009 *(Tol 1956815)*, atendiendo al criterio de que la situación de desprotección y marginación social, política y jurídica de las mujeres

madas en el Convenio del Consejo de Europa, así como una de las medidas incluidas en la Proposición no de Ley aprobada por el Congreso de los Diputados en 2011.

Entre las penas aplicables al condenado por un delito de violencia de género o violencia doméstica o similar merece mención especial la previsión contenida en el art. 57 CP en relación con las penas accesorias que pueden resultar impuestas al autor de uno de estos delitos[234], con carácter facultativo las de privación de residir en determinados lugares o de acudir a ellos o la prohibición de comunicarse con la víctima, imperativamente la de prohibición de aproximarse a la víctima[235].

---

en su país de origen, que vulnere de forma evidente y grave sus derechos humanos, es causa de asilo, citando otras sentencias en las que se ha hecho aplicación de esta línea argumental]. Sobre el reconocimiento de la condición de refugiada de la víctima del matrimonio forzado, ELVIRA BENAYAS, en: *AEDIPr X* (2010), 710 s. y n. 11.

234 En puridad, en el art. 57 CP se hace una enumeración de delitos que comportan la posible imposición de determinadas penas accesorias, enumeración que abarca a la mayoría de los delitos tipificados en los Títulos I a XIII del Libro II CP; en el párrafo segundo de este precepto se establece la aplicación automática de una de las penas accesorias cuando la víctima de uno de estos delitos (incluidos los que, según su estructura típica, son propiamente los delitos de violencia de género y violencia doméstica o similar) sea una de las personas mencionadas en el delito de maltrato habitual tipificado en el art. 173.2 CP, precepto que, como se ha indicado con anterioridad, no ha sido modificado por la LO 1/2004, lo que significa que no se ha incluido un tipo específico de maltrato habitual de género. Esto significa que en el art. 57.2 CP se hace una enumeración de víctimas que se corresponde propiamente con el concepto de violencia doméstica o similar empleado en el propio CP, no con el de violencia de género que se deduce de este texto punitivo. Para hacer extensiva la aplicación del régimen de las penas accesorias del art. 57.2 CP a los delitos de violencia de género específicamente tipificados en el CP hay que recurrir a los conceptos utilizados en dicho precepto: cónyuge, ex-cónyuge, persona que está o ha estado ligada por análoga relación de afectividad.

235 Esta regulación relativa a la imposición automática de la pena de prohibición de aproximarse a la víctima ha sido objeto de dura crítica por la doctrina, en concreto cuando se impone automáticamente al condenado por violencia de género, con argumentos que van desde la posible vulneración de principios básicos del ordenamiento jurídico hasta los referidos a que su apreciación automática puede responder a planteamientos totalmente contrarios a la perspectiva de género. V., para más detalles, entre otros, COMAS D'ARGEMIR I CENDRA/QUERALT JIMÉNEZ, en: *H-Rodríguez Mourullo* 2005, 1226 s.; LARRAURI PIJOAN, en: *Cuadernos Penales José María Lidón 2* (2005), 157 ss.; 176 s.; en: *CDJ* 2007-IX, 13 s., 24; *Criminología crítica*, 2007, 96, 102 s.; en: LAURENZO/MAQUEDA/RUBIO (coords.), *Género*, 2008, 312 ss., 322; MAQUEDA ABREU, en: *RECPC 08-02* (2006), 9 s.; en: *RP 18* (2006), 185 ss.; en: LAURENZO/MAQUEDA/RUBIO (coords.), *Género*, 2008, 390 ss.; LAURENZO COPELLO, en: *CDJ 2007*-IX, 47 ss.; (= en: *EP-Gimbernat II*, 2008, 2102 ss.); en: LAURENZO/MAQUEDA/RUBIO (coords.), *Género*, 2008, 340 ss.; en: *LH-Landrove Díaz* 2011, 623 s., 625 s.; BENÍTEZ JIMÉNEZ, en: VILLACAMPA ESTIARTE

También merece mención especial la posibilidad de que se aplique la pena de inhabilitación para el ejercicio de la patria potestad, tutela, curatela, guarda o acogimiento, pena principal prevista en la mayoría de los delitos de violencia doméstica y de género, o pena accesoria que puede ser impuesta a través del art. 56 CP en el resto de delitos (para el caso de que se condene por delito de lesiones del art. 148 CP o por delito de acoso del art. 172 ter.2 CP; no puede imponerse en delitos leves de amenazas, coacciones, injurias y vejaciones leves de los arts. 171.7, 172.3 y 173.4 CP)[236], previsión que puede tener relevancia en la prevención del matrimonio forzado, ya que es frecuente que la víctima de esta práctica sea un menor de edad (afectando con mayor frecuencia a víctimas de sexo femenino) y el autor en muchas ocasiones es uno o los dos progenitores de la víctima.

En la explicación que sigue se va a adoptar como criterio clasificatorio de las infracciones penales el de la propia regulación positiva sobre los delitos de violencia de género y violencia doméstica o similar, y se tratará

(coord.), *Violencia de género*, 2008, 209 s., 212; FARALDO CABANA, en: *EP-Díaz Pita* 2008, 743, 748, 750 s., 754; en: PUENTE ABA (dir.)/RAMOS VÁZQUEZ/SOUTO GARCÍA (coords.), *Violencia de género*, 2010, 182 s., 199 ss.; TORRES ROSELL, en: VILLACAMPA ESTIARTE (coord.), *Violencia de género*, 2008, 243 s.; ABEL SOUTO, en: *E-Vives Antón I*, 2009, 81 s.; ACALE SÁNCHEZ, en: DE HOYOS SANCHO (dir.), *Violencia de género*, 2009, 78 ss.; GARCÍA ARÁN, en: *E-Vives Antón I*, 2009, 669; LÓPEZ PEREGRÍN, en: NÚÑEZ CASTAÑO (dir.), *Violencia de género*, 2009, 269 ss.; QUINTERO OLIVARES, en: *EPC XXIX* (2009), 442, quien admite que puede resultar excesivo imponer la pena sin ni siquiera oír a la víctima; GORJÓN BARRANCO, en: FARALDO CABANA (dir.)/IGLESIAS SKULJ (coord.), *Género y sistema penal*, 2010, 150 ss.; *Tipificación del género*, 2013, 115, 118, 232, 280, 286, 351 ss.; OLAIZOLA NOGALES, en: *EPC XXX* (2010), 306 ss.; SUBIJANA ZUNZUNEGUI, en: *RECPC 12-05* (2010), 13 s.; CORCOY BIDASOLO, en: CORCOY BIDASOLO (dir.)/VERA SÁNCHEZ (coord.), *PE I*, 2015, 224 s.; GISBERT GRIFO/MARTÍNEZ GARCÍA, *Género y violencia*, 2015, 87. También desde la perspectiva de los delitos de violencia doméstica esta previsión penológica es objeto de crítica. V., en este sentido, DÍAZ Y GARCÍA CONLLEDO, en: *LH-Mir Puig* 2010, 491 y n. 16, n. 17 p. 495; en: *H-Schünemann I*, 2014, 210, desde la perspectiva de la víctima menor de edad y los efectos perjudiciales para el propio menor que pueden derivarse de la aplicación automática de esta pena.

236 Los criterios para la imposición de esta pena, como principal o como accesoria, no son coincidentes: para la imposición como pena principal, los arts. 153, 171.4 y 5, 172.2 y 173.2 CP establecen como criterio a valorar por el juez que se estime adecuado al interés del menor o, desde la reforma de 2015, de la persona con discapacidad necesitada de especial protección (antes de la reforma de 2015 el concepto utilizado era en interés del incapaz); como pena accesoria, el art. 56.1.3º CP prevé como criterio que el derecho tenga relación directa con el delito cometido (y tal vinculación se ha de determinar de manera expresa en la sentencia).

de aclarar de qué manera estas figuras delictivas pueden ser utilizadas en la prevención de los matrimonios forzados.

El recurso a la propia regulación positiva lleva a mencionar dentro de los delitos de violencia de género a los delitos de violencia cometidos sobre persona especialmente vulnerable que conviva con el autor, equiparados en tratamiento penológico a los primeros, si bien el fundamento de la tipificación ha de ser necesariamente diferente en uno y otro grupo[237].

---

237 El fundamento de la tipificación de los específicos delitos de violencia de género, a falta de mención expresa en los tipos penales, ha de buscarse en la definición de violencia de género formulada en el art. 1 LO 1/2004. Para más detalles sobre este fundamento, entre otros, ASÚA BATARRITA, en: *Cuadernos Penales José María Lidón 1* (2004), 203, 206, 218; ORTUBAY FUENTES, en: *Cuadernos Penales José María Lidón 1* (2004), 236, 244, 247; AÑÓN ROIG/MESTRE I MESTRE, en: BOIX REIG/MARTÍNEZ GARCÍA (coords.), *Violencia de género*, 2005, 36, 40 ss., 48 ss., 56; ARÁNGUEZ SÁNCHEZ, en: *EP-Cobo del Rosal* 2005, 14 s.; COMAS D'ARGEMIR I CENDRA/QUERALT JIMÉNEZ, en: *H-Rodríguez Mourullo* 2005, 1185 s., 1190 ss.; COMAS D'ARGEMIR I CENDRA, en: BOLDOVA PASAMAR/RUEDA MARTÍN (coords.), *Violencia doméstica y de género*, 2006, 35 s.; LAURENZO COPELLO, en: *Cuadernos Penales José María Lidón 2* (2005), 93 s., 95, 108, 111, 112 s.; en: *RECPC 07-08* (2005), 4 s.; en: *CDJ* 2007-IX, 39 s., 52 ss., 58 s., 62 (= en: *EP-Gimbernat II*, 2008, 2097, 2105 ss., 2110, 2112 s.); en: LAURENZO/MAQUEDA/RUBIO (coords), *Género*, 2008, 334, 344 ss.; en: LAURENZO COPELLO (coord.), *Violencia de género*, 2010, 18 ss., 23, 25, 26; en: *LH-Landrove Díaz* 2011, 610 s., 613 ss., 616 ss.; MONTALBÁN HUERTAS, en: *CDJ* 2005-XXII, 33 ss., 64 ss.; QUERALT JIMÉNEZ, en: *CDJ* 2005-XXII, 153 ss.; ALASTUEY DOBÓN, en: BOLDOVA PASAMAR/RUEDA MARTÍN (coords.), *Violencia doméstica y de género*, 2006, 67; BOLDOVA PASAMAR/RUEDA MARTÍN, en: BOLDOVA PASAMAR/RUEDA MARTÍN (coords.), *Violencia doméstica y de género*, 2006, 17 s., 29 s., 32 s.; FARALDO CABANA, en: *RP 17* (2006), 84, 86, 90; en: *EP-Díaz Pita* 2008, 739 n. 8, 742; en: *E-Vives Antón I*, 2009, 570 n. 6; en: PUENTE ABA (dir.)/RAMOS VÁZQUEZ/SOUTO GARCÍA (coords.), *Violencia de género*, 2010, 154 s. y n. 7; MAQUEDA ABREU, en: *RP 18* (2006), 177; en: *RECPC 08-02* (2006), 2, 6; LARRAURI PIJOAN, *Criminología crítica*, 2007, *passim;* en: *Indret* 1/2009, 10 ss.; VILLACAMPA ESTIARTE, en: *RECPC 09-12* (2007), 4 s., 14, 17 s.; en: VILLACAMPA ESTIARTE (coord.), *Violencia de género*, 2008, 32 s.; ALONSO DE ESCAMILLA/LAMARCA PÉREZ, en: *EP-Gimbernat II*, 2008, 1762 ss.; ARROYO ZAPATERO, en: *EP-Díaz Pita* 2008, 726 s.; BODELÓN, en: LAURENZO/MAQUEDA/RUBIO (coords.), *Género*, 2008, 277 ss.; en: BODELÓN, *Violencia de género*, 2012, 16 ss.; PÉREZ MACHÍO, en: PUENTE ABA (dir.)/ZAPICO BARBEITO/RODRÍGUEZ MORO (coords.), *Criminalidad organizada, terrorismo e inmigración*, 2008, 294 ss., 298 ss., 302 ss., 333, señalando que el factor de género no es la única causa explicativa de la violencia que sufren las mujeres, hay otros factores de riesgo como la diversidad cultural y religiosa y la situación administrativa de las mujeres; en: *EPC XXX* (2010), 326; RAMÓN RIBAS, *Violencia de género y violencia doméstica*, 2008, 96, 108 ss., 113, 126, 129 s., 145; en: RAMÓN RIBAS/ARROM LOSCOS/NADAL GÓMEZ, *Violencia de género*, 2009, 16 s., 24 s.; en: PUENTE ABA (dir.)/RAMOS VÁZQUEZ/SOUTO GARCÍA (coords.), *Violencia de género*, 2010, 47, 48, 52; CASTELLÓ NI-

Sin entrar en la valoración de si la regulación es o no la más acertada, tanto desde el planteamiento político criminal como desde el punto de vista de técnica jurídica[238], las figuras delictivas englobadas en los denomi-

---

CÁS, en: JIMÉNEZ DÍAZ (coord.), *Ley integral*, 2009, 63 s.; COLÁS TURÉGANO, en: *E-Vives Antón I*, 2009, 383 s.; CRUZ BLANCA, en: JIMÉNEZ DÍAZ (coord.), *Ley integral*, 2009, 275, 287, 290 s.; DOMÍNGUEZ IZQUIERDO, en: JIMÉNEZ DÍAZ (coord.), *Ley integral*, 2009, 301 s., 313; GARCÍA ARÁN, en: *E-Vives Antón I*, 2009, 659; MORILLAS CUEVA, en: JIMÉNEZ DÍAZ (coord.), *Ley integral*, 2009, 32 s.; OLAIZOLA NOGALES, en: *EPC XXX* (2010), 305; RUBIO, en: LAURENZO COPELLO (coord.), *Violencia de género*, 2010, 141 ss.; RUEDA MARTÍN, *Violencia sobre la mujer*, 2012, 25 s., 51 s., 57 s., 60; GORJÓN BARRANCO, *Tipificación del género*, 2013, 39 s., 44 s. (diferenciando entre violencia de género y violencia contra la mujer), 72, 75, 76, 79, 257, 324; GISBERT GRIFO/MARTÍNEZ GARCÍA, *Género y violencia*, 2015, *passim*, y especialmente21 ss.

238 Más aún, con la tipificación penal de los delitos de violencia de género se ha generado una amplia polémica doctrinal en torno a la posible vulneración de principios como el de igualdad, dignidad, culpabilidad, responsabilidad por el hecho, responsabilidad personal, proporcionalidad, presunción de inocencia. V., sobre esta discusión, entre otros, BOIX REIG, en: BOIX REIG/MARTÍNEZ GARCÍA (coords.), *Violencia de género*, 2005, 21 s., 23 ss.; CASTELLÓ NICÁS, en: *EP-Cobo del Rosal* 2005, 214; GONZÁLEZ RUS, en: *EP-Cobo del Rosal* 2005, 495 ss., 498; RIDAURA MARTÍNEZ, en: BOIX REIG/MARTÍNEZ GARCÍA (coords.), *Violencia de género*, 2005, 103 ss.; DEL ROSAL BLASCO, en: *EP-Cobo del Rosal* 2005, 348 s.; MENDOZA CALDERÓN, en: BOLDOVA PASAMAR/RUEDA MARTÍN (coords.), *Violencia doméstica y de género*, 2006, 158 ss.; en: NÚÑEZ CASTAÑO (dir.), *Violencia de género*, 2009, 135 ss., 150 ss., 153 ss.; BOLEA BARDON, en: *RECPC 09-02* (2007), 23, 24 s.; MONGE FERNÁNDEZ, en: BOLDOVA PASAMAR/RUEDA MARTÍN (coords.), *Violencia doméstica y de género*, 2006, 104 s.; POLAINO NAVARRETE, en: LADRÓN DE GUEVARA (coord.), *Violencia de género*, 2007, 41 ss., 49, 58 ss., 62 s.; ACALE SÁNCHEZ, en: VILLACAMPA ESTIARTE (coord.), *Violencia de género*, 2008, 111, 115 ss., 118 ss., 126 ss.; en: FARALDO CABANA (dir.)/IGLESIAS SKULJ (coord.), *Género y sistema penal*, 2010, 14 ss., 18 ss., 24 ss., 27 ss.; en: PUENTE ABA (dir.)/RAMOS VÁZQUEZ/SOUTO GARCÍA (coords.), *Violencia de género*, 2010, 69, 83 ss., 88 ss., 97 ss., 108 ss., 112, 114 s.; DE LA CUESTA ARZAMENDI, en: *EP-Gimbernat I*, 2008, 208, matizando las objeciones dependiendo del tipo penal objeto de valoración; ABEL SOUTO, en: *E-Vives Antón I*, 2009, 86 s.; COLÁS TURÉGANO, en: *E-Vives Antón I*, 2009, 383 s.; GALÁN MUÑOZ, en: NÚÑEZ CASTAÑO (dir.), *Violencia de género*, 2009, 69, 77 ss., 88 s.; GARCÍA ÁLVAREZ, en: NÚÑEZ CASTAÑO (dir.), *Violencia de género*, 2009, 46 ss.; en: *RP 34* (2014), 90 ss., 97, 98; GÓMEZ RIVERO, en: *E-Vives Antón I*, 2009, 774 ss., 788 s.; en: NÚÑEZ CASTAÑO (dir.), *Violencia de género*, 2009, 94 s., 107 ss., 110, 112 s.; MANJÓN-CABEZA OLMEDA, en: GARCÍA-PABLOS DE MOLINA (ed.), *Víctima*, 2009, 48 y n. 10, 49 s. y n. 11, 51 ss., 55, 59 ss., 62, 73 s.; MATA Y MARTÍN, en: DE HOYOS SANCHO (dir.), *Violencia de género*, 2009, 115, 119 s.; SAINZ-CANTERO CAPARRÓS, en: PÉREZ VALLEJO (coord.), *Igualdad efectiva*, 2009, 227, 235 ss.; SANZ MORÁN, en: DE HOYOS SANCHO (dir.), *Violencia de género*, 2009, 63; en: *E-Bustos Ramírez* 2011, 464; SIERRA LÓPEZ, en: NÚÑEZ CASTAÑO (dir.), *Violencia de género*, 2009, 220 s.; SUBIJANA ZUNZUNEGUI, en: *RECPC 12-05* (2010), 9

nados comúnmente delitos de violencia de género y violencia doméstica o similar pueden resultar aplicables en la prevención del matrimonio forzado: desde el primer grupo de delitos[239], el delito de lesiones del art. 148.4 y

ss.; ARMENDÁRIZ LEÓN/MIRAT HERNÁNDEZ, en: YZQUIERDO TOLSADA/CUENA CASAS (dirs.), *Tratado Derecho de la Familia VI*, 2011, 1195 ss., 1202 ss. A favor de la constitucionalidad de la regulación, entre otros, COMAS D'ARGEMIR I CENDRA/QUERALT JIMÉNEZ, en: *H-Rodríguez Mourullo* 2005, 1190, 1192 ss., 1206 ss., 1210; COMAS D'ARGEMIR I CENDRA, en: BOLDOVA PASAMAR/RUEDA MARTÍN (coords.), *Violencia doméstica y de género*, 2006, 40 s.; LAURENZO COPELLO, en: *Cuadernos Penales José María Lidón 2* (2005), 103 ss., 108 s., 111 ss.; en: *RECPC 07-08* (2005), 11 ss., 17 ss., 19 s., 21; en: *CDJ* 2007-IX, 58 ss. (= en: *EP-Gimbernat II*, 2008, 2110 ss.); en: LAURENZO COPELLO (coord.), *Violencia de género*, 2010, 23 ss., 26 ss. (criticando además la argumentación de la STC 59/2008, de 14 de mayo); en: *LH-Landrove Díaz* 2011, 612 s., 616 ss.; QUERALT JIMÉNEZ, en: *CDJ* 2005-XXII, 146 ss., 148 ss., 154; BOLDOVA PASAMAR/RUEDA MARTÍN, en: BOLDOVA PASAMAR/RUEDA MARTÍN (coords.), *Violencia doméstica y de género*, 2006, 29 ss., desde una determinada interpretación de los tipos penales que permita encontrar una mayor gravedad del injusto y de la culpabilidad del autor (ejercicio de la posición dominante en la relación de pareja basada en una actitud discriminatoria); MAQUEDA ABREU, en: *RP 18* (2006), 178 ss.; LARRAURI PIJOAN, *Criminología crítica*, 2007, 118 ss., 127 ss., 131 ss.; en: *CDJ* 2007-IX, 25 s.; en: LAURENZO/MAQUEDA/RUBIO (coords.), *Género*, 2008, 323 s.; en: *Indret* 1/2009, 10 ss.; VILLACAMPA ESTIARTE, en: *RECPC 09-12* (2007), 12 ss., 15 ss., 17 s.; en: VILLACAMPA ESTIARTE (coord.), *Violencia de género*, 2008, 80 s. y n. 118; ALONSO DE ESCAMILLA/LAMARCA PÉREZ, en: *EP-Gimbernat II*, 2008, 1763 ss.; ARROYO ZAPATERO, en: *EP-Díaz Pita* 2008, 733, 734 s.; CRUZ BLANCA, en: JIMÉNEZ DÍAZ (coord.), *Ley integral*, 2009, 287, 290 ss.; DOMÍNGUEZ IZQUIERDO, en: JIMÉNEZ DÍAZ (coord.), *Ley integral*, 2009, 309 s., 312 s., 315; GARCÍA ARÁN, en: *E-Vives Antón I*, 2009, 656 s.; LÓPEZ PEREGRÍN, en: NÚÑEZ CASTAÑO (dir.), *Violencia de género*, 2009, 252; MUÑOZ CONDE, en: NÚÑEZ CASTAÑO (dir.), *Violencia de género*, 2009, 20; MORILLAS CUEVA, en: JIMÉNEZ DÍAZ (coord.), *Ley integral*, 2009, 33 s.; OLMEDO CARDENETE, en: JIMÉNEZ DÍAZ (coord.), *Ley integral*, 2009, 348 s., 374; PÉREZ FERRER, en: JIMÉNEZ DÍAZ (coord.), *Ley integral*, 2009, 381, 387, 391 s.; en: PÉREZ VALLEJO (coord.), *Igualdad efectiva*, 2009, 250; GÓMEZ MARTÍN, en: MIR PUIG/QUERALT JIMÉNEZ (dirs.)/FERNÁNDEZ BAUTISTA (coord.), *Constitución y principios del DP*, 2010, 273 ss.; PÉREZ MACHÍO, en: *EPC XXX* (2010), 323 ss., 331 ss., 336, 348 ss.; RUEDA MARTÍN, *Violencia sobre la mujer*, 2012, 80 ss., 89, 105 ss., 111 ss., 164; GORJÓN BARRANCO, *Tipificación del género*, 2013, 260 ss., 264 ss., 268 ss., 272, 275, 315 ss., 320, 364.

239 Antes de la reforma aprobada por la LO 1/2015, los delitos de violencia de género específicamente regulados eran: el delito de lesiones del art. 148.4 (y 5), el delito de maltrato del art. 153.1, el delito de maltrato habitual del art. 173.2, el delito de amenazas del art. 171.4 y el delito de coacciones del art. 172.2. Las injurias y vejaciones injustas, de no ser subsumidas en estos tipos penales, no recibían un tratamiento diferenciador, por tanto había que recurrir a los genéricos delitos de injurias y a las faltas de injurias y vejaciones leves (arts. 208 ss. y 620 CP, este último precepto anterior a la reforma de 2015).

5, el delito de maltrato del art. 153.1, el delito de maltrato habitual del art. 173.2 (aunque no haya regulación específica de la violencia de género), el delito de amenazas del art. 171.4, el delito de coacciones del art. 172.2 y, desde la reforma de la LO 1/2015, el delito de acoso del art. 172 ter.2 (en particular, en la modalidad de atentar contra la libertad de la víctima) y los delitos leves de injurias y vejaciones injustas del art. 173.4; desde el segundo grupo de delitos[240], el delito de maltrato del art. 153.2, el delito de maltrato habitual del art. 173.2, el delito de amenazas con armas del art. 171.5 y, desde la reforma de la LO 1/2015, el delito de acoso del art. 172 ter.2 y los delitos leves de amenazas, coacciones, injurias y vejaciones injustas de los arts. 171.7, 172.3 y 173.4[241].

---

240 Antes de la reforma aprobada por la LO 1/2015, los delitos de violencia doméstica y similar específicamente regulados eran: el delito de maltrato del art. 153.2, el delito de maltrato habitual del art. 173.2 y el delito de amenazas leves con armas del art. 171.5. Para las amenazas leves (sin armas), coacciones leves, injurias leves y vejaciones injustas leves se aplicaba el antiguo art. 620.2.º párrafo segundo CP anterior a la reforma de la LO 1/2015.

241 Como se ha indicado anteriormente, se ha recurrido a la regulación positiva para la enumeración de las figuras delictivas englobadas en los delitos de violencia de género y violencia doméstica o similar, pues es en estos preceptos penales donde se describen de manera expresa los comportamientos violentos que han recibido un tratamiento penal específico. De manera muy especial, desde la perspectiva de los delitos de violencia de género, las figuras delictivas que han regulado particularmente este fenómeno no abarcan todos los comportamientos violentos en los que la víctima es una mujer (al margen de la delimitación realizada también desde la perspectiva del sujeto pasivo), ni siquiera se ha trasladado esta perspectiva al delito de maltrato habitual del art. 173.2 CP, o en la reforma de la LO 1/2015, al delito de acoso del art. 172 ter.2 o a las injurias y vejaciones leves del art. 173.4 CP, faltando la coordinación necesaria entre la definición de la violencia de género prevista en el art. 1 LO 1/2004 y la regulación penal. Así se ha destacado de manera crítica por la doctrina, entre otros, por ARANGUEZ SÁNCHEZ, en: *EP-Cobo del Rosal* 2005, 14; BOIX REIG, en: BOIX REIG/MARTÍNEZ GARCÍA (coords.), *Violencia de género*, 2005, 22, 25; CASTELLÓ NICAS, en: *EP-Cobo del Rosal* 2005, 212 s.; en: JIMÉNEZ DÍAZ (coord.), *Ley integral*, 2009, 67 ss.; GONZÁLEZ RUS, en: *EP-Cobo del Rosal* 2005, 500 s.; MORILLAS CUEVA, en: *EP-Cobo del Rosal* 2005, 650; en: JIMÉNEZ DÍAZ (coord.), *Ley integral*, 2009, 36; DEL ROSAL BLASCO, en: *EP-Cobo del Rosal* 2005, 348; BOLDOVA PASAMAR/RUEDA MARTÍN, en: BOLDOVA PASAMAR/RUEDA MARTÍN (coords.), *Violencia doméstica y de género*, 2006, 25; LARRAURI, *Criminología crítica*, 2007, 98 ss.; ACALE SÁNCHEZ, en: VILLACAMPA ESTIARTE (coord.), *Violencia de género*, 2008, 132 ss., 138 s.; en: PUENTE ABA (dir.)/RAMOS VÁZQUEZ/SOUTO GARCÍA (coords.), *Violencia de género*, 2010, 77 ss., 84 s.; ALONSO ÁLAMO, en: *CPC* 95 (2008), 28, 32 s.; DOMÍNGUEZ IZQUIERDO, en: JIMÉNEZ DÍAZ (coord.), *Ley integral*, 2009, 306 y n. 36; GARCÍA ÁLVAREZ, en: NÚÑEZ CASTAÑO (dir.), *Violencia de género*, 2010, 42 s.; GARCÍA ARÁN, en: *E-Vives Antón I*, 2009, 666 s.; LÓPEZ PEREGRÍN, en: NÚÑEZ CASTAÑO (dir.), *Violencia de género*, 2009, 232 s., 237 s.; NÚÑEZ CASTAÑO, en: NÚÑEZ CASTAÑO (dir.), *Violencia de género*,

2009, 164; MANJÓN-CABEZA OLMEDA, en: GARCÍA-PABLOS DE MOLINA (ed.), *Víctima*, 2009, 46 s.; SANZ MORÁN, en: DE HOYOS SANCHO (dir.), *Violencia de género*, 2009, 61 s.; en: *E-Bustos Ramírez* 2011, 462 s.; TORRES FERNÁNDEZ, en: RODRÍGUEZ LÓPEZ/R-BRAVO BOSCH (eds.), *Experiencias jurídicas e identidades femeninas*, 2011, 634; GORJÓN BARRANCO, *Tipificación del género*, 2013, 69 s., 77, 227 s., 349, 366; GISBERT GRIFO/MARTÍNEZ GARCÍA, *Género y violencia*, 2015, 86. Ahora bien, la enumeración de los delitos de violencia de género puede ser más amplia, tal como proponen, entre otros, RUEDA MARTÍN, en: BOLDOVA PASAMAR/RUEDA MARTÍN, *Violencia doméstica y de género*, 2006, 285 s.; *Violencia sobre la mujer*, 2012, 49, 86 s., 88, 96 s., quien relaciona las modalidades delictivas partiendo de la definición de los comportamientos de violencia de género en el art. 1 LO 1/2004. Esta autora recurre a las agravantes genéricas del art. 22.2ª y 4ª CP para valorar el *plus* de gravedad del factor de género cuando el sujeto comete un delito en el que tal perspectiva no se ha valorado previamente (y propone esta solución antes de que se reforme el art. 22.4ª CP por la LO 1/2015, ante de que se incluya expresamente en la agravante la discriminación por razón de género); RAMÓN RIBAS, *Violencia de género y violencia doméstica*, 2008, 96 s., 108 ss., 119, 139; en: RAMÓN RIBAS/ARROM LOSCOS/NADAL GÓMEZ, *Violencia de género*, 2009, 17 s., 19, 22 s., 30; en: PUENTE ABA (dir.)/RAMOS VÁZQUEZ/SOUTO GARCÍA (coords.), *Violencia de género*, 2010, 46, 47 ss., 50 s., quien reconoce que la perspectiva de género afecta a todos los delitos violentos si concurren los requisitos de la definición formulada en el art. 1 LO 1/2004, en concreto, que entre el autor—hombre y la víctima—mujer exista o haya existido una relación de pareja y que el comportamiento violento sea manifestación de la discriminación, la situación de desigualdad y relaciones de poder de los hombres sobre las mujeres. Por tanto, para este autor los arts. 148.4, 153.1, 171.4 y 172.2 CP constituyen la relación de delitos de género propia; los restantes delitos violentos lo son potencialmente si la violencia se ejerce concurriendo los requisitos del art. 1 LO 1/2004. Ahora bien, lo que no queda suficientemente explicado es de qué manera se valora el adicional desvalor de acción y de resultado que supone la perspectiva de género en aquellos tipos penales en los que no se ha previsto expresamente esta circunstancia en su descripción típica, adicional desvalor que para este autor se traduce en un atentado a la integridad moral de la mujer: ¿se tendrá que recurrir a alguna circunstancia agravante de los arts. 22 y 23 CP?, O, como para este autor la violencia de género supone un atentado a la integridad moral de la mujer, ¿se tendrá que recurrir a las reglas concursales? De la exposición realizada por RAMÓN RIBAS parece que la perspectiva de género estaría incluida en el marco penal previsto para los "genéricos" delitos violentos (al menos en los delitos de homicidio y lesiones graves). Sí aclara este autor una consecuencia de la conversión de todos los delitos violentos en potenciales delitos de violencia de género: la aplicación de las consecuencias penales (en particular, el régimen de sustitutivos penales), civiles, procesales, etc., previstas para los delitos de violencia de género. En términos parecidos ROIG TORRES, en: *RDPP 15* (2006), 118 ss., 121, 123; en: *EPC XXXII* (2012), 257 s., 267 s., reconociendo que los delitos que pueden calificarse de violencia de género se deducen del concepto de violencia de género del art. 1 LO 1/2004, por tanto, son todos los delitos tipificados en los títulos I a VIII, excepto el título V, del CP, añadiendo que así se ha calificado además por una línea jurisprudencial. Reconoce esta autora, sin embargo, que este concepto amplio de delitos relacionados con la violencia de género conlleva consecuencias penológicas desatinadas, pues, por ejemplo, el homicidio conserva su pena originaria, sin que su calificación como de violencia de género implique una consecuencia penológica adicional, más allá de la agravante de parentesco, y esto supone además que el fundamento de la agravación no se basa en la discriminación. Concluye la autora afirmando que resulta anómalo que precisamente las conductas que encarnan las manifestaciones más atroces de la violencia de género hayan escapado a la política de endurecimiento penal adoptada por el legislador con la LO 1/2004 (pp. 269 s.). Ante esta falta de coordinación entre la descripción de las conductas de violencia en el art. 1 LO 1/2004 y la tipificación específica de los delitos de violencia de género, y porque por otro lado tal tipificación tampoco era necesaria, algunos autores han propuesto la creación de la agravante de machismo o de género, que hubiera evitado tal tipificación específica y, por otro lado, que puede ser aplicable a los tipos penales "genéricos". Defienden la introducción de esta agravante en el CP, entre otros, COMAS D'ARGEMIR I CENDRA/QUERALT JIMÉNEZ, en: *H-Rodríguez Mourullo* 2005, 1204 n. 46, 1209, 1220; COMAS D'ARGEMIR I CENDRA, en: BOLDOVA PASAMAR/RUEDA MARTÍN (coords.), *Violencia doméstica y de género*, 2006, 50; CUELLO CONTRERAS/CARDENAL MURILLO, en: *EP-Cobo del Rosal* 2005, 257; QUERALT JIMÉNEZ, en: *CDJ* 2005-XXII, 244 s., 169; ALASTUEY DOBÓN, en: BOLDOVA PASAMAR/RUEDA MARTÍN (coords.), *Violencia doméstica y de género*, 2006, 67 s.; BOLEA BARDON, en: *RECPC 09-02* (2007), 23; VILLACAMPA ESTIARTE, en: *RECPC 09-12* (2007), 19; COLÁS TURÉGANO, en: *E-Vives Antón I*, 2009, 385 s., 387; ACALE SÁNCHEZ, en: VILLACAMPA ESTIARTE (coord.), *Violencia de género*, 2008, 157 s.; en: FARALDO CABANA (dir.)/IGLESIAS SKULJ (coord.), *Género y sistema penal*, 2010, 13, 25; CASTELLÓ NICÁS, en: JIMÉNEZ DÍAZ (coord.), *Ley integral*, 2009, 61 s., desde la tesis, acertada para ella, de que la violencia de género se refiere solo a la mujer víctima en sus relaciones de pareja, propone la creación de la agravante de machismo que se aplique en otras situaciones; MANJÓN-CABEZA OLMEDA, en: GARCÍA-PABLOS DE MOLINA (ed.), *Víctima*, 2009, 63, quien no descarta crear una agravante específica (aplicable a determinados delitos) y muy cualificada. El contenido podría coincidir con el descrito en el art. 1.1 LO 1/2004; ROIG TORRES, en: *EPC XXXII* (2012), 270, 312, quien plantea varias alternativas: incluir en el CP una definición de violencia de género o crear una agravante (aunque esta última tesis con reservas, pues si se aplica a delitos como el homicidio o asesinato se elevaría aún más su pena). La reclamación de parte de la doctrina a favor de la inclusión expresa de la agravante por razón de género ha sido acogida en la LO 1/2015, al introducir este factor discriminatorio en varios preceptos (no todos), en particular, en la agravante genérica del art. 22.4ª CP. Pero, como se ha señalado, no se ha incluido este factor discriminatorio en todos los delitos de discriminación previstos en el CP, ni siquiera en los que se han modificado particularmente en esta reforma de 2015: por ejemplo, no se incluye en el delito de discriminación laboral del art. 314 (delito que no se ha visto afectado por la reforma, aunque sí se han modificado o introducido otros delitos laborales), tampoco se ha incluido este factor discriminatorio en el art. 515.4º CP, y este delito sí se ha modificado en la LO 1/2015. Y llama aún más la atención la falta de referencia al factor de género en este delito de asociación ilícita si se compara con otro delito reformado en esta LO con el que tiene gran similitud, el tipificado en el art. 510.1 consistente en promover, fomentar o incitar directa o indirectamente al odio, hostilidad, discriminación o violencia, pues en este precepto sí se ha incluido el factor de género.

Las conductas que se castigan a través de estos delitos son las siguientes: en el primer grupo de delitos, a partir de la reforma de 2015, como consecuencia de la modificación del delito de lesiones tipificado en el art. 147 CP, se pasa a tipificar en el art. 153.1 CP las conductas de causar un menoscabo psíquico o una lesión de menor gravedad del art. 147.2, es decir, una lesión que menoscabe la integridad corporal o la salud física o mental, si la lesión no requiere objetivamente para su sanidad tratamiento médico, y el golpe o el maltrato de obra sin llegar a causar lesión; la amenaza leve; la coacción leve; el ejercicio habitual de violencia física o psíquica; desde la reforma de 2015, la injuria y la vejación leve; acosar llevando a cabo de forma insistente y reiterada particularmente la conducta de atentar contra la libertad. En el segundo grupo de delitos, desde la reforma de 2015, las conductas de causar un menoscabo psíquico o una lesión de menor gravedad del art. 147.2, es decir, una lesión que menoscabe la integridad corporal o la salud física o mental, si la lesión no requiere objetivamente para su sanidad tratamiento médico, y el golpe o el maltrato de obra sin llegar a causar lesión; la amenaza leve con armas u otros instrumentos peligrosos; el ejercicio habitual de violencia física o psíquica; y desde la reforma de 2015, la amenaza leve, la coacción leve, la injuria y la vejación injusta leves; acosar llevando a cabo de forma insistente y reiterada particularmente la conducta de atentar contra la libertad[242].

---

[242] Para más detalles sobre la interpretación de estas conductas típicas, y también el antiguo delito de maltrato (antes de que se hayan modificado los arts. 147 y 153 CP por la reforma de 2015), destacando fundamentalmente las críticas a la opción legislativa de tipificar como violencia de género y doméstica o similar (con las consecuencias que ello conlleva) hechos leves y ocasionales, de elevar a la categoría de delitos hechos que tienen naturaleza de faltas contra las personas, crítica que, de mantenerse, ahora se tendrá que revisar desde la consideración de que se convierten en delitos menos graves hechos que tienen la naturaleza de delito leve o se convierten en delitos leves hechos que, fuera del ámbito doméstico y familiar, son atípicos penalmente —las injurias y vejaciones injustas leves— y a las consecuencias que la aparición del maltrato ocasional como delito ha generado en la persecución del maltrato habitual, v., entre otros, ASÚA BATARRITA, en: *Cuadernos Penales José María Lidón 1* (2004), 222 ss.; CORTÉS BECHIARELLI, en: *EP-Ruiz Antón* 2004, 245, 248 ss., 250 s., 252 s.; HUERTA TOCILDO, en: *EP-Ruiz Antón* 2004, 526 ss., 543; ARANGUEZ SÁNCHEZ, en: *EP-Cobo del Rosal* 2005, 23 s.; CASTELLÓ NICAS, en: *EP-Cobo del Rosal* 2005, 223 ss.; en: JIMÉNEZ DÍAZ (coord.), *Ley integral*, 2009, 73 ss.; GONZÁLEZ RUS, en: *EP-Cobo del Rosal* 2005, 489; LAURENZO COPELLO, en: *RECPC 07-08* (2005), 22 s.; en: *CDJ* 2007-IX, 42 ss., 66 (= en: *EP-Gimbernat II*, 2008, 2099 ss., 2116); en: LAURENZO/MAQUEDA/RUBIO (coords.), *Género*, 2008, 337 ss.; en: *LH-Landrove Díaz* 2011, 628 ss.; DEL ROSAL BLASCO, en: *EP-Cobo del Rosal* 2005, 338; ALASTUEY DOBÓN, en: BOLDOVA PASAMAR/RUEDA MARTÍN (coords.), *Violencia doméstica y de género*, 2006, 66; ESCUCHURI AISA, en: BOLDOVA PASAMAR/

RUEDA MARTÍN (coords.), *Violencia doméstica y de género*, 2006, 263 ss.; MENDOZA CALDERÓN, en: BOLDOVA PASAMAR/RUEDA MARTÍN (coords.), *Violencia doméstica y de género*, 2006, 134; en: NÚÑEZ CASTAÑO (dir.), *Violencia de género*, 2009, 125 s.; MUÑOZ SÁNCHEZ, en: BOLDOVA PASAMAR/RUEDA MARTÍN (coords.), *Violencia doméstica y de género*, 2006, 87 s., 90; LARRAURI, *Criminología crítica*, 2007, 87 ss.; ALONSO DE ESCAMILLA/LAMARCA PÉREZ, en: *EP-Gimbernat II*, 2008, 1765, 1769; BENÍTEZ JIMÉNEZ, en: VILLACAMPA ESTIARTE (coord.), *Violencia de género*, 2008, 174 ss., 179 ss.; DOMÍNGUEZ IZQUIERDO, en: JIMÉNEZ DÍAZ (coord.), *Ley integral*, 2009, 317, 318 s., 320; LÓPEZ PEREGRÍN, en: NÚÑEZ CASTAÑO (dir.), *Violencia de género*, 2009, 239 ss., 257 ss.; OLMEDO CARDENETE, en: JIMÉNEZ DÍAZ (coord.), *Ley integral*, 2009, 355 ss., 372; MAQUEDA ABREU, en: DE HOYOS SANCHO (coord.), *Violencia de género*, 2009, 47 ss. [= LAURENZO COPELLO (coord.), *Violencia de género*, 2010, 124 s. = PUENTE ABA (dir.)/RAMOS VÁZQUEZ/SOUTO GARCÍA (coords.), *Violencia de género*, 2010, 11 ss.]; SANZ MORÁN, en: DE HOYOS SANCHO (dir.), *Violencia de género*, 2009, 60 s.; en: *E-Bustos Ramírez* 2011, 460 s.; OLAIZOLA NOGALES, en: *EPC XXX* (2010), 292, 294 ss., 306; TORRES FERNÁNDEZ, en: RODRÍGUEZ LÓPEZ/R-BRAVO BOSCH (eds.), *Experiencias jurídicas e identidades femeninas*, 2011, 638, 640, 642; GORJÓN BARRANCO, *Tipificación del género*, 2013, 79, 147 s., 176 ss., 179 ss., 190 ss., 195 ss., 298, 349, 353 ss., 365; SOTORRA CAMPODARVE, en: RIVAS VALLEJO/BARRIOS BAUDOR (dirs.)/SERRANO FALCÓN (coord.), *Violencia de género*, 2ª, 2014, 1106 ss., 1112 ss.; BOLEA BARDON, en: CORCOY BIDASOLO (dir.)/VERA SÁNCHEZ (coord.), *PE I*, 2015, 230 ss. No comparten la crítica de que el legislador ha optado por elevar a delito simples faltas MORILLAS CUEVA, en: *RECPC 04-09* (2002), 17; ARROYO ZAPATERO, en: *EP-Díaz Pita* 2008, 727, 729, 732 s., pues en las conductas violentas además del dolo de lesionar hay voluntad de someter a la pareja. Si las lesiones, coacciones, amenazas, en relaciones interpersonales se producen en el marco del conflicto de género, en los términos que describe el síndrome de la mujer maltratada, son materialmente más graves; y RAMÓN RIBAS, en: PUENTE ABA (dir.)/RAMOS VÁZQUEZ/SOUTO GARCÍA (coords.), *Violencia de género*, 2010, 51, desde el argumento de que los tipos penales de violencia de género tienen algo más que malos tratos, lesiones, coacciones o amenazas, la violencia de género es más grave porque supone un ataque a la integridad moral. Sobre la interpretación de estos delitos tras la reforma de la LO 1/2015, en concreto respecto del delito de maltrato del art. 153, los delitos leves de amenazas y coacciones, el delito leve de injurias y vejaciones injustas leves y el delito de acoso, v., BOLEA BARDON, *Op. cit.*, 236; 240 ss.; CARPIO BRIZ, en: CORCOY BIDASOLO (dir.)/VERA SÁNCHEZ (coord.), *PE I*, 2015, 144 s.; CERVELLÓ DONDERIS/CHAVES PEDRÓN; PÉREZ RIVAS; Y BRAGE CENDÁN, los cuatro en: GONZÁLEZ CUSSAC (dir.)/GÓRRIZ ROYO/MATALLÍN EVANGELIO (coords.), *Reforma CP 2015*, 2ª, 2015, 505-520, 553-556, y 557-559 respectivamente; CORCOY BIDASOLO, en: CORCOY BIDASOLO (dir.)/VERA SÁNCHEZ (coord.), *PE I*, 2015, 218 ss.; MANZANARES SAMANIEGO, *Reforma*, 2015, 165, 171, 172, 176 s.; MUÑOZ RUIZ; CANO PAÑOS, los dos autores en MORILLAS CUEVA (dir.), *CP reformado*, 2015, 359-373 y 413-420, respectivamente; VÁZQUEZ IRUZUBIETA, *CP comentado*, 2015, 289 s., 314, 318, 322 ss. Y sobre el delito de acoso: CARPIO BRIZ, *Op. cit.*, 141 ss.; CUERDA ARNAU, en: GONZÁLEZ CUSSAC (coord.), *PE*, 4ª, 2015, 176 ss.; JAEN VALLEJO/PERRINO PÉREZ, *Reforma penal de 2015*, 2015, 79 ss.;

Como se puede constatar a la vista de lo acabado de señalar, la prevención del matrimonio forzado a través de estas figuras delictivas es muy limitado, al quedar fuera de las mismas (inicialmente, atendiendo a estos tipos penales específicos) los ataques graves a la libertad del sujeto pasivo, cuando estos consistan en amenazas y coacciones graves, es decir, amenazas y coacciones constitutivas de delito de los arts. 169, 170, 171.1 a 3 y 172.1 CP, así como también están fuera de aquellas figuras delictivas los ataques a la libertad ambulatoria constitutivos del delito de detenciones ilegales[243].

La limitación en la respuesta frente a los matrimonios forzados a través de estas modalidades delictivas no se queda aquí. Comenzando la exposición por los delitos de violencia de género, son variados los problemas

---

LAMARCA PÉREZ, en: LAMARCA PÉREZ (coord.), *PE*, 3ª, 2015, 164 s.; MANZANARES SAMANIEGO, *Op. cit.*, 174 s.; MATALLÍN EVANGELIO, en: GONZÁLEZ CUSSAC (dir.)/GÓRRIZ ROYO/MATALLÍN EVANGELIO (coords.), *Reforma CP de 2015*, 2ª, 2015, 575-590; MUÑOZ CONDE, *PE*, 20ª, 2015, 147; MUÑOZ CUESTA/RUIZ DE ERENCHUN ARTECHE, *Reforma penal de 2015*, 2015, 131 ss.; NÚÑEZ CASTAÑO, en: GÓMEZ RIVERO (dir.), *PE I*, 2ª, 2015, 178 ss.; PALMA HERRERA, en: MORILLAS CUEVA (dir.), *CP reformado*, 2015, 403-413; PÉREZ RIVAS, en: ROMA VALDÉS (dir.), *CP comentado*, 2015, 321 ss.; QUERALT JIMÉNEZ, *PE*, 7ª, 2015, 176 ss.; RAGUÉS I VALLÈS, en: SILVA SÁNCHEZ (dir.)/RAGUÉS I VALLÈS, *PE*, 4ª, 2015, 114; VÁZQUEZ IRUZUBIETA, *Op. cit.*, 319 s.; VILLACAMPA ESTIARTE, en: QUINTERO OLIVARES (dir.), *Reforma penal de 2015*, 2015, 379-397. El delito de acoso está incluido en el Convenio del Consejo de Europa sobre la prevención y lucha contra la violencia contra la mujer y la violencia doméstica, en el art. 34 (se propone la tipificación del hecho de adoptar, en varias ocasiones, un comportamiento amenazador contra otra persona que lleve a esta a temer por su seguridad), pero en el Preámbulo de la LO 1/2015 (punto XXIX) no se alude a esta posible justificación; el motivo de la introducción de este nuevo delito de acoso se enlaza con la posible impunidad de tales conductas, calificadas como graves, pero que no pueden ser abarcadas por los delitos de amenazas y coacciones.

243 HUERTA TOCILDO, en: *EP-Ruiz Antón* 2004, 527 s., en la interpretación del delito de maltrato habitual admite que la violencia psíquica puede entenderse como aquella violencia que, sin implicar contacto corporal con la víctima, suponga para ella una humillación o una sensación de envilecimiento o pérdida de la autoestima tales que afecten al libre desarrollo de sus procesos de deliberación y de toma de decisiones. Y la violencia psíquica se puede canalizar, entre otras formas, a través de impedimentos de libertad ambulatoria de la víctima, planteándose en tal caso el correspondiente problema concursal entre el delito de maltrato habitual y el delito de detenciones ilegales. Sobre la interpretación de la violencia psicológica en el delito de maltrato habitual, v., entre otros, MUÑOZ SÁNCHEZ, en: BOLDOVA PASAMAR/RUEDA MARTÍN (coords.), *Violencia doméstica y de género*, 2006, 89 s.; BENÍTEZ JIMÉNEZ, en: VILLACAMPA ESTIARTE (coord.), *Violencia de género*, 2008, 179 ss.; CASTELLÓ NICÁS, en: JIMÉNEZ DÍAZ (coord.), *Ley integral*, 2009, 73, 74, 76 s.; OLAIZOLA NOGALES, en: *EPC XXX* (2010), 285.

que pueden aparecer a la hora de intentar dar una respuesta penal frente a los hechos que nos ocupan. El primer obstáculo, y de menor incidencia en este caso, será el relativo a la propia fundamentación de estos delitos, en la medida en que habitualmente en el matrimonio forzado la víctima es una mujer, calificándose esta práctica en los textos internacionales como una de las manifestaciones de la discriminación de las mujeres y niñas[244].

---

244 La cuestión que aún no se ha resuelto es si la aplicación de los específicos delitos de violencia de género es automática, una vez se ha constatado la comisión de la conducta típica y la relación existente entre autor y víctima, o si, por el contrario, es necesario probar un elemento adicional, el que está detrás del fundamento de estas modalidades delictivas y/o si se exige o no un especial elemento subjetivo del injusto. Un sector minoritario de la doctrina que ha explicado la existencia de un *plus* de ofensividad en estos tipos delictivos acaba admitiendo la aplicación "automática" de los mismos (sin que ello suponga vulneración de principios sustantivos y procesales). V., en este sentido, entre otros, LAURENZO COPELLO, en: *RECPC 07-08* (2005), 17 ss., si bien esta autora en: LAURENZO COPELLO (coord.), *Violencia de género,* 2010, 27 n. 33, advierte que no defiende la aplicación automática de estos delitos, exigiendo que se compruebe en cada caso si concurren o no los elementos configuradores del ilícito penal. Lo que sí descarta esta autora es la exigencia de un especial elemento subjetivo del injusto como elemento necesario para la aplicación de los delitos de violencia de género, a modo como se está planteando en la jurisprudencia; en: *LH-Landrove Díaz* 2011, 615 s., 619 n. 38; MONTALBÁN HUERTAS, en: *CDJ* 2005-XXII, 69 ss.; MAQUEDA ABREU, en: *RP 18* (2006), 179, quien señala que, como en otros casos en los que la ley tutela especialmente a determinados sectores sociales (los trabajadores sin permiso, los menores, los incapaces —ahora personas con discapacidad necesitadas de especial protección—...), carece de sentido que deba probarse en cada caso la posición de vulnerabilidad de la víctima de violencia de género, concluyendo que las circunstancias a las que alude la LO 1/2004 no son más que elementos definitorios de la violencia de género, no criterios destinados a valorar un ánimo específico. Esto no significa que esta autora acepte la decisión político criminal de reservar a la mujer, por el mero hecho de ser mujer, un régimen especial de tutela (p. 180). Más tajantes GISBERT GRIFO/MARTÍNEZ GARCÍA, *Género y violencia,* 2015, 86, reclamando que en los tipos penales de violencia de género se incluya expresamente la cláusula genérica "con cualquier fin", para evitar la interpretación jurisprudencial que exige un requisito extra para la aplicación de estas figuras delictivas, la existencia de una relación de superioridad. No queda clara la tesis de FARALDO CABANA, en: *RP 17* (2006), 89 ss., pues si bien reconoce que las víctimas de los delitos de violencia de género necesitan una protección mayor, no queda claro si tal idea es predicable sin más de la concurrencia de la relación autor-víctima, aunque pareciera que se puede deducir tal conclusión ante el recurso al símil de que hay determinadas víctimas, los menores y los incapaces —ahora personas con discapacidad necesitadas de especial protección—, que sí reciben una protección más intensa en determinados delitos (los sexuales), y en este caso la protección se predica de todos los menores y de todos los incapaces —ahora de las personas con discapacidad necesitadas de especial protección—. Lo que sí descarta expresamente esta autora es que la aplicación de los delitos de violencia de género dependan de la concurrencia o no de un especial elemento subjetivo del injusto. También resulta dudosa la tesis de QUINTERO OLIVARES, en: *EPC XXIX*

(2009), 444 s., pues si bien plantea que los tipos penales se han de interpretar desde la perspectiva de género, a continuación añade que, ante la posible variedad de situaciones, ha de cuestionarse la bondad de la norma que no deja resquicio al juzgador para que decida lo mejor en cada caso. Precisamente porque se entiende que estos delitos tienen aplicación automática cuando concurren los elementos basados en la relación autor-víctima, un sector de la doctrina crítica esta regulación, por atentatoria contra principios como, entre otros, los de presunción de inocencia, responsabilidad por el hecho y culpabilidad. En este sentido crítico, entre otros, ARANGUEZ SÁNCHEZ, en: *EP-Cobo del Rosal* 2005, 15, quien, por otro lado, descarta que los delitos de violencia de género requieran un especial elemento subjetivo del injusto para su aplicación (p. 25); GONZÁLEZ RUS, en: *EP-Cobo del Rosal* 2005, 497 s., quien también niega que en los tipos penales de violencia de género se exija un ánimo, móvil o elemento subjetivo que permita encontrar un *plus* de reprochabilidad; MENDOZA CALDERÓN, en: BOLDOVA PASAMAR/RUEDA MARTÍN (coords.), *Violencia doméstica y de género,* 2006, 150; en: NÚÑEZ CASTAÑO (dir.), *Violencia de género,* 2009, 155 s.; BOLEA BARDON, en: *RECPC 09-02* (2007), 14, 23; ACALE SÁNCHEZ, en: VILLACAMPA ESTIARTE (coord.), *Violencia de género,* 2008, 111; en: FARALDO CABANA (dir.)/IGLESIAS SKULJ (coord.), *Género y sistema penal,* 2010, 20 s.; GÓMEZ RIVERO, en: NÚÑEZ CASTAÑO (dir.), *Violencia de género,* 2009, 94, 107 ss., 110 s., 113; MANJÓN-CABEZA OLMEDA, en: GARCÍA-PABLOS DE MOLINA (ed.), *Víctima,* 2009, 50, 51, 65; MATA Y MARTÍN, en: DE HOYOS SANCHO (dir.), *Violencia de género,* 2009, 120; OLMEDO CARDENETE, en: JIMÉNEZ DÍAZ (coord.), *Ley integral,* 2009, 354, quien descarta la exigencia de un especial móvil o motivo en la aplicación de estos tipos delictivos, reconociendo que su aplicación generalizada puede ser errónea; SAINZ-CANTERO CAPARRÓS, en: PÉREZ VALLEJO (coord.), *Igualdad efectiva,* 2009, 232 s.; SIERRA LÓPEZ, en: NÚÑEZ CASTAÑO (dir.), *Violencia de género,* 2009, 221; SUBIJANA ZUNZUNEGUI, en: *RECPC 12-05* (2010), 6; ROIG TORRES, en: *EPC XXXII* (2012), 281 ss., 302 ss., 311, quien reclama la introducción del elemento discriminatorio expresamente en los delitos de violencia de género para evitar la vulneración de principios como el de proporcionalidad, igualdad, culpabilidad, responsabilidad por el hecho propio. Un amplio sector de la doctrina, sin embargo, descarta tal interpretación, abogando además por la prueba del fundamento de los delitos de violencia de género, descartando por tanto la aplicación generalizada de dichas figuras delictivas, basada en el simple hecho de que entre autor y víctima medie determinada relación de pareja (presente o pasada). V., en este sentido, entre otros, COMAS D'ARGEMIR/QUERALT JIMÉNEZ, en: *H-Rodríguez Mourullo* 2005, 1208, 1210 (si bien estos autores parecen aceptar también la concurrencia de un especial elemento subjetivo, el fin discriminatorio); QUERALT JIMÉNEZ, en: *CDJ* 2005-XXII, 259, 160 s.; ALONSO ÁLAMO, en: *CPC 95* (2008), 31, 33; DE LA CUESTA ARZAMENDI, en: *EP-Gimbernat I,* 2008, 208; RAMÓN RIBAS, *Violencia de género y violencia doméstica,* 2008, 111 ss., 151, 159 s.; en: RAMÓN RIBAS/ARROM LOSCOS/NADAL GÓMEZ, *Violencia de género,* 2009, 36 s., 46; en: PUENTE ABA (dir.)/RAMOS VÁZQUEZ/SOUTO GARCÍA (coords.), *Violencia de género,* 2010, 47 51, 53, 56; CASTELLÓ NICÁS, en: JIMÉNEZ DÍAZ (coord.), *Ley integral,* 2009, 66; CRUZ BLANCA, en: JIMÉNEZ DÍAZ (coord.), *Ley integral,* 2009, 286, 291 s., 293, descartando expresamente que la aplicación de estos delitos se haga depender de un móvil específico en el autor; DOMÍNGUEZ IZQUIERDO, en: JIMÉNEZ DÍAZ (coord.), *Ley integral,* 2009, 315,

El inconveniente más serio para dar respuesta penal a los matrimonios forzados desde los delitos de violencia de género estriba en la forma como se han concretado el sujeto activo y pasivo en estas infracciones (con abstracción de los delitos de maltrato habitual, acoso, y delitos leves de injurias y vejaciones injustas, en los que, para la descripción de los sujetos activo y pasivo, se recurre a la enumeración prevista en el art. 173.2 CP).

En este punto resulta necesario diferenciar entre las dos situaciones descritas en estos tipos penales. En la primera de ellas, la caracterizada propiamente como violencia de género, las acciones constitutivas de lesiones, maltrato, amenaza o coacción han de ser realizadas por la pareja o expareja[245]

---

descartando expresamente que en los delitos de violencia de género se tenga que exigir un especial elemento subjetivo del injusto; GARCÍA ÁLVAREZ, en: NÚÑEZ CASTAÑO (dir.), *Violencia de género*, 2009, 47 s. y n. 54; GARCÍA ARÁN, en: *E-Vives Antón I*, 2009, 660 ss.; LARRAURI PIJOAN, en: *Indret 1/2009*, 14; LÓPEZ PEREGRÍN, en: NÚÑEZ CASTAÑO (dir.), *Violencia de género*, 2009, 254 s.; GÓMEZ MARTÍN, en: MIR PUIG/QUERALT JIMÉNEZ (dirs.)/FERNÁNDEZ BAUTISTA (coord.), *Constitución y principios del DP*, 2010, 294 ss., 298 s.; OLAIZOLA NOGALES, en: *EPC XXX* (2010), 297 s., 299 s.; PÉREZ MACHÍO, en: *EPC XXX* (2010), 335, 336, 348, 353 s.; GORJÓN BARRANCO, *Tipificación del género*, 2013, 103 s., 111 s., 229; GUINARTE CABADA, en: RODRÍGUEZ CALVO/VÁZQUEZ-PORTOMEÑE SEIJAS (dirs.), *Violencia de género*, 2013, 249, 252 ss. Finalmente, para algunos autores la aplicación de los delitos de violencia de género se hacen depender de la concurrencia de un determinado elemento subjetivo del injusto (o, para algunos un elemento subjetivo que incrementa la culpabilidad del autor). V., en este sentido, ALASTUEY DOBÓN, en: BOLDOVA PASAMAR/RUEDA MARTÍN (coords.), *Violencia doméstica y de género*, 2006, 67, quien se adhiere a la tesis defendida por los autores que se mencionan a continuación; BOLDOVA PASAMAR/RUEDA MARTÍN, en: BOLDOVA PASAMAR/RUEDA MARTÍN (coords.), *Violencia doméstica y de género*, 2006, 31 ss., a favor de que se pruebe la concurrencia del abuso de la relación de poder y el motivo discriminatorio para la aplicación de estos delitos (pues este es el doble fundamento de los delitos de violencia de género para estos autores); RUEDA MARTÍN, en: BOLDOVA PASAMAR/RUEDA MARTÍN (coords.), *Violencia doméstica y de género*, 2006, 286; *Violencia sobre la mujer*, 2012, 81 ss., 84 ss., 88 s., 92 ss., 162 s.; VILLACAMPA ESTIARTE, en: *RECPC 09-12* (2007), 14, 15 s., 17 s.; ARROYO ZAPATERO, en: *EP-Díaz Pita* 2008, 735, para quien al mayor grado de injusto existente en los delitos de violencia de género hay que añadir un mayor grado de culpabilidad, atendiendo a la motivación que inspira al autor de los mismos; COLÁS TURÉGANO, en: *E-Vives Antón I*, 2009, 383 s. Esta tesis que descarta la aplicación automática de los delitos de violencia de género, exigiendo que concurra el fundamento de estos tipos penales, se puede apoyar en las explicaciones de LARRAURI, *Criminología crítica*, 2007, 23-53, quien explica que toda violencia contra la mujer no puede explicarse desde una única causa o factor, el género, pues un planteamiento de este tipo sería muy simplista y reduccionista.

245 Si bien la víctima está claramente identificada como la mujer que mantiene o ha mantenido una relación afectiva con el sujeto activo, no está muy claro si este ha de ser necesariamente un hombre o si, por el contrario, también la mujer que mantiene o ha

mantenido una relación afectiva con otra mujer puede ser sujeto activo de los delitos de violencia de género. Las dudas se plantean atendiendo a las dos razones siguientes: en primer lugar, porque el sujeto activo es identificado en estos tipos penales con el usual "el que" o "víctima...ligada al autor" (más neutra es la identificación del sujeto activo en los arts. 83.2 y 84.3, en los que se alude a "quien sea o haya sido su cónyuge" —cónyuge de la mujer— o "por quien esté o haya estado ligado a ella"), expresiones que incluyen tanto a hombres como a mujeres. Pero, en segundo lugar, los delitos de violencia de género son incorporados al CP a través de la LO 1/2004, y en el art. 1 de esta Ley parece definirse la violencia de género como la ejercida por el hombre sobre su mujer pareja o ex pareja, definición que se ha entendido debe ser trasladada al ámbito penal para interpretar estas figuras delictivas. La mayoría de la doctrina se decanta por la tesis de que solo el hombre puede ser el sujeto activo de estos delitos. V., entre otros, ARANGUEZ SÁNCHEZ, en: *EP-Cobo del Rosal* 2005, 16 s.; COMAS D'ARGEMIR/QUERALT JIMÉNEZ, en: *H-Rodríguez Mourullo* 2005, 1206 s.; COMAS D'ARGEMIR, en: BOLDOVA PASAMAR/RUEDA MARTÍN (coords.), *Violencia doméstica y de género,* 2006, 35, 42 s. n. 23; GONZÁLEZ RUS, en: *EP-Cobo del Rosal* 2005, 487, 488, 490; QUERALT JIMÉNEZ, en: *CDJ* 2005-XXII, 248 y n. 12; BOLDOVA PASAMAR/RUEDA MARTÍN, en: BOLDOVA PASAMAR/RUEDA MARTÍN (coords.), *Violencia doméstica y de género,* 2006, 17, 22 s., 29; MAQUEDA ABREU, en: *RECPC 08-02* (2006), 10; ROIG TORRES, en: *RDPP 15* (2006), 116, 118, 123; en: *EPC XXXII* (2012), 258 ss.; BOLEA BARDON, en: *RECPC 09-02* (2007), 14 ss., 23; VILLACAMPA ESTIARTE, en: *RECPC 09-12* (2007), 4, 18 s.; en: VILLACAMPA ESTIARTE (coord.), *Violencia de género,* 2008, 76 s.; ACALE SÁNCHEZ, en: VILLACAMPA ESTIARTE (coord.), *Violencia de género,* 2008, 109 ss.; en: FARALDO CABANA (dir.)/IGLESIAS SKULJ (coord.), *Género y sistema penal,* 2010, 11, 15, 19; en: PUENTE ABA (dir.)/RAMOS VÁZQUEZ/SOUTO GARCÍA (coords.), *Violencia de género,* 2010, 67 s.; ARROYO ZAPATERO, en: *EP-Díaz Pita* 2008, 733; RAMÓN RIBAS, *Violencia de género y violencia doméstica,* 2008, 96, 109 s.; en: RAMÓN RIBAS/ARROM LOSCOS/NADAL GÓMEZ, *Violencia de género,* 2009, 16 s.; CRUZ BLANCA, en: JIMÉNEZ DÍAZ (coord.), *Ley integral,* 2009, 270; DOMÍNGUEZ IZQUIERDO, en: JIMÉNEZ DÍAZ (coord.), *Ley integral,* 2009, 310 s.; FARALDO CABANA, en: *E-Vives Antón I,* 2009, 571; en: PUENTE ABA (dir.)/RAMOS VÁZQUEZ/SOUTO GARCÍA (coords.), *Violencia de género,* 2010, 156; GÓMEZ RIVERO, en: NÚÑEZ CASTAÑO (dir.), *Violencia de género,* 2009, 103, 105, 109, 112; LÓPEZ PEREGRÍN, en: NÚÑEZ CASTAÑO (dir.), *Violencia de género,* 2009, 237, 257; MANJÓN-CABEZA OLMEDA, en: GARCÍA-PABLOS DE MOLINA (ed.), *Víctima,* 2009, 66; NÚÑEZ CASTAÑO, en: NÚÑEZ CASTAÑO (dir.), *Violencia de género,* 2009, 162; QUINTERO OLIVARES, en: *EPC XXIX* (2009), 443; OLMEDO CARDENETE, en: JIMÉNEZ DÍAZ (coord.), *Ley integral,* 2009, 353 s.; PÉREZ FERRER, en: JIMÉNEZ DÍAZ (coord.), *Ley integral,* 2009, 379, 383; SAINZ-CANTERO CAPARRÓS, en: PÉREZ VALLEJO (coord.), *Igualdad efectiva,* 2009, 226 y n. 17; GÓMEZ MARTÍN, en: MIR PUIG/QUERALT JIMÉNEZ (dirs.)/FERNÁNDEZ BAUTISTA (coord.), *Constitución y principios del DP,* 2010, 274 ss., 278, si bien reconoce que cabe otra interpretación de la regulación vigente, en el sentido de que también la mujer podría ser el sujeto activo de los delitos de violencia de género; TORRES FERNÁNDEZ, en: RODRÍGUEZ LÓPEZ/R-BRAVO BOSCH (eds.), *Experiencias jurídicas e identidades femeninas,* 2011, 634; RUEDA MARTÍN, *Violencia sobre la mujer,* 2012, 48 s., 67 s. y n. 99, 80, 96; SOTORRA

de la víctima mujer[246]. Si de manera habitual detrás del matrimonio forzado está el grupo familiar de uno de los contrayentes, es evidente que este supuesto queda descartado para su prevención.

CAMPODARVE, en: RIVAS VALLEJO/BARRIOS BAUDOR (dirs.)/SERRANO FALCÓN (coord.), *Violencia de género*, 2ª, 2014, 503; CORCOY BIDASOLO, en: CORCOY BIDASOLO (dir.)/VERA SÁNCHEZ (coord.), *PE I*, 2015, 219. Pero un sector minoritario sí defiende que el sujeto activo puede ser tanto un hombre como una mujer, pues lo que realmente define la violencia de género es el sujeto pasivo del delito, y tal interpretación no está excluida del CP, ya que la redacción literal de los tipos penales no se refiere al hombre como sujeto activo. V., en este sentido, MORILLAS CUEVA, en: *EP-Cobo del Rosal* 2005, 653 s.; LAURENZO COPELLO, en: *RECPC 07-08* (2005), 17 s.; en: *CDJ* 2007-IX, 55 s., 57 (= en: *EP-Gimbernat II*, 2008, 2107 s., 2109), si bien reconoce que si el contexto en el que se manifiesta la violencia es el de las relaciones sentimentales entre los dos sexos, lo lógico es que el autor sea un varón; LARRAURI PIJOAN, *Criminología crítica*, 2007, 50, 91 s.; en: *Indret* 1/2009, 5 s.; ALONSO ÁLAMO, en: *CPC 95* (2008), 34, parece aceptar la posibilidad de que el sujeto activo sea una mujer; OLAIZOLA NOGALES, en: *EPC XXX* (2010), 303; PÉREZ MACHÍO, en: *EPC XXX* (2010), 334, porque reconoce que el hombre es quien habitualmente ejerce esta violencia, lo que no significa que sea el único sujeto activo; GORJÓN BARRANCO, *Tipificación del género*, 2013, 82, 92, 228, 229, 320 s.; GUINARTE CABADA, en: RODRÍGUEZ CALVO/VÁZQUEZ-PORTOMEÑE SEIJAS (dirs.), *Violencia de género*, 2013, 225 ss., 234 ss., 237.

246 Como puede deducirse, en esta regulación penal se ha adoptado una perspectiva de género muy reducida, limitada a la violencia sufrida por la mujer en la relación de pareja (y referida además a violencia que, fuera de este ámbito, la mayoría de los tipos penales antes eran constitutivos de faltas, ahora son constitutivos de delitos leves), cuando la discriminación, sufrida por la mujer, puede manifestarse en el ámbito privado y público, y desde la perspectiva familiar en el trato dispensado a las mujeres, a las hijas y a las madres fundamentalmente. Sobre lo acertado o desacertado del planteamiento dado en la LO 1/2004 y en el CP, v. ARÁNGUEZ SÁNCHEZ, en: *EP-Cobo del Rosal*, 2005, 14 s.; COMAS D'ARGEMIR I CENDRA/QUERALT JIMÉNEZ, en: *H-Rodríguez Mourullo*, 2005, 1185, 1206 s.; BOLDOVA PASAMAR/RUEDA MARTÍN, en: BOLDOVA PASAMAR/RUEDA MARTÍN (coords.), *Violencia doméstica y de género*, 2006, 34; MAQUEDA ABREU, en: *RP 18* (2006), 177; en: *RECPC 08-02* (2006), 5, 8 s.; en: DE HOYOS SANCHO (dir.), *Violencia de género*, 2009, 46 ss. [= en: LAURENZO COPELLO (coord.), *Violencia de género*, 2010, 122 ss.; = en: PUENTE ABA (dir.)/RAMOS VÁZQUEZ/SOUTO GARCÍA (coords.), *Violencia de género*, 2010, 10 ss.], quien alude expresamente a la censurable técnica tipificadora, visibilizando hechos que dudosamente son indicativos de la situación estructural de discriminación y subordinación de las mujeres; LARRAURI PIJOAN, *Criminología crítica*, 2007, 48 ss., 98 s., 101 s.; LAURENZO COPELLO, en: *CDJ* 2007-IX, 38 s., 57 (= en: *EP-Gimbernat II*, 2008, 2097 s., 2109); en: LAURENZO/MAQUEDA/RUBIO (coords.), *Género*, 2008, 333 s., 344 ss.; en: LAURENZO COPELLO (coord.), *Violencia de género*, 2010, 30 s., 35, criticando la decisión legislativa de tipificar hechos de escasa entidad, y asimilando la mujer a los miembros más desvalidos del grupo familiar; ACALE SÁNCHEZ, en: VILLACAMPA ESTIARTE (coord.), *Violencia de género*, 2008, 109; BODELÓN, en: LAREUNZO/MAQUEDA/RUBIO (coords.), *Género*, 2008, 278 ss., 285 s.; CASTELLÓ NICÁS, en: JIMÉNEZ DÍAZ (coord.), *Ley integral*, 2009, 61 s.,

La segunda de las situaciones descritas en estos tipos penales se refiere a las lesiones, maltrato, amenazas o coacciones cometidas sobre una persona especialmente vulnerable que conviva con el autor. Obviando las diversas cuestiones controvertidas que surgen en la exégesis de este supuesto[247], sí puede resultar aplicable para erradicar el matrimonio forzado

63 s. n. 19, quien inicialmente considera acertada esta orientación restrictiva, pero a continuación señala que es gravísima la manifestación de poder respecto de otras mujeres del entorno familiar, para concluir afirmando que es partidaria de incluir a hijas, madres, hermanas, quienes además de familia son mujeres; DOMÍNGUEZ IZQUIERDO, en: JIMÉNEZ DÍAZ (coord.), *Ley integral,* 2009, 303 s., 306; GALÁN MUÑOZ, en: NÚÑEZ CASTAÑO (dir.), *Violencia de género,* 2009, 83 ss.; GARCÍA ÁLVAREZ, en: NÚÑEZ CASTAÑO (dir.), *Violencia de género,* 2009, 26; GARCÍA ARÁN, en: *E-Vives Antón I,* 2009, 659; MANJÓN-CABEZA OLMEDA, en: GARCÍA-PABLOS DE MOLINA (ed.), *Víctima,* 2009, 55; MATA Y MARTÍN, en: DE HOYOS SANCHO (dir.), *Violencia de género,* 2009, 118; MORILLAS FERNÁNDEZ, en: JIMÉNEZ DÍAZ (coord.), *Ley integral,* 2009, 341; NÚÑEZ CASTAÑO, en: NÚÑEZ CASTAÑO (dir.), *Violencia de género,* 2009, 164; SIERRA LÓPEZ, en: NÚÑEZ CASTAÑO (dir.), *Violencia de género,* 2009, 211; FARALDO CABANA, en: PUENTE ABA (dir.)/RAMOS VÁZQUEZ/SOUTO GARCÍA (coords.), *Violencia de género,* 2010, 154 y n. 6; GORJÓN BARRANCO, en: FARALDO CABANA (dir.)/ IGLESIAS SKULJ (coord.), *Género y sistema penal,* 2010, 146 s., 152; *Tipificación del género,* 2013, 46, 67, 279; OLAIZOLA NOGALES, en: *EPC XXX* (2010), 303; RUEDA MARTÍN, *Violencia sobre la mujer,* 2012, 50 y n. 67.

247 Son varias, y muy diversas, las cuestiones que se plantean en la exégesis de este supuesto, introducido, como sabemos, con la LO 1/2004 para evitar posibles dudas de constitucionalidad que surgieron durante la tramitación de la misma, por la posible vulneración del principio de igualdad y no discriminación en la adopción de la perspectiva de género en la regulación penal de estos delitos. Cuestiones como la fundamentación de esta regulación, la identificación de los sujetos que se pueden incluir en la expresión víctima especialmente vulnerable, la corrección o no de esta fórmula para identificar a la víctima y su especial vulnerabilidad, las disfunciones que genera la equiparación entre la víctima mujer de la violencia de género y la víctima especialmente vulnerable que convive con el agresor, la posibilidad o no de recurrir a esta modalidad para castigar otras manifestaciones de la violencia de género (de padres respecto de sus hijas, abuelos respecto de sus nietas, hermanos respecto de sus hermanas, hijos respecto de sus madres...). Sobre estas y otras cuestiones en la interpretación de esta modalidad delictiva, v., ampliamente, entre otros, ARANGUEZ SÁNCHEZ, en: *EP-Cobo del Rosal* 2005, 17; GONZÁLEZ RUS, en: *EP-Cobo del Rosal* 2005, 487 s.; MORILLAS CUEVA, en: *EP-Cobo del Rosal* 2005, 649; en: JIMÉNEZ DÍAZ (coord.), *Ley integral,* 2009, 31 s., 34 n. 25; ALASTUEY DOBÓN, en: BOLDOVA PASAMAR/RUEDA MARTÍN (coords.), *Violencia doméstica y de género,* 2006, 63 s.; BOLDOVA PASAMAR/RUEDA MARTÍN, en: BOLDOVA PASAMAR/ RUEDA MARTÍN (coords.), *Violencia doméstica y de género,* 2006, 26; MAQUEDA ABREU, en: *RP 18* (2006), 178 ss.; en: *RECPC 08-02* (2006), 11; ROIG TORRES, en: *RDPP 15* (2006), 116 ss.; en: *EPC XXXII* (2012), 263 ss., 266; ACALE SÁNCHEZ, en: VILLACAMPA ESTIARTE (coord.), *Violencia de género,* 2008, 110 s.; en: PUENTE ABA (dir.)/RAMOS VÁZQUEZ/SOUTO GARCÍA (coords.), *Violencia de género,*

en la medida en que generalmente la persona o personas que tratan de forzar a uno de los contrayentes a celebrar el matrimonio pertenecen a su núcleo familiar más directo, concurriendo por tanto el elemento de la convivencia. Como en la caracterización de esta segunda situación se ha prescindido de la perspectiva de género, la persona especialmente vulnerable podrá ser de sexo masculino o femenino, pudiendo servir esta modalidad para tratar de prevenir los casos, poco frecuentes, en los que es un varón el forzado a contraer matrimonio.

Al requisito de la convivencia se añade el de que la víctima sea especialmente vulnerable. Será este elemento el que limite la operatividad de estos delitos en la prevención del matrimonio forzado.

No resulta sencillo dar contenido a este concepto de víctima especialmente vulnerable, sobre todo si atendemos a los diferentes términos y expresiones que se han utilizado y se utilizan en el CP para aludir a víctimas vulnerables: al margen de los menores (de edad o de determinadas edades), antes se recurría al término incapaz, ahora sustituido por personas con discapacidad necesitadas de especial protección; en otras ocasiones se recurre a la referencia genérica a que se trate de personas especialmente vulnerables (en la violencia de género)[248]; en otras ocasiones se recurre a

---

2010, 76 s.; ALONSO DE ESCAMILLA/LAMARCA PÉREZ, en: *EP-Gimbernat II*, 2008, 1767 s.; RAMÓN RIBAS, *Violencia de género y violencia doméstica*, 2008, 118; CASTELLÓ NICÁS, en: JIMÉNEZ DÍAZ (coord.), *Ley integral*, 2009, 63 s.; DOMÍNGUEZ IZQUIERDO, en: JIMÉNEZ DÍAZ (coord.), *Ley integral*, 2009, 313; GARCÍA ÁLVAREZ, en: NÚÑEZ CASTAÑO (dir.), *Violencia de género*, 2009, 48; en: *RGDP 20* (2013), 10 y n. 15; en: *RP 34* (2014), 85 n. 5, 86 s.; LÓPEZ PEREGRÍN, en: NÚÑEZ CASTAÑO (dir.), *Violencia de género*, 2009, 256 s. y n. 79; MENDOZA CALDERÓN, en: NÚÑEZ CASTAÑO (dir.), *Violencia de género*, 2009, 129; MORILLAS FERNÁNDEZ, en: JIMÉNEZ DÍAZ (coord.), *Ley integral*, 2009, 336, 338 ss., 342; MUÑOZ CONDE, en: NÚÑEZ CASTAÑO (dir.), *Violencia de género*, 2009, 19; OLMEDO CARDENETE, en: JIMÉNEZ DÍAZ (coord.), *Ley integral*, 2009, 355; PÉREZ FERRER, en: JIMÉNEZ DÍAZ (coord.), *Ley integral*, 2009, 381 s. y n. 19; en: PÉREZ VALLEJO (coord.), *Igualdad efectiva*, 2009, 243; SIERRA LÓPEZ, en: NÚÑEZ CASTAÑO (dir.), *Violencia de género*, 2009, 203 ss., 208, 212 ss., 216 ss.; DÍAZ Y GARCÍA CONLLEDO, en: *LH-Mir Puig* 2010, 490; en: *H-Schünemann I*, 2014, 210; OLAIZOLA NOGALES, en: *EPC XXX* (2010), 302; PÉREZ MACHÍO, en: *EPC XXX* (2010), 338 ss., 340 s., 342; TORRES FERNÁNDEZ, en: RODRÍGUEZ LÓPEZ/R-BRAVO BOSCH (eds.), *Experiencias jurídicas e identidades femeninas*, 2011, 637 s.; GORJÓN BARRANCO, *Tipificación del género*, 2013, 81 s., 85 s.; SOTORRA CAMPODARVE, en: RIVAS VALLEJO/BARRIOS BAUDOR (dirs.)/SERRANO FALCÓN (coord.), *Violencia de género*, 2ª, 2014, 504 s.

248 Precisamente en la regulación de los delitos de violencia de género y doméstica o familiar se han utilizado ambas expresiones para la concreción de los sujetos pasivos: en un caso a través del término persona especialmente vulnerable que convive con el autor, en el otro, antes incapaz que convive con el autor o que se halla sometido a su

la expresión víctima especialmente vulnerable pero ofreciendo criterios de concreción, por razón de edad (corta o avanzada), enfermedad, discapacidad o situación (por ejemplo en el art. 180.1.3ª), y en este caso ha de tenerse en cuenta que, desde la reforma de 2015, el CP diferencia entre los conceptos de persona con discapacidad y persona con discapacidad necesitada de especial protección (art. 25 CP; esta segunda es la que sustituye a la antigua referencia al concepto de incapaz, y es precisamente este concepto el que se utiliza en la equiparación en la protección penal entre menores y otras víctimas especialmente vulnerables)[249]; en otras ocasiones se recurre al término persona especialmente vulnerable pero se ofrecen otros criterios para su concreción, por razón de enfermedad, estado gestacional, discapacidad, situación personal, o minoría de edad [en el art. 177 bis.4 b) tras la reforma de la LO 1/2015]; a veces se recurre al término persona desvalida (para el caso de que la acción penal sea ejercida por el Ministerio Fiscal, por ejemplo en el art. 191.1 CP, equiparando en este caso a esta persona con menores y con personas con discapacidad necesitadas de especial protección).

Ya que en la regulación de los delitos de violencia de género se utiliza de manera genérica el término persona especialmente vulnerable, sin mencionar ningún criterio de concreción, cabe deducir de ello que en estos delitos todas las posibilidades que dan lugar a la especial vulnerabilidad son aplicables. Y desde luego van a ser incluidas en la expresión a las personas que, atendiendo a determinados criterios de concreción en otros tipos penales, son calificables como víctimas especialmente vulnerables.

De esta manera en el ámbito de la violencia asimilada a la de género se van a atender a los criterios de concreción de la especial vulnerabilidad de la víctima referidos a la edad, corta o avanzada, la enfermedad, la discapacidad o la situación.

Desde esta perspectiva, en principio pueden resultar aplicables todos los delitos de violencia sobre víctima especialmente vulnerable en la prevención de los matrimonios forzados. Pues no es infrecuente que este tipo

---

tutela o guarda, ahora persona con discapacidad necesitada de especial protección que convive con él o se halla sometido a su tutela o guarda.

249 Sobre la interpretación del vigente art. 25 CP, sobre los conceptos de discapacidad y personas con discapacidad necesitadas de especial protección, v. AGUILAR CÁCERES, en: MORILLAS CUEVA (dir.), *CP reformado*, 2015, 72 ss.; MANZANARES SAMANIEGO, *Reforma*, 2015, 52 s.; MARTÍNEZ GARAY, en: GONZÁLEZ CUSSAC (dir.)/GÓRRIZ ROYO/ MATALLÍN EVANGELIO (coords.), *Reforma CP de 2015*, 2015, 2ª, 126 ss., 132 ss., 138 ss., 142 ss.; TAMARIT SUMALLA, en: QUINTERO OLIVARES (dir.), *Reforma penal de 2015*, 2015, 71 ss.; VÁZQUEZ IRUZUBIETA, *CP comentado*, 2015, 124 s.

de prácticas afecten a menores de edad, generalmente de sexo femenino, y conviven con las personas que ejercen la violencia, pues es habitual que la violencia sea ejercida por uno o los dos progenitores[250].

Pero, prescindiendo del hecho de que para que se pueda celebrar válidamente un matrimonio en España es necesario que el menor haya cumplido los 16 años, ¿puede identificarse sin más al menor de 18 años con una persona especialmente vulnerable?

En la normativa jurídico-penal la minoría de edad del sujeto pasivo se ha valorado de manera diversa, y la reforma de 2015 no ha servido para ofrecer una pauta orientativa, sino al contrario, ha servido para acentuar aún más esta falta de criterio. Al margen de la regulación de la responsabilidad penal de los menores de edad (donde se ha establecido como límite para su establecimiento los catorce años), en ocasiones se han creado figuras delictivas o circunstancias cualificantes aludiendo de manera genérica a la minoría de edad, como por ejemplo en los delitos contra las relaciones familiares (arts. 220 a 233 CP), en el delito de descubrimiento y revelación de secretos (art. 197.5 CP), en delitos de exhibicionismo y provocación sexual (art. 185 y 186 CP), en delitos de prostitución y corrupción de menores (arts. 188 a 189 bis CP); en otras ocasiones se opta por la creación de tipos penales o circunstancias cualificantes estableciendo un límite de edad más bajo, doce años, como sucede en los delitos de lesiones (art. 148.3º CP), trece años, en los antiguos delitos de agresiones y abusos sexuales (arts. 183 y 183 bis CP antes de la reforma 2015), dieciséis años, en los vigentes delitos de agresiones y abusos sexuales a menores de dieciséis años (arts. 183 a 183 quater CP) o como modalidades agravadas en los delitos de prostitución y corrupción de menores (arts. 188 y 189 bis CP), o tras la reforma de 2015, en los delitos de homicidio y asesinato [arts. 138.2 a) y 1401.1.ª CP]; en otras ocasiones se ha atendido a la edad del sujeto que ha sido utilizado en la comisión de determinados delitos, como en la antigua regulación del delito de hurto por utilización de menores de catorce años, o en la actual regulación de los delitos de hurto y robo con fuerza en las cosas por utilización de menores de dieciséis años (arts. 235.1.8, 240.2 y 241.4 CP), o la utilización de menores de dieciocho años

---

[250] Como revela el estudio alemán citado a lo largo de este comentario, las víctimas más afectadas por el matrimonio forzado han sido las mujeres y jóvenes: el 30% con edades hasta 17 años, el 40% con edades entre 18 y 21 años; la más joven tenía 9 años, la de más edad 55 años. También hay menores por debajo de los 14 años (p. 26 s.).

en los delitos contra la propiedad intelectual y la propiedad industrial [arts. 271.d) y 276 d) CP][251].

En particular, por la posible repercusión que pudiera tener en la interpretación del término víctima especialmente vulnerable por razón de edad, la equiparación entre menor-persona especialmente vulnerable se ha realizado de manera expresa en la regulación del delito de lesiones del art. 148 CP, al establecer en el apartado 3° como circunstancia cualificante de esta figura delictiva las lesiones causadas a un menor de 12 años. Pero recordemos que en este precepto también se ha previsto una de las conductas delictivas de la violencia de género (apartado 4°) y de la violencia sobre víctima especialmente vulnerable que conviva con el autor (apartado 5°).

Aquel límite de edad, aun cuando no está fundamentado o apoyado en argumento alguno (de tipo biológico, psicológico o jurídico), ¿puede ser el referente para apreciar la especial vulnerabilidad de la víctima que convive con el autor atendiendo a su edad? Y, dada la previsión expresa contenida en este precepto penal, ¿se podrá utilizar para la interpretación de la especial vulnerabilidad de la víctima atendiendo a su edad en los restantes delitos de violencia de género? Porque si bien cabría identificar al menor de 18 años con una persona vulnerable, por no ser una persona plenamente capaz, o porque es dependiente, sometido a personas que ostentan cargos de guarda y tutela, no debemos olvidar que la tipicidad se hace depender de que la víctima sea especialmente vulnerable, adverbio que permite restringir la vulnerabilidad que presenta el menor a los supuestos de mayor intensidad, o cuando es más acentuada, atendiendo precisamente a su corta edad.

Esta posibilidad interpretativa sería más plausible si las dos agravaciones del art. 148, la referida al menor de doce años y la referida a persona especialmente vulnerable que conviva con el autor, se hubieran introducido en el CP al mismo tiempo, cosa que no ha ocurrido así: la primera procede de la versión originaria del CP, tal como fue aprobado en 1995, la segunda, como ya se ha apuntado, se ha introducido en el CP con la reforma de la LO 1/2004[252].

---

251 Para más detalles sobre la forma como se valora la minoría de edad en el DP español, poniendo de relieve la falta de criterio legal y otras objeciones, GONZÁLEZ RUS, en: MORILLAS CUEVA (dir.)/SUÁREZ LÓPEZ (coord.), *Menor como víctima y victimario*, 2010, 103-140; GARCÍA ÁLVAREZ, en: *RGDP 20* (2013), 2, 3 ss., 9 ss., 48 ss.

252 Toma en consideración la previsión del art. 148.3° CP para interpretar víctima especialmente vulnerable en este delito de lesiones, pero para llegar a la solución contraria a la propuesta en el texto, esto es, que la víctima especialmente vulnerable que con-

Cabe plantear otra posible interpretación sobre la especial vulnerabilidad de la víctima atendiendo a su edad, sin tener que identificar necesariamente este criterio con el menor de 18 años. Tal exégesis puede tener su apoyo en la propia reforma del CP operada en 2015, en concreto en la concreción de la especial vulnerabilidad de los menores de dieciséis años para la aplicación de la circunstancia cualificante en el homicidio y en el asesinato. Este límite de edad coincide con el establecido en la legislación civil para la regulación de la emancipación de los menores de edad, donde también se ha elimina la excepción de la emancipación a los catorce años por matrimonio (a través de la Ley 15/2015). Parece razonable atender a la regulación civil sobre la emancipación, pues a través de ella al menor se le reconoce una capacidad de obrar próxima a la mayoría de edad, pero no es plenamente capaz, luego desde la perspectiva de la vulnerabilidad, por su dependencia de las personas que ostentan potestades de guarda, se puede admitir que seguirá siendo una persona vulnerable pero no especialmente vulnerable.

Menos dificultades aplicativas plantean los delitos de violencia doméstica o similar, a salvo la ya indicada respecto de las conductas típicas descritas en este grupo de delitos.

Para su caracterización se recurre a la enumeración de distintas situaciones o vínculos entre el autor y la víctima: familiares y de parentesco,

---

vive con el autor será el menor de edad que ha superado la edad de doce años (eso sí, parece que no todo menor de edad ha de ser especialmente vulnerable), GARCÍA ÁLVAREZ, en: *RGDP 20* (2013), 3. A la vista de las distintas circunstancias cualificantes previstas en el art. 148 CP surge la siguiente interrogante, ¿qué calificación procede cuando la víctima del delito de lesiones es un menor de 12 años que convive con el autor de la lesión? ¿se apreciará el art. 148.3° o el 148.5°? Sobre este particular, CORCOY BIDADOSOLO, en: MIR PUIG/CORCOY BIDASOLO (dirs.), *Política criminal*, 2006, 170, a quien le parece discutible la nueva redacción del art. 148. con la creación de los apartados 4° y 5°, en especial porque ya está prevista como agravante que la víctima sea menor o incapaz —hoy persona con discapacidad necesitada de especial protección—. Se pregunta esta autora si en estos casos, cuando la víctima es menor o incapaz y además convive con el autor, si se podrá aplicar esta agravación juntamente con la agravante genérica de abuso de superioridad o la circunstancia mixta de parentesco. Esta solución será la correcta si con la aplicación de uno de los apartados del art. 148 no se abarca todo el desvalor del hecho, estimando que, a través de la aplicación de las agravantes genéricas, se va a castigar el adicional injusto que concurre cuando el autor lesiona a un menor de edad que, además, convive con él. Es decir, que, además de la vulnerabilidad de la víctima, circunstancia que da lugar a la apreciación del apartado tercero, en el hecho cometido por el sujeto que convive con la víctima concurre un injusto adicional (como podría ser el atender a que, en estos casos, además se vulneran las obligaciones derivadas de la guarda de menores, en particular la obligación de respetar su integridad física y psicológica).

de convivencia, de ejercicio de potestades de tutela y guarda de menores o personas con discapacidad necesitadas de especial protección y de custodia y guarda de personas especialmente vulnerables en centros asistenciales[253].

---

[253] En la regulación penal de los delitos de violencia doméstica o similar se han equiparado supuestos y situaciones muy dispares, con frecuencia comisiva muy diferente, lo que es criticado, entre otros, por DEL ROSAL BLASCO, en: *EP-Cobo del Rosal* 2005, 338 s., quien destaca que la violencia ejercida sobre cónyuges o parejas o sobre hijos es muy superior a la de la violencia entre hermanos o entre afines que convivan (si bien aquí hay que advertir que la violencia más frecuente, la cometida sobre la pareja mujer, está fuera de estos tipos penales, con la excepción del delito de maltrato habitual); BOLEA BARDON, en: *RECPC 09-02* (2007), 12, 24; ARROYO ZAPATERO, en: *EP-Díaz Pita* 2008, 720, 733 s., quien critica no tanto la enumeración de sujetos pasivos incluidos en los delitos de violencia doméstica como el hecho de que se haya prescindido del requisito de que tal persona sea especialmente vulnerable. De otra opinión MORILLAS CUEVA, en: *EPCPC 04-09* (2002), 16, quien defiende esta ampliación de los sujetos pasivos en los delitos de violencia doméstica. Sobre la interpretación de los sujetos pasivos en los delitos de violencia doméstica, v., entre otros, ASÚA BATARRITA, en: *Cuadernos Penales José María Lidón 1* (2004), 217 ss.; CORTÉS BECHIARELLI, en: *EP-Ruiz Antón* 2004, 257; ARANGUEZ SÁNCHEZ, en: *EP-Cobo del Rosal* 2005, 18 ss.; CORCOY BIDASOLO, en: *H-Rodríguez Mourullo* 2005, 1233 s.; GONZÁLEZ RUS, en: *EP-Cobo del Rosal* 2005, 488 s.; MUÑOZ SÁNCHEZ, en: BOLDOVA PASAMAR/RUEDA MARTÍN (coords.), *Violencia doméstica y de género*, 2006, 79 ss., 83 ss.; ACALE SÁNCHEZ, en: VILLACAMPA ESTIARTE (coord.), *Violencia de género*, 2008, 113 s.; en: PUENTE ABA (dir.)/RAMOS VÁZQUEZ/SOUTO GARCÍA (coords.), *Violencia de género*, 2010, 76; BENÍTEZ JIMÉNEZ, en: VILLACAMPA ESTIARTE (coord.), *Violencia de género*, 2008, 193 ss., 197 s.; GARCÍA ÁLVAREZ, en: NÚÑEZ CASTAÑO (dir.), *Violencia de género*, 2009, 37 s.; OLMEDO CARDENETE, en: JIMÉNEZ DÍAZ (coord.), *Ley integral*, 2009, 351 ss.; RAMÓN RIBAS, en: PUENTE ABA (dir.)/RAMOS VÁZQUEZ/SOUTO GARCÍA (coords.), *Violencia de género*, 2010, 33 ss.; RUEDA MARTÍN, *Violencia sobre la mujer*, 2012, 42 ss. Y sobre el fundamento de la tipificación de estos delitos, basado en la especial vulnerabilidad de determinadas personas derivada por la dependencia jurídica entre autor y víctima, o derivada de la posición fáctica de debilidad de la víctima respecto del autor, v., entre otros, ASÚA BATARRITA, *Op. cit.*, 203, 205; CUELLO CONTRERAS/CARDENAL MURILLO, en: *EP-Cobo del Rosal* 2005, 262, 267; LAURENZO COPELLO, en: *Cuadernos Penales José María Lidón 2* (2005), 93; en: *RECPC 07-08* (2005), 3 s.; en: *CDJ* 2007-IX, 39 (= en: *EP-Gimbernat II*, 2008, 2097); FARALDO CABANA, en: *RP 17* (2006), 81 s., 83 s., quien destaca que la vulnerabilidad de las víctimas y su sometimiento proviene de su natural dependencia por la edad, la enfermedad, la discapacidad, y el maltratador es quien tiene la obligación de garantizar su desarrollo equilibrado en el proceso de maduración y el deber de ocuparse de su bienestar y seguridad; MAQUEDA ABREU, en: *RECPC 08-02* (2006), 4 s.; VILLACAMPA ESTIARTE, en: VILLACAMPA ESTIARTE (coord.), *Violencia de género*, 2008, 32 s.; CASTELLÓ NICÁS, en: JIMÉNEZ DÍAZ (coord.), *Ley integral*, 2009, 63; CRUZ BLANCA, en: JIMÉNEZ DÍAZ (coord.), *Ley integral*, 2009, 287; DOMÍNGUEZ IZQUIERDO, en: JIMÉNEZ DÍAZ (coord.), *Ley integral*, 2009, 301; MENDOZA CALDERÓN, en: NÚÑEZ CASTAÑO (dir.), *Violencia de*

Atendiendo a la literalidad de los preceptos, la convivencia entre autor y víctima no es un requisito imprescindible cuando media relación de parentesco o familiar, o cuando se trata de un menor o persona con discapacidad necesitada de especial protección sometida a tutela o guarda del cónyuge o conviviente del agresor[254].

---

género, 2009, 121; DÍAZ Y GARCÍA CONLLEDO, en: *LH-Mir Puig* 2010, 495 n. 17, 529 n. 88; en: *H-Schünemann I*, 2014, 21, poniendo en duda que el fundamento de estos delitos pueda basarse en la exigencia de una situación de dominación, al menos no desde una perspectiva literal; ARMENDÁRIZ LEÓN/MIRAT HERNÁNDEZ, en: YZQUIERDO TOLSADA/CUENA CASAS (dirs.), *Tratado Derecho de Familia VI*, 2011, 1194 s.; RUEDA MARTÍN, *Op. cit.*, 25, 45, 54, 285; GORJÓN BARRANCO, *Tipificación del género*, 2013, 39 s.

254 En el caso de violencia sobre menores o personas con discapacidad necesitadas de especial protección, los tipos penales aluden a los que convivan con el sujeto activo o se hallen sujetos a la potestad, tutela, curatela, acogimiento o guarda de hecho del cónyuge o conviviente. Podría entenderse que si se pide la convivencia con el sujeto activo en el primer supuesto, cuando aquellas personas están bajo la potestad o guarda del cónyuge cabría entender que también respecto de estas personas se exigiría el requisito de la convivencia con el agresor (si existe relación de pareja, habrá convivencia, y lo que pretende el tipo es extender el ámbito aplicativo a menores o personas con discapacidad que están sometidas a la potestad o guarda del otro miembro de la pareja). Ahora bien, desde el momento en que, en la violencia ejercida sobre el cónyuge o pareja, expresamente se admite que puede haber o no convivencia, es perfectamente plausible la tesis de que, en relación con menores o personas con discapacidad sometidas a tutela del cónyuge o pareja, entre el sujeto activo y la víctima no es preciso que exista convivencia. La doctrina ha reconocido que el requisito de la convivencia no sirve para delimitar el ámbito aplicativo de los delitos de violencia doméstica o similar, pues en algunas relaciones entre autor-víctima no se ha exigido la convivencia. V., en este sentido, por todos, CORTÉS BECHIARELLI, en: *EP-Ruiz Antón* 2004, 247; ARANGUEZ SÁNCHEZ, en: *EP-Cobo del Rosal* 2005, 20, quien se cuestiona esta decisión; ALASTUEY DOBÓN, en: BOLDOVA PASAMAR/RUEDA MARTÍN (coords.), *Violencia doméstica y de género*, 2006, 64; CORCOY BIDASOLO, en: MIR PUIG/CORCOY BIDASOLO (dirs.), *Política criminal*, 2006, 153 s., quien pone de relieve que, dada la mala redacción de los tipos penales, puede plantearse interpretaciones a favor de exigir la convivencia en algunas pero no todas las relaciones familiares, llegando a resultados absurdos (y pone como ejemplo que se proteja más a las cuñadas que a las suegras); en: CORCOY BIDASOLO (dir.)/VERA SÁNCHEZ (coord.), *PE I*, 2015, 221, insiste en que el precepto no requiere convivencia; OLAIZOLA NOGALES, en: *EPC XXX* (2010), 281 s.; RUEDA MARTÍN, *Violencia sobre la mujer*, 2012, 43, 46, quien llega a destacar que ni la convivencia ni el parentesco definen los delitos de violencia familiar. Algunos autores sí consideran que en la violencia basada en las relaciones familiares entre autor y víctima se exige la convivencia. En este sentido, ALONSO DE ESCAMILLA/LAMARCA PÉREZ, en: *EP-Gimbernat II*, 2008, 1769, quienes exigen tal requisito en todos los supuestos, con la excepción del referido a las personas sometidas a guarda o custodia en centros públicos o privados; BENÍTEZ JIMÉNEZ, en: VILLACAMPA ESTIARTE (coord.), *Violencia de género*, 2008, 197 (refiriéndose a la violencia sobre descendientes, hermanos,

Como habíamos señalado al inicio de este apartado, en el matrimonio forzado intervienen los familiares más o menos directos de uno o de los contrayentes, en muchas ocasiones afectan a menores de edad. Los delitos de violencia doméstica son aplicables a los *ascendientes*, descendientes y *hermanos* de la víctima, sin necesidad de que convivan, pero también *a cualquier otro pariente* de la víctima si esta se encuentra integrada en el núcleo de su convivencia familiar[255]; si la víctima es menor, al margen

---

ascendientes, cuñados y suegros); LÓPEZ PEREGRÍN, en: NÚÑEZ CASTAÑO (dir.), *Violencia de género*, 2009, 243 n 44, refiriéndose al grupo de descendientes, ascendientes y hermanos, para los que literalmente la convivencia no está mencionada. Por su parte, RAMÓN RIBAS, en: PUENTE ABA (dir.)/RAMOS VÁZQUEZ/SOUTO GARCÍA (coords.), *Violencia de género*, 2010, 33 n. 27, sí advierte que en este grupo de supuestos basado en las relaciones familiares no se precisa si es necesaria la convivencia, a no ser que se considere vinculado al inciso siguiente, el relativo a menores o incapaces, hoy personas con discapacidad necesitadas de especial protección, donde sí hay mención expresa de este requisito. Sí parece acertada esta opción legal de no exigir convivencia para MUÑOZ SÁNCHEZ, en: BOLDOVA PASAMAR/RUEDA MARTÍN (coords.), *Violencia doméstica y de género*, 2006, 83, al afirmar que la mera existencia de la relación de parentesco puede fundamentar la existencia de una relación de dominio y poder que hace especialmente vulnerable a la víctima por su dependencia. Pero para las relaciones tutelares o similares sí exige tal convivencia, pues la relación de dominio y poder del sujeto activo solo aparecerá si la víctima se integra en el núcleo de su convivencia. Advierte, no obstante, de que la literalidad de los tipos penales llevan a otra conclusión, no exigiéndose la convivencia cuando el menor o incapaz, hoy persona con discapacidad necesitada de especial protección, está vinculado al cónyuge o conviviente, si bien a continuación advierte de que tal resultado es absurdo, incoherente sistemáticamente y no responde al fundamento de lo injusto específico, por lo que debe ser rechazado (p. 84). Esta cuestión relativa a si se requiere o no la convivencia entre autor y víctima en los delitos de violencia doméstica ha sido objeto de controversia en la práctica judicial, si bien, tal como se refleja por la FGE en la Consulta 1/2008, acerca de la exigencia del requisito de convivencia entre el agresor y los ascendientes, descendientes y hermanos para la tipificación de los hechos como delito de violencia doméstica previsto en los artículos 153 y 173 del Código Penal, parece que la misma ha sido resuelta judicialmente a favor de la exigencia de tal requisito, dando lugar a que en la citada Consulta también se adopte tal criterio, ofreciendo argumentos para apoyar esta interpretación.

255 El supuesto de persona amparada en cualquier otra relación por la que se encuentre integrada en el núcleo de convivencia familiar puede servir para abarcar casos muy diversos, desde parientes no mencionados en los apartados anteriores hasta personas que no tienen relación alguna de parentesco entre sí, pero que conviven en el mismo domicilio. Para no realizar una mera interpretación basada en la literalidad del precepto, habrá que reservar la aplicación de este apartado de los delitos de violencia doméstica o similar a aquellos supuestos en los que, además de la integración en el núcleo de convivencia familiar, la víctima se encuentre en la situación de dependencia y/o subordinación respecto del autor. Sobre la inclusión de este supuesto o grupo en los delitos de violencia doméstica, ARANGUEZ SÁNCHEZ, en: *EP-Cobo del Rosal* 2005, 21, ha criticado esta extensión del ámbito aplicativo de los delitos de violencia

de las relaciones anteriormente indicadas, aquellos delitos son aplicables *a cualquier persona*, pariente o no, si convive con el menor o si este está sujeto a la potestad, tutela, curatela, acogimiento o guarda del cónyuge o conviviente del agresor.

Para el caso más frecuente, cuando además la víctima es menor de edad, el matrimonio puede ser impuesto por uno o los dos progenitores (o padres y otros miembros de la familia que conviven con el menor), pudiendo recibir el apoyo y colaboración de otros parientes, directos o colaterales, convivientes o no; el menor que se niega a contraer matrimonio puede buscar el apoyo y comprensión de sus familiares, estos, que apoyan la decisión paterna, sin llegar a emplear medios delictivos (sin coaccionar ni amenazar ni maltratar) tratan de anular la resistencia del menor a contraer matrimonio o, al menos, no lo apoyan en su decisión. Como consecuencia de la connivencia de todos los familiares, el menor se encuentra solo, más vulnerable. Desde la consideración de los delitos de violencia de género (incluidas las modalidades asimiladas) y violencia doméstica como delitos especiales (impropios), se podrán aplicar las reglas de la (co)autoría y participación para dar respuesta adecuada a todos los intervinientes que cometen y apoyan el comportamiento violento[256].

---

doméstica, pues la pura convivencia sin dependencia afectiva o material del agresor es discutible que se incluya en estos delitos (está refiriéndose a la persona del servicio doméstico, literalmente subsumible en el supuesto que nos ocupa). De manera más clara, CORTÉS BECHIARELLI, en: *EP-Ruiz Antón* 2004, 257, quien propone realizar una interpretación restrictiva de este supuesto, excluyendo de este modo a las personas que se sitúan en el núcleo familiar a través de un contrato laboral. También CANO PAÑOS, en: MORILLAS CUEVA (dir.), *CP reformado*, 2015, 418, pone en cuestión la inclusión de este supuesto en los delitos de violencia doméstica o similar, por la posible vulneración del principio de legalidad, ya que se puede extender *ad infinitum* el posible círculo de sujetos pasivos.

256 Como ejemplo de que en el matrimonio forzado pueden intervenir varios miembros de la familia, pudiendo plantearse formas de (co)autoría y participación, puede citarse la STS núm. 191/2015, 13-10 *(Tol 5512858)*, con las siguientes aclaraciones: en el caso se ha analizado el problema del matrimonio forzado sobrevenido, y se ha hecho el planteamiento desde el delito de detenciones ilegales (art. 163.1 CP) y solo para uno de los hermanos de la víctima se ha planteado a mayores el delito de maltrato del art. 153.2 y 3 CP. Desde la perspectiva del delito de detenciones ilegales, todos los familiares (hasta ocho personas entre marido, padres, hermanos, una cuñada y una tía) han sido condenados como autores de este delito. La autoría y participación en el delito de violencia de género (y delitos asimilados) y violencia doméstica también puede plantearse en su modalidad omisiva, en particular, para el caso de que la víctima sea un menor, cuando es uno de los progenitores el que lleva a cabo el comportamiento violento en presencia del otro progenitor. En el caso de la participación, no bastará con comprobar que el progenitor, partiendo de su posición de garante (por la obligación de proteger y cuidar al menor), no impide el comportamiento violento del otro; la

Para concluir este apartado sobre la respuesta penal frente al matrimonio forzado a través de los delitos de violencia de género y asimilado y violencia doméstica, procede hacer una breve alusión a la aplicabilidad o no a los mismos de algunas circunstancias agravantes genéricas. Tomando como punto de partida el principio *non bis in idem*, se habrán de descartar aquellas agravantes que descansen en el mismo fundamento que ha servido para la tipificación de estos delitos, en ocasiones porque además en la descripción de los tipos penales se han incluido los elementos que sirven para la configuración de la circunstancia agravante. En particular, quedan descartadas las agravantes de parentesco —art. 23— (la relación de parentesco se utiliza en la descripción de los delitos de violencia de género y para la descripción de algunas relaciones incluidas en los delitos de violencia doméstica), de abuso de superioridad —art. 22.2ª— (si

---

fundamentación de la participación en comisión por omisión ha de hacerse haciendo el paralelismo con la participación activa: la omisión ha de equivaler normativamente a apoyar, colaborar, fomentar, etc., la conducta del autor. En cuanto a la autoría en comisión por omisión en estos delitos, su aplicación está condicionada a la decisión previa de si estamos ante delitos de mera actividad o delitos de resultado; solo en el segundo caso podrá aplicarse la autoría en comisión por omisión, eso sí, siempre y cuando la omisión equivalga normativamente a causar el resultado requerido en la correspondiente modalidad delictiva. Sobre la fundamentación que se defiende de la autoría y la participación en comisión por omisión, v. DÍAZ Y GARCÍA CONLLEDO, en: *EPB* 2002, 986 s.; TRAPERO BARREALES, en: *AFDO* 2003, 449-474. Por otro lado, si el progenitor se limita a no impedir la comisión del delito violento por el otro progenitor, la respuesta punitiva ha de venir de la mano del delito de omisión del deber de impedir delitos del art. 450 CP. Antes de la reforma de 2015, la aplicación de este delito se limitaba a los casos en los que no se impidiera la comisión de un delito contra la vida, la integridad o salud, la libertad o la libertad sexual, desde la perspectiva de la violencia doméstica, quedaba excluida la omisión de impedir las amenazas y coacciones leves, pues todas ellas eran constitutivas de faltas. Con la reforma de 2015, y derivado de la desaparición del Libro III CP, eliminando del ámbito penal algunas de las antiguas faltas y convirtiendo otras en delitos leves, el ámbito aplicativo del delito de omisión del deber de impedir delitos se ha ampliado, pues ahora también dará lugar a este delito la omisión del deber de impedir los delitos leves de amenazas, coacciones. Para el delito de violencia doméstica habitual propone otra solución MORILLAS CUEVA, en: *RECPC 04-09* (2002), 17; en: *H-Rodríguez Mourullo* 2005, 1626, quien plantea incluir un apartado más en el delito de violencia doméstica habitual para castigar a las personas señaladas en este delito que, teniendo el deber jurídico de evitarlo, y pudiendo hacerlo sin riesgo para su persona, no impidan el desarrollo de los actos descritos en este delito; este delito omisivo podría castigarse con la misma pena que el delito de violencia habitual o con la pena inferior en grado. Formula esta propuesta al considerar problemática y/o incompleta la respuesta a través del delito de omisión del deber de impedir delitos y la aplicación de la comisión por omisión en este delito y, en todo caso, porque se explicita una solución específica para la comisión por omisión en la violencia habitual (pp. 1614 s., 1622 ss., 1626).

el fundamento de estos delitos está implicando una relación asimétrica entre autor-víctima, aquel ejerciendo una posición de dominio sobre esta, sometida o subordinada por distintas causas al autor). Las dudas en torno a la aplicabilidad de ciertas circunstancias agravantes genéricas se centran en la agravante de discriminación —art. 22.4ª—, en particular desde la introducción de la discriminación por razón de género con la LO 1/2015. Obviamente, en los delitos de violencia de género tal circunstancia no podrá aplicarse, so pena de infringir el principio de doble castigo. Tan solo se podría plantear tal aplicación en aquellos delitos de violencia de género en los que no se ha explicitado este elemento en su descripción típica, eso sí, si en estos casos se consigue establecer una diferencia de fundamentación entre el tipo penal y la agravante genérica. Esta posibilidad se plantearía en relación con los delitos de maltrato habitual (art. 173.2), injurias y vejaciones injustas (art. 173.4) y acoso (art. 172 ter.2).

Más claramente, la posible aplicación de la agravante de discriminación sí es factible en los delitos asimilados a la violencia de género, si se separa o diferencia claramente entre el fundamento, basado en la especial vulnerabilidad de la víctima conviviente, y el posible concurrente motivo discriminatorio. Y lo mismo sucedería en los delitos de violencia doméstica o similar. Para el caso de que tal compatibilidad entre estos delitos y la agravante de discriminación fuera posible, la reforma de 2015 habría provocado un efecto en ningún momento pretendido ni perseguido: la posibilidad de que los supuestos asimilados a la violencia de género puedan ser castigados con más pena que los genuinos o específicos delitos de violencia de género. Esta posibilidad se producirá siempre en el caso de que la violencia de género recaiga sobre víctima especialmente vulnerable, pues la pena prevista para estos delitos, en su marco penal abstracto la misma que la pena de los delitos genuinos de violencia de género, se impondrá en su mitad superior. Pero también sucederá en algunos casos de violencia doméstica o similar por razón de género, en concreto, en los delitos de maltrato (art. 153.2 CP) y amenazas (art. 171.5 CP). Y en los delitos de maltrato habitual (art. 173.2 CP), injurias y vejaciones injustas leves (art. 173.4 CP) y acoso (art. 172 ter.2 CP), si se descarta la aplicación de la agravante de género cuando la víctima del comportamiento violento es la mujer o ex pareja mujer, pero no se descarta tal aplicación cuando la víctima es la hija, la madre, o cualquier otra mujer incluida en las relaciones descritas en estos tipos penales.

Y un aspecto o elemento que ha de ser añadido en la interpretación de los delitos de violencia de género y violencia doméstica y su compatibilidad o no con la agravante de discriminación: esta circunstancia se refiere a la discriminación por razón de género, esto es, también a la discriminación por razón de género masculino.

2.3.2.2. Respuesta penal al margen de los delitos de violencia de género y violencia doméstica

Al margen de los delitos de violencia de género y doméstica[257] que, como se ha explicado, tienen un ámbito aplicativo muy limitado (si nos referimos a los específicos delitos de violencia de género y doméstica o familiar), se pueden proponer otras vías para la solución de esta práctica.

Estas otras modalidades delictivas son ajenas al fundamento que está detrás de los delitos de violencia de género y violencia doméstica. Ahora bien, esto no significa que no pueda ser tenido en cuenta este injusto adicional si se prueba que concurre en el caso particular; para ello podrá recurrirse a algunas agravantes genéricas, como la agravante de discriminación del art. 22.4ª CP, modificada en la LO 1/2015, incluyendo en la discriminación la razón de género[258], pues, como se recordará, el matri-

---

[257] La aplicación de estos delitos de violencia doméstica o similar y violencia de género ha de realizarse en sus justos términos, cuando los hechos a enjuiciar sean leves. Pues como ya advirtiera CORCOY BIDASOLO, en: *H-Rodríguez Mourullo*, 2005, 1234; en: CORCOY BIDASOLO (dir.)/VERA SÁNCHEZ (coord.), *PE I*, 2015, 219, la existencia de estos tipos penales lleva en ocasiones a la práctica judicial a calificar de manera benevolente hechos que son constitutivos realmente de delitos (ahora delitos graves o menos graves, no delitos leves) de detenciones ilegales, amenazas, allanamiento de morada, agresiones sexuales, lesiones, homicidio, asesinato, etc.

[258] Sobre el fundamento y naturaleza de la circunstancia agravante de actuación por motivos discriminatorios, antes de que se reformara en 2015, con particular atención al motivo basado en el sexo (por ser el que puede tener relevancia en el tema que nos ocupa), v., por todos, DÍAZ Y GARCÍA CONLLEDO (dir.)/OLAIZOLA NOGALES/TRAPERO BARREALES/BARBER BURUSCO/DURÁN SECO/JERICÓ OJER, *Protección y expulsión de extranjeros*, 2007, 335 ss., 349 ss. Con la reforma operada por la LO 5/2010, de 22 de junio, el art. 22.4ª incluye como motivo de discriminación el sexo, la orientación o la identidad sexual; esta última expresión era la que permitía incluir la perspectiva de género como motivo discriminatorio. Así lo reconocía ACALE SÁNCHEZ, en: FARALDO CABANA (dir.)/IGLESIAS SKULJ (coord.), *Género y sistema penal*, 2010, 13. A partir de la reforma de la LO 1/2015, en la agravante de discriminación se ha incluido expresamente el motivo o la razón de género. En el Preámbulo de la LO 1/2015 (punto XXII) se justifica esta reforma desde la tesis de que se llevan a cabo algunas modificaciones en materia de violencia de género y doméstica para reforzar la protección especial de las víctimas de estos delitos. Y aquí sí se alude expresamente al concepto de género del Convenio del Consejo de Europa sobre prevención y lucha contra la violencia contra las mujeres y la violencia doméstica [art. 3 c)]: por género se entiende los papeles, comportamientos, actividades y atribuciones socialmente construidas que una sociedad concreta considera propios de mujeres o de hombres. Por cierto, también en este Convenio se ofrece una definición

monio forzado es calificado en los textos internacionales como una práctica que revela la discriminación que sufren las mujeres, o la agravante de parentesco del art. 23 CP[259].

Por otro lado, las siguientes modalidades delictivas que se van a mencionar también pueden ser aplicadas con carácter general, aunque quien obligue a la víctima a contraer matrimonio no sea un pariente. Pues aunque no es lo más frecuente, no puede descartarse que sea un extraño quien obligue a contraer matrimonio a la víctima, como lo demuestra el caso resuelto en la ya citada SAP Córdoba núm. 6/2002, 18-7[260].

Atendiendo a la definición planteada de matrimonio forzado, nos encontramos ante ataques a la libertad de la víctima; para lograr su celebración, se recurre a la violencia o a la amenaza, o, para impedir que la víc-

---

de violencia contra las mujeres por razones de género [art. 3 d)]: violencia contra una mujer porque es mujer o que afecta a las mujeres de manera desproporcionada. Sobre la interpretación de la agravante de discriminación por razón de género, v. AGUILAR CÁCERES, en: MORILLAS CUEVA (dir.), *CP reformado*, 2015, 59 ss.; BORJA JIMÉNEZ, en: GONZÁLEZ CUSSAC (dir.)/ GÓRRIZ ROYO/ MATALLÍN EVANGELIO (coords.), *Reforma CP de 2015*, 2ª, 2015, 121 ss.; JAEN VALLEJO/ PERRINO PÉREZ, *Reforma penal de 2015*, 2015, 36 s.; MANZANARES SAMANIEGO, *Reforma*, 2015, 50 s.; MIR PUIG, *PG*, 10ª, 2015, 657; MUÑOZ CUESTA/ RUIZ DE ERENCHUN ARTECHE, *Reforma penal de 2015*, 2015, 109 s.

259 Si bien hemos de advertir que las relaciones que dan lugar a la aplicación de los delitos de violencia doméstica y similar no coinciden con las relaciones de parentesco que se mencionan en el art. 23 CP. Sobre el fundamento y naturaleza de la circunstancia mixta de parentesco, v., por todos, CÓRDOBA RODA, en: CÓRDOBA RODA/GARCÍA ARÁN (dirs.), *Comentarios CP. PG*, 2011, 308 ss.; QUINTERO OLIVARES, en: QUINTERO OLIVARES (dir.)/MORALES PRATS (coord.), *Comentarios CP I*, 6ª, 2011, 310 ss.; BIELSA CORELLA, *Circunstancia mixta de parentesco*, 2014, 121 ss., 133 ss.; MIR PUIG, *PG*, 10ª, 2015, 662 s.; MUÑOZ CONDE/GARCÍA ARÁN, *PG*, 9ª, 2015, 526.

260 SAP Córdoba núm. 6/2002, 18-7: el acusado, para obtener la nacionalidad española, o el permiso oficial de residencia, aprovechándose del conocimiento previo que tenía de la simplicidad mental y de la crisis psíquica por la que estaba pasando la víctima, la propuso contraer matrimonio con él. Al negarse la mujer a contraer matrimonio, el acusado amenaza con atentar contra su integridad física, contra su vida y contra la de su hijo. La mujer, atemorizada por la amenaza, accede a la proposición. Antes de la celebración del matrimonio, la mujer intenta suspenderla, pero el acusado se entera, volviendo a intimidarla de palabra en los mismos términos que la vez anterior. Finalmente, se celebra el matrimonio. El Tribunal condena al acusado por un delito continuado de amenazas condicionales del art. 169.1º CP a la pena de cuatro años de prisión, accesoria de inhabilitación para obtener la nacionalidad española, el permiso de residencia o documento similar durante el tiempo de la condena, a la medida cautelar de prohibición de aproximarse a la víctima, comunicarse con ella, o acudir al lugar de su residencia, durante cinco años a contar desde el cumplimiento de la pena privativa de libertad.

tima pueda escapar, se le priva de libertad hasta que ceda a la celebración del matrimonio o hasta que este se lleve a cabo.

Estos medios comisivos son los que se han descrito en los CP europeos en los que se ha tipificado expresamente el delito de matrimonio forzado: con una u otra terminología, en todos ellos se tipifica la utilización de la violencia, la amenaza, la privación de libertad, para obligar a una persona a contraer matrimonio (o, en algunos casos, a contraer una pareja de hecho).

Es decir, sin necesidad de regulación expresa sobre esta materia, la respuesta penal frente al matrimonio forzado se encuentra a través de los delitos contra la libertad: los delitos de amenazas, coacciones y delitos de detenciones ilegales (arts. 169-171.1, 172.1 y 163 CP)[261].

---

261 MAQUEDA ABREU, en: ÁLVAREZ GARCÍA (dir)/DOPICO GÓMEZ-ALLER (coord.), *Estudio crítico sobre el Anteproyecto de 2012*, 2013, 560, recurre también, eventualmente, a los delitos que protegen la integridad moral o sexual; Y PALMA HERRERA, en: MORILLAS CUEVA (dir.), *CP reformado*, 2015, 397, menciona los delitos de coacciones, amenazas, detenciones ilegales, agresiones sexuales, lesiones, trato degradante. En el Informe CGPJ Anteproyecto-octubre 2012, 164, se mencionan los delitos de agresiones sexuales, detenciones ilegales, lesiones, coacciones y amenazas, porque estos son los delitos con los que normalmente suelen ir aparejados los matrimonios forzados. Y en el Informe CF Anteproyecto-octubre 2012, 142, se reconoce que la conducta que está detrás del matrimonio forzado actualmente no es atípica, pues puede incardinarse en los delitos de trata de personas y de coacciones. Estos delitos contra la libertad (entre otras modalidades delictivas) son los que se han aplicado en la STS núm. 1399/2009, 8-1 *(Tol 1798216)*. Si bien los hechos enjuiciados suceden tras la celebración del matrimonio se puede deducir que se trata de un caso de matrimonio forzado: la víctima ha nacido en Cádiz en 1992, y está al cuidado de una familia de esta ciudad desde muy temprana edad, si bien mantiene el contacto con sus padres. En marzo de 2005 los padres deciden trasladar a la niña a su país, Mauritania; en diciembre de 2005, cuando la niña tiene 13 años, contrae matrimonio. En el mes de abril de 2006 la niña se traslada a España para recibir asistencia médica, volviendo a residir con la familia gaditana. La madre visita a la niña en ocasiones para obligarla a llamar por teléfono a su marido, y como la niña se negaba la madre la forzaba a hacerlo dándole empujones y pellizcos en las piernas, diciéndole que si no accedía a ello le volvería a llevar a Mauritania, que le rompería la tarjeta de residencia, que le iba a quemar o a lapidar y la primera piedra la iba a tirar ella. A finales del mes de mayo de 2007, ante la inminente llegada del marido, los padres de la niña hicieron regresar a esta a su domicilio. La niña les dijo que no quería mantener relaciones sexuales con su marido, pero los padres le decían que tenía que hacerlo, que si no le pegarían, que regresaría nuevamente a Mauritania y la lapidarían. En el mes de junio, para conseguir que la niña entrara en la habitación de su esposo, la madre le pega, le muerde en el pecho y le amenaza con pegarle más con el cable de la tele. La niña entra en el dormitorio y le dice a su marido que no quiere tener relaciones sexuales pero el marido lo ignora, arrojándola sobre la cama, penetrándola vaginalmente. El Tribunal condena a la madre como cooperadora necesaria de un delito de agresión sexual, autora de un delito de maltrato familiar, un delito de lesiones leves a familiar,

El recurso a estas modalidades delictivas implica la conminación con pena de prisión en la mayoría de las ocasiones, facilitándose de esta manera la aplicación de la extradición, uno de los objetivos marcados en el Convenio del Consejo de Europa. Así, dentro de las modalidades de los delitos de amenazas, las más factibles son la amenaza con un mal constitutivo de (determinado) delito, condicional y logrando el propósito, prisión de 1 a 5 años, condicional pero sin lograr el propósito, prisión de 6 meses a 3 años; la amenaza con un mal constitutivo de (determinado) delito no condicional, prisión de 6 meses a 2 años; la amenaza de un mal que no constituya delito y condicional, prisión de 3 meses a 1 año o multa de 6 a 24 meses; amenaza de un mal no constitutivo de delito y condicional, logrando el propósito perseguido, prisión de 7 meses y 15 días a 1 año o multa de 15 a 24 meses. En el delito de coacciones se prevé la pena prisión de 6 meses a 3 años o la pena de multa de 12 a 24 meses. Y en el delito de detenciones ilegales, las penas oscilan entre prisión de 2 a 4 años (menos 1 día), prisión de 4 a 6 años y prisión de 5 a 8 años, y, para el caso de que la víctima sea menor o persona con discapacidad necesitada de especial protección, entre prisión de 3 a 4 años (menos un día), prisión de 5 a 6 años o prisión de 6 años y 6 meses a 8 años.

Para que la amenaza o la coacción sean constitutivas de delito han de recibir el calificativo de grave (también las amenazas condicionales de mal constitutivo de delito, aunque en este caso la gravedad se podría deducir de la propia entidad del mal amenazante), elemento que delimitaba los antiguos delitos de las faltas, actualmente delimita el delito menos grave del delito leve. Ante la ausencia de criterios legales para su delimitación, la gravedad o levedad se establece atendiendo a las circunstancias concurrentes[262].

---

un delito de coacciones y un delito de amenazas. Y el padre es condenado como autor de un delito de maltrato familiar y un delito de amenazas.

262 Sobre la antigua diferenciación entre el delito y la falta de amenazas y coacciones, que ahora se trasladará a la diferenciación entre los delitos menos graves y delitos leves de amenazas y coacciones v., entre otros, DÍEZ RIPOLLÉS, en: DIÉZ RIPOLLÉS/GRACIA MARTÍN (coords.), *Comentarios CP I*, 1997, 885 ss.; CERVELLÓ DONDERIS, *Coacciones*, 1999, 111 ss.; CALDERÓN CEREZO, en: CALDERÓN CEREZO/CHOCLÁN MONTALVO, *PE*, 2005, 78; GÓMEZ INIESTA, en: ARROYO ZAPATERO/BERDUGO GÓMEZ DE LA TORRE/FERRÉ OLIVÉ/GARCÍA RIVAS/SERRANO PIEDECASAS/TERRADILLOS BASOCO (dirs.)/NIETO MARTÍN/PÉREZ CEPEDA (coords.), *Comentarios CP*, 2007, 407 s., 415; LÓPEZ PEREGRÍN, en: NÚÑEZ CASTAÑO (dir.), *Violencia de género*, 2009, 258 ss.; JAREÑO LEAL, en: BOIX REIG (dir.), *PE I*, 2010, 230; CARPIO BRIZ, en: CORCOY BIDASOLO/MIR PUIG (dirs.), *Comentarios CP*, 2011, 390 s., 399; en: CORCOY BIDASOLO (dir.)/VERA SÁNCHEZ (coord.), *PE I*, 2015, 123 s., 127 s., 145; FRAILE COLOMA,

Aunque legalmente sí se ha distinguido entre estas dos modalidades delictivas[263], la amplia interpretación jurisprudencial del delito de coacciones ha difuminado dicha diferencia, calificando desde esta figura delictiva supuestos de *vis* física, de fuerza en las cosas y supuestos en los que se recurre a la intimidación[264].

---

en: GÓMEZ TOMILLO (dir.), *Comentarios CP*, 2ª, 2011, 658 s., 670; SÁNCHEZ TOMÁS, en: ÁLVAREZ GARCÍA (dir.)/MANJÓN-CABEZA OLMEDA/VENTURA PÜSCHEL (coords.), *PE I*, 2ª, 2011, 363 s.; COLMENERO MENÉNDEZ DE LUARCA, en: CONDE-PUMPIDO FERREIRO (dir.), *CP I*, 3ª, 2012, 624 s., 633, 635; BRAGE CENDÁN, en: GONZÁLEZ CUSSAC (dir.)/GÓRRIZ ROYO/MATALLÍN EVANGELIO (coords.), *Reforma CP de 2015*, 2ª, 2015, 557 ss.; CUERDA ARNAU, en: GONZÁLEZ CUSSAC (coord.), *PE*, 4ª, 2015, 159, 172; LAMARCA PÉREZ, en: LAMARCA PÉREZ (coord.), *PE*, 3ª, 2015, 156, 165; LLOBET ANGLÍ, en: MOLINA FERNÁNDEZ (coord.), *Memento práctico penal*, 2015, 851/nm. 8511 ss.; MUÑOZ CONDE, *PE*, 20ª, 2015, 138 s., 144; PALMA HERRERA, en: MORILLAS CUEVA (dir.), *CP reformado*, 2015, 392 ss.; PÉREZ RIVAS, en: GONZÁLEZ CUSSAC (dir.)/GÓRRIZ ROYO/MATALLÍN EVANGELIO (coords.), *Reforma CP de 2015*, 2ª, 2015, 553 ss.; QUERALT JIMÉNEZ, *PE*, 7ª, 2015, 175 s., 185; RAGUES I VALLÈS, en: SILVA SÁNCHEZ (dir.)/RAGUÉS I VALLÈS (coord.), *PE*, 4ª, 2015, 108 s., 112 s.

263 Tal diferenciación es doble: por un lado, porque se han tipificado diferenciadamente los delitos de amenazas y los delitos de coacciones. Por otro lado, porque en algunas figuras delictivas se ha recurrido a la descripción como medios comisivos la intimidación y/o la violencia, si bien para la descripción del medio coactivo no siempre se utiliza la misma terminología. En este segundo caso, en ocasiones, la mayoría, se ha recurrido a la descripción conjunta de ambos medios comisivos, y se alude a la intimidación o a la violencia (a título meramente ejemplificativo, en el delito de trata de personas, art. 177 bis.1, en los delitos de agresiones sexuales, arts. 178 y 179, 183, en delitos de prostitución, arts. 187 y 188, en el delito de robo, art. 242, en el delito de imposición de condiciones laborales perjudiciales, art. 311); en otras ocasiones se alude solo al medio coactivo, y se utiliza además el término coacciones (por ejemplo, tras la reforma de 2015, en el delito de impedir el ejercicio de la libertad sindical o el derecho de huelga del art. 315.2 CP).

264 Sobre el concepto amplio de coacción, v. entre otros, DÍEZ RIPOLLÉS, en: DIÉZ RIPOLLÉS/GRACIA MARTÍN (coords.), *Comentarios CP I*, 1997, 820 ss.; CERVELLÓ DONDERIS, *Coacciones*, 1999, 30-43; REBOLLO VARGAS, en: CÓRDOBA RODA/GARCÍA ARÁN (dirs.), *Comentarios CP PE I*, 2004, 222 ss.; CALDERÓN CEREZO, en: CALDERÓN CEREZO/CHOCLÁN MONTALVO, *PE*, 2005, 68; GÓMEZ INIESTA, en: ARROYO ZAPATERO/BERDUGO GÓMEZ DE LA TORRE/FERRÉ OLIVÉ/GARCÍA RIVAS/SERRANO PIEDECASAS/TERRADILLOS BASOCO (dirs.)/NIETO MARTÍN/PÉREZ CEPEDA (coords.), *Comentarios CP*, 2007, 415; LÓPEZ PEREGRÍN, en: NÚÑEZ CASTAÑO (dir.), *Violencia de género*, 2009, 240 s.; CARBONELL MATEU/GONZÁLEZ CUSSAC, en: VIVES ANTÓN/ORTS BERENGUER/CARBONELL MATEU/GONZÁLEZ CUSSAC/MARTÍNEZ-BUJÁN PÉREZ, *PE*, 3ª, 2010, 202 s., JAREÑO LEAL, en: BOIX REIG (dir.), *PE I*, 2010, 245 ss.; MANZANARES SAMANIEGO, *CP II*, 2010, 165 s., 168; ACALE SÁNCHEZ, en: TERRADILLOS BASOCO (coord.), *PE I*, 2011, 122; CARPIO BRIZ, en: CORCOY BIDASOLO/MIR PUIG (dirs.), *Comentarios CP*, 2011, 399 s.; en: CORCOY BIDA-

Tampoco está exenta de problemas la delimitación entre los delitos de coacciones y de detenciones ilegales, en particular cuando la privación de libertad que sufre la víctima es de breve duración[265].

SOLO (dir.)/VERA SÁNCHEZ (coord.), *PE I*, 2015, 131 ss.; FRAILE COLOMA, en: GÓMEZ TOMILLO (dir.), *Comentarios CP*, 2ª, 2011, 667 s.; QUINTERO OLIVARES, en: QUINTERO OLIVARES (dir.)/MORALES PRATS (coord.), *Comentarios CP I*, 6ª, 2011, 1038, 1053 s.; DEL ROSAL BLASCO, en: MORILLAS CUEVA (coord.), *PE*, 2011, 182 s.; SÁNCHEZ TOMÁS, en: ÁLVAREZ GARCÍA (dir.)/MANJÓN-CABEZA OLMEDA/VENTURA PÜSCHEL (coords.), *PE I*, 2ª, 2011, 408 s.; COLMENERO MENÉNDEZ DE LUARCA, en: CONDE-PUMPIDO FERREIRO (dir.), *CP I*, 3ª, 2012, 632, 635; CUERDA ARNAU, en: GONZÁLEZ CUSSAC (coord.), *PE*, 4ª, 2015, 166 s.; GARCÍA DEL BLANCO, en: MOLINA FERNÁNDEZ (coord.), *Memento práctico penal*, 2015, 854 s./nm. 8544-8547; GARCÍA VALDÉS/MESTRE DELGADO/FIGUEROA NAVARRO, *PE*, 2ª, 2015, 65; LAMARCA PÉREZ, en: LAMARCA PÉREZ (coord.), *PE*, 3ª, 2015, 157 s.; MUÑOZ CONDE, *PE*, 20ª, 2015, 140 s.; NÚÑEZ CASTAÑO, en: GÓMEZ RIVERO (dir.), *PE I*, 2ª, 2015, 162 s.; PÉREZ RIVAS, en: ROMA VALDÉS (dir.), *CP comentado*, 2015, 315; QUERALT JIMÉNEZ, *PE*, 6ª, 2010, 171; RAGUES I VALLÈS, en: SILVA SÁNCHEZ (dir.)/RAGUÉS I VALLÈS (coord.), *PE*, 4ª, 2015, 110 s.

265 Sobre los criterios doctrinales y jurisprudenciales para la delimitación entre el delito de coacciones y el de detenciones ilegales, v., entre otros, DÍEZ RIPOLLÉS, en: DIÉZ RIPOLLÉS/GRACIA MARTÍN (coords.), *Comentarios CP I*, 1997, 715 y n. 9, 769 s. y n. 305; CERVELLÓ DONDERIS, *Coacciones*, 1999, 90 ss.; REBOLLO VARGAS, en: CÓRDOBA RODA/GARCÍA ARÁN (dirs.), *Comentarios CP I*, 2004, 180 s.; en: ÁLVAREZ GARCÍA (dir.)/MANJÓN-CABEZA OLMEDA/VENTURA PÜSCHEL (coords.), *PE I*, 2ª, 2011, 331 s.; CALDERÓN CEREZO, en: CALDERÓN CEREZO/CHOCLÁN MONTALVO, *PE*, 2005, 72; GÓMEZ INIESTA, en: ARROYO ZAPATERO/BERDUGO GÓMEZ DE LA TORRE/FERRÉ OLIVÉ/GARCÍA RIVAS/SERRANO PIEDECASAS/TERRADILLOS BASOCO (dirs.)/NIETO MARTÍN/PÉREZ CEPEDA (coords.), *Comentarios CP*, 2007, 399 s.; CARBONELL MATEU/GONZÁLEZ CUSSAC, en: VIVES ANTÓN/ORTS BERENGUER/CARBONELL MATEU/GONZÁLEZ CUSSAC/MARTÍNEZ-BUJÁN PÉREZ, *PE*, 3ª, 2010, 169; LLORIA GARCÍA, en: BOIX REIG (dir.), *PE I*, 2010, 202 s.; MANZANARES SAMANIEGO, *CP II*, 2010, 122, 132 ss., 166; ACALE SÁNCHEZ, en: TERRADILLOS BASOCO (coord.), *PE I*, 2011, 120 s.; BLANCO CORDERO, en: GÓMEZ TOMILLO dir.), *Comentarios CP*, 2ª, 2011, 643; BOLEA BARDON, en: CORCOY BIDASOLO/MIR PUIG (dirs.), *Comentarios CP*, 2011, 382; en: CORCOY BIDASOLO (dir.)/VERA SÁNCHEZ (coord.), *PE I*, 2015, 148 s.; FRAILE COLOMA, en: GÓMEZ TOMILLO (dir.), *Comentarios CP*, 2ª, 2011, 669; QUINTERO OLIVARES, en: QUINTERO OLIVARES (dir.)/MORALES PRATS (coord.), *Comentarios CP I*, 6ª, 2011, 1021; DEL ROSAL BLASCO, en: MORILLAS CUEVA (coord.), *PE*, 2011, 154; COLMENERO MENÉNDEZ DE LUARCA, en: CONDE-PUMPIDO FERREIRO (dir.) *CP I*, 3ª, 2012, 601 s., 609 s., 634 s.; GARCÍA DEL BLANCO, en: MOLINA FERNÁNDEZ (coord.), *Memento práctico penal*, 2015, 853 s./nm. 8531-8533; GARCÍA VALDÉS/MESTRE DELGADO/FIGUEROA NAVARRO, *PE*, 2ª, 2015, 61, 65; GONZÁLEZ CUSSAC, en: GONZÁLEZ CUSSAC (coord.), *PE*, 4ª, 2015, 135 s.; LAMARCA PÉREZ, en: LAMARCA PÉREZ (coord.), *PE*, 3ª, 2015, 131, 134; LLOBET ANGLÍ, en: MOLINA FERNÁNDEZ (coord.), *Memento práctico penal*, 2015,

En el caso de que se recurra a la coacción cabría plantear la modalidad de delito de coacciones tipificado en el art. 172.1 2° párrafo CP, que castiga la coacción que tiene como objeto impedir el ejercicio de un derecho fundamental[266], pues a través de la imposición del matrimonio el contrayente ve afectado su derecho a la autodeterminación personal y el libre desarrollo de la personalidad.

Otras vías de respuesta penal, como se ha indicado en un apartado anterior, las ofrece la regulación penal del delito de trata de seres humanos tipificado en el art. 177 bis[267] o el delito de lesa humanidad del art. 607 bis[268].

---

809 ss./nm. 8180-8184; MUÑOZ CONDE, *PE*, 20ª, 2015, 148; NÚÑEZ CASTAÑO, en: GÓMEZ RIVERO (dir.), *PE I*, 2ª, 2015, 196; QUERALT JIMÉNEZ, *PE*, 7ª, 2015, 208 s.; RAGUÉS I VALLÈS, en: SILVA SÁNCHEZ (dir.)/RAGUÉS I VALLÈS (coord.), *PE*, 4ª, 2015, 97 s.

266 Defiende la posibilidad de recurrir a este delito MAQUEDA ABREU, en: ÁLVAREZ GARCÍA (dir)/DOPICO GÓMEZ-ALLER (coord.), *Estudio crítico sobre el Anteproyecto de 2012*, 2013, 561, desde la perspectiva del derecho a contraer matrimonio solo por el libre albedrío y pleno consentimiento de los contrayentes. En el Informe CF Anteproyecto-octubre 2012, 142, también se advierte de la posibilidad de incardinar el matrimonio forzado en el tipo agravado del art. 172.1 segundo párrafo CP. De otra opinión, DE LA CUESTA AGUADO, en: QUINTERO OLIVARES (dir.), *Reforma penal de 2015*, 2015, 372, poniendo de relieve la interpretación doctrinal del art. 172 segundo párrafo en el sentido de que el derecho fundamental que se impide ha de ser uno de los contenidos en los arts. 14 a 29 CE, en ninguno de ellos se alude al matrimonio. La referencia constitucional al matrimonio se encuentra en el art. 32, sin aludir a la libertad del consentimiento para contraer matrimonio; en el mismo sentido, PALMA HERRERA, en: MORILLAS CUEVA (dir.), *CP reformado*, 2015, 397.

267 Sobre la posibilidad de aplicar el delito de trata de personas, antes de su actual redacción, v. la doctrina citada en n. 218. Como se verá más adelante, en la tipificación del delito de matrimonio forzado se diferencian dos supuestos distintos: uno, cuando se recurre a la coacción o a la intimidación grave para compeler a una persona a contraer matrimonio. Dos, cuando, con la finalidad de cometer el hecho descrito antes, se recurre a la violencia, intimidación o engaño para forzar a abandonar el territorio español o no regresar al mismo. Antes de la aprobación de la LO 1/2015, MAQUEDA ABREU, en: ÁLVAREZ GARCÍA (dir.)/DOPICO GÓMEZ-ALLER (coord.), *Estudio crítico sobre el Anteproyecto de 2012*, 2013, 562 s., rechazaba la propuesta regulativa del delito de matrimonio forzado; en su lugar, si se pretende tutelar a las víctimas y cumplir los compromisos internacionales, lo que debía hacer el legislador era proteger los derechos humanos frente a quienes trasladan a las víctimas contra su voluntad en el lugar adecuado, en el delito de trata de seres humanos. Esta autora reclamaba que esta finalidad se incluyera en este delito, a través de la posibilidad de identificar el matrimonio forzado con alguna forma de explotación como la sexual o mediante servidumbre. Ni en el Anteproyecto-abril 2013 ni en la versión inicial del Proyecto-octubre 2013 se ha planteado la modificación del delito de trata de personas en la forma reclamada por esta autora, introduciendo o aclarando que el matrimonio forzado es una posible finalidad de explotación. Será durante la tramitación del Proyecto-octubre

Si generalmente la víctima del delito es menor de edad, y también generalmente son los padres los que imponen el matrimonio, como último recurso para su prevención se puede plantear alguna de las modalidades delictivas de los delitos contra las relaciones familiares[269]. En concreto, se puede proponer la aplicación del delito de abandono de familia tipificado en el art. 226 CP, si bien en este caso solo podría castigarse a los padres del menor o personas que ostenten cargos tutelares, en la medida en que se entienda que estas personas están incumpliendo los deberes legales de asistencia, desde el momento en que se ha reconocido que el matrimonio de niñas tiene graves consecuencias en su desarrollo personal, salud, educación, y porque en última instancia si el matrimonio forzado se define como una práctica discriminatoria, una manifestación de la violencia que sufren mujeres y niñas, en tal caso los deberes legales de asistencia de las

---

2013, como consecuencia de una enmienda transaccional admitida en la Ponencia en la Comisión de Justicia del Congreso en relación con la enmienda núm. 555 presentada por el Grupo Parlamentario UPyD (v. BOCG X Legislatura, Serie A, Núm. 66-2, 10 de diciembre de 2014 y Núm. 66-3, 21 de enero de 2015 respectivamente) cuando se propone reformar el delito de trata de seres humanos, incluyendo como finalidad la celebración de matrimonios forzados, pero no en el sentido planteado por esta autora, esto es, proponiendo la supresión de la tipificación autónoma del delito de matrimonio forzado. También TORRES ROSELL, en: VILLACAMPA ESTIARTE (coord.), *Libertad e indemnidad sexual*, 2015, 428 ss., dado que el matrimonio forzado cumple con los tres requisitos del delito de trata (la acción, el medio comisivo y la finalidad de explotación), refiriéndose al Proyecto-octubre 2013 en fase de enmiendas, cuando ya se han hechos los cambios en el delito de trata de personas, es partidaria de la eliminación del art. 172 bis y, en su lugar, el matrimonio forzado ha de ser reubicado como modalidad del delito de trata de personas del art. 177 bis. Para VILLACAMPA ESTIARTE, en: QUINTERO OLIVARES (dir.), *Reforma penal de 2015*, 2015, 407; en: *LL núm. 8554*, 2015, 4, la opción de incriminar específicamente el delito de matrimonio forzado obligaba a reformar el delito de trata de personas, mencionando expresamente entre los fines de la trata la celebración de matrimonios forzados ya que, en caso contrario, se corría el riesgo de que todos los supuestos de matrimonios forzados subsumibles en la trata se subsumieran, injustificadamente, en este nuevo delito de matrimonio forzado.

268 También desde la perspectiva del delito de lesa humanidad tipificado en el art. 607 bis CP se puede dar respuesta a las conductas de entrega de mujeres a soldados y combatientes para convertirlas en sus concubinas, en la modalidad de sometimiento a esclavitud.

269 No nos estamos refiriendo al delito, de discutible presencia en el texto punitivo, de matrimonio inválido del art. 218 CP, pues este delito castiga al contrayente que, para perjudicar al otro, celebra matrimonio inválido (y es matrimonio inválido el celebrado sin consentimiento válido del contrayente). Para castigar a los padres a través de este precepto habría que recurrir a las reglas de la participación, y para ello sería necesaria la connivencia entre uno de los contrayentes y los padres del otro contrayente coaccionado o amenazado para celebrar el matrimonio con el primero.

personas que ejercen funciones tutelares han de consistir precisamente en la protección de las menores frente a estas prácticas[270].

De la exposición realizada hasta ahora se puede extraer una conclusión clara: el DP vigente tiene respuesta adecuada frente a los medios más graves empleados en los matrimonios forzados.

Si volvemos la vista de nuevo a la regulación penal de los matrimonios forzados en los países europeos seleccionados nos queda por comentar otras formas de llevar a cabo esta práctica: cuando el sujeto activo recurre a la violencia o intimidación para obligar a la víctima a que abandone el país de origen y/o de residencia y se traslade a otro país donde esta será obligada a contraer el matrimonio; la víctima se ha trasladado a un tercer país y el sujeto activo recurre a la violencia o intimidación para impedir que regrese al país de origen y/o de residencia con la intención de compeler a la víctima a contraer el matrimonio; el sujeto activo recurre al engaño para lograr que la víctima abandone el país de origen y/o de residencia y se traslade a un tercer país donde será forzada a contraer matrimonio. Esta última modalidad también ha sido incluida en el Convenio del Consejo de Europa, en la descripción de la propuesta de tipificación del delito de matrimonio forzado.

---

270 Sobre la interpretación de los deberes legales de asistencia en el art. 226 CP, v., por todos, LAURENZO COPELLO, *Abandono de familia*, 2001, 32 ss.; en: DÍEZ RIPOLLÉS/ROMEO CASABONA (coords.), *Comentarios CP II*, 2004, 1227 ss.; MARTÍNEZ RUIZ, en: COBO DEL ROSAL (dir.), *Comentarios CP VII*, 2003, 890 ss.; CUGAT MAURI, en: CÓRDOBA RODA/GARCÍA ARÁN (dirs.), *Comentarios CP PE I*, 2004, 578 ss.; CHOCLÁN MONTALVO, en: CALDERÓN CEREZO/CHOCLÁN MONTALVO, *PE*, 2005, 191 ss.; MANZANARES SAMANIEGO, *CP II*, 2010, 386 ss.; FERNÁNDEZ BAUTISTA, en: CORCOY BIDASOLO/MIR PUIG (dirs.), *Comentarios CP*, 2011, 508 s.; en: CORCOY BIDASOLO (dir.)/VERA SÁNCHEZ (coord.), *PE I*, 2015, 376 ss.; GONZÁLEZ AGUDELO, en: TERRADILLOS BASOCO (coord.), *PE I*, 2011, 317 ss.; GONZÁLEZ RUS, en: MORILLAS CUEVA (coord.), *PE*, 2011, 401 ss.; MARTÍNEZ GARCÍA, en: GÓMEZ TOMILLO (dir.), *Comentarios CP*, 2ª, 2011, 883 ss.; ROCA AGAPITO, en: ÁLVAREZ GARCÍA (dir.)/MANJÓN-CABEZA OLMEDA/VENTURA PÜSCHEL (coords.), *PE I*, 2ª, 2011, 929 ss.; TORRES ROSELL, en: QUINTERO OLIVARES (dir.)/MORALES PRATS (coord.), *PE*, 9ª, 2011, 594 ss.; BOIX REIG, en: BOIX REIG (dir.), *PE III*, 2012, 71 ss.; SÁNCHEZ-JUNCO MANS, en: CONDE-PUMPIDO FERREIRO (dir.)/DÍAZ MARTÍNEZ (coord.), *CP comentado I*, 3ª, 2012, 835 s.; CASTIÑEIRA PALOU/MONTANER FERNÁNDEZ, en: SILVA SÁNCHEZ (dir.)/RAGUÉS I VALLÈS (coord.), *PE*, 4ª, 2015, 212 ss.; CARBONELL MATEU, en: GONZÁLEZ CUSSAC (coord.), *PE*, 4ª, 2015, 321 s.; MOLINA FERNÁNDEZ, en: MOLINA FERNÁNDEZ (coord.), *Memento práctico penal*, 2015, 1045 s./nm. 10530-10537; MUÑOZ CONDE, *PE*, 20ª, 2015, 279 ss.; PÉREZ CEPEDA, en: GÓMEZ RIVERO (dir.), *PE I*, 2ª, 2015, 361 ss.; QUERALT JIMÉNEZ, *PE*, 7ª, 2015, 426 ss.; RODRÍGUEZ NÚÑEZ, en: LAMARCA PÉREZ (coord.), *PE*, 3ª, 2015, 290 ss.

Las distintas situaciones descritas tienen una diferente respuesta desde el punto de vista del DP. Porque se describen diferentes medios comisivos de distinta entidad (violencia, intimidación, engaño), a lo que se añade la circunstancia de que la conducta puede cometerse o en territorio nacional o en el extranjero.

El delito de trata de seres humanos, cuando concurran sus requisitos, permite dar solución a los distintos supuestos descritos, ya que entre otros medios comisivos se enumeran la violencia, la intimidación o el engaño (y se prescinde de tales medios cuando la víctima es menor si es para su explotación) y la acción se puede realizar en territorio español, desde España, en tránsito o con destino a España. Además, como se indicará más adelante, para cuando la conducta se comete en el extranjero, este delito está incluido en el catálogo de infracciones penales a las que resulta aplicable el principio de justicia universal. Pero para dar cobertura a las situaciones descritas es necesario que el matrimonio forzado pueda ser incluido en el ámbito aplicativo de este delito; antes de la reforma de 2015 el elemento que ha podido generar controversia es si se cumple o no con alguno de los fines exigidos en la trata, pudiendo resolverse esta cuestión a través del recurso a los fines de servicios forzados, esclavitud o prácticas similares a la esclavitud o la servidumbre, o a la explotación sexual. Ahora, tras la reforma de 2015, al incluirse expresamente como fin de la trata la celebración de matrimonios forzados, la aplicación o no de esta figura delictiva dependerá de si se cumplen o no los restantes elementos y requisitos típicos.

Al margen de esta modalidad delictiva, las situaciones descritas con anterioridad tienen diferente relevancia y/o repercusión. Para las conductas que se llevan a cabo en el extranjero (porque la víctima se encuentra en el extranjero), si la conducta realizada para impedir el regreso al país de origen y/de residencia finalmente es constitutiva de delito, la respuesta penal va a estar condicionada a la aplicación de los principios de extraterritorialidad, bien porque el sujeto activo es nacional español, bien porque el delito cometido es uno de los que dan lugar a la aplicación del principio de justicia universal (con las condiciones y límites de tal principio).

Cuando la conducta se lleva a cabo en el territorio español, los genéricos delitos de amenazas y coacciones permiten dar una respuesta satisfactoria al supuesto consistente en que el sujeto activo recurre a la intimidación o a la coacción para obligar a la víctima a abandonar el país. Pues sea cual sea la finalidad última perseguida por el sujeto activo, en estos casos la libertad de la víctima se ve afectada, ya que de una u otra manera es obligada a hacer algo que no quiere, abandonar de manera temporal o definitiva el país de origen y/o de residencia. Habría, no obstante, ciertas dificultades aplicativas desde la perspectiva del delito de amenazas si el hecho ha de ser subsumido en el delito de amenaza condicional de un mal no constitutivo de delito (art. 171.1 CP), por ejemplo cuando el sujeto activo se limita a amenazar con denunciar a la policía la situación irregular de la víctima si esta no accede a abandonar el país.

Solo resta referirnos al engaño como medio para conseguir que la víctima abandone el país con la finalidad de que, una vez alcanzado este objetivo inmediato, se pueda lograr el fin mediato de que aquella sea forzada a contraer matrimonio. En este caso sí nos encontramos ante una laguna de punibilidad, pues, con la excepción del antes mentado delito de trata de seres humanos, no hay tipo penal en el que se pueda subsumir este comportamiento. Pero tampoco se encuentra respuesta penal cuando la víctima es engañada para que abandone el país con la finalidad última de convertirse en sujeto pasivo de otras conductas lesivas de bienes jurídicos personales, sin alejarnos de las prácticas relacionadas con la discriminación de la mujer, por ejemplo para ser víctima de una mutilación genital. ¿Existe una diferencia sustancial entre una y otra práctica como para justificar la tipificación penal del engaño para lograr que la víctima abandone el país con la finalidad de forzarla a contraer matrimonio?

El hecho de que en el caso de celebración de matrimonios forzados sea habitual el recurso al engaño para sacar a la víctima del país de origen o de residencia, y tal engaño no sea suficiente en esta otra manifestación de la violencia contra la mujer, no es aún argumento suficiente para reclamar la tipificación penal. Para el caso más preocupante, cuando se trata de víctimas menores, existen otras alternativas jurídicas para su protección sin necesidad de que intervenga el DP. Son las mismas medidas que ya se están adoptando para la protección de las menores del riesgo de ser mutiladas genitalmente[271].

---

[271] El documento más completo es el Protocolo de actuaciones para prevenir la mutilación genital femenina de Cataluña, en el que se prevé que, ante el riesgo de que la menor sea trasladada a otro país donde se practicará esta intervención, el hecho se ponga en conocimiento de la fiscalía de menores y que se adopten medidas cautelares para evitar el traslado (para más detalles sobre las medidas preventivas que se prevén el protocolo se puede consultar en la siguiente dirección: http://benestar.gencat.cat/web/.content/03ambits_tematics/05immigracio/08recursosprofessionals/02prevenciomutilaciofemenina/Protocol_mutilacio_castella). También en la Comunidad Autónoma de Aragón se cuenta con un protocolo de actuación para la prevención de la mutilación genital (consulta en: http://www.aragon.es/estaticos/GobiernoAragon/Organismos/InstitutoAragonesMujer/StaticFiles/mutilaci%25C3%25B3n_1.pdf). En el ámbito nacional, desde 2015, desde una perspectiva aún parcial, se cuenta con un protocolo

2.4. El delito de matrimonio forzado: ¿una tipificación necesaria?

A la vista de lo explicado hasta ahora, parece que la respuesta a la pregunta formulada es inmediata. Porque si la intervención penal se justifica cuando se detectan auténticas lagunas de punibilidad, aquellas que resultan inadmisibles ante la falta o insuficiente protección de bienes jurídicos importantes, tal situación no parece que se produce en este ámbito[272].

---

común de actuación sanitaria (se puede consultar en el siguiente enlace: http://www.msssi.gob.es/organizacion/sns/planCalidadSNS/pdf/equidad/Protocolo_MGF_vers5feb2015.pdf).

272 Con diversos argumentos, la doctrina mayoritaria ha abogado por la no introducción del delito de matrimonio forzado en el CP. V., en este sentido, MAQUEDA ABREU, en: ÁLVAREZ GARCÍA (dir.)/DOPICO GÓMEZ-ALLER (coord.), *Estudio crítico sobre el Anteproyecto de 2012*, 2013, 560 ss., aboga por no tipificar el delito de matrimonio forzado, porque no es necesario, porque sería una reforma extremadamente ideológica y porque sería contraproducente; TERRADILLOS BASOCO, en: PÉREZ CEPEDA (dir.)/GORJÓN BARRANCO (coord.), *El Proyecto de reforma a debate*, 2014, 154, por tratarse de un nuevo delito cultural, añadiendo que su incorporación al CP es innecesaria, de fundamento pobremente ideológico y contraproducente (citando la opinión de MAQUEDA); CANO PAÑOS, en: MORILLAS CUEVA (dir.), *CP reformado*, 2015, 427, quien advierte que esta reforma, sin pretenderlo, pretende estigmatizar ciertas costumbres culturales que se consideran atrasadas y reprochables en nombre de la universalidad de los derechos de cualquier ser humano [argumento esgrimido, pero desde la perspectiva del delito de trata de personas, por IGLESIAS SKULJ, en: GONZÁLEZ CUSSAC (dir.)/GÓRRIZ ROYO/MATALLÍN EVANGELIO (coords.), *Reforma CP de 2015*, 2ª, 2015, 599]; DE LA CUESTA AGUADO, en: QUINTERO OLIVARES (dir.), *Reforma penal de 2015*, 2015, 367, 378; parece aceptar las críticas a la introducción del delito de matrimonio forzado en el CP formuladas por MAQUEDA GUINARTE CABADA, en: GONZÁLEZ CUSSAC (dir.)/GÓRRIZ ROYO/MATALLÍN EVANGELIO (coords.), *Reforma CP de 2015*, 2ª, 2015, 562 s.; LAMARCA PÉREZ, en: LAMARCA PÉREZ (coord.), *PE*, 3ª, 2015, 164; PALMA HERRERA, en: MORILLAS CUEVA (dir.), *CP reformado*, 2015, 397, para quien es cuestionable la necesidad de añadir esta figura delictiva al CP, pues se presenta como una modalidad agravada del delito de coacciones; RAGUÉS I VALLÈS, en: SILVA SÁNCHEZ (dir.)/RAGUÉS I VALLÈS (coord.), *PE*, 4ª, 2015, 113, quien pone en duda la tipificación autónoma de esta figura delictiva. De otra opinión, ABAD ARENAS, en: *LL* 2014-2, 1316 s., quien reclama la tipificación específica de los matrimonios forzados y matrimonios prematuros porque constituyen una violación de derechos humanos y una vulneración de la Convención de los Derechos del Niño. Además, propone que la ley aborde de manera explícita la responsabilidad penal que ostentan las personas, generalmente padres o tutores, que intervienen en el arreglo de los matrimonios de menores. La misma opinión parece defender RAVETLLAT BALLETÉ, en: RIVAS VALLEJO/BARRIOS BAUDOR (dirs.)/SERRANO FALCÓN (coord.), *Violencia de género*, 2ª, 2014, 1183, desde el momento en que señala que la aplicación de los delitos de agresiones sexuales, detenciones ilegales, lesiones, coacciones y amenazas para sancionar las conductas que están detrás del matrimonio forzado no es una solución que responda de manera adecuada y taxativa a la protección del bien jurídico lesionado en el matrimonio forzado, el derecho a contraer nupcias libremente; sí defienden la

En el Préambulo de la LO 1/2015 se justifica la tipificación específica del matrimonio forzado en el cumplimiento de los compromisos internacionales suscritos por España para perseguir delitos que atentan contra los derechos humanos[273]. En este argumento justificativo se citan, en primer lugar, la Directiva 2011/36/UE del Parlamento Europeo y del Consejo de 5 de abril de 2011, relativa a la prevención y lucha contra la trata de seres humanos y a la protección de las víctimas, en la que se incluye el matrimonio forzado entre las conductas que pueden dar lugar a la explotación de personas. Y, en segundo lugar, la Convención sobre la eliminación de todas las formas de discriminación contra la mujer.

Resulta cuanto menos llamativa la primera parte de la argumentación, pues si se menciona la Directiva 2011/36/UE en la que se presenta el matrimonio forzado como una forma de explotación característica del delito de trata de seres humanos[274], en buena lógica cabría esperar que

---

tipificación expresa LASCURAIN SÁNCHEZ, en: VALLE MARISCAL DE GANTE/ BUSTOS RUBIO (coords.), *Reforma penal*, 2014, 21, al calificar como virtud del entonces proyecto de reforma la tipificación expresa del matrimonio forzado; CARPIO BRIZ, en: CORCOY BIDASOLO (dir.)/VERA SÁNCHEZ (coord.), *PE I*, 2015, 138, ya que de esta manera se refuerza el mensaje preventivo dirigido a determinados sujetos asentados en España que no atienden al necesario respeto al sistema de valores constitucionales; JAEN VALLEJO/PERRINO PÉREZ, *Reforma penal de 2015*, 2015, 77 s., porque la respuesta a través de los delitos de agresión sexual, detenciones ilegales, coacciones o amenazas no es satisfactoria desde el bien jurídico que se pretende proteger, el derecho a la libertad e igualdad de contraer matrimonio; y MUÑOZ CUESTA/RUIZ DE ERENCHUN ARTECHE, *Reforma penal de 2015*, 2015, 128, califican la tipificación expresa de decisión afortunada. También en el Informe CGPJ Anteproyecto-octubre 2012, 164 s., se valora positivamente la creación del delito de matrimonio forzado, en la línea de otros países europeos, apoyando esta conclusión en los argumentos esgrimidos en la Exposición de Motivos a los que se aludirá a continuación en el texto. Por su parte, VÁZQUEZ IRUZUBIETA, *CP comentado*, 2015, 319, considera que no es necesaria la tipificación autónoma de este delito, pues "bastaba con añadir a las agravaciones este hecho" relativo a contraer matrimonio mediante intimidación o violencia (pero no se especifica a qué agravaciones se refiere). Y MUÑOZ CONDE, *PE*, 20ª, 2015, 145 s., afirma que la tipificación expresa solo se entiende por la alarma creada ante algunos casos ocurridos en el ámbito de familias de inmigrantes. Pero finaliza su explicación afirmando que, en realidad, el art. 172 bis no añade nada nuevo a los tipos genéricos de coacciones o amenazas, con la excepción de la agravación de la pena para el caso de que la víctima sea menor de edad.

273 En la Proposición no de Ley del Grupo Popular, para justificar la tipificación específica del matrimonio forzado se alegaba como argumento el hecho de que estamos ante un comportamiento con características especiales, una conducta que afecta a bienes tal importantes como la integridad y la libertad de los menores, resultando difícil que haya adecuada respuesta penal a través de los delitos hasta ahora existentes en el CP.

274 Por otro lado, como advierte GUINARTE CABADA, en: GONZÁLEZ CUSSAC (dir.)/GÓRRIZ ROYO/MATALLÍN EVANGELIO (coords.), *Reforma CP de 2015*,

la tipificación penal se realizara precisamente a través de la propuesta de reforma del delito de trata de seres humanos, identificando el matrimonio forzado con una de las finalidades de la trata de personas, o mencionándolo expresamente en una de tales finalidades, en todo caso no con la tipificación autónoma y diferenciada de ambas modalidades delictivas. Es más, como ya se ha comentado con anterioridad, también el delito de trata de personas se ha modificado en esta reforma, mencionando expresamente entre los fines la celebración de matrimonios forzados. Con la entrada en vigor de esta propuesta regulativa, se ha generado un problemático problema concursal entre ambas modalidades delictivas; aunque más adelante se aludirá a este problema, si el mismo finalmente se pretende resolver a favor de la aplicación del delito de matrimonio forzado, en tal caso la tipificación específica generaría un efecto en ningún caso deseado: el matrimonio forzado, catalogado como una modalidad de la trata de seres humanos, sin embargo se castigará con una pena sustancialmente inferior[275]. ¿O acaso en la trata de seres humanos se pueden establecer

---

2ª, 2015, 562, en la Directiva 2011/36/UE no se requiere la tipificación específica del delito de matrimonio forzado, y menos todavía su tipificación al margen del delito de trata de personas. Añade este autor que el legislador comunitario no ha establecido un *numerus clausus* de finalidades propias de la trata, otorgando a los Estados la posibilidad de incluir otras conductas no enumeradas taxativamente, como por ejemplo, la adopción ilegal o los matrimonios forzados, en la medida en que concurran los elementos constitutivos del delito de trata de seres humanos. Por tanto, de esta argumentación lo que se deduce no es que se tenga que tipificar de manera autónoma el delito de matrimonio forzado, sino que, entre los fines u objetivos de la trata de personas, se valore la oportunidad de introducir la finalidad de celebrar un matrimonio forzado. Lo que ha hecho, sin embargo, el legislador de la LO 1/2015 es plantear de manera duplicada la relevancia penal del matrimonio forzado: una, en la tipificación específica de este delito en el art. 172 bis CP, dos, como finalidad del delito de trata de seres humanos en el art. 177 bis CP. Alude a esta misma argumentación crítica expuesta DE LA CUESTA AGUADO, en: QUINTERO OLIVARES (dir.), *Reforma penal de 2015*, 2015, 367. IGAREDA GONZÁLEZ, en: *Indret* 1/2015, 8, 15, sí afirma que la tipificación de delito de matrimonio forzado responde a las exigencias de la Directiva 2011/36/UE, añadiendo que de esta Directiva y, en consecuencia, de la regulación penal, se parte de la concepción de la trata en general, y de los matrimonios forzados en particular, como un problema migratorio; también RAGUÉS I VALLÈS, en: SILVA SÁNCHEZ (dir.)/RAGUÉS I VALLÈS (coord.), *PE*, 4ª, 2015, 113 s., ve en la tipificación del delito de matrimonio forzado el cumplimiento de las obligaciones impuestas en la Directiva 2011/36/UE.

275 Como ya se ha indicado con anterioridad, ni en el Anteproyecto-octubre 2012, ni en el Anteproyecto-abril 2013, ni siquiera en la versión inicial del Proyecto-octubre 2013 se proponía modificar el delito de trata de personas para introducir expresamente la finalidad de celebrar matrimonios forzados, pero en todos ellos los motivos alegados en el ahora Preámbulo para tipificar el matrimonio forzado eran los mismos: entre otros, el cumplimiento de los compromisos internacionales, en concreto para cumplir

distintos niveles de atentado a los derechos humanos, dependiendo de cuál sea la finalidad perseguida por el tratante? No parece lógica aquella solución del concurso de leyes, y tampoco que se pretenda establecer un distinto nivel de afectación a los derechos humanos en la trata de personas, dependiendo de la finalidad que guíe al sujeto activo, por lo que el problema concursal expuesto al inicio entre el delito de trata de personas y el delito de matrimonio forzado se tendrá que resolver de otra manera.

El primero de los compromisos internacionales no sirve para justificar la reforma, al menos no desde la forma como se ha planteando, con la tipificación autónoma del delito de matrimonio forzado, ¿se logrará con el segundo de los convenios mencionados expresamente?

La Convención de la ONU sobre la eliminación de todas las formas de discriminación contra la mujer reconoce el derecho a contraer libremente matrimonio (art. 16). La normativa civil sobre el matrimonio (edad para su celebración, requisitos para su validez, derechos y obligaciones de los contrayentes, etc.) reconoce y garantiza plenamente tal derecho, sin necesidad de tener que recurrir a la tipificación penal específica. Porque, ade-

---

con lo dispuesto en la Directiva 2011/36/UE (y, en todo caso, era y es un argumento relacionado con la tipificación del delito de matrimonio forzado, no con la reforma del delito de trata de personas). Sobre los argumentos esgrimidos en la Exposición de Motivos en el Anteproyecto-octubre 2012, que no han variado y se repiten en la que ha acabado siendo LO 1/2015, MAQUEDA ABREU, en: ÁLVAREZ GARCÍA (dir.)/ DOPICO GÓMEZ-ALLER (coord.), *Estudio crítico sobre el Anteproyecto de 2012*, 2013, 561 s., advierte de la existencia de argumentos que confirman que la propuesta de reforma no pretende cumplir con los compromisos internacionales, añadiendo que, de haber sido así, se trataría de cumplir con tales compromisos a través precisamente de la reforma del delito de trata de seres humanos, pero la propuesta de reforma no se ha modificado en este punto, pues no se planteado la posibilidad de identificar el matrimonio forzado con algunas formas de explotación como la sexual o mediante servidumbre. Concluye esta autora advirtiendo del solapamiento entre el delito de trata de seres humanos y el delito de matrimonio forzado (en relación con la conducta consistente en utilizar violencia, intimidación o engaño para forzar a la víctima a abandonar el territorio español con la finalidad de obligarla a contraer matrimonio), concurso de leyes que tendría que resolverse con el principio de especialidad a favor del matrimonio forzado, configurándose así de manera torpe este delito como un tipo privilegiado del de trata de personas. En el Informe CGPJ Anteproyecto-octubre 2012, 164, también se alude a que la introducción del delito de matrimonio forzado responde a la necesidad de dar respuesta adecuada a este fenómeno, reconocido como una forma de esclavitud, concluyendo que la opción más adecuada hubiera sido introducir el matrimonio forzado como un supuesto de trata de seres humanos. Y en el Informe CF Anteproyecto-octubre 2012, 142, se advierte que el delito de matrimonio forzado puede solaparse con el delito de trata de personas cuando el matrimonio forzado se produce en un contexto en el que la mujer está abocada a quedar reducida a la servidumbre doméstica o sexual.

más, la existencia de un bien jurídico y su reconocimiento y salvaguarda como tal no se condicionan a la intervención penal para su identificación y protección. Al contrario, tal planteamiento supondría el abandono de los principios de intervención mínima, *ultima ratio* y carácter fragmentario de esta rama del ordenamiento. A mayor abundamiento, si de la existencia del derecho a contraer libremente matrimonio se derivara la necesaria protección penal del mismo habría que plantearse una tipificación penal más amplia del delito, referida a todas las conductas que supongan un ataque a la libertad de los contrayentes[276].

En resumidas cuentas, ni los compromisos internacionales esgrimidos en el Preámbulo de la LO 1/2015 ni una hipotética laguna de punibilidad justifican la tipificación específica del delito de matrimonio forzado (al menos no en la forma como se ha planteado)[277].

---

276 DE LA CUESTA AGUADO, en: QUINTERO OLIVARES (dir.), *Reforma penal de 2015*, 2015, 367, también descarta que la tipificación penal del matrimonio forzado se justifique en el Convenio sobre la eliminación de todas las formas de discriminación contra la mujer.

277 En este mismo sentido, MAQUEDA ABREU, en: ÁLVAREZ GARCÍA (dir)/DOPICO GÓMEZ-ALLER (coord.), *Estudio crítico sobre el Anteproyecto de 2012*, 2013, 560 s., quien de manera contundente afirma que existen muchas evidencias que demuestran que el objetivo político criminal del legislador no ha sido cubrir un vacío legal en la protección de los bienes jurídicos de las víctimas de los matrimonios forzados. Y también hay argumentos que confirman que la reforma no pretende cumplir con los compromisos internacionales. DE LA CUESTA AGUADO, en: QUINTERO OLIVARES (dir.), *Reforma penal de 2015*, 2015, 376, afirma que este delito, "más allá de su oportunidad, conveniencia o justificación, es un contrasentido, innecesario y disfuncional". Y finaliza su comentario señalando que, "lo que, con fines simbólicos, se introduce en el Código penal supuestamente para agravar la pena (...) tiene el pernicioso efecto de privilegiar al autor, con lo que el mensaje no solo es contradictorio sino abiertamente criticable". Sí se apoyan en los argumentos ofrecidos en el Preámbulo de la LO 1/2015 para explicar la tipificación de este delito MUÑOZ CUESTA/RUÍZ DE ERENCHUN ARTECHE, *Reforma penal de 2015*, 2015, 128. En otro orden de cosas, llama la atención que en el Preámbulo se aleguen compromisos internacionales y no se cite el que más claramente reclama la tipificación expresa y específica del delito de matrimonio forzado, el Convenio del Consejo de Europa sobre la prevención y lucha contra la violencia contra las mujeres y la violencia doméstica. Si bien cabría entender esta omisión en las primeras fases de la tramitación de la LO 1/2015, cuando se presenta el Anteproyecto-octubre 2012, pues en este momento el citado Convenio aún no está en vigor, no sucede lo mismo con la omisión en el Preámbulo de la LO 1/2015, pues el Convenio de Estambul ya está en vigor desde el 1 de agosto de 2014. Más llamativa es esta omisión cuando en la explicación ofrecida sobre la reforma de los delitos de violencia de género y doméstica (en el punto XXII) sí se cita este Convenio, en concreto, para explicar la introducción de la razón de género como motivo de discriminación (aludiendo a la definición de razón de género de este texto internacional). Alude a esta falta de mención del Convenio del Consejo de Europa en la justificación

Ante este hecho, ¿qué función tiene la tipificación específica del delito de matrimonio forzado?

Posiblemente la tipificación expresa del delito de matrimonio forzado no sea necesaria, por lo que la opción legislativa en otro sentido se podría catalogar como mera utilización simbólica[278] del DP.

Sobre este particular puede resultar útil recordar la controversia surgida con motivo de la introducción en el CP de manera expresa del delito de mutilación genital (en el art. 149.2 CP) en la reforma operada por la LO 11/2003, pues si bien no faltaron voces críticas a tal regulación expresa, precisamente poniendo de relieve que tal previsión no era otra cosa que una manifestación del censurable uso simbólico de este sector del ordenamiento jurídico, también hemos de reconocer que se apoyó tal regulación expresa en aras de una mayor seguridad jurídica o, incluso, porque era una forma de garantizar el principio de igualdad (porque se lograba así el tratamiento jurídicopenal idéntico de la mutilación genital causada al hombre y a la mujer) o de proteger de manera más eficaz a los menores e incapaces, hoy personas con discapacidad necesitadas de especial protección (con la eventual imposición de la pena de inhabilitación para el ejercicio de la patria potestad u otros cargos relacionados con la guarda y custodia de menores) o, en última instancia, porque de este modo se resol-

---

de la reforma PALMA HERRERA, en: MORILLAS CUEVA (dir.), *CP reformado*, 2015, 398 s., quien añade que precisamente la existencia de este Convenio es el que más trascendencia práctica tiene, pues es el que permite que el delito de matrimonio forzado quede sujeto al principio de justicia universal.

278 Sobre la diferenciación entre la función simbólica, y legítima, que cumple el DP y la utilización simbólica del DP, criticable cuando no ilegítima, v., por todos, LUZÓN PEÑA, en: *Modernas tendencias*, 2001, 132 ss.; *PG*, 2ª, 2012, 17/nm. 52. MAQUEDA ABREU, en: ÁLVAREZ GARCÍA (dir.)/DOPICO GÓMEZ-ALLER (coord.), *Estudio crítico sobre el Anteproyecto de 2012*, 2013, 560, afirma que la criminalización específica del matrimonio forzado será ineficaz, pero permitirá al legislador conseguir los efectos simbólicos y pedagógicos que se esperan de tal tipificación, bajo el falso pretexto de que se cumplen las directrices establecidas en la comunidad internacional. Esta autora añade que se trata de una reforma pedagógica estrictamente orientada a transmitir a la sociedad un mensaje de "intolerancia 'ética' y de rechazo social frente a estas prácticas 'bárbaras' de grupos culturalmente atrasados bajo el pretexto de tutelar a sus miembros más vulnerables" (comillas destacadas por mí); en términos parecidos, CANO PAÑOS, en: MORILLAS CUEVA (dir.), *CP reformado*, 2015, 427. También IGAREDA GONZÁLEZ, en: *Indret* 1/2015, 9 ss., ve en la tipificación del delito un ejemplo más de DP simbólico (en el sentido de utilización simbólica del DP). Por su parte, PALMA HERRERA, en: MORILLAS CUEVA (dir.), *CP reformado*, 2015, 398 y n. 43, reconoce que estamos ante un ejercicio pedagógico en el que se utiliza al CP para lanzar el mensaje, dirigido a ciertos sectores de la sociedad, de que este comportamiento no es admisible en España, pero no comparte las críticas de MAQUEDA en el sentido de que se trata de un delito cultural.

vían las dudas sobre la posible existencia de una laguna de punibilidad en la regulación de los delitos de lesiones[279].

Desde la perspectiva del delito de matrimonio forzado también podrían encontrarse algunos argumentos a favor de la utilidad de esta tipificación. Aparte del argumento de que, de esta manera, se descartarían posibles intentos de trasladar el factor relacionado con el multiculturalismo a la teoría jurídica del delito, en particular para plantear posibles circunstancias eximentes, desde la formulación de una causa de justificación basada en el ejercicio legítimo de un derecho hasta la regulación del error de prohibición, se podría alegar el hecho de que no sería necesario establecer la diferencia entre los medios intimidatorio y coactivo para aplicar esta modalidad delictiva, evitando de esta manera que se utilizara en este ámbito el concepto amplio de coacción manejado en la jurisprudencia, con el efecto añadido del diferente tratamiento penológico que de tal concepción se deriva (conductas intimidatorias castigadas con la pena del delito de coacciones), o se evitaría la, en ocasiones, complicada delimitación entre las coacciones y las detenciones ilegales, o, en última instancia, y este sería el efecto más destacable, se evitaría la diferenciación entre la amenaza y coacción grave o leve, pues con la tipificación específica del matrimonio forzado los jueces y tribunales se inclinarían, generalmente, por la calificación de la amenaza o la coacción como grave.

Pero el antecedente citado relacionado con el delito de mutilación genital y la conveniencia o necesidad de su tipificación específica tampoco resulta concluyente y, en última instancia, resulta oportuno recordar que, respecto de otras conductas relacionadas con la violencia que sufren las mujeres, no se ha sentido la necesidad de que se introduzca una regulación de manera expresa, a través de un delito con un *nomen iuris* específico, pues la falta de un delito de estas características no ha tenido como consecuencia la aparición de dudas sobre la consideración de tales hechos como delictivos. Es el caso de la violación entre cónyuges o parejas de hecho, como se ha señalado en otro lugar otra de las formas de manifestarse la violencia contra las mujeres, mencionada además de manera expresa en los documentos internacionales para eliminar la violencia contra las mujeres y niñas junto con la violencia física, psíquica, el matrimonio for-

---

[279] V., para más detalles sobre los argumentos expuestos en el texto sobre la necesidad y/o conveniencia de que se regulara expresamente el delito de mutilación genital, por todos, CORCOY BIDASOLO, en: *H-Rodríguez Mourullo* 2005, 1238 s.; DÍAZ GARCÍA CONLLEDO (dir.)/OLAIZOLA NOGALES/TRAPERO BARREALES/BARBER BURUSCO/DURÁN SECO/JERICÓ OJER, *Protección y expulsión de extranjeros*, 2007, 542 ss.

zado, la mutilación genital femenina y otros comportamientos abusivos y violentos (en particular, en el Convenio del Consejo de Europa sobre la prevención y lucha contra la violencia contra las mujeres y la violencia doméstica).

Al margen de la justificación alegada en el Preámbulo de la LO 1/2015, y de la posibilidad de encontrar alguna utilidad a la tipificación específica del delito de matrimonio forzado, ¿se puede hallar un argumento realmente justificador para la previsión de esta modalidad delictiva?

La respuesta a este interrogante nos remite al ya varias veces citado Convenio del Consejo de Europa sobre la prevención y lucha contra la violencia contra las mujeres y la violencia doméstica, publicado en el BOE el 6 de junio de 2014 y en vigor desde el 1 de agosto de 2014. En el tema que aquí nos ocupa, en primer lugar, en este Convenio se establece la adopción de las medidas legislativas que resulten necesarias para que se tipifique como delito el matrimonio forzoso (art. 37 Convenio). En segundo lugar, se fijan los criterios para el establecimiento de la competencia de los tribunales de un país parte del Convenio para la persecución de los delitos enumerados en el mismo (art. 44 Convenio): tal competencia se fijará a través del principio de territorialidad, los principios de extraterritorialidad basados en la nacionalidad o en la residencia habitual del autor del delito en el país que sea parte del Convenio o en la nacionalidad o la residencia habitual de la víctima del delito en el país que sea parte del Convenio[280].

Desde la primera perspectiva, a lo largo de la amplia exposición realizada en los epígrafes anteriores se ha demostrado que en el CP español sí se ha tipificado como delito el hecho de obligar a un adulto o a un menor a contraer matrimonio (primera de las conductas sobre las que se reclama la adopción de medidas legislativas en el art. 37.1 Convenio), mientras que para la conducta de engañar a la víctima a que abandone el país en el que reside con la intención de obligarla a contraer matrimonio (conducta descrita en el art. 37.2 Convenio), para los casos realmente graves y mere-

280 Se advierte una diferencia importante en la redacción del art. 44 de este Convenio relativo a la competencia en la persecución de los delitos tipificados en el mismo: cuando se alude a los principios de territorialidad y nacionalidad-residencia habitual del autor, se establece que las partes adoptarán las medidas legislativas necesarias para establecer la competencia para el conocimiento de estos delitos. Pero cuando se alude a los principios de nacionalidad-residencia de la víctima del delito, se refiere a que las partes se esforzarán por adoptar las medidas legislativas necesarias para establecer la competencia de los tribunales para el conocimiento de estos delitos.

cedores de sanción penal, la respuesta del CP se puede establecer a través del delito de trata de personas.

Desde la segunda perspectiva, hasta la reforma de la LOPJ operada a través de la LO 1/2014, de 13 de marzo, la persecución penal del delito de matrimonio forzado era muy limitada, ya que la competencia de los tribunales españoles se ha basado en los principios de territorialidad y de nacionalidad (del autor del delito), sin posibilidad de recurrir a otros principios de extraterritorialidad. Además, desde la calificación de los hechos como un delito de trata de personas era posible atribuir competencia a los tribunales españoles para juzgar hechos delictivos cometidos en el extranjero, a través del principio de justicia universal, pues si bien en la antigua regulación de este principio no se había mencionado expresamente el delito de trata de personas en el catálogo de delitos que permitían su aplicación (sí se habían incluido los delitos de ayuda a la inmigración ilegal y el de tráfico de personas), tal competencia podía atribuirse a los tribunales españoles a través de la cláusula "cualquier otro que, según los tratados y convenios internacionales, en particular los Convenios de derecho internacional humanitario y de protección de los derechos humanos, deba ser perseguido en España"[281].

La situación ha variado de manera relevante con la mentada reforma de la LOPJ a través de la LO 1/2014. El cambio se ha producido en la regulación del principio de justicia universal, en la parte que aquí nos interesa, desde varios puntos de vista. Por un lado, se ha incluido la posibilidad de perseguir el delito de trata de seres humanos a través de dos

[281] La atribución de competencia a los tribunales españoles para juzgar el delito de trata de personas en virtud del principio de justicia universal se apoya en dos convenios: el primero, el Protocolo relativo a la lucha contra la trata de personas, que complementa el Convenio de la ONU contra la delincuencia organizada transnacional, ratificado por España el 21 de febrero de 2002 (BOE 11 de diciembre de 2003), en vigor desde el 25 de diciembre de 2003. El segundo, la Convención del Consejo de Europa de 16 de mayo de 2005 sobre la lucha contra la trata de seres humanos, ratificado por España el 2 de abril de 2009, en vigor (para España) desde el 1 de agosto de 2009. Precisamente en el año 2009 se aprobó una de las reformas más profundas del antiguo art. 23.4 LOPJ, remodelando completamente el principio de justicia universal, pero sin que se modificara un ápice el catálogo de delitos sometidos a este principio. Como se indicará en el texto, será en la reforma de la LOPJ operada en el año 2014 cuando se vuelva a reformular el principio de justicia universal, tanto en su contenido como en la enumeración de delitos que van a dar lugar a su aplicación. Desde el punto de vista sustantivo, el delito de trata de personas formalmente (con esta denominación específica) se ha tipificado con la LO 5/2010, de 22 de junio, pero antes de esta regulación específica y autónoma, la trata de personas estaba incluida en el antiguo art. 318 bis, si bien de manera caótica y confusa, mezclada con la ayuda a la inmigración ilegal y con el tráfico de personas.

supuestos diferentes: en el primero [art. 23.4 d) LOPJ], cuando se trate de un supuesto previsto en los tratados ratificados por España o en un acto normativo de una Organización Internacional de la que España sea parte; en el segundo [art. 23.4 m) LOPJ], cuando concurran determinados requisitos procedimentales[282]. Por otro lado, y sobre todo, se ha previsto la posibilidad de perseguir, a través del principio de justicia universal, art. 23.4. l) LOPJ, los delitos regulados en el Convenio del Consejo de Europa de 11 de mayo de 2011 sobre prevención y lucha contra la violencia contra las mujeres y la violencia doméstica, siempre y cuando: a) el procedimiento se dirija contra un español, o b) el procedimiento se dirija contra un extranjero que resida habitualmente en España, o c) el delito se hubiera cometido contra una víctima que, en el momento de la comisión de los hechos, tuviera nacionalidad española o la residencia habitual en España, siempre que la persona a la que se impute la comisión de los hechos delictivos se encuentre en España[283]. Y, como criterio de atribución de competencias

---

282 El art. 23.4 m) LOPJ regula de la siguiente manera el principio de justicia universal en el delito de trata de personas: las autoridades españolas son competentes para enjuiciar este delito cometido fuera del territorio español si el procedimiento se dirige contra un español, contra un ciudadano extranjero que reside habitualmente en Espana, contra una persona jurídica, empresa, organización, grupos o cualquier otra clase de entidades o agrupaciones de personas que tengan su sede o domicilio social en España, o el delito se ha cometido contra una víctima que, en el momento de la comisión del hecho, tiene nacionalidad española o la residencia habitual en España, siempre que la persona a la que se imputa la comisión del hecho delictivo se encuentre en España.

283 No tiene razón, por tanto, GUINARTE CABADA, en: GONZÁLEZ CUSSAC (dir.)/ GÓRRIZ ROYO/MATALLÍN EVANGELIO (coords.), *Reforma CP de 2015*, 2ª, 2015, 567 s., cuando afirma que el nuevo delito de matrimonio forzado no aparece contemplado entre aquellos que permiten el enjuiciamiento en España cuando los hechos se cometen fuera del territorio nacional, por aplicación del principio real o de protección o por aplicación del principio de justicia universal, salvo que el delito de matrimonio forzado dé lugar o constituya también un delito de trata de seres humanos (pues aquel delito sí está incluido en el principio de justicia universal). La afirmación del autor citado será correcta si el matrimonio forzado no es calificado como delito de violencia de género o de violencia doméstica, situación que se planteará de manera muy residual, pues no suele ser habitual que la coacción o la amenaza para celebrar el matrimonio proceda de personas ajenas al ámbito familiar, o que no sea el otro contrayente el que obliga a la víctima a contraer matrimonio. Los delitos mencionados en el texto pertenecerían a la categoría de crímenes internacionales de segundo grado, crímenes internacionales en sentido amplio o crímenes trasnacionales, categoría que se diferencia de los crímenes internacionales de primer grado o crímenes internacionales en sentido estricto de cara a la cuestión que aquí se suscita, los criterios para el establecimiento de la competencia de los tribunales españoles a través del principio de justicia universal. En el grupo de delitos mencionados en primer lugar la competencia de los tribunales españoles debería basarse principalmente en la nacionalidad o residencia del autor o de la víctima. En este aspecto la reforma de la

en todos los delitos sometidos al principio de justicia universal, en el art. 23.4 segundo párrafo LOPJ establece que las autoridades españolas son competentes para conocer de estos delitos cometidos fuera del territorio nacional por ciudadanos extranjeros que se encuentren en España si se ha denegado su extradición por las autoridades españolas, siempre que así lo imponga un Tratado vigente en España.

No parece razonable entender que la aplicación del principio de justicia universal para la persecución extraterritorial del delito de matrimonio forzado se condicione a la tipificación autónoma de tal delito, con este *nomen iuris*, en el CP. Si así fuera tendríamos que concluir que en el delito de violación entre cónyuges, también incluido en el Convenio del Consejo de Europa sobre la prevención y lucha contra la violencia contra las mujeres y la violencia doméstica, no podría ser objeto de aplicación del principio de justicia universal, a pesar de lo previsto en el art. 23.4 l) LOPJ, y ello no porque este comportamiento no sea típico, sino porque no se ha tipificado de manera específica y con este *nomen iuris* en el CP.

A la vista de esta explicación, nos hallamos en condiciones para responder a la última de las preguntas formuladas, una vez más en sentido negativo: tampoco la incorporación al Derecho interno del Convenio del Consejo de Europa justifica la tipificación específica del delito de matrimonio forzado, porque desde el punto de vista del derecho sustantivo las conductas que definen esta modalidad delictiva ya son constitutivas de delito (a lo sumo, si respecto de algunas conductas se advierte una laguna de punibilidad, su prevención debería plantearse a través de la correspondiente reforma del delito de trata de personas). La reforma que sí estaba justificada, la de tipo procedimental, ya se ha llevado a cabo, antes incluso de la entrada en vigor del propio Convenio.

LOPJ operada en el año 2014 se ajusta en gran medida a tales criterios (no sucede así, sin embargo, en la regulación del principio de justicia universal aplicable a la primera categoría de crímenes internacionales). Sobre la distinción entre una y otra categoría de los crímenes internacionales y los criterios sobre los que ha de asentarse la regulación del principio de justicia universal (diferentes en una y otra clase de crímenes internacionales), v., por todos, BENITO SÁNCHEZ, LAMARCA PÉREZ/OLLÉ SESÉ, MÉNDEZ RODRÍGUEZ, PÉREZ CEPEDA, PÉREZ CEPEDA/BENITO SÁNCHEZ, OLLÉ SESÉ/PÉREZ CEPEDA, todos ellos en: PÉREZ CEPEDA (dir.)/BENITO SÁNCHEZ (ed.), *Principio de justicia universal*, 2013, 669 ss.; 619 ss., 628 ss., 632 ss.; 324 ss., 330 ss., 346 ss.; 63 ss., 66 ss., 78 ss., 87 ss., 97 ss.; 9 ss.; 61 ss.; PÉREZ CEPEDA/BENITO SÁNCHEZ, en: *Foro FICP* 2013-1, 5 ss., 10 ss.

2.5. El delito de matrimonio forzado: art. 172 bis CP

A pesar de todo lo explicado hasta ahora, en el art. 172 bis CP, introducido por la LO 1/2015, se ha planteado la tipificación del delito de matrimonio forzado, ubicado entre los delitos de coacciones. Una modalidad delictiva claramente influenciada por la homónima del CP alemán (salvo en la sanción penal) y que sobrepasa el ámbito de lo punible del delito de matrimonio forzado formulado en el tantas veces mencionado Convenio del Consejo de Europa[284]:

> *"1. El que con intimidación grave o violencia compeliere a otra persona a contraer matrimonio será castigado con una pena de prisión de seis meses a tres años y seis meses o con multa de doce a veinticuatro meses, según la gravedad de la coacción o de los medios empleados.*
> *2. La misma pena se impondrá a quien, con la finalidad de cometer los hechos a que se refiere el apartado anterior, utilice violencia, intimidación grave o engaño para forzar a otro a abandonar el territorio español o no regresar al mismo.*
> *3. Las penas se impondrán en su mitad superior cuando la víctima fuera menor de edad"*[285].

---

284 Como ya se ha indicado, en el Convenio del Consejo de Europa se reclama la adopción de medidas legislativas para tipificar el delito de matrimonio forzado, describiéndose este delito como obligar a un adulto o menor a contraer matrimonio (art. 37.1 Convenio) y engañar a un adulto o menor para llevarlo al territorio de una Parte o de un Estado distinto a aquel en el que reside con la intención de obligarlo a contraer matrimonio (art. 37.2 Convenio); es en esta segunda obligación donde se amplía la tipificación prevista en el art. 172 bis CP, incluyendo las modalidades de intimidar o violentar para abandonar el territorio o para no regresar al territorio nacional. Ello al margen de que la finalidad de la tipificación del delito de matrimonio forzado que se deduce del Convenio es la prevención de la violencia doméstica y de la violencia contra la mujer (deducción que se extrae de la denominación del Convenio), mientras que la regulación penal del art. 172 bis CP prescinde en su literalidad de cualquier referencia a estas modalidades de violencia.

285 El proceso prelegislativo de la que ha llegado a ser LO 1/2015 ha sido especialmente intenso. En un primer momento se presentó el texto del Anteproyecto-octubre 2012, en el que ya se preveía la inclusión del delito de matrimonio forzado, si bien su redacción era ligeramente diferente: "1. El que con violencia o intimidación grave compeliere a otra persona a contraer matrimonio será castigado con una pena de prisión de seis meses a tres años o con multa de 12 a 24 meses, según la gravedad de la coacción o de los medios empleados./ 2. La misma pena se impondrá a quien, con la finalidad de cometer los hechos a que se refiere el número anterior, utilice violencia, intimidación grave o engaño para forzar a otro a abandonar el territorio español o a no regresar al mismo". Sobre este Anteproyecto emitieron los informes el CGPJ y el CF, en ambos casos con algunas objeciones a la regulación planteada. Con posterioridad a esta fase procedimental, se presenta el Anteproyecto-abril 2013 con una nueva redacción del delito de matrimonio forzado: "1 El que con intimidación grave o violencia compeliere a otra persona a contraer matrimonio será castigado con una pena de prisión de

Al hilo del análisis de esta previsión, varios son los comentarios y observaciones que se pueden elevar respecto de esta figura delictiva.

En primer lugar, su ubicación sistemática entre los delitos contra la libertad supone identificar y conectar este delito con un determinado bien jurídico: la libertad[286]. A este argumento hay que añadir dos más, la forma como se ha descrito la conducta típica (compeler, forzar), y la descripción de los medios comisivos del delito (a través de la intimidación y la coacción).

En particular, el delito de matrimonio forzado se ha ubicado en el Capítulo dedicado a las coacciones. Quizás en esta decisión ha tenido un peso específico el hecho de que en los países europeos con regulación específica también se ha optado generalmente por la ubicación sistemática de esta modalidad delictiva en el título dedicado a los delitos contra la libertad, como modalidad agravada o tipo autónomo dentro del Capítulo dedicado a los delitos de coacciones. Y, por otro lado, también se ha optado por esta ubicación sistemática atendiendo al argumento esgrimido en el Preámbulo de la LO 1/2015 (en el punto XXVIII): en el matrimonio forzado se lesiona el derecho a contraer libremente matrimonio, derecho reconocido en la Convención sobre la eliminación de todas las formas de discriminación contra la mujer.

---

seis meses a tres años o con multa de 12 a 24 meses, según la gravedad de la coacción o de los medios empleados./2. La misma pena se impondrá a quien, con la finalidad de cometer los hechos a que se refiere el número anterior, utilice violencia, intimidación grave o engaño para forzar a otro a abandonar el territorio español o a no regresar al mismo./3. Las penas se impondrán en su mitad superior cuando la víctima fuera menor de edad". Sobre este Anteproyecto se emitió el Dictamen del Consejo de Estado (358/2013, aprobado el 27 de junio de 2013). En septiembre se aprueba el Proyecto de reforma del CP, publicándose en el BOCG el 4 de octubre de 2013, con la propuesta de regulación del delito de matrimonio forzado que aparece en el texto.

286 En el Informe CGPJ Anteproyecto-octubre 2012, 165, 167, se concreta el bien jurídico protegido en este delito de matrimonio forzado: la libre determinación para contraer matrimonio en libertad e igualdad. Esta misma concreción del bien jurídico protegido es planteada por CARPIO BRIZ, en: CORCOY BIDASOLO (dir.)/VERA SÁNCHEZ (coord.), *PE I*, 2015, 139; JAEN VALLEJO/PERRINO PÉREZ, *Reforma penal de 2015*, 2015, 77. Para PALMA HERRERA, en: MORILLAS CUEVA (dir.), *CP reformado*, 2015, 397, en su caso se protege el libre ejercicio del derecho a contraer matrimonio, añadiendo que, en todos los casos en los que se emplea la violencia o la intimidación, en este delito se está contemplando una forma de atentado contra la libertad, que no requería de la creación de un tipo especial de coacciones. MUÑOZ CUESTA/RUÍZ DE ERENCHUN ARTECHE, *Reforma penal de 2015*, 2015, 129 s., al bien jurídico libertad en la designación o elección de la persona con la que se quiere tener una unidad de vida, a la vista de los medios comisivos descritos en este delito, añaden como bien jurídico protegido la integridad física.

Pero si en el propio Preámbulo se destaca la conexión existente entre el matrimonio forzado y la violencia sobre las mujeres y el delito de trata de personas, ¿esta ubicación sistemática es acertada? ¿en estos dos ámbitos con los que se conecta el matrimonio forzado —que no se identifica necesariamente— se protege la libertad de las personas?

Se puede admitir que, como existe conexión, que no identificación, entre el matrimonio forzado y la violencia contra las mujeres y la trata de personas, y, sobre todo, atendiendo a la regulación de aquel delito, puede estimarse en principio como acertada la ubicación sistemática en el capítulo dedicado a los delitos de coacciones. Pero, aquella conexión ¿no tendría que tener alguna repercusión, por ejemplo en la pena del delito de matrimonio forzado? ¿O acaso se pretende que tal conexión se resuelva a través de las reglas del concurso de delitos, porque la misma revelaría la lesión o puesta en peligro de diferentes bienes jurídicos? Pero en tal caso, si bien la conexión entre el matrimonio forzado y la trata de personas podría resolverse (de momento, abstrayéndonos de la concreta propuesta de regulación positiva) ¿qué tipo penal se aplicaría cuando la conexión se plantea entre el matrimonio forzado y la violencia contra la mujer? ¿Será que dicha conexión podría concretarse a través de la aplicación del delito de matrimonio forzado con la agravante genérica de discriminación por razón de género, cuando ello sea posible?[287]

Si comparamos las penas con las que se sancionan el delito de coacciones (art. 172.1 CP) y el delito de matrimonio forzado comprobamos que en el art. 172 bis para esta última modalidad delictiva se propone la pena de prisión de 6 meses a 3 años y 6 meses o multa de 12 a 24 meses[288]. Esto

---

287 CUERDA ARNAU, en: GONZÁLEZ CUSSAC (coord.), *PE*, 4ª, 2015, 174, propone la aplicación de la agravante de discriminación por razón de género cuando proceda, reconociendo que el matrimonio forzado es un genuino delito de violencia de género o contra la mujer pero tal perspectiva no se ha incluido expresamente en la tipificación del art. 172 bis. Lo mismo sucede con la otra realidad criminológica, que los autores del delito suelen ser los parientes de la persona obligada a contraer matrimonio; este elemento tampoco se ha incluido expresamente en la tipificación penal por lo que procederá recurrir a la agravante de parentesco (art. 23 CP) cuando concurra tal circunstancia en el sujeto activo.

288 En la enmienda número 553 presentada por el grupo parlamentario de UPyD (v. BOCG Serie A, Núm. 66-2, de 10 de diciembre de 2014, 359), se propone castigar este delito de matrimonio forzado con la pena de prisión de uno a cinco años. En su justificación se indica que en el Proyecto-octubre 2013 se ha limitado a conservar las penas tradicionales del delito de coacciones, adhiriéndose a la apreciación emitida en el Dictamen del Consejo de Estado aprobado el 27 de junio de 2013 sobre la conveniencia de incrementar la duración de la pena desde el momento que en la propia Exposición de Motivos del entonces Proyecto-octubre 2013 se califica el matrimonio forzado

es, para el caso de que se optara por la pena de prisión, se trataría de una pena ligeramente superior a la prevista para el delito "básico" de coacciones: desde la perspectiva del límite superior, esta diferencia de 6 meses, y atendiendo nuevamente a los argumentos justificativos de la reforma, ¿sirve para valorar la conexión que hay entre el matrimonio forzado, la violencia contra las mujeres y la trata de personas?[289] ¿O se está queriendo atender a la especial faceta del bien jurídico lesionado? Pues a fin de cuentas si se obliga a una persona a contraer matrimonio, este comportamiento violento supone la imposición de una situación que se va a prolongar en el tiempo, con los efectos perjudiciales que ello va a comportar para la víctima. O, aunque el matrimonio no se llegue a celebrar, a través de la conducta violenta se pretende una intromisión en la libertad de la víctima en un aspecto trascendental (no es lo mismo obligar a contraer

---

como una modalidad agravada del delito de coacciones. Esta enmienda no ha sido aceptada, a la vista del Informe emitido por la Ponencia sobre el Proyecto-octubre 2013 (v. BOCG, X Legislatura, Serie A, núm. 66-3, 24), el Dictamen emitido por la Comisión de Justicia a la vista de este informe (v. Cortes Generales, Diario de Sesiones del Congreso de los Diputados, Comisiones, X Legislatura, Año 2015, núm. 736, 30), y en el Pleno del Congreso (v. Cortes Generales, Diario de Sesiones del Congreso de los Diputados, Pleno y Diputación Permanente, X Legislatura, Año 2015, núm. 254, 74).

289 Como se ha podido constatar con anterioridad, la elevación de la pena de prisión no estaba prevista en el Anteproyecto-octubre 2012, y tampoco en el Anteproyecto-abril 2013. Sí aparece el cambio penológico, elevando ligeramente el límite mínimo de la pena de prisión, en el Proyecto-octubre 2013. Con este cambio en el límite inferior de la pena de prisión se estaría respondiendo a la objeción formulada en el Dictamen del Consejo de Estado de 27 de junio de 2013 sobre el Anteproyecto-abril 2013 (y, en última instancia, también a las objeciones del CGPJ y CF al Anteproyecto-octubre 2012), al señalar que sería conveniente que la pena del delito de matrimonio forzado fuera superior a la pena prevista para el delito de coacciones, no solo porque aquel se califica, en este momento, en la Exposición de Motivos del Anteproyecto como un delito cualificado de coacciones, sino sobre todo por la conexión con la violencia sobre la mujer y el delito de trata de personas. Pero si la diferencia de pena entre el delito de matrimonio forzado y el delito "básico" de coacciones es de seis meses de prisión (no existe tal diferencia si se comparan las penas de multa), ¿se está dando una respuesta satisfactoria a esta objeción? ¿realmente se está atendiendo a la conexión que existen entre estos tres fenómenos, matrimonio forzado—violencia sobre la mujer—trata de personas? Y si así fuera, porque precisamente se reconoce que hay conexión, pero no hay identidad, para el caso de que el matrimonio forzado no esté relacionado con la violencia sobre la mujer, y tampoco con la trata de personas, ¿no resultaría excesiva la pena? En respuesta a este interrogante cabría alegar que, en la valoración de esta circunstancia, se ha establecido una pena alternativa de prisión o multa. El problema, sin embargo, es que los criterios de selección entre una u otra pena no responden a estos elementos, al menos no en su literalidad, tal como se explicará más adelante.

matrimonio que obligar a abandonar una vivienda)[290]. Pero, ¿qué pasa si el juez opta por la aplicación de la pena de multa —teniendo en cuenta

---

[290] Como se ha expuesto con anterioridad, en la propuesta de tipificación en el Anteproyecto-octubre 2012 se había planteado la pena de prisión de seis meses a tres años, la misma que la pena del delito de coacciones del art. 172.1 CP. Sobre esta cuestión, MAQUEDA ABREU, en: ÁLVAREZ GARCÍA (dir.)/DOPICO GÓMEZ-ALLER (coord.), *Estudio crítico sobre el Anteproyecto 2012*, 2013, 560 s., afirmaba que la propuesta de reforma no era necesaria, entre otras razones porque no se planteaba una agravación de la pena que quizás se podría justificar por la importancia del acto que se obliga a realizar o por la permanencia de los efectos que se siguen de este ataque a la libertad de decisión. También GARCÍA ÁLVAREZ, en: *RP 34* (2014), 97, refiriéndose al Proyecto-octubre 2013, considera esta reforma superflua, porque las coacciones llevadas a cabo con cualquier finalidad están castigadas ya con el mismo marco penal de esta nueva figura delictiva en el vigente art. 172.1 CP (si bien ha de advertirse que la crítica de esta autora no es totalmente correcta, pues la pena de prisión del delito de matrimonio forzado en esta fase del procedimiento ya es ligeramente superior a la prevista en el vigente art. 172.1 CP). Por su parte, CARPIO BRIZ, en: CORCOY BIDASOLO (dir.)/VERA SÁNCHEZ (coord.), *PE I*, 2015, 138 s., califica de sorprendente la pena prevista para este delito, pues la existencia de un bien jurídico específico reseñado a través de la concreta protección en esta regulación se compadece mal con el marco penal tan parecido al delito de coacciones; DE LA CUESTA AGUADO, en: QUINTERO OLIVARES (dir.), *Reforma penal de 2015*, 2015, 369 s., crítica el hecho de que la pena prevista para este delito sea prácticamente idéntica a la del delito de coacciones, porque los medios comisivos en el matrimonio forzado pueden parecer más graves a los que está exigiendo la jurisprudencia en relación con el delito de coacciones en el caso de la intimidación, concluyendo el argumento con la afirmación de que se está ofreciendo "la perniciosa imagen de que compeler al matrimonio es más leve que cualquier otra coacción o, en su caso, similar a otras más leves". También MANZANARES SAMANIEGO, *Reforma*, 2015, 172 s., advierte que la pena prevista para este delito no es muy diferente a la del delito de coacciones del art. 172.1, si bien señala que, inexplicablemente, se ha elevado el límite máximo de la pena de prisión pero la multa alternativa sigue siendo la misma, de doce a veinticuatro meses. Y PALMA HERRERA, en: MORILLAS CUEVA (dir.), *CP reformado*, 2015, 399 s., se pregunta si la duración de la pena de prisión es la más adecuada, y la posibilidad de castigar solo con la pena de multa, por varios motivos: por la realidad social de sometimiento personal que supone esta conducta y por los efectos prolongados en el tiempo a los que suele abocar este tipo de violencia. En relación con la pena inicialmente planteada en el Anteproyecto octubre 2012, en el Informe CF Anteproyecto-octubre 2012, 141 s., se ha criticado la falta de coordinación entre la consideración del delito de matrimonio forzado como un delito cualificado de coacciones (así se reconocía en la Exposición de Motivos del Anteproyecto) y, sin embargo, resultaba castigado con la pena del delito básico de coacciones (el art. 171.1 CP, que sería el tipo básico, se castiga con prisión de seis meses a tres años). Además se acentuaba esta crítica señalando que la pena planteada para el delito de matrimonio forzado resultaba inferior a la que podría ser aplicada de apreciarse el delito de coacciones consistente en impedir el ejercicio de un derecho fundamental. Se concluía la argumentación con la afirmación de que resulta "contradictorio que se introduzca un delito específico para sancionar una conducta de tal gravedad y que no sólo no esté sancionada con mayor pena que el tipo básico

los criterios que se establecen para la selección de la pena de prisión o la pena de multa—? ¿De qué manera se explica la citada conexión? ¿O será que, cuando concurra esta conexión entre matrimonio forzado, violencia contra las mujeres, trata de personas, la pena de multa ha de quedar descartada? Pero si en el matrimonio forzado se ve una afectación sustancial de la libertad del contrayente, por los efectos que el matrimonio tiene en la esfera personal de la víctima, y su proyección en el tiempo, aunque se prescinda de la conexión entre el matrimonio forzado—la violencia contra las mujeres—la trata de personas, ¿resulta proporcionada la aplicación de una pena de multa, a la vista de la relevancia de la intromisión en la libertad personal?[291]

---

de coacciones, sino que además también sea inferior a la prevista para el caso de vulneración de un derecho fundamental". En la reforma de 2015 se ha respondido en parte a esta crítica (y de forma muy liviana, habría que añadir), con la propuesta de que la pena de prisión oscile entre seis meses a tres años *y seis meses,* pero no sucede así con la segunda parte de la objeción, al menos si comparamos los límites mínimos de la pena del delito de matrimonio forzado, seis meses, y del delito coacciones para impedir el ejercicio de un derecho fundamental, prisión de un año y nueve meses.

291 Sobre este particular, en el Informe CGPJ Anteproyecto-octubre 2012, 167, se advierte de que, atendiendo al bien jurídico protegido (el derecho a contraer matrimonio libremente y en igualdad) y la consideración del matrimonio forzado como una figura conectada con la violencia sobre la mujer y la trata de personas, no se considera proporcionada a su gravedad el planteamiento de la multa como pena alternativa. Más contundente MAQUEDA ABREU, en: ÁLVAREZ GARCÍA (dir.)/DOPICO GÓMEZ-ALLER (coord.), *Estudio crítico sobre el Anteproyecto de 2012,* 2013, 561, califica de desacertada la pena de multa; en el mismo sentido, CARPIO BRIZ, en: CORCOY BIDASOLO (dir.)/VERA SÁNCHEZ (coord.), *PE I,* 2015, 139, quien propone que la pena se reserve para las conductas coactivas que tengan consideración menos grave; GUINARTE CABADA, en: GONZÁLEZ CUSSAC (dir.)/GÓRRIZ ROYO/MATALLÍN EVANGELIO (coords.), *Reforma CP de 2015,* 2ª, 2015, 568, quien también extiende esta crítica para la pena de prisión, ya que resulta sensiblemente inferior a la pena señalada para otras conductas como amenazas condicionales, trata de seres humanos, generando problemas interpretativos de difícil solución en las relaciones concursales entre estos delitos. Y también critica esta pena en comparación con otros delitos de matrimonios forzados tipificados en los países europeos (como el CP alemán o austríaco); PALMA HERRERA, en: MORILLAS CUEVA (dir.), *CP reformado,* 2015, 399 s. Para TORRES ROSELL, en: VILLACAMPA ESTIARTE (coord.), *Libertad e indemnidad sexual,* 2015, 421, es sorprendente la previsión de la pena de multa, solo explicable por el mimetismo con que el legislador ha trasladado a este delito las penas del delito de coacciones. Para esta autora la pena de multa es inadecuada, desde el principio de proporcionalidad —atendiendo a la gravedad de la conducta tipificada— y desde los argumentos que se han tenido en cuenta para eliminar la pena de multa de los delitos de violencia doméstica (que la pena acabe repercutiendo negativamente en la propia unidad familiar). Ciertamente, en algunos delitos de violencia doméstica se ha establecido como pena alternativa la multa (en los actuales arts. 171.7, 172.3, 173.4 CP), pero también es preciso advertir que estos específicos delitos de violen-

Se ha optado por la ubicación sistemática en el capítulo relativo a los delitos de coacciones, según el Preámbulo de la LO 1/2015 como un supuesto de coacciones cuando se compele a otra persona a contraer matrimonio (hasta la Exposición de Motivos del Anteproyecto-abril 2013 se aludía a que era un tipo cualificado o agravado del delito de coacciones), si bien técnicamente sería más correcto señalar que se trata de un delito autónomo[292]. Pero entre los medios comisivos se alude también a la intimidación grave. Pues bien, resulta que en los delitos de amenazas y de coacciones se han establecido claras diferencias penológicas, en los prime-

---

cia doméstica están castigando los ataques leves a la integridad moral, la libertad, ataques leves que, fuera de este ámbito, son castigados siempre con la multa como pena principal y única (o resultan atípicas penalmente, como las injurias y vejaciones injustas leves). En cuanto a la crítica a la previsión de la pena de multa en el delito de matrimonio forzado, por los argumentos que se han esgrimido en general en relación con la previsión de la multa como pena principal en delitos de violencia doméstica, en particular por el riesgo de que la pena acabe repercutiendo en la víctima del delito, se ha de tener en cuenta que la reforma de 2015 ha introducido ciertas reservas en la imposición judicial de la pena de multa en estos delitos, remitiendo a lo dispuesto en el art. 84.2 CP: la multa solo se podrá imponer cuando se acredite que entre autor y víctima no existen relaciones económicas derivadas de una relación conyugal, de convivencia o filial, o de la existencia de una descendencia común.

292 Sobre la clasificación de los tipos penales por su conexión con otros tipos, distinguiendo entre tipos básicos y tipos derivados, y dentro de este grupo diferenciando entre los delitos cualificados —agravados o privilegiados— y los delitos autónomos (o independientes o *sui generis*), v. LUZÓN PEÑA, *PG*, 2ª, 2012, 172 s./nm. 59-62. El hecho de que el delito tenga un *nomen iuris* propio, con medios comisivos en parte coincidentes, en parte divergentes con el delito de coacciones, aunque no haya una diferencia penológica sustancial con este delito, son indicios de que nos encontramos ante un delito autónomo o independiente, no ante un delito cualificado o agravado respecto del delito de coacciones. Pero hay un argumento definitivo para concluir que se trata de un delito autónomo: solo así tiene sentido la descripción de los diferentes medios comisivos, con sustantividad y autonomía propia entre ellos (aunque tal sustantividad está en entredicho en el caso de los medios violento e intimidatorio, desde la perspectiva jurisprudencial, tal como se ha comentado en relación con la interpretación jurisprudencial del delito de coacciones). En efecto, si se considera que el matrimonio forzado es un delito cualificado del delito de coacciones, en tal caso para su apreciación deberían concurrir los elementos típicos del delito básico, en este caso compeler mediante violencia a contraer matrimonio, y a continuación se añadirían los elementos que caracterizan el matrimonio forzado como tipo cualificado: (la violencia o) la intimidación o el engaño. Pero esto significa, por un lado, que para cometer el delito de matrimonio forzado siempre han de concurrir dos de los medios típicos, la violencia con otro medio, y por otro lado, y sobre todo, si falta la violencia no hay delito. Si esto es así ¿qué sentido tiene la mención a la intimidación y al engaño como medios comisivos diferentes si su existencia por sí sola no podría dar lugar al delito de matrimonio forzado? Estas consecuencias se evitan si se plantea como un delito autónomo del de coacciones.

ros con la tipificación de diversas modalidades de amenazas, castigadas con una pena mayor o menor atendiendo a diversos elementos. Pero esta diferencia en el tratamiento de las amenazas o coacciones desaparece con la tipificación expresa del delito de matrimonio forzado, equiparando en tratamiento penológico el diferente ataque a la libertad relacionada con esta faceta, y, lo que es más grave, logrando en algunos casos el privilegio punitivo a través de la apreciación de esta modalidad delictiva en detrimento del otro delito que podría apreciarse, el de amenazas condicionales del art. 169.1° primera parte CP[293]. Dicho efecto privilegiante se podría acentuar, pues la pena de multa es una pena alternativa opcional en el delito de matrimonio forzado, mientras que desde la perspectiva de los delitos de amenazas la pena de multa solo es pena alternativa en el caso de que el hecho se subsuma en el art. 171.1 CP.

---

293 Este efecto privilegiante que puede resultar de la tipificación expresa del delito de matrimonio forzado ya era denunciado en el Informe CGPJ Anteproyecto-octubre 2012, 166, cuando se señalaba que algún supuesto de matrimonio forzado puede responder más al tipo de amenazas condicionales que a la especie de las coacciones, con lo que el nuevo tipo terminaría funcionando como atenuado. Se adhiere a esta crítica GARCÍA ÁLVAREZ, en: *RP 34* (2014), 97 y n. 59, calificando por tanto de contraproducente la propuesta de tipificación del delito de matrimonio forzado; PALMA HERRERA, en: MORILLAS CUEVA (dir.), *CP reformado*, 2015, 401, para quien la redacción y la presentación del delito como una forma de coacción puede suponer la imposibilidad de aplicar el delito de amenazas, con el consecuente efecto privilegiante que se puede derivar en algunos casos. DE LA CUESTA AGUADO, en: QUINTERO OLIVARES (dir.), *Reforma penal de 2015*, 2015, 370, para evitar este efecto, y dado que el delito de matrimonio forzado es un delito de coacciones, propone que la violencia o la intimidación se ejerzan de manera inmediatamente anterior al hecho de celebrar el matrimonio, incluso prácticamente en el propio momento del matrimonio. Esta autora propone que, para el caso de que las amenazas condicionales se hayan realizado en un momento anterior a la celebración del matrimonio, se actualice o no la intimidación en el momento de la celebración, en ambos casos se debería aplicar el delito de amenazas del art. 169.1° CP, descartando cualquier relación concursal con el delito de matrimonio forzado. Y, desde esta perspectiva, se pone de relieve un argumento más que evidencia la falta de necesidad de la tipificación penal del delito que nos ocupa (p. 371). Se puede deducir la tesis que propone CARPIO BRIZ, en: CORCOY BIDASOLO (dir.)/VERA SÁNCHEZ (coord.), *PE I*, 2015, 139, ya que reconoce que, en la mayoría de los casos, los delitos de amenazas quedarán absorbidos por este delito de matrimonio forzado en aplicación del principio de especialidad, de lo que se deduce que habrá supuestos, los menos, en los que los delitos de amenazas serán de aplicación preferente. Más claramente, NÚÑEZ CASTAÑO, en: GÓMEZ RIVERO (dir.), *PE I*, 2ª, 2015, 174, quien recurre a las reglas del concurso de leyes entre los delitos de amenazas y de matrimonio forzado, a resolver por el principio de alternatividad a favor del delito de amenazas condicionales; descarta la aplicación del principio de especialidad, a favor del delito de matrimonio forzado, para evitar el denunciado efecto privilegiante.

Conectada con esta última consideración, en el delito se tipifica el compeler a otro a contraer matrimonio. Se trata de un término que tiene un significado más o menos inequívoco: prescindiendo de la ley que vaya a regularlo, se puede conceptuar como la celebración de la unión entre dos personas cumpliendo determinados requisitos y solemnidades[294]. Queda fuera la modalidad de matrimonio forzado sobrevenido, esto es, cuando uno de los contrayentes pretende disolver el matrimonio y sus familiares y/o el otro contrayente lo impiden por medio de la coacción o la amenaza; obviamente, si se recurren a estos medios comisivos violentos, el hecho no será atípico penalmente, pues para proteger la libertad del cónyuge que quiere poner fin a esta relación vendrán en aplicación los delitos de amenazas y coacciones, al margen de otros posibles delitos como lesiones,

---

294 Para determinar el cumplimiento de los requisitos y formalidades legales exigidos para esta clase de uniones ha de tenerse en cuenta que el matrimonio se puede contraer en España, aplicando la ley española o la ley nacional de alguno de los contrayentes, o se puede contraer en el extranjero, aplicando en este caso la legislación del lugar de celebración. Si finalmente el matrimonio se llega a celebrar, no tiene que ser un matrimonio válido (y obviamente ya no puede serlo desde el momento en que uno de los contrayentes es obligado a celebrarlo). Desde una interpretación amplia del tipo penal, abstracción hecha de los vicios en el consentimiento, tampoco es preciso que se trate de un matrimonio válido conforme a la legislación española, que se ajuste a los requisitos y formalidades que se exigen en el Derecho interno para la validez del matrimonio. Para ofrecer el mayor ámbito aplicativo de esta figura delictiva, bastará con que se trate de la celebración de un matrimonio con apariencia de validez (en paralelismo a lo que se ha explicado en la interpretación de los delitos de bigamia y celebración de matrimonio inválido), en particular, que en el momento de la celebración aparentemente se está emitiendo el consentimiento matrimonial. En la interpretación del requisito típico referido a compeler a contraer matrimonio, GUINARTE CABADA, en: GONZÁLEZ CUSSAC (dir.)/GÓRRIZ ROYO/MATALLÍN EVANGELIO (coords.), *Reforma CP de 2015*, 2ª, 2015, 565, entiende que se refiere a los casos en los que se obliga a formalizar un matrimonio conforme a las leyes o normas que rigen en España o en el Estado en el que se pretende celebrar, no requiriéndose que el matrimonio se celebre en España, ni que se acomode a la legislación española, ni que esté destinado a tener validez en España [interpretación compartida por PÉREZ RIVAS, en: ROMA VALDÉS (dir.), *CP comentado*, 2015, 319]. Este autor añade que, para evitar dificultades interpretativas, en particular cuando el matrimonio se va a celebrar en un país extranjero en el que puede que no exista una regulación legal del mismo, hubiera sido conveniente que se hubiera contemplado en el delito del art. 172 bis las uniones de hecho, tal como se hace, por ejemplo, en el CP francés y en el CP austríaco. DE LA CUESTA AGUADO, en: QUINTERO OLIVARES (dir.), *Reforma penal de 2015*, 2015, 373 s., rechaza la tesis de que el término matrimonio sea un elemento normativo, o una ley penal en blanco; para su interpretación se ha de entender que estamos ante un elemento descriptivo, si bien en ocasiones puede remitirse a la legislación civil bajo la que se ha celebrado el matrimonio si es que existe. Pero quedan fuera del concepto de matrimonio otras relaciones análogas a la matrimonial.

atentados a la libertad sexual, detenciones ilegales, si los actos violentos se traducen en estos otros tipos penales[295]. También queda fuera de esta modalidad delictiva la conducta consistente en compeler a otro a "constituir" otra clase de relación más o menos parecida a la conyugal, en particular formar una pareja de hecho[296]. Pero esto no puede significar que el uso

---

295 CARPIO BRIZ, en: CORCOY BIDASOLO (dir.)/VERA SÁNCHEZ (coord.), *PE I*, 2015, 138, critica que en el tipo penal del matrimonio forzado no se haya previsto específicamente el delito de matrimonio forzado sobrevenido. Como muestra de la posible aparición del matrimonio forzado sobrevenido cita la SAP La Rioja núm. 214/2014, 22-12 *(Tol 4612964)*: los familiares de uno de los cónyuges y el otro cónyuge son los que impiden la disolución del matrimonio, recurriendo para ello al engaño, las agresiones constantes, privaciones de libertad, hostigamiento. Pero precisamente esta sentencia sirve como muestra de que la tipificación específica del matrimonio forzado sobrevenido no es necesaria, pues se puede proteger a la víctima de estas prácticas a través de los "genéricos" delitos contra la libertad, contra la integridad física, contra la libertad e indemnidad sexuales, contra la integridad moral y, por supuesto, también a través de los delitos de violencia de género y violencia doméstica o similar, con las figuras delictivas específicamente tipificadas (en la mayoría de ellos si se trata de ataques leves a los bienes jurídicos protegidos —solo el delito de maltrato habitual castigaría ataques graves—) o con las figuras delictivas genéricas a las que se apreciaría las agravantes genéricas de discriminación por razón de género y/o por razón de parentesco. La sentencia mencionada ha sido ratificada por STS núm. 191/2015, 13-10 *(Tol 5512858)*, en la que se confirma la condena a varios miembros de la familia por la comisión de un delito de detenciones ilegales, y al hermano de la víctima también es condenado por dos delitos de maltrato familiar, rechazando el TS la alegación del error de prohibición por parte de los acusados, error que han querido fundamentar en la cultura patriarcal, porque ello significaría el reconocimiento del papel subordinado de la mujer, idea que choca frontalmente con los valores proclamados en el art. 1 CE, entre ellos la libertad e igualdad. No se entra a valorar si los recurrentes han incurrido o no en tal error, de entrada tal planteamiento se descarta, entendiéndose que la libertad e igualdad son valores superiores del ordenamiento jurídico español que no puede ser sometido a ponderación (y esto sucedería si se aceptara el error de prohibición).

296 TORRES ROSELL, en: VILLACAMPA ESTIARTE (coord.), *Libertad e indemnidad sexual*, 2015, 419, refiriéndose a los matrimonios precoces o infantiles, propone que los supuestos en los que se inician relaciones análogas a las conyugales a través de ritos sin reconocimiento civil o sin necesidad de ritos deben ser reconocidos como matrimonios forzados desde el punto de vista jurídico penal. Esta autora propone que el delito de matrimonio forzado se interprete en este sentido amplio, no solo desde la perspectiva de uniones reconocidas como matrimonio. Aun cuando se pueda entender la razón de esta interpretación la misma no parece ser defendible desde el punto de vista del tenor literal del art. 172 bis CP, pues este se refiere a contraer matrimonio, y el término tiene en nuestro ordenamiento jurídico un significado más o menos claro, pero en todo caso diferenciado nítidamente del concepto de unión extramatrimonial. Es más, desde el punto de vista penal, precisamente por el significado unívoco del término matrimonio, o uniones matrimoniales, se ha sentido la necesidad de introducir expresamente la referencia a las uniones más o menos asimiladas (parejas de hecho,

de la violencia o intimidación grave para compeler a otro a formar una pareja de hecho sea atípico penalmente. En estos casos sí cabe recurrir a los genéricos delitos de coacciones y amenazas. Y esto significará un diferente tratamiento punitivo entre el matrimonio forzado y la relación de pareja forzada, en ocasiones castigándose más gravemente la primera modalidad, en otras ocasiones se castigará más gravemente la segunda modalidad[297].

La segunda observación va referida a los términos utilizados en la descripción de las conductas típicas: compeler a contraer matrimonio, forzar a abandonar el territorio español o forzar a no regresar al territorio español. El primero de ellos es uno de los utilizados para describir la conducta típica en el delito de coacciones. Verbos sinónimos, identificados con el ejercicio de la violencia para lograr que la persona haga lo que no quiere. Así, el DRAE define forzar como hacer fuerza o violencia física para conseguir algo que habitualmente no debe ser conseguido por la fuerza; obligar o precisar a que ejecute algo. Y compeler se define como obligar a alguien, con fuerza o por autoridad, a que haga lo que no quiere. En ambos casos el verbo típico implica el uso de la fuerza, esto es, la violencia o la coacción, de ahí que el delito se ubique entre los delitos de coacciones. Pero esta circunstancia hace innecesaria la descripción de los medios comisivos a través de los cuales se compele o se fuerza a algo (en el primer caso a contraer matrimonio, en el segundo a abandonar el país o a no regresar al país).

Ahora bien, no es esta circunstancia la más objetable, pues a fin de cuentas nos encontraríamos ante una reiteración, superflua por tanto, sino la propia descripción de los medios comisivos, algunos de ellos claramente incompatibles con el significado de estos verbos típicos. Pues, ¿cómo se puede compaginar forzar a abandonar el país o a no regresar al país

---

relaciones de noviazgo, genéricamente, relaciones afectivas análogas a las conyugales, aun sin convivencia) para su protección penal en determinados supuestos (por ejemplo, en la regulación de la circunstancia mixta de parentesco o en los delitos de violencia doméstica y de género). Para que los supuestos planteados por esta autora sean subsumibles en el delito de matrimonio forzado es preciso que se vaya a celebrar un matrimonio, y en nuestro ordenamiento, el matrimonio implica necesariamente que se contraiga a través de determinadas formalidades y requisitos.

297 La posibilidad de que se recurra a los genéricos delitos de amenazas y coacciones evita la necesidad de interpretar ampliamente el término matrimonio en el art. 172 bis, para abarcar supuestos que quedan fuera de su tenor literal, en el sentido propuesto por TORRES ROSELL, *Libertad e indemnidad sexual*, 2015, 419, en especial para el caso de víctimas menores de edad.

si el medio empleado es el engaño?[298] Y si los verbos compeler y forzar implican uso de la fuerza física, ¿se puede compeler o forzar a través de la intimidación? Si esta selección de medios comisivos es acertada entonces debería optarse por utilizar otros términos en la descripción de la conducta típica, para evitar estas incoherencias. Y si lo acertado es la descripción de la conducta típica, en tal caso habrá que eliminar la referencia a los medios comisivos, pues de la conducta típica ya se deduce uno de ellos, el coactivo o violento (aunque este medio pueda ser objeto de una interpretación más o menos amplia, como hemos señalado en un apartado anterior)[299]. La referencia a este único medio comisivo no significaría la impunidad en el caso de que se recurra a la intimidación como medio de coartar la libertad de la víctima, pues en este caso serían aplicables los delitos de amenazas[300].

---

298 TORRES ROSELL, en: VILLACAMPA ESTIARTE (coord.), *Libertad e indemnidad sexual*, 2015, 426, habla de efecto distorsionador generado por el engaño cuando la conducta típica se describe como forzar. Propone esta autora la utilización de otra redacción en relación con la conducta típica que evite aquella consecuencia: "determinar a otro". Por otra parte, considera adecuada la previsión del engaño como medio comisivo pues responde a la realidad de las prácticas de matrimonios forzados (y de matrimonios precoces o infantiles); MANZANARES SAMANIEGO, *Reforma*, 2015, 173, también advierte que el engaño es un medio comisivo poco acorde con el verbo forzar; en la misma línea, PALMA HERRERA, en: MORILLAS CUEVA (dir.), *CP reformado*, 2015, 402, para quien la previsión del engaño como medio comisivo acaba por desnaturalizar esta figura delictiva, pues si se recurre a este medio no estamos en presencia de coacciones: forzar es conseguir algo por la fuerza, nunca mediante engaño.

299 En relación con el verbo típico del apartado 1, compeler, como consecuencia de los medios comisivos descritos, violencia o intimidación, GUINARTE CABADA, en: GONZÁLEZ CUSSAC (dir.)/GÓRRIZ ROYO/MATALLÍN EVANGELIO (coords.), *Reforma CP de 2015*, 2ª, 2015, 563, señala que se trata de una conducta que excede el tradicional marco de las coacciones, para situarse también en el terreno de las amenazas condicionales, difuminando aún más la sutil frontera entre ambas clases de delitos contra la libertad. Concluye este autor que la solución legal de no circunscribir los medios comisivos a los violentos, incluyendo también los intimidatorios, es adecuada a la naturaleza y dinámica comisiva de estos hechos, pues en muchas ocasiones el sujeto activo será una persona del ámbito familiar próximo de la víctima, con autoridad sobre ella, y probablemente no precise del empleo de la violencia para doblegar la voluntad de la víctima e imponer el matrimonio.

300 No puede defenderse la conveniencia de mencionar como medios comisivos del matrimonio forzado la violencia o intimidación ante el riesgo de que, si se incrimina específicamente, y se menciona solo como medio comisivo el coactivo o violento, de ello se deduciría la impunidad de la afectación de la libertad de la víctima si se recurriera a las amenazas. Y no cabría llegar a tal interpretación por dos razones: primera, aunque no sea la más correcta, porque en la interpretación del medio coactivo se podría plantear una interpretación amplia, como defiende la jurisprudencia en el

La tercera observación ha de ir referida a los medios comisivos mencionados en este delito. Al margen de lo señalado anteriormente, varios son los comentarios que cabe hacer sobre este particular. Porque resulta llamativo que no se hayan descrito los mismos medios comisivos en ambos párrafos del delito de matrimonio forzado: en el caso de compeler a contraer matrimonio, ha de concurrir la intimidación grave o la violencia, en el caso de forzar a abandonar el territorio español o a no regresar al territorio español (con la finalidad de compeler a la víctima a contraer matrimonio) ha de concurrir la intimidación grave, la violencia o el engaño[301].

Ciertamente, haciendo un análisis comparativo con otros preceptos penales, nos encontramos con delitos en los que se equiparan la violencia y la intimidación, y no hay previsión alguna sobre el medio comisivo del engaño (ejemplo, los delitos de agresiones sexuales, arts. 178 y 179 CP, el delito de extorsión, art. 243 CP), a lo sumo el empleo del engaño puede dar lugar a la comisión de otro delito, con otro *nomen iuris* (por ejemplo, abusos sexuales mediante engaño, art. 182 CP, estafa, art. 238 CP), delitos en los que se equiparan la violencia y la intimidación, con previsión del medio comisivo engañoso, pero para sancionar el uso de este medio con una pena menor (por ejemplo, en los delitos contra los derechos de los tra-

---

genérico delito de coacciones. Segunda, y la más correcta, porque de haberse optado por la tipificación del matrimonio forzado limitado al medio coactivo violento, de esto se deduciría que se quiere castigar más gravemente un supuesto de ataque a la libertad a través de las coacciones, creando esta figura delictiva en el capítulo relativo a los delitos de coacciones, siguiendo la estela de la previsión de diferentes delitos de coacciones en el CP: limitándonos al propio capítulo de las coacciones (al margen de los delitos de coacciones incluidos en los específicos delitos de violencia de género y violencia doméstica), el previsto genéricamente en el párrafo primero, el delito de coacciones cuando afecta a un derecho fundamental, el delito de coacciones cuando afecta al disfrute de la vivienda. Pero esto no significa que el ataque a la libertad a través de las amenazas sea atípico penalmente y, por otro lado, porque recurriendo a los genéricos delitos de amenazas se evitarían los efectos punitivos privilegiantes que la regulación del art. 172 bis ha generado (precisamente en su comparación con las penas de algunos delitos de amenazas).

301 Respecto de los medios comisivos del art. 172 bis.2 CP, GUINARTE CABADA, en: GONZÁLEZ CUSSAC (dir.)/GÓRRIZ ROYO/MATALLÍN EVANGELIO (coords.), *Reforma CP de 2015*, 2ª, 2015, 570, considera adecuada la inclusión del engaño también como medio comisivo, pero es partidario de que se amplíen los medios comisivos a todos los descritos en el delito de trata de seres humanos. Sobre esta propuesta, PALMA HERRERA, en: MORILLAS CUEVA (dir.), *CP reformado*, 2015, 402 n. 35, advierte que una ampliación de los medios comisivos acabaría por desnaturalizar del todo el delito como forma de coacciones (desnaturalización que ya se ha operado con la previsión del engaño como medio comisivo).

bajadores, los delitos de imposición de condiciones laborales perjudiciales y los delitos contra la libertad sindical y el derecho de huelga —en este mencionando solo las coacciones, no la intimidación—, arts. 311 y 315 CP respectivamente), y delitos en los que se han equiparado la violencia, la intimidación y el engaño (por ejemplo, en los delitos relativos a la prostitución, art. 187 CP, y trata de personas, art. 177 bis CP).

Dado que en el delito de matrimonio forzado se ha optado por la mención de los tres medios comisivos, si bien en uno solo de los comportamientos típicos, de tal opción legislativa se puede deducir que este delito tiene más semejanza con este tercer grupo de delitos; de hecho, precisamente con el delito de trata de personas la semejanza es más que evidente, hasta el punto de que entre ambos delitos se van a plantear claros problemas concursales, como se ha adelantado ya.

Ahora bien, si se quiere presentar esta semejanza con este tercer grupo de delito, en tal caso el delito no se puede formular como una forma o figura delictiva dentro de los delitos de coacciones, y los medios comisivos serían eso, medios comisivos, describiendo la conducta a través de otros verbos típicos que no identifiquen el delito con la coacción. Tal cambio permitiría además valorar la conveniencia o no de introducir otros medios comisivos en la descripción del matrimonio forzado, completando la similitud con este tercer grupo de delitos (si procede o no hacer referencia a la especial vulnerabilidad o necesidad de la víctima, o al abuso de superioridad).

La mención del medio comisivo del engaño en el segundo párrafo del delito, referido a la conducta de forzar a la víctima a salir del territorio nacional o a no regresar al territorio nacional, está ofreciendo respuesta a la dinámica frecuentemente utilizada en la celebración de matrimonios forzados. Desde este punto de vista puede parecer justificada la mención del engaño en esta tipificación. Ahora bien, la cuestión que a continuación habría de plantearse es por qué es merecedor de sanción penal un acto preparatorio del matrimonio forzado, el consistente en engañar a la víctima para ser trasladada al lugar donde va a ser obligada a contraer matrimonio, y no merece tal sanción penal otros actos preparatorios de otros delitos. Y por otro lado, sería preciso averiguar la verdadera incidencia del engaño como medio para lograr que la víctima se traslade a otro país donde va a celebrar el matrimonio, pues si son sus padres los que han preparado la ceremonia, ¿necesitan recurrir al engaño para que la víctima salga del territorio nacional? ¿No pueden recurrir a la excusa de que se trasladan al país de origen de vacaciones, como sucede en los casos de mutilación genital? Acaso esta excusa se va a interpretar como engaño típicamente relevante, pero en ese caso, ¿por qué para la celebración del matrimonio forzado es relevante penalmente y no lo es para practicar la mutilación genital?

Al margen de medio comisivo del engaño, para que se cometa el delito de matrimonio forzado se ha de recurrir a la violencia o a la intimidación grave. ¿Qué significado tiene el uso de este adjetivo en la intimidación? Porque cuando en otros delitos se alude a estos medios comisivos la intimidación no resulta adjetivada, al igual que no lo está la violencia (por ejemplo, en las agresiones sexuales, en el robo, en los delitos mencionados con anterioridad). ¿significará que en el matrimonio forzado solo la intimidación grave dará lugar a delito, una intimidación leve será atípica penalmente?[302] Y, en tal caso, descartado el delito de matrimonio forzado,

---

[302] En relación con el requisito de que la intimidación ha de ser grave, el Informe CGPJ Anteproyecto-octubre 2012, 165 s., formula varias observaciones críticas, pues la exigencia de este requisito va a significar que la intimidación que no revista el carácter de grave quedará fuera del ámbito típico, provocando parcelas de impunidad. Además, el uso de este adjetivo va a generar problemas de interpretación. En el informe se recomienda suprimir el adjetivo, siguiendo la pauta de otros delitos como los de agresiones sexuales, el robo, sobre los que además existe una consolidada jurisprudencia en la interpretación de la intimidación como medio comisivo. Se concluye advirtiendo que, de mantenerse el requisito de que la intimidación sea grave, podría dar lugar a una desacertada interpretación hiperrestrictiva, sinónima de aquella que sea especialmente grave, casi irresistible. También en el Informe CF Anteproyecto-octubre 2012, 141, se critica la utilización del término grave (si bien incorrectamente se relaciona tanto con la intimidación como con la violencia), considerando que resulta suficiente con que se aluda al empleo de violencia o intimidación, y la aplicación del tipo estará condicionada a que tal medio comisivo sea de intensidad suficiente para condicionar la voluntad del sujeto pasivo y menoscabar su libertad de decisión. En la enmienda 553 presentada por el grupo parlamentario UPyD al Proyecto-octubre 2013 se proponía la eliminación del adjetivo grave de la intimidación, con la justificación de que previamente en el entorno familiar será difícil apreciar la intensidad de la presión que recibe la víctima. Como ya se ha indicado con anterioridad, esta enmienda ha sido rechazada en el Informe elaborado por la Ponencia sobre el Proyecto, en el Dictamen de la Comisión de Justicia sobre el citado informe y en el debate en el Pleno del Congreso. La doctrina ha puesto en entredicho la referencia a la gravedad en la intimidación, por las dificultades para su interpretación, además de que su mención específica no parece que resulte necesaria, pues para la aplicación del delito debería bastar con la intimidación que sea de entidad suficiente como para condicionar la voluntad de la víctima. V., en este sentido, críticamente, RAVETLLAT BALLETÉ, en: RIVAS VALLEJO/BARRIOS BAUDOR (dirs.)/SERRANO FALCÓN (coord.), *Violencia de género*, 2ª, 2014, 1183; GUINARTE CABADA, en: GONZÁLEZ CUSSAC (dir.)/GÓRRIZ ROYO/MATALLÍN EVANGELIO (coords.), *Reforma CP de 2015*, 2ª, 2015, 564; PALMA HERRERA, en: MORILLAS CUEVA (dir.), *CP reformado*, 2015, 401 s.; TORRES ROSELL, en: VILLACAMPA ESTIARTE (coord.), *Libertad e indemnidad sexual*, 2015, 422. Sobre la interpretación de la intimidación grave en este delito, v. NÚÑEZ CASTAÑO, en: GÓMEZ RIVERO (dir.), *PE I*, 2ª, 2015, 172 s.

¿tampoco se podrá recurrir a los genéricos delitos de amenazas?[303] Este efecto ¿también se extenderá a las amenazas incluidas en los delitos de violencia de género y similar y violencia doméstica y similar?

Se han planteado las siguientes conductas excluidas del ámbito típico, por tratarse de una intimidación leve: aquellas que no apelen a la privación ni amenacen bienes jurídicos personales (al margen de la libertad de la voluntad lesionada) o muy relevantes, por ejemplo, el anuncio de privar a la persona de la dote o de otros bienes económicos[304].

La cuarta objeción va referida a los criterios descritos para seleccionar y determinar la pena aplicable: se atenderá a la gravedad de la coacción o de los medios empleados. Esta cláusula se menciona en el apartado primero, pero parece razonable extender su ámbito aplicativo a todo el precepto[305]. Por tanto, también se atenderá a la gravedad de la coacción o de los medios empleados para la imposición de la pena cuando, con la finalidad de compeler a contraer matrimonio, se emplee violencia, intimidación o engaño para forzar a la persona a abandonar el territorio o a no regresar al territorio español. Y se atenderá a la gravedad de la coacción o de los

---

303 DE LA CUESTA AGUADO, en: QUINTERO OLIVARES (dir.), *Reforma penal de 2015*, 2015, 370, es partidaria de que cuando la intimidación no sea grave a los efectos del delito de matrimonio forzado, pero exista y sirva para compeler al matrimonio, se tendrá que acudir al delito de coacciones. De esta manera se prueba que la previsión específica del delito de matrimonio forzado es innecesaria y distorsionadora, pues con la aplicación del delito de coacciones la intimidación no grave se va a castigar con pena prácticamente idéntica a la prevista en el delito de matrimonio forzado.

304 Tesis de GUINARTE CABADA, en: GONZÁLEZ CUSSAC (dir.)/GÓRRIZ ROYO/ MATALLÍN EVANGELIO (coords.), *Reforma CP de 2015*, 2ª, 2015, 564, si bien a continuación advierte que el calificativo de la intimidación como grave ha de ser modulado atendiendo a la capacidad de soportar la amenaza por el sujeto pasivo, valorando su edad, su contexto familiar y social. NÚÑEZ CASTAÑO, en: GÓMEZ RIVERO (dir.), *PE I*, 2ª, 2015, 172, plantea como ejemplo las presiones familiares consistentes en la privación de la dote o de otros bienes económicos. También excluye del ámbito típico los supuestos en los que la víctima, por sus propias convicciones religiosas o culturales, o por respeto o reverencia hacia las personas que la inducen o persuaden, no se opone o no expresa el rechazo al matrimonio.

305 Parece que no se interpreta así en el Informe CGPJ Anteproyecto-octubre 2012, 166, ya que se señala que en la modalidad típica primera se establece la pena atendiendo a la gravedad de la coacción o de los medios empleados, de lo que parece deducirse que tales criterios de determinación de la pena sirven solo para este párrafo en particular. También en el Informe CF Anteproyecto-octubre 2012, 141, se hace una valoración de esta cláusula de determinación de la pena, pero no se hace referencia a si la misma es o no extensiva a todos los apartados del delito de matrimonio forzado. A la conclusión planteada en el texto llega MANZANARES SAMANIEGO, en: *LL* 2013-2, 1570.

medios empleados en la determinación de la pena cuando la víctima sea menor de edad[306].

Resulta llamativa[307] la utilización del término coacción como criterio de determinación de la pena en esta modalidad delictiva. Pues, ¿cómo se puede atender a este criterio cuando el medio empleado es el intimidatorio o el defraudatorio? ¿Significa que aquel medio solo puede ser valorado cuando el sujeto recurra efectivamente a la coacción? Y, en tal caso, ¿se están estableciendo diferentes criterios de determinación de la pena para atender a los diferentes medios comisivos del delito? Esto es, si se recurre a la violencia, se valorará la gravedad de la coacción, si se recurre a la intimidación o al engaño se valorarán los medios empleados.

Esta cláusula es la que se ha utilizado para la determinación de la pena del delito de coacciones del art. 172.1 CP. En este precepto tiene sentido utilizar el término coacción, pues el tipo penal consiste en impedir a otro con *violencia* hacer lo que la ley no prohíbe o *compeler* a otro a efectuar lo que no quiere. Pero si se opta por la tipificación específica del delito de matrimonio forzado, y se enumeran diferentes medios comisivos para su ejecución, todos ellos equiparados con la misma pena, ¿tiene sentido mencionar como criterio de determinación de la pena uno que sea específico de uno de los medios de comisión? Y si esto es así, ¿por qué no se ha previsto también una regulación específica para otro de los medios comisivos, el intimidatorio? Por ejemplo, recurriendo a las mismas reglas de determinación de la pena del delito de amenazas en el que se prevén

---

306 Aunque surge la duda en torno a la sanción penal que ha de imponerse en el apartado tercero del art. 172 bis. Pues si bien para el apartado primero y segundo se ha recurrido a la técnica de la pena alternativa, a elegir entre la prisión o la multa, en el apartado tercero se establece que las penas se impondrán en su mitad superior: ¿significa que, para el caso de que la víctima sea menor de edad, se impondrán cumulativamente las penas de prisión y multa? O simplemente se ha querido proponer que la mitad superior es una cláusula de determinación de la pena aplicable a la prisión o a la multa, si bien la forma como se ha expresado tal previsión no es la más correcta. Porque sería una fórmula más clara la que estableciera que la pena se impondrá en su mitad superior, porque una pena es la que se impone, con la misma duración, en el párrafo primero y en el párrafo segundo, o prisión o multa.

307 En el Informe CGPJ Anteproyecto-octubre 2012, 166, se califica de inidónea la referencia a la coacción en esta cláusula de determinación de la pena, pues se advierte que la coacción no comprende solo la violencia ejercitada o el acto de coacción, también comprende la actividad que se impone mediante la violencia, en este caso siempre es la misma, la celebración de un matrimonio. En el Informe CF Anteproyecto-octubre 2012, 141, se propone que se modifique la redacción de esta cláusula de determinación de la pena, eliminando la referencia a la coacción, pues este medio comisivo es definitorio de un tipo penal.

como penas alternativas la prisión o la multa (art. 171.1 CP): atendiendo a la gravedad y circunstancias del hecho[308].

La quinta observación que merece destacarse es la relativa al momento en el que se han de utilizar los medios comisivos, la violencia o la intimidación: ¿en el momento en que se va a celebrar el matrimonio, para compeler a la víctima a que efectivamente lo celebre? ¿O se ha de recurrir a estos medios comisivos en fases previas a la celebración? Y ¿qué sucede si se utiliza la violencia o la intimidación de manera reiterada, en una fase previa a la celebración y en la propia celebración del matrimonio? ¿Vendrá en aplicación solo el delito de matrimonio forzado o, además, se apreciará algún delito genérico contra la libertad —amenazas o coacciones—?[309] En el segundo párrafo parece más clara esta cuestión: se utiliza la

---

308 Tanto en el Informe CGPJ Anteproyecto-octubre 2012, 166, como en el Informe CF Anteproyecto-octubre 2012, 141, se propone eliminar la referencia a la coacción en esta cláusula de determinación de la pena. En su lugar se plantea como cláusula alternativa la valoración de la gravedad de la violencia o intimidación y de los medios empleados para la imposición violenta (propuesta del CGPJ) o la valoración de la gravedad de la violencia o intimidación ejercida (propuesta del CF). Dado que esta cláusula se ha mencionado expresamente en el primer párrafo, como ya se ha comentado anteriormente, ¿significa esto que tal cláusula de determinación de la pena es solo aplicable al apartado primero del delito de matrimonio forzado? Porque solo es en este párrafo donde se ha descrito la violencia o la intimidación como únicos medios comisivos. Pero si así fuera, ya que en el apartado segundo también se recurre a la técnica de la pena alternativa, prisión o multa, y la duración del marco punitivo es la misma en ambas penas alternativas, ¿a qué criterios se atenderá para la determinación de la pena? Y si esto es así, ¿se valorará de diferente manera la violencia o la intimidación en el primer párrafo y en el segundo párrafo? Estos interrogantes se evitan si la cláusula se aplica indistintamente a los dos párrafos del art. 172 bis CP. GUINARTE CABADA, en: GONZÁLEZ CUSSAC (dir.)/GÓRRIZ ROYO/MATALLÍN EVANGELIO (coords.), *Reforma CP de 2015*, 2ª, 2015, 569, es partidario de que la cláusula se entienda como referida a la valoración del desvalor de acción (medios empleados) y desvalor de resultado (coacción), no es una derogación de los criterios generales para la determinación de la pena, pero sí parece que se quiere excluir otros elementos circunstanciales o, al menos, otorgar preeminencia a la gravedad de los medios empleados sobre la consideración de otros aspectos o elementos. A juicio de este autor, por tanto, este criterio puede servir tanto para seleccionar la pena a imponer como para atemperar la duración de la pena. Parece aceptar esta interpretación CUERDA ARNAU, en: GONZÁLEZ CUSSAC (coord.), *PE*, 4ª, 2015, 174 s. Por su parte, TORRES ROSELL, en: VILLACAMPA ESTIARTE (coord.), *Libertad e indemnidad sexual*, 2015, 423 s., se hace eco de las observaciones formuladas por el CF y el CGPJ a esta cláusula sobre la determinación de la pena en el matrimonio forzado.

309 DE LA CUESTA AGUADO, en: QUINTERO OLIVARES (dir.), *Reforma penal de 2015*, 2015, 370 s., 373, desde la consideración de que estamos ante un delito de coacciones, es partidaria de que los medios comisivos se utilicen en el momento inmediatamente anterior a la celebración o en el propio momento de la celebración del matrimonio. Para el caso de que se cometan amenazas o coacciones, antes de la

violencia o la intimidación para impedir la salida o el regreso al territorio nacional porque, con posterioridad, se pretende obligar a la víctima a que contraiga matrimonio. Pero, ¿esto significa que se estaría aludiendo a una posible doble utilización de los medios comisivos? ¿O es el mismo medio comisivo que se prolonga en el tiempo?

Esta observación está en íntima conexión con la cuestión, controvertida, relativa a la fijación del momento de la consumación del delito. La duda se centra en el primer párrafo, pues como se verá más adelante, en el párrafo segundo se ha optado por la tipificación de un delito mutilado de dos actos, por tanto la consumación se ha de plantear con la realización de la primera de las conductas penalmente relevantes, mediante engaño, intimidación o violencia se impone la salida del territorio nacional o se impide el regreso al territorio nacional[310]. Pero en el primer párrafo, consistente en mediante intimidación o violencia compeler a contraer un matrimonio, surge la duda de si la consumación se hace depender o no que se lleve a cabo la celebración del matrimonio[311]. Dado que el delito

---

celebración y en la fase de celebración, se tendrán que plantear las reglas concursales entre los delitos de coacciones y de amenazas y el delito de matrimonio forzado: en el caso de concurso con el de amenazas condicionales esta autora recurre a las reglas del concurso de leyes, a favor de las amenazas condicionales. Pero parece admitir el concurso de delitos cuando en la fase previa a la celebración se recurre a las coacciones. Y los problemas concursales se acentúan cuando entran en juego los delitos de coacciones y amenazas en el ámbito familiar.

310 Expresamente plantea la consumación en el segundo párrafo en el momento en que se consigue que la víctima abandone el territorio español, o se consigue que no regrese al territorio español, no exigiéndose que se celebre el matrimonio forzado, PÉREZ RIVAS, en: ROMA VALDÉS (dir.), *CP comentado,* 2015, 320.

311 GUINARTE CABADA, en: GONZÁLEZ CUSSAC (dir.)/GÓRRIZ ROYO/MATALLÍN EVANGELIO (coords.), *Reforma CP de 2015,* 2ª, 2015, 565 s., sí exige que el matrimonio se contraiga para la consumación del delito, no bastando con el ejercicio de la violencia o la intimidación. No requiere, sin embargo, que el matrimonio sea válido (que, habría que puntualizar, desde el Derecho español, no puede ser válido, como el propio autor reconoce, pues no hay consentimiento matrimonial, ya que este se arranca por la violencia o la amenaza), o que se inscriba en el Registro Civil o equivalente. Si el matrimonio no llega a celebrarse, pero sí se ha utilizado la violencia o la intimidación grave, estaremos ante una tentativa de delito (y si se ha coaccionado o intimidado a los dos contrayentes, dos tentativas de delito). También defiende que el matrimonio ha de llegar a celebrarse, considerando que el matrimonio es el resultado típico en este delito, CARPIO BRIZ, en: CORCOY BIDASOLO (dir.)/VERA SÁNCHEZ (coord.), *PE I,* 2015, 139; DE LA CUESTA AGUADO, en: QUINTERO OLIVARES (dir.), *Reforma penal de 2015,* 2015, 375; PÉREZ RIVAS, en: ROMA VALDÉS (dir.), *CP comentado,* 2015, 319; NÚÑEZ CASTAÑO, en: GÓMEZ RIVERO (dir.), *PE I,* 2ª, 2015, 173. De otra opinión MANZANARES SAMANIEGO, en: *LL* 2013-2, 1570, para quien el delito de matrimonio forzado es de mera actividad, que se consuma aunque no llegue a celebrarse el matrimonio.

no es otra cosa que un ataque a la libertad de la víctima, parece razonable proponer que la consumación tendrá lugar en el momento en el que se produce la afectación de este bien jurídico, en paralelismo a las explicaciones que se proponen para la consumación de los delitos de amenazas y coacciones.

La sexta observación va referida al tipo subjetivo. Al margen de lo que comentará en relación con el párrafo segundo, la previsión de una modalidad exclusivamente dolosa no es objeto de consideración, pues tal limitación está más que justificada[312]. En relación con el tipo subjetivo se ha puesto de relieve que el delito de matrimonio forzado debería contener un elemento subjetivo del injusto específico, consistente en describir la finalidad ulterior que se persigue con la celebración de esta unión, como procurarse un servicio doméstico, o una prestación sexual, u otros beneficios; tal como está formulado el delito, no se da respuesta completa y satisfactoria al contenido de injusto, ya que se ha omitido toda referencia a la finalidad de explotación propia de esta práctica[313]. Ahora bien, una propuesta en este sentido serviría para confundir y mezclar aún más el matrimonio forzado y la trata de personas, resultando positiva la opción legal por omitir cualquier referencia a la finalidad que se persigue con la celebración del matrimonio. Porque, además, desde la perspectiva de la afectación a la libertad del sujeto pasivo, la finalidad que persigue el sujeto activo resulta totalmente irrelevante.

La siguiente observación va dirigida a la previsión del párrafo segundo del art. 172 bis CP. Varios son los comentarios que provoca la modalidad delictiva consistente en, con la finalidad de compeler a contraer matrimonio, forzar a abandonar el territorio español por medio de la intimidación grave, la coacción o el engaño, o forzar a no regresar al territorio español mediante la intimidación grave, la coacción o el engaño[314].

---

312 MUÑOZ CUESTA/RUÍZ DE ERENCHUN ARTECHE, *Reforma penal de 2015*, 2015, 130, son partidarios de una interpretación restrictiva del tipo subjetivo en este delito, exigiendo que se actúe con dolo directo. Apoyan esta tesis en la incompatibilidad entre el dolo eventual y los medios comisivos descritos en el art. 172 bis.1 CP: la violencia o la intimidación.

313 De esta opinión TORRES ROSELL, en: VILLACAMPA ESTIARTE (coord.), *Libertad e indemnidad sexual*, 2015, 424, quien añade que, como consecuencia de la exigencia de este requisito subjetivo, que aproximaría el delito al de trata de personas, la pena prevista para el delito de matrimonio forzado resulta insuficiente.

314 Desde luego, su previsión no se basa en el argumento alegado por GUINARTE CABADA, en: GONZÁLEZ CUSSAC (dir.)/GÓRRIZ ROYO/MATALLÍN EVANGELIO (coords.), *Reforma CP de 2015*, 2ª, 2015, 567 s., relativo a paliar la insuficiencia de la no posibilidad de perseguir el delito de matrimonio forzado cuando se comete en el extranjero, pues los principios de extraterritorialidad no resultan aplicables en este

En su descripción se ha recurrido a la utilización de un especial elemento subjetivo del injusto[315], parece que planteándolo como un delito mutilado de dos actos: la primera de las conductas típicas sería la de forzar a abandonar el territorio español/forzar a no regresar al territorio español[316] concurriendo la finalidad de realizar posteriormente la segunda de las acciones, compeler a contraer matrimonio[317].

Por la forma como se ha redactado este apartado, surge la duda de si las dos conductas han de ser realizadas o no por la misma persona, pues respecto de la primera conducta efectivamente el sujeto activo ha de utilizar determinados medios comisivos para forzar a abandonar el territorio español a la víctima, pero respecto de la segunda conducta, sobre la que

caso (con la salvedad de que el delito de matrimonio forzado constituya también un delito de trata de seres humanos, pues este sí está incluido en el principio de justicia universal). También parece referirse a esta razón de tipo procesal CARPIO BRIZ, en: CORCOY BIDASOLO (dir.)/VERA SÁNCHEZ (coord.), *PE I*, 2015, 140, cuando señala que, en muchas ocasiones, el matrimonio forzado se produce fuera del territorio nacional, resultando imposible aplicar lo dispuesto en el art. 23 LOPJ; y añade que, con la redacción del art. 172 bis.2 CP, cuando desde España se engañe o fuerce a abandonar el territorio nacional para, posteriormente, obligarle a casarse, los tribunales españoles sí son competentes para conocer este segundo delito, aunque no lo sean del de matrimonio obligado.

315 MANZANARES SAMANIEGO, en: *LL* 2013-2, 1570, se limita a señalar que en el apartado segundo del art. 172 bis se ha previsto un elemento subjetivo del injusto.

316 Incluso esta primera conducta es controvertida, pues literalmente el art. 172 bis.2 se refiere a quien utilice violencia, intimidación grave o engaño *para* forzar a otro. Se plantea la duda de si con esta literalidad se está aludiendo al resultado típico o a una determinada intención. Sobre esta cuestión, DE LA CUESTA AGUADO, en: QUINTERO OLIVARES (dir.), *Reforma penal de 2015*, 2015, 376 s., opta por la segunda de las tesis posibles, por la utilización de la preposición "para" y, sobre todo, por la pena con la que se conmina el hecho descrito en este párrafo, una pena muy similar a la del delito de coacciones, lo que ha de ser utilizado como argumento para descartar interpretaciones que supongan conductas cualitativamente más graves en comparación con el delito de coacciones. Desde esta perspectiva, el tipo penal estaría formado por un doble especial elemento subjetivo del injusto, se emplearía el medio comisivo de la coacción o la intimidación *con la finalidad* de que la víctima se vea forzada a abandonar el territorio o a no regresar al territorio español *con la finalidad* de compelerle a contraer matrimonio. Desde esta perspectiva, el delito se consuma en el momento en el que se utiliza la violencia o la intimidación, siempre y cuando esté/n presente/s la/s finalidad/es descrita/s.

317 Se plantea TORRES ROSELL, en: VILLACAMPA ESTIARTE (coord.), *Libertad e indemnidad sexual*, 2015, 426 s., cómo ha de interpretarse la frase "con la finalidad de cometer los hechos a que se refiere el número anterior". Pues son posibles dos interpretaciones: primera, con la finalidad de compeler a otro mediante violencia o intimidación grave a contraer matrimonio. Segunda, se está haciendo referencia al hecho de compeler a contraer matrimonio, sin que sea necesario que también se recurra a la violencia o la intimidación grave para que se lleve a cabo la misma.

se construye el elemento subjetivo especial, la referencia es más ambigua: "con la finalidad de cometer los hechos a que se refiere el número anterior". Pues en el verbo cometer puede entenderse una referencia a la autoría, por tanto el sujeto activo habrá de realizar la primera conducta y pretender realizar la segunda, pero en el verbo cometer también puede entenderse una referencia a la participación en el hecho de otro[318] y, desde esta perspectiva, quien va a compeler a la víctima a contraer matrimonio no tiene que ser necesariamente la misma persona que la ha forzado a abandonar el territorio español (o a no regresar al territorio español). La opción por una u otra interpretación de la expresión "finalidad de cometer los hechos a que se refiere el número anterior" dependerá de si se quiere castigar por esta modalidad delictiva el caso de quien, sabiendo que la víctima va a ser obligada a contraer matrimonio, y que la coacción o la amenaza va a proceder de uno o varios de los familiares que residen en el extranjero, utiliza la violencia, la intimidación grave o el engaño para forzar a la víctima a que abandone el país. Si las dos conductas típicas han de ser realizadas por la misma persona, este supuesto no podría ser castigado a través de esta modalidad delictiva, aunque ello no significaría la impunidad de la conducta de intimidar o coaccionar a una persona a abandonar el territorio nacional, ya que se castigaría a través de los genéricos delitos de amenazas y coacciones, sin necesidad de que concurra un añadido elemento subjetivo del injusto especial. Si no se exige que las dos conductas típicas sean realizadas por la misma persona, resultando suficiente con que el sujeto obligue a la víctima a abandonar el territorio para que sea obligada a casarse, desde esta perspectiva el supuesto planteado sí podría ser castigado a través de esta modalidad delictiva[319].

---

318 Sobre la ambivalencia del verbo cometer, no identificándose necesariamente con la intervención en el delito como autor, v., por todos, DÍAZ Y GARCÍA CONLLEDO, en: *EPB* 2002, 305 s.

319 GUINARTE CABADA, en: GONZÁLEZ CUSSAC (dir.)/GÓRRIZ ROYO/MATALLÍN EVANGELIO (coords.), *Reforma CP de 2015*, 2ª, 2015, 570, considera que la dicción literal del precepto parece obligar a entender que quien fuerza o va a forzar a contraer matrimonio es la misma persona que fuerza la salida de España o impide el regreso a España de la víctima; de la misma opinión en: ROMA VALDÉS (dir.), *CP comentado*, 2015, 320. Otra interpretación defiende DE LA CUESTA AGUADO, en: QUINTERO OLIVARES (dir.), *Reforma penal de 2015*, 2015, 377, quien plantea la posibilidad de que las conductas tipificadas en el párrafo segundo se pueden realizar o no por el autor del delito del primer párrafo; para el caso de que los autores sean distintos, esta autora diferencia dos supuestos: primero, que las conductas se realicen por personas que participan en el delito previsto en el primer párrafo. En este caso el párrafo segundo es de aplicación preferente. Segundo supuesto, que no haya conexión entre el autor del primer párrafo y del segundo. En este caso, igual que en el caso en

En este apartado segundo, concurriendo la finalidad de compeler a otro a contraer matrimonio, se han descrito dos conductas típicas con una repercusión de extraterritorialidad, pero con un contenido claramente diferente: en el primer caso, forzar a otro a abandonar el territorio español, la conducta típica se realiza en territorio español; en el segundo caso, forzar a otro a no regresar al territorio español, la conducta típica se realiza en el extranjero[320]. Desde el momento en que se ha recurrido al principio de justicia universal para la persecución extraterritorial del delito de matrimonio forzado, se podría considerar que resulta innecesaria esta previsión del párrafo segundo, en concreto de la conducta desarrollada íntegramente en el extranjero, pues esta circunstancia no impediría

---

que hay coincidencia de autoría en los dos párrafos, estamos ante actos preparatorios del delito descrito en el primer párrafo que, con la excepción del engaño, de no existir este precepto, se castigarían como delito de coacciones, consumado o en grado de tentativa. También NÚÑEZ CASTAÑO, en: GÓMEZ RIVERO (dir.), *PE I*, 2ª, 2015, 176, admite que el sujeto activo en el art. 172 bis.2 CP puede ser quien posteriormente realizará la conducta de compeler a contraer matrimonio como un tercero que no participe en ese comportamiento.

320 Atendiendo a este factor de extraterritorialidad, CARPIO BRIZ, en: CORCOY BIDASOLO (dir.)/VERA SÁNCHEZ (coord.), *PE I*, 2015, 139 s., considera que en el art. 172 bis.2 CP se protegen varios bienes jurídicos: en primer lugar, el derecho fundamental de elegir libremente residencia y circular por territorio nacional, y el derecho a entrar y salir libremente de España; segundo, el derecho a contraer matrimonio en condiciones de libertad e igualdad. Pero, si efectivamente se protegen dos bienes jurídicos, ¿cómo se explica que la pena prevista en este apartado no difiera de la del apartado primero? Y, por otro lado, respecto del segundo bien jurídico, ¿no se estaría ante un delito de peligro? Porque no parece que sea necesario que, efectivamente, la víctima sea obligada a contraer matrimonio para su consumación, bastando con que se realice la primera de las conductas típicas con la finalidad de llevar a cabo esta segunda acción. A la primera de las cuestiones planteadas este autor sí parece responder desde el momento en que plantea la aplicación de las reglas del concurso medial de delitos entre el art. 172 bis.1 y el 172.bis.2 CP, si bien, pese a todo, sigue considerando escasa la penalidad (pp. 140 s.). Si se atiende a que la libertad de la víctima se ve menoscabada en varias ocasiones, una cuando es obligada a salir del territorio, otra cuando es obligada a contraer matrimonio, el planteamiento concursal hecho por este autor resulta acertado. No lo comparte NÚÑEZ CASTAÑO, en: GÓMEZ RIVERO (dir.), *PE I*, 2ª, 2015, 176 s., quien propone las reglas del concurso de leyes entre el art. 172 bis.1 y 172 bis.2 CP, a favor del primero por aplicación del principio de consunción. En relación con la conducta de forzar a no regresar a España, GUINARTE CABADA, en: GONZÁLEZ CUSSAC (dir.)/GÓRRIZ ROYO/MATALLÍN EVANGELIO (coords.), *Reforma CP de 2015*, 2ª, 2015, 570, considera que no se puede incluir en el tipo los casos en los que el que fue obligado a contraer matrimonio en el extranjero, sin haber sido forzado a abandonar el territorio español, es forzado a no regresar a España para impedir la denuncia de los actos de que ha sido víctima, o para evitar que rompa el vínculo matrimonial en España, pues en estos casos la compulsión no se realiza para contraer matrimonio.

la atribución de competencia a los tribunales españoles para el castigo del responsable del matrimonio forzado, eso sí, si se cumplen los criterios establecidos en el principio de justicia universal para su aplicación, y se obliga a contraer matrimonio, claro.

Pero si reparamos brevemente en la previsión contenida en este apartado segundo, lo que sucede es que se está adelantando la protección penal de la víctima ante un futuro matrimonio forzado, con lo que se está ampliando el ámbito de aplicación de este delito: no solo frente a conductas de compeler a su celebración, también frente a conductas preparatorias del matrimonio, como lograr que la víctima abandone un determinado territorio para trasladarse al país donde se celebrará el matrimonio forzado o que no regrese a aquel territorio porque se pretende celebrar el matrimonio forzado[321].

Este factor de extraterritorialidad es el que puede provocar un grave problema concursal con el delito de trata de personas (aunque el delito de trata de personas no implica siempre y necesariamente ese factor extraterritorial, pues también se ha tipificado la trata de personas estando ausente este factor —la trata interna—), planteando un nuevo comentario u observación sobre el delito de matrimonio forzado, el relativo a los problemas concursales que se van a originar con la previsión de esta modalidad delictiva.

Con carácter previo, las relaciones concursales con el delito de matrimonio forzado pueden ser de diversa índole, bien de delitos, con los de lesiones, abusos y agresiones sexuales (normalmente una vez celebrado el matrimonio, pero obviamente también pueden plantearse antes de la celebración), bien de leyes, entre este delito y el resto de los delitos contra la libertad tipificados en el CP, no solo con los de coacciones y amenazas, también con los delitos de detenciones ilegales[322].

---

321 MUÑOZ CONDE, *PE*, 20ª, 2015, 146, califica este segundo apartado del art. 172 bis como acto preparatorio del delito tipificado en el apartado primero. La misma calificación realiza NÚÑEZ CASTAÑO, en: GÓMEZ RIVERO (dir.), *PE I*, 2ª, 2015, 176.

322 GUINARTE CABADA, en: GONZÁLEZ CUSSAC (dir.)/GÓRRIZ ROYO/MATALLÍN EVANGELIO (coords.), *Reforma CP de 2015*, 2ª, 2015, 566 s., analizando el concurso de delitos con los delitos de lesiones de cierta entidad (no con el delito leve de lesiones, que quedaría absorbido por el delito de matrimonio forzado), y delitos de abusos y agresiones sexuales si el futuro contrayente es menor de edad (concretamente menor de 16 años), si el matrimonio se celebra en España, siendo el sujeto responsable a título de inductor, cooperador necesario o cómplice (aunque no se entiende muy bien la reducción de este problema concursal a los delitos sexuales cometidos con víctimas menores de dieciséis años). Y el concurso de leyes con las coacciones y las amenazas, si bien en este caso el concurso de leyes no ha de resolverse desde el prin-

Entrando en el supuesto concursal más problemático, se ha reconocido que algunos supuestos de matrimonio forzado, en particular desde la modalidad del párrafo segundo del art. 172 bis, puede entrar en concurso con el delito de trata de personas[323]. Nos encontraríamos ante un concurso de leyes que parecería resolverse, inicialmente al menos, por el principio de especialidad, a favor del delito de matrimonio forzado, lo que supondría convertir este delito en un tipo atenuado respecto del de trata de personas, un efecto totalmente desacertado[324].

---

cipio de especialidad, pues puede llevar a privilegios punitivos si se plantea como ley especial el delito de matrimonio forzado, sino a través del principio de alternatividad. Las relaciones concursales planteadas con los delitos de lesiones y delitos contra la libertad e indemnidad sexuales y la solución de los concursos de leyes entre el delito de matrimonio forzado y los delitos de amenazas y coacciones formulados por este autor son aceptados por CUERDA ARNAU, en: GONZÁLEZ CUSSAC (coord.), *PE*, 4ª, 2015, 174. Sobre las relaciones concursales con los delitos de coacciones y amenazas (diferenciando entre el momento en que se utilizan estos medios coactivos, si en el momento de la celebración del matrimonio o también con anterioridad), delitos contra la libertad sexual, maltrato habitual, v. también DE LA CUESTA AGUADO, en: QUINTERO OLIVARES (dir.), *Reforma penal de 2015*, 2015, 370 s., 375; NÚÑEZ CASTAÑO, en: GÓMEZ RIVERO (dir.), *PE I*, 2ª, 2015, 174.

323 Quizás porque tras la conducta descrita en el párrafo segundo del art. 172 bis se entiende que se castiga una conducta de trata de personas se puede entender la objeción formulada en el Informe CF Anteproyecto-octubre 2012, 141, en el sentido de que la conducta prevista en el apartado segundo revela una mayor gravedad en comparación con la descrita en el apartado primero, por lo que debería ser sancionada como tipo agravado con una pena mayor, afirmándose a continuación que la dicción de este párrafo es confusa e imprecisa y plantea problemas de interpretación. El problema concursal con el delito de trata de personas se va a plantear principalmente con este segundo párrafo del art. 172 bis, pero no se ha de descartar la posibilidad de que el conflicto también se plantee en relación con el primer párrafo. Así parece admitirlo GUINARTE CABADA, en: GONZÁLEZ CUSSAC (dir.)/GÓRRIZ ROYO/MATALLÍN EVANGELIO (coords.), *Reforma CP de 2015*, 2ª, 2015, 569, cuando afirma tajantemente que la conducta del art. 172 bis.2 CP está más emparentada con el delito de trata de seres humanos que con los delitos de coacciones, añadiendo a continuación que resulta cuestionable la utilidad de la tipificación de este delito de matrimonio forzado, sobre todo y más aún si se alude a este apartado 2. También DE LA CUESTA AGUADO, en: QUINTERO OLIVARES (dir.), *Reforma penal de 2015*, 2015, 372, reconoce que el delito de trata de personas entra en conflicto especialmente con el párrafo segundo del art. 172 bis CP; a la misma conclusión llega TORRES ROSELL, en: VILLACAMPA ESTIARTE (coord.), *Libertad e indemnidad sexual*, 2015, 428 ss., al proponer que el delito de matrimonio forzado —no solo el apartado segundo— (refiriéndose en concreto a una de sus modalidades, el matrimonio infantil) se regule como una modalidad del delito de trata de personas. Reduce el problema concursal entre matrimonio forzado y trata de personas al párrafo segundo del primer delito PALMA HERRERA, en: MORILLAS CUEVA (dir.), *CP reformado*, 2015, 400 s.

324 V., en este sentido, Informe CGPJ Anteproyecto-octubre 2012, 166; MAQUEDA ABREU, en: ÁLVAREZ GARCÍA (dir.)/DOPICO GÓMEZ-ALLER (coord.), *Estudio*

En principio, podría ponerse en entredicho la resolución del planteamiento concursal referido. Si se reconoce autonomía al delito de matrimonio forzado, desde el planteamiento de que dicha figura delictiva trata de proteger (solo) la libertad personal, con una concreción aún mayor en el sentido formulado por el Informe CGPJ como la libre determinación para contraer matrimonio en libertad (e igualdad), desde esta perspectiva la eventual relación concursal entre el matrimonio forzado y el delito de trata de personas habría de resolverse a través de las reglas del concurso de delitos, y no de leyes, porque entre ambas modalidades delictivas habría una diferencia sustancial: cada una pretende proteger un diferente bien jurídico penalmente relevante.

Ahora bien, esta calificación queda descartada atendiendo a la propia configuración del delito de trata de personas. Porque en esta figura delictiva se han previsto los medios comisivos descritos en el matrimonio forzado: la intimidación (sin el calificativo de grave), la violencia y el engaño, entre otros. Porque el matrimonio forzado puede ser la forma como se manifiesta la finalidad que caracteriza a la trata de personas, la explotación de la víctima, bien a través de la finalidad de imponer la esclavitud o prácticas análogas o la servidumbre, bien a través de la finalidad de la explotación sexual, y ahora, tras la reforma del art. 177 bis por la LO 1/2015, porque expresamente se ha citado la finalidad de celebrar un matrimonio forzado entre los que dan lugar a esta modalidad delictiva. Y, en tercer lugar, porque las conductas de forzar a abandonar un territorio o forzar a no regresar a un territorio pueden ser abarcadas por alguna de las conductas de la trata de personas: captar, transportar, trasladar, acoger, recibir, intercambiar o transferir el control sobre una persona.

En definitiva, efectivamente entre ambas figuras delictivas habría que plantear un concurso de leyes. ¿Cabría resolverlo a través de un principio diferente al de especialidad? Podría recurrirse al principio de consunción, desde la consideración de que el delito de trata de personas es un delito complejo, y este consumiría o absorbería el delito de matrimonio forzado.

---

crítico sobre el Anteproyecto 2012, 2013, 562, CANO PAÑOS, en: MORILLAS CUEVA (dir.), *CP reformado*, 2015, 427. Las relaciones concursales entre el primer párrafo del art. 172 bis y el delito de trata de personas se resuelven a través de las reglas del concurso de delitos por DE LA CUESTA AGUADO, en: QUINTERO OLIVARES (dir.), *Reforma penal de 2015*, 2015, 372; VILLACAMPA ESTIARTE, en: QUINTERO OLIVARES (dir.), *Reforma penal de 2015*, 2015, 407; en: *LL núm. 8554*, 2015, 4 s., quien plantea el concurso de delitos, medial o real, entre el delito de trata y el delito de matrimonio forzado del art.172 bis.1 CP si el matrimonio efectivamente llega a celebrarse; de la misma opinión, CANO PAÑOS, *Op. cit.*, 427; PÉREZ CEPEDA, en: GÓMEZ RIVERO (dir.), *PE I*, 2ª, 2015, 240 s.

Porque, además, tanto en el delito de trata como en el párrafo segundo del delito de matrimonio forzado estamos ante las fases previas a la consumación de la finalidad, que caracteriza a la trata y que da lugar al *nomen iuris* del segundo delito: nos encontramos ante la preparación de la celebración de un matrimonio forzado, utilizando determinados medios típicamente relevantes[325].

Resuelto el problema concursal entre estas dos figuras delictivas, el apartado segundo del delito de matrimonio forzado vendría en aplicación cuando el hecho no pueda subsumirse, además, en el delito de trata, ahora no por estar ausente la finalidad definitoria de la trata de personas, al incluirse expresamente, sin matices, la finalidad consistente en celebrar matrimonios forzados, sino por no concurrir alguno de los restantes ele-

---

325 Resuelven el concurso de leyes entre el delito de trata y el apartado segundo del delito de matrimonio forzado a favor del primero, CARPIO BRIZ, en: CORCOY BIDASOLO (dir.)/VERA SÁNCHEZ (coord.), *PE I*, 2015, 140, si bien sin referirse en el planteamiento concursal al art. 172 bis.2 CP de manera particular; DE LA CUESTA AGUADO, en: QUINTERO OLIVARES (dir.), *Reforma penal de 2015*, 2015, 377 s.; GUINARTE CABADA, en: GONZÁLEZ CUSSAC (dir.)/GÓRRIZ ROYO/MATALLÍN EVANGELIO (coords.), *Reforma CP de 2015*, 2ª, 2015, 571 ss., quien analiza con detalle las relaciones concursales entre estos dos delitos (en el caso del matrimonio forzado, planteado la conducta que da lugar a la aplicación conjunta de los apartados 1 y 2), valorando la posibilidad de resolver el concurso a través de las reglas del concurso de delitos o del concurso de leyes, diferenciando entre distintos supuestos en relación con el desarrollo de los elementos típicos de ambos tipos penales; este autor parece decantarse a favor de la solución del concurso de leyes, resuelto con el delito de trata [acepta la tesis defendida por este autor, diferenciando entre varias situaciones posibles en el planteamiento concursal entre el matrimonio forzado y la trata, CUERDA ARNAU, en: GONZÁLEZ CUSSAC (coord.), *PE*, 4ª, 2015, 175 s.]; PALMA HERRERA, en: MORILLAS CUEVA (dir.), *CP reformado*, 2015, 400 s., aplicando el principio de consunción; NÚÑEZ CASTAÑO, en: GÓMEZ RIVERO (dir.), *PE I*, 2ª, 2015, 177; VILLACAMPA ESTIARTE, en: QUINTERO OLIVARES (dir.), *Reforma penal de 2015*, 2015, 408; en: *LL núm. 8554*, 2015, 5. QUERALT JIMÉNEZ, *PE*, 7ª, 2015, 200, resuelve el concurso de leyes entre estos dos delitos a favor del delito de trata de seres humanos, planteando el concurso con el de matrimonio forzado del apartado primero. No queda muy claro cómo se resuelve el problema concursal entre el delito de matrimonio forzado y el de trata de seres humanos en LAMARCA PÉREZ, en: LAMARCA PÉREZ (coord.), *PE*, 3ª, 2015, 164, pues se limita a anunciar las dificultades para distinguir el delito de matrimonio forzado del de trata de seres humanos, proponiendo, eso sí, que quizás se deba reservar el primero para los casos menos graves, cuando la conducta se realiza por personas del ámbito familiar que actúan movidas por las tradiciones culturales, "aunque el cobro por parte de los padres de una compensación económica, la dote, o la realización reiterada de esta conducta con varias de sus hijas, acerque peligrosamente esta figura a un supuesto de trata".

mentos típicos de la trata, en particular alguna de las conductas típicas[326]. Surge así una nueva objeción sobre la conveniencia de su tipificación[327], ya que en el fondo, una vez excluidos los supuestos que van a dar lugar a la aplicación del delito de trata de personas, los hechos que se van a castigar a través del párrafo segundo del art. 172 bis no dejan de ser determinados actos preparatorios del matrimonio forzado, abstracción hecha de la valoración de los medios comisivos que se utilicen para la ejecución de tales actos preparatorios[328].

---

326 V., en este sentido, DE LA CUESTA AGUADO, en: QUINTERO OLIVARES (dir.), *Reforma penal de 2015*, 377 s., quien añade que, descartada la posibilidad de concurrencia con el delito de trata de personas, el delito de matrimonio forzado queda limitado prácticamente al ámbito familiar; PALMA HERRERA, en: MORILLAS CUEVA (dir.), *CP reformado*, 2015, 400 s.; VILLACAMPA ESTIARTE, en: QUINTERO OLIVARES (dir.), *Reforma penal de 2015*, 2015, 408; en: *LL núm. 8554*, 2015, 5.

327 De otra opinión PALMA HERRERA, en: MORILLAS CUEVA (dir.), *CP reformado*, 2015, 403, quien sí considera acertado el adelantamiento de la intervención penal, pues es una realidad que subyace a este tipo de matrimonios y que facilita la respuesta penal, pues si se espera a la celebración del matrimonio, fuera del territorio, el hecho encontraría más dificultades para ser perseguido, a pesar de que resulte aplicable el principio de justicia universal. Pero, una vez más, si efectivamente nos encontramos ante prácticas habituales, efectivamente la mayoría de los matrimonios forzados no se celebran en el país de recepción o de residencia, en tal caso la prevención de este tipo de prácticas no tiene que realizarse necesariamente a través de la tipificación penal, sino con la adopción de otras medidas, más efectivas además para eliminar la propia práctica en sí.

328 MANZANARES SAMANIEGO, en: *LL* 2013-2, 1570, plantea la consumación de la modalidad delictiva prevista en este segundo apartado en el momento en que se utiliza la violencia, la intimidación o el engaño (concurriendo además el especial elemento subjetivo del injusto), al margen de que se consiga o no el abandono del territorio español o el regreso al territorio español. GUINARTE CABADA, en: GONZÁLEZ CUSSAC (dir.)/GÓRRIZ ROYO/MATALLÍN EVANGELIO (coords.), *Reforma CP de 2015*, 2ª, 2015, 570 s.; NÚÑEZ CASTAÑO, en: GÓMEZ RIVERO (dir.), *PE I*, 2ª, 2015, 175, plantean la consumación cuando, usando los medios comisivos típicos, se haya conseguido que la persona abandone el territorio nacional o no ha conseguido, pretendiéndolo, regresar a él, no exigiendo ya que se llegue a contraer el matrimonio. Sea esta interpretación correcta o no (pues puede entenderse que la consumación del delito exige que se produzca el efectivo abandono del territorio o que se impida el regreso), en cualquier caso la ulterior actividad, compeler a contraer matrimonio, no se ha llevado a cabo, por eso se puede afirmar que, desde esta perspectiva, estamos ante un acto preparatorio del matrimonio forzado. No lo interpreta así RAVETLLAT BALLETÉ, en: RIVAS VALLEJO/BARRIOS BAUDOR (dirs.)/SERRANO FALCÓN (coord.), *Violencia de género*, 2ª, 2014, 1183 s., pues critica que se castiguen con la misma pena las conductas descritas en los apartados uno y dos del art. 172 bis, desde la consideración de que la conducta del apartado segundo denota una mayor entidad que la descrita en el apartado primero, pues se fuerza a la víctima a contraer nupcias contra su voluntad y a abandonar el territorio o no regresar a él. De otra opinión, GARCÍA ÁLVAREZ, en: *RP 34* (2014), 97, para quien las conductas previstas en

Porque esta clase de actos preparatorios no se han previsto con carácter general para otras modalidades delictivas, ni siquiera para otras figuras delictivas emparentadas con el matrimonio forzado, las relacionadas con la violencia contra las mujeres y la violencia doméstica o familiar. ¿Por qué se tiene que castigar penalmente a quien, con la finalidad de compeler a la víctima a contraer matrimonio, utiliza el engaño para "forzarla" a abandonar el territorio español y no se tiene que castigar penalmente a quien, con la finalidad de causar a la víctima una mutilación genital, utiliza el engaño para "forzarla" a abandonar el territorio español? ¿Acaso se quiere ver una diferencia entre uno y otro supuesto en los efectos que provocarán a la víctima la posterior celebración del matrimonio forzado? Porque el matrimonio tiene un efecto que perdura en el tiempo, afectando al desarrollo personal de la víctima. Pero si los efectos perjudiciales del (futurible) matrimonio forzado son tan graves, no son más graves que los efectos perjudiciales de la (futurible) mutilación genital, por lo que no se entiende que se castigue un determinado acto preparatorio en el primero y, sin embargo, este no se plantee en el segundo.

Y si prescindimos de la comparación en el ámbito de los delitos relacionados con la violencia contra las mujeres, ¿por qué no se tiene que castigar penalmente a quien, con la finalidad de matar a la víctima, utiliza engaño para "forzarla" a abandonar el territorio español y sí se ha de castigar penalmente a quien, con la finalidad de compeler a la víctima a contraer matrimonio, utiliza el engaño para "forzarla" a abandonar el territorio español? Acaso porque el criterio de la frecuencia comisiva tiene un peso tan importante como para optar por la tipificación en el primer caso y no en el segundo. Pero este criterio, por sí solo, ¿es razón suficiente?

Por otro lado, la eliminación de este apartado segundo no supondría la destipificación completa, pues la conducta consistente en utilizar violencia o intimidación para forzar a abandonar el territorio español, sea cual sea la finalidad perseguida, se puede castigar a través de los genéricos delitos de coacciones y amenazas. Desde los ataques contra la libertad a través de la intimidación o la violencia, el planteamiento de este segundo párrafo como acto preparatorio del matrimonio forzado pierde sentido, pasando a ocupar un lugar principal el hecho de que la víctima está siendo

---

el segundo párrafo del art. 172 bis deberían ser castigadas con una pena menor, por tratarse de conductas de menor gravedad, por lo que la previsión de la misma pena que para la conducta del primer párrafo supone una vulneración del principio de proporcionalidad.

coaccionada o amenazada para hacer algo que no quiere: abandonar el país o no regresar al país[329].

En suma, para los casos realmente graves, cuando se emplea la coacción o la intimidación, sí hay respuesta penal, a través de los delitos de coacciones y amenazas (en todo caso para la conducta realizada en territorio español, para la realizada fuera del territorio español solo si puede aplicarse alguno de los principios de extraterritorialidad del art. 23 LOPJ) y a través del delito de trata de personas, en este incluyendo también el medio comisivo del engaño; para los casos en que no concurran los requisitos del delito de trata de personas, lograr a través del engaño que la víctima abandone el país o no regrese al país no parece que tenga la entidad suficiente como para que sea objeto de sanción penal[330]; la protección de la víctima ante el futurible matrimonio forzado habrá de lograrse por

---

329 También PALMA HERRERA, en: MORILLAS CUEVA (dir.), *CP reformado*, 2015, 403 n. 57, reconoce que el adelantamiento en la intervención penal se plantea solo en el caso de que se recurra al engaño para abandonar el país o para no regresar al país, pues si se emplea la violencia o la intimidación, de por sí se estaría cometiendo un delito contra la libertad.

330 No comparte esta tesis, PALMA HERRERA, en: MORILLAS CUEVA (dir.), *CP reformado*, 2015, 403 n. 57, pues, para los casos que queden fuera del ámbito aplicativo de la trata de personas, con la tipificación del delito de matrimonio forzado ahora sí se podrán castigar penalmente, con lo que se supera una laguna de punibilidad. Porque en el caso de que se utilice el engaño, sin tipificación expresa del apartado 2 del art. 172 bis, se produciría la impunidad del sujeto, ya que no se podría recurrir a otros delitos, y tampoco se podría considerar que estamos ante el comienzo de la ejecución del delito de matrimonio forzado del párrafo 1. Como la víctima se encuentra en una situación de desprotección, con esta figura se otorga la protección necesaria, si bien ello se logra a costa de recurrir a un medio comisivo, el engaño, que distorsiona la naturaleza del delito, propia de las coacciones, pero no resulta criticable si se atiende al bien jurídico protegido. Sin entrar en otro tipo de valoraciones, y tomando como correcto este planteamiento, habría que plantearse entonces por qué es necesario colmar una posible laguna de punibilidad previendo el engaño como medio comisivo para lograr que la víctima salga del país, o no regrese al país, y no se siente la misma necesidad cuando el medio comisivo empleado es otro: por ejemplo, porque se abusa de su situación de necesidad, o de su situación de especial vulnerabilidad. Y no se puede responder considerando que, cuando se abusa de la necesidad o de la vulnerabilidad de la víctima, se está obligando de manera violenta o intimidatoria, pues no cabe identificar estos medios comisivos, y el propio texto punitivo da constantes muestras de la diferenciación entre ellos con su previsión, diferenciada, en diferentes figuras delictivas. Nuevamente, cabría responder a aquella objeción alegando el criterio de la frecuencia en la utilización de los medios comisivos: es habitual que la víctima sea engañada para lograr este propósito, por esta razón ha de ser mencionada en la descripción típica este medio comisivo y no otros. Pero este sería un argumento poco concluyente, aparte de que su validez estaría supeditado a que, a pesar de la previsión típica, los medios comisivos no se modificaran en el futuro.

otros medios, combinando medidas a corto plazo (evitando que la víctima abandone el territorio) y a medio y largo plazo (a través de campañas de información y sensibilización destinadas particularmente a determinados grupos de población, con su participación activa).

Hasta ahora se han formulado observaciones o comentarios desde el punto de vista de la regulación prevista en el art. 172 bis CP. Podría hacerse también una observación o comentario sobre lo que no se ha incluido en esta regulación: la falta de previsión de una circunstancia cualificante que aluda a las relaciones especiales que pueden existir entre el autor y la víctima.

Como se ha destacado en el comienzo de la exposición, detrás de los matrimonios forzados generalmente están los parientes del futuro contrayente, en especial los padres de la víctima. Ciertamente, esta falta de previsión puede resolverse satisfactoriamente recurriendo a las circunstancias agravantes genéricas, como el abuso de la situación de superioridad, o el abuso de confianza, o, para los casos más frecuentes, cuando el autor es un pariente de la víctima (estadísticamente el padre y/o la madre), a la circunstancia mixta de parentesco.

En este caso particular cabría plantearse como cuestión previa qué papel ha de jugar esta circunstancia en el delito de matrimonio forzado, si como circunstancia agravante, valorando así el hecho de que nos encontramos ante el ataque a un bien jurídico personalísimo, la libertad[331], o como circunstancia atenuante, valorando de esta manera el factor cultural que en muchas ocasiones está detrás del matrimonio forzado[332].

---

331 Sobre la fundamentación de la circunstancia de parentesco desde su consideración como circunstancia agravante (según lo dispuesto en el art. 23 CP, atendiendo a la naturaleza, los motivos y los efectos del delito), y su aplicación como tal (generalmente) en los casos de delitos que pretenden proteger bienes jurídicos personalísimos, v., ampliamente, BIELSA CORELLA, *Circunstancia mixta de parentesco,* 2014, 133 ss., 157 ss., 369 ss., 382 ss., 387 ss., 392 ss.

332 Sobre la forma como pueden valorarse las diferentes creencias, costumbres y códigos culturales cuando de su ejercicio se deriva la comisión de un hecho delictivo según la ley española, v., entre otros, CORCOY BIDASOLO, en: *H-Rodríguez Mourullo* 2005, 1239 ss., planteando la posibilidad de aplicar eximentes relacionadas con la culpabilidad del sujeto. Para el caso de que se tenga que valorar el factor cultural que está detrás del matrimonio forzado, en última instancia quedaría la posibilidad de plantear la relación de parentesco entre autor y víctima como circunstancia atenuante, a través del criterio que permite atender a los motivos del delito en el art. 23 CP. Ahora bien, esta solución puede entrar en contradicción con aquella tesis que hemos formulado en el apartado relativo a la respuesta penal a través de los delitos de violencia de género y doméstica o similares, tesis formulada en relación con el concepto de violencia de género pero que también puede ser trasladada a la violencia doméstica, cuando a través de las circunstancias agravantes de discriminación y de parentesco todos los delitos

3. *El matrimonio precoz o prematuro*

Como se recordará, en particular desde el Consejo de Europa se ha abordado el matrimonio precoz como un problema íntimamente conectado con el matrimonio forzado, hasta el punto de que se puede deducir que ambas realidades son objeto de la misma atención, reclamando el mismo tratamiento jurídico.

Esta deducción se puede extraer de la Resolución [Rec 1468 (2005)] sobre matrimonios forzados y de niños y de la Recomendación [Rec 1723 (2005)] sobre matrimonios forzados y de niños.

En ambos textos se define el matrimonio de menores o niños como aquel en el que al menos uno de los contrayentes no ha cumplido los 18 años.

La minoría de edad de uno de los contrayentes es el criterio que se utiliza para la definición de esta modalidad matrimonial, y el que sirve para su denominación como matrimonio precoz o prematuro.

Si de estos textos se puede deducir que se está equiparando el matrimonio forzado y precoz, en el segundo caso, el matrimonio precoz se convierte en forzado por el simple hecho de que un contrayente es menor de edad, tal identificación se confirma en la definición ofrecida por la doctrina (fundamentalmente civilista, pero no solo), en la que se presenta el matrimonio forzado como categoría genérica, incluyendo dentro de ella dos manifestaciones: una, cuando se celebra un matrimonio sin la libre voluntad de uno o de los dos contrayentes, o más matizadamente, desde el punto de vista penalmente relevante, se obliga a uno o ambos contrayentes a celebrar esta unión; dos, cuando uno o los dos contrayentes no tienen capacidad para celebrar el matrimonio por razón de la edad[333].

---

contra las personas (homicidio, lesiones, etc.) pueden convertirse en delitos de género y domésticos, si el fundamento que está detrás de estos conceptos concurren en el caso concreto y su adicional desvalor de acción y de resultado puede ser abarcado a través de dichas circunstancias agravantes.

333 V., para más detalles, ELVIRA BENAYAS, en: *AEDIPr X* (2010), 709; ABAD ARENAS, en: *H-Rams Albesa* 2013, 1065 s., 1067; en: *LL* 2014-2, 1316; LÓPEZ SÁNCHEZ, *Abusos sexuales a menores*, 2014, 145, 146. Partiendo de la regulación positiva española (antes de la reforma de la Ley 15/2015), este autor califica de matrimonio forzoso cuando uno de los contrayentes es menor y no ha cumplido 14 años, aunque “consienta” su celebración, y será matrimonio forzoso también el que contrae un menor de 18 años y mayor de 14, si no consiente (p. 148); RAVETLLAT BALLETÉ, en: RIVAS VALLEJO/BARRIOS BAUDOR (dirs.)/SERRANO FALCÓN (coord.), *Violencia de género*, 2ª, 2014, 1172 s.; TORRES ROSELL, en: VILLACAMPA ESTIARTE (coord.), *Libertad e indemnidad sexual*, 2015, 392 s., quien incluye el matrimonio infantil o (el celebrado con menor de 18 años) como modalidad de matrimonio forzado. Y dentro de este matrimonio infantil o precoz también se incluye el celebrado con

En la definición del matrimonio precoz o prematuro se ha de atender a la regulación sobre la capacidad para contraer matrimonio por razón de la edad, por tanto, desde el punto de vista del Derecho español, el matrimonio precoz o prematuro sería el que contrae un menor de 16 años, un matrimonio inválido por tanto, si bien desde el punto de vista doctrinal se reclama que tal edad sea elevada a los 18 años, calificando en cualquier caso como matrimonio prematuro o precoz todos los celebrados con menores de esta edad, por tanto también a los celebrados con personas que, desde el punto de vista del ordenamiento jurídico español, tienen reconocida capacidad para su celebración[334].

Tomando como referencia esta definición del matrimonio precoz o prematuro, se ha reclamado su específica tipificación penal[335], ya que este tipo de uniones pueden implicar una grave violación de los derechos de los niños y menores, en particular afectando a bienes jurídicos como la salud, la libertad, la igualdad, la dignidad, porque su desarrollo y bienestar físico y psicológico se ve afectado, y porque a partir de la celebración de la unión matrimonial la vida de los menores cambia de manera sustancial, en el caso de que la víctima sea una menor, haciéndose cargo de una familia para la que no está preparada, dependiente de su marido y abandonando su formación educativa[336].

---

contrayentes que tienen 18 años pero otros factores determinan que no están preparados para consentir en contraerlo: desarrollo físico, emocional, sexual, psicosocial, o por falta de información respecto de las opciones de vida para su persona.

334 V., en este sentido, ELVIRA BENAYAS, en: *AEDIPr X* (2010), 709; ABAD ARENAS, en: *H-Rams Albesa* 2013, 1065 s., 1067; en: *LL* 2014-2, 1316; RAVETLLAT BALLETÉ, en: RIVAS VALLEJO/BARRIOS BAUDOR (dirs.)/SERRANO FALCÓN (coord.), *Violencia de género*, 2ª, 2014, 1172 s.; TORRES ROSELL, en: VILLACAMPA ESTIARTE (coord.), *Libertad e indemnidad sexual*, 2015, 392 s. Sí limita el calificativo de matrimonio precoz o prematuro al celebrado por persona que aún no tiene capacidad por razón de la edad, según la legislación civil sobre este requisito, LÓPEZ SÁNCHEZ, *Abusos sexuales a menores*, 2014, 145, 146. Este autor reclama que se eleve la edad para contraer matrimonio a los 18 años, pues este tipo de uniones tiene una enorme trascendencia para la vida y el desarrollo de las personas que se unen por este vínculo.

335 De esta opinión, ABAD ARENAS, en: *H-Rams Albesa* 2013, 1067; en: *LL* 2014-2, 1316; LÓPEZ SÁNCHEZ, *Abusos sexuales a menores*, 2014, 149; TORRES ROSELL, en: VILLACAMPA ESTIARTE (coord.), *Libertad e indemnidad sexual*, 2015, 428, si bien esta autora propone que el matrimonio precoz o prematuro se reconduzca al delito de trata de personas, no proponiendo la tipificación autónoma y específica del mismo, tal como se ha hecho con el propio delito de matrimonio forzado.

336 Los graves efectos que se derivan de la celebración de matrimonios precoces son descritos en la Resolución 1468 (2005) del Consejo de Europa. V., para más detalles, BRIONES MARTÍNEZ, en: *RGDCDEE 20* (2009), 6, quien advierte de lo preocupante que resulta que uno de los contrayentes sea menor de edad, pues puede pro-

Partiendo de la consideración de que la regulación civil sobre los requisitos para la celebración válida del matrimonio no es suficiente para la prevención de este tipo de prácticas, porque pueden resultar afectados bienes jurídicos importantes y eminentemente personales en la celebración de estas uniones, la tipificación específica del matrimonio prematuro, ¿es realmente necesaria? Por otro lado, la tipificación específica realizada a través del art. 172 bis.3 CP, ¿responde a estas demandas de la doctrina sobre la protección penal de los menores ante el matrimonio precoz o prematuro? ¿Caben otras vías de protección penal al margen del delito de celebración de matrimonio forzado del art. 172 bis.3 CP? En particular, ¿qué relación existe entre el delito de trata de personas, cuando la víctima es menor, y este delito de matrimonio forzado-prematuro del art. 172 bis.3 CP?

3.1. Respuesta penal frente al matrimonio precoz o prematuro

Como se va a comentar a continuación, en el art. 172 bis.3 CP se ha tratado de dar respuesta penal al matrimonio prematuro o precoz, regulándolo como un tipo cualificado agravado del matrimonio forzado. Es decir, el delito consiste en compeler, con intimidación grave o con violencia, a un menor de edad a contraer matrimonio, o utilizar la violencia, la intimidación grave o el engaño para forzar a un menor a abandonar el territorio español o a no regresar al territorio español, con la finalidad de compelerle a contraer matrimonio.

Una regulación que no resulta satisfactoria, pues, presentado como un tipo cualificado del delito de matrimonio forzado, no responde a las demandas de un sector de la doctrina para la protección de los menores frente a estas prácticas y, con esta estructura típica, tampoco resulta necesaria para la protección de estas víctimas, ya que no se está colmando una laguna de punibilidad.

Si el matrimonio prematuro o precoz se presenta como una modalidad del forzado, requiriendo por tanto la utilización de medios comisivos que coartan la libertad del contrayente menor, la tipificación penal no resul-

---

ducirse una violación de los derechos del niño, una discriminación porque les priva de derechos básicos de salud, educación, desarrollo e igualdad, haciéndose eco de las observaciones formuladas en este sentido desde las organizaciones internacionales, por ejemplo, en el Informe de la IV Conferencia mundial sobre la mujer de 1995. Más tajante, ABAD ARENAS, en: *H-Rams Albesa* 2013, 1067; en: *LL* 2014-2, 1316, quien llega a equiparar los matrimonios forzados y los matrimonios precoces, considerando que en el segundo caso se produce una vulneración de la Convención de los Derechos del Niño.

ta necesaria, pues, como hemos visto en los epígrafes correspondientes, la protección de la libertad de estas víctimas especialmente vulnerables se puede lograr fundamentalmente a través de los delitos de coacciones, amenazas, detenciones ilegales, y a través de los delitos de violencia doméstica y familiar y los delitos asimilados a los de violencia de género[337].

Y si el matrimonio prematuro o precoz se presenta como una modalidad del forzado, esto significa que no se ha tipificado penalmente el más genuino de los supuestos de matrimonio precoz, aquel que se describe atendiendo simplemente a la falta de capacidad por razón de edad de uno de los contrayentes. Supuesto que puede ser el más preocupante, pues cabe imaginarse que, ante edades muy tempranas de uno o de los dos contrayentes, no sea necesario el recurso a la coacción o a la amenaza para "concertar" la unión matrimonial, sencillamente porque el menor no va a oponerse a tal unión por no entender su significado, falta de oposición que se reforzará por el hecho de que la unión tiene el visto bueno de los padres, lo que será entendido por el menor como un mandato que ha de ser obedecido. Precisamente porque la unión se celebra a tan temprana edad, los efectos que se van a derivar para el menor afectado, generalmente niñas, serán especialmente graves[338].

Con todo, la previsión de esta modalidad agravada, que no ha estado presente en todo el proceso prelegislativo, ya que hasta el Anteproyecto-abril 2013 no se ha incorporado a la regulación del delito de matrimonio forzado[339], desde el momento en que se ha decidido la tipificación penal de

---

337 De otra opinión, LAMARCA PÉREZ, en: LAMARCA PÉREZ (coord.), *PE*, 3ª, 2015, 164, quien califica de innecesaria la tipificación del delito de matrimonio forzado, con la excepción de aquellos supuestos en los que se ven involucrados los menores de edad. Para esta autora la reforma de 2015 se debería haber limitado a la tipificación del matrimonio forzado con víctima menor de edad.

338 Porque el matrimonio prematuro puede suponer un grave atentado para bienes jurídicos tan importantes como la salud, la libertad, la dignidad de los menores, califica de insuficiente la respuesta punitiva del art. 172 bis.3 CP TORRES ROSELL, en: VILLACAMPA ESTIARTE (coord.), *Libertad e indemnidad sexual*, 2015, 428.

339 Como se ha indicado en el texto, esta circunstancia cualificante, que no se mencionaba en el Anteproyecto-octubre 2012, aparece por primera vez en el Anteproyecto-abril 2013. En el Informe CGPJ Anteproyecto-octubre 2012, 167, se ha reclamado la introducción de una circunstancia agravante cuando la víctima es menor de edad, dada la especial afectación que supondrá el matrimonio para su desarrollo; también se ha hecho la misma observación en el Informe CF Anteproyecto-octubre 2012, 141, porque esta conducta afecta de forma notable a su desarrollo y le priva de derechos básicos. En el Dictamen del Consejo de Estado de 27 de junio de 2013 sobre el Anteproyecto-abril 2013, 42, se valora positivamente la previsión del tipo agravado cuando la víctima del matrimonio forzado sea menor de edad. MAQUEDA ABREU, en: ÁLVAREZ GARCÍA (dir.)/DOPICO GÓMEZ-ALLER (coord.), *Estudio crítico sobre el Antepro-*

esta clase de prácticas, ha de ser valorada positivamente, a la vista de las consideraciones ya destacadas anteriormente realizadas desde organismos internacionales sobre los efectos perjudiciales que supone la celebración de un matrimonio forzado cuando la víctima es menor de edad[340]. Otra cosa es la forma como esta circunstancia cualificante es utilizada en la modulación del marco punitivo, pues va referida a las dos penas alternativas previstas en el apartado 1 y 2, por tanto también resulta aplicable la pena de multa, agravada, cuando la víctima sea menor[341], sanción penal que no parece adecuarse a la grave afectación de los derechos del menor de edad. Una vez más, en este ámbito se revela la falta de criterio legislativo en la protección penal de los menores de edad, ahora desde la perspectiva de la forma como la circunstancia cualificante basada en la minoría de edad sirve para concretar los marcos penales de los tipos penales protectores de estas víctimas especialmente vulnerables[342].

---

yecto de 2012, 2013, 560 s., refiriéndose al Anteproyecto-octubre 2012, descartaba la tipificación expresa de este delito, entre otras razones, porque no se había planteado previsión alguna sobre las víctimas más frecuentes y más vulnerables de esta conducta, los menores.

340 Aunque, como ha destacado TORRES ROSELL, en: VILLACAMPA ESTIARTE (coord.), *Libertad e indemnidad sexual,* 2015, 428, esta tipificación no resulta acorde con las exigencias de algunos textos internacionales, pues en estos el matrimonio precoz o prematuro no se define por el recurso a medios coactivos o intimidatorios para forzar a los menores a la celebración de estas uniones; como ya se ha indicado, su caracterización se basa en la circunstancia de que la persona que contrae matrimonio es un menor de edad.

341 V., en este sentido crítico, GUINARTE CABADA, en: GONZÁLEZ CUSSAC (dir.)/ GÓRRIZ ROYO/MATALLÍN EVANGELIO (coords.), *Reforma CP de 2015,* 2ª, 2015, 573, para quien la pena aplicable en estos supuestos debería ser únicamente la de prisión. Acepta esta crítica CUERDA ARNAU, en: GONZÁLEZ CUSSAC (coord.), *PE,* 4ª, 2015, 176.

342 Basta citar tres ejemplos de tipos penales en los que se protegen de manera cualificada a los menores de edad, o de determinadas edades, para demostrar esta falta de criterio legal: en el delito de homicidio, en el art. 138.1 CP se castiga con pena de prisión de diez a quince años, pero si la víctima es menor de dieciséis años, art. 138.2 a) CP, se impone la pena superior en grado; y en el asesinato, art. 139.1 CP, se castiga con prisión de quince a veinticinco años, pero si la víctima es menor de dieciséis años, art. 140.1.1.ª CP, se impone la pena de prisión permanente revisable. En el delito de lesiones, el art. 147.1 CP se castiga con prisión de tres meses a tres años o multa de seis a doce meses, pero si la víctima es menor de doce años, art. 148.3º CP, prisión de dos a cinco años. En los delitos de agresiones sexuales, comparando solo los tipos básicos, en el art. 178 CP, se castiga con prisión de uno a cinco años, pero si la víctima es menor de dieciséis años, art.183.2 CP, prisión de cinco a diez años. Y en el delito de detenciones ilegales, comparando la modalidad tipificada en el art. 163.1 CP, se castiga con prisión de cuatro a seis años, pero si la víctima es menor de edad, art. 165 CP, pena en su mitad superior, por tanto prisión de cinco a seis años.

Una cuestión previa que nos hemos de plantear es si tal protección intensificada solo se justifica en el caso de que la víctima sea menor de edad. Pues también para personas incapaces, o en la nueva terminología del CP tras la entrada en vigor de la LO 1/2015, para las personas con discapacidad y, en particular, para las personas con discapacidad necesitadas de especial protección, prescindiendo aquí de si esta persona tiene o no capacidad para contraer matrimonio, la celebración de un matrimonio forzado puede significar un grave perjuicio para su desarrollo personal[343].

En el art. 172 bis.3 CP se ha aludido a la característica subjetiva de la víctima, ha de ser un menor de edad el obligado a contraer matrimonio, o el "obligado" a salir del territorio nacional o a no regresar al territorio nacional con la finalidad de que contraiga un matrimonio forzado. Se plantea la duda de cómo interpretar en este delito el requisito de la minoría de edad, si se trata de la referencia al menor de 18 años o si, por el contrario, ha de fijarse otro límite de edad para la caracterización de esta circunstancia cualificante, en concreto, si se ha de atender al límite de edad establecido en la legislación civil sobre la capacidad para contraer matrimonio por razón de la edad; desde la entrada en vigor de la Ley 15/2015 este límite está fijado en 16 años[344].

---

343 Sobre este particular, MANZANARES SAMANIEGO, en: *LL* 2013-2, 1570, considera oportuna la ampliación de esta circunstancia cualificante para ser aplicada cuando la víctima sea menor o incapaz. En concreto, se refiere este autor a víctimas que padezcan un cierto grado de discapacidad que no impida la celebración, al menos formal, del matrimonio. En concreto, propone que se añada la cláusula personas necesitadas de especial atención por su discapacidad. Este autor en: *Reforma CP 2015*, 2015, 173, echa en falta la referencia a las personas con discapacidad necesitadas de especial protección en esta tipificación penal, "como si nunca pudieran ser sujetos pasivos de estos delitos"; en el mismo sentido, refiriéndose a la antigua referencia a personas incapaces, CARPIO BRIZ, en: CORCOY BIDASOLO (dir.)/VERA SÁNCHEZ (coord.), *PE I*, 2015, 140. Y GUINARTE CABADA, en: GONZÁLEZ CUSSAC (dir.)/GÓRRIZ ROYO/MATALLÍN EVANGELIO (coords.), *Reforma CP de 2015*, 2ª, 2015, 574, parece proponer la extensión de la circunstancia cualificante a personas especialmente vulnerables, término diferente del antiguo concepto de incapaz o del actual de persona con discapacidad necesitada de especial protección. También CUERDA ARNAU, en: GONZÁLEZ CUSSAC (coord.), *PE*, 4ª, 2015, 176, lamenta que el tipo cualificado no se haya ampliado a otros supuestos en los que la víctima es especialmente vulnerable o se abuse de una situación de superioridad (si bien en este último caso, de apreciarse el delito de matrimonio forzado se podrá aplicar la agravante genérica del art. 22.2.ª CP).

344 Para GUINARTE CABADA, en: GONZÁLEZ CUSSAC (dir.)/GÓRRIZ ROYO/MATALLÍN EVANTELIO (coords.), *Reforma CP de 2015*, 2ª, 2015, 573, el término menor ha de interpretarse como menor de 18 años.

Ciertamente, haciendo abstracción de la falta de consentimiento libre, si se parte de la hipótesis de que el matrimonio que se va a celebrar ha de ser formalmente válido, entonces efectivamente la protección especial del menor de edad ha de extenderse hasta el límite de los 18 años, y las potenciales víctimas con una protección reforzada serían aquellas comprendidas entre 16 a 18 años, pues por debajo de la edad de 16 años no cabría la celebración del matrimonio, al margen de que haya o no consentimiento libre en el contrayente menor de edad. Ahora bien, si se parte de la hipótesis de que el matrimonio forzado que se va a celebrar puede ser tanto el formalmente válido (excepción hecha del requisito relativo al consentimiento libre) como el formalmente inválido, por falta de otros requisitos necesarios para su celebración al margen del relativo al consentimiento libre, desde esta perspectiva sí se puede plantear la tesis de que la especial protección ha de ir referida también al menor que carece de capacidad para contraer matrimonio por falta de madurez, en el Derecho español el menor de 16 años, pues es a este colectivo al que la normativa civil no reconoce la capacidad para contraer matrimonio; también con la regulación civil sobre la capacidad para contraer matrimonio se pretende proteger a los menores ante los eventuales perjuicios que pueden derivarse para su desarrollo personal.

Esta segunda interpretación es la más lógica y la más coherente con el objeto de protección de esta modalidad delictiva, la prevención del más genuino matrimonio precoz o prematuro, el referido al menor que carece de capacidad para contraer esta unión, y a los que la realización de esta práctica causa más perjuicios a sus intereses personales.

A partir de esta consideración, nos hemos de preguntar si es posible ahora entender que el término menor utilizado en el art. 172 bis.3 se refiere al menor que carece de capacidad para contraer matrimonio. Por tanto, en este delito menor no se identificaría con el sujeto que no ha alcanzado la edad de 18 años, sino con el que tiene una edad inferior a 16 años.

A favor de la consideración de que el término menor significa menor de 18 años puede alegarse el argumento de que allí donde la ley no establece diferencias este es el significado de dicho término. Porque, además, en el CP en ocasiones sí se ha recurrido a la concreción de determinados grupos de menores, atendiendo a límites de edad inferiores, de lo que cabe deducir, en argumento a contrario, que allí donde la ley no ha querido diferenciar habrá que entender que menor de edad es el que no ha alcanzado el límite de 18 años.

Pero también se pueden esgrimir argumentos en el otro sentido. En primer lugar, si bien en el CP se encuentran varios conceptos legales de menor de edad, en unos tipos penales haciendo alusión genéricamente a este término, en otros tipos penales estableciendo un límite determinado para la minoría de edad, de esto no cabe deducir que, cuando la ley no establece límite alguno, eso significa que se está utilizando el término como sinónimo de menor de 18 años. Para que este fuera el criterio interpretativo sería necesario que la opción legal a favor del establecimiento de un determinado límite de edad inferior al genérico de 18 años respondiera a algún criterio justificativo, que sirviera para explicar por qué se ha seleccionado tal límite de edad y por qué resulta aplicable en algunos tipos penales y no en otros. Porque la fijación de tales específicos límites de edad no se ha establecido en los delitos contra las relaciones familiares, donde puede tener sentido interpretar el término menor como sinónimo de menor de 18 años, sino que se ha hecho en delitos contra bienes jurídicos personalísimos como en los delitos de lesiones, fijando el límite en 12 años (art. 148.3 CP), en el homicidio y el asesinato, fijando el límite en 16 años [arts. 138.2 a) y 140.1.1ª CP], en los delitos contra la libertad e indemnidad sexuales, fijando el límite a veces en 16 años (abusos y agresiones sexuales a menores de esta edad, arts. 183 a 183 quater), a veces en 18 años y, en algunos casos, como modalidad agravada, el límite de 16 años (en delitos de exhibicionismo y provocación sexual, arts. 185 y 186, se alude a menor de edad, mientras que en los delitos de prostitución y pornografía infantil, arts. 188 y 189, se alude a menor de edad, y como circunstancia cualificante menor de 16 años).

En segundo lugar, para aquellos tipos penales que aluden genéricamente a la víctima menor de edad, y para el caso de que nos encontremos ante delitos que protegen bienes jurídicos personales disponibles, cabe traer a colación la relevancia jurídicopenal del consentimiento otorgado por el menor de edad; con independencia de la naturaleza jurídica de tal eximente si, a pesar de que es un menor de edad, se le reconoce la capacidad para disponer de los bienes jurídicos de los que es titular, de esto se puede deducir que, en estos tipos penales, cuando se alude genéricamente a la víctima menor como posible sujeto pasivo especialmente protegido, de ello no se deriva necesariamente que se esté utilizando el término menor como sinónimo de menor de 18 años; al contrario, en estos casos se puede plantear la interpretación diferenciadora del término menor de edad, y, a falta de una posible regulación en otros sectores del ordenamiento jurídico (o, si se introducen diferencias en la naturaleza jurídica del consentimiento, incluso aunque exista regulación en otros sectores del ordenamiento jurídico), se atenderá al límite de edad que permita deducir que el menor ha desarrollado la capacidad de comprensión del significado del acto dispositivo. Precisamente es en el ámbito de los delitos contra la libertad donde encontramos algún tipo cualificado basado en la minoría de edad de la víctima, como es el delito de detenciones ilegales (art. 165 CP); este tipo penal es uno de los que permiten la interpretación del consentimiento otorgado por un menor de edad con eficacia eximente en DP (sea como causa de justificación, sea como causa de atipicidad penal)[345].

En tercer lugar, desde la perspectiva del delito de matrimonio forzado, prescindiendo ahora de los medios comisivos que están detrás de este tipo de uniones, parece razonable tener en cuenta la regulación civil sobre la capacidad para contraer matrimonio; si a partir de la edad de 16 años se admite que el menor tiene capacidad para celebrar válidamente este tipo de uniones se está reconociendo que el matrimonio no puede significar una afectación sustancial a su desarrollo personal, tiene madurez suficiente para comprender el significado y trascendencia de la unión matrimonial. Desde esta perspectiva, a partir de los 16 años, ya no sería una persona especialmente vulnerable, necesitada de una especial protección; a partir de esta edad la ley le equipara a una persona mayor de edad, ya que le reconoce capacidad para unirse en matrimonio como una persona mayor de edad. De esta consideración cabría concluir que el menor de edad, a partir de los 16 años, ya no sería necesariamente una víctima especialmente vulnerable, no procediendo la aplicación de la circunstancia agravante prevista en el art. 172 bis.3 CP. Esto significaría que el tipo penal sería aplicable para evitar la celebración de un matrimonio doblemente inválido: el motivo principal, porque la víctima es obligada a contraerlo y, en segundo lugar, porque además se trata de una víctima especialmente vulnerable porque carece de capacidad para contraer el matrimonio por razón de la edad.

Adoptando como criterio interpretativo de la minoría de edad el utilizado para establecer la capacidad para contraer matrimonio por razón de edad, se podría plantear la aplicación del tipo cualificado previsto en el art. 172 bis.3 CP para el caso de que el menor que ha alcanzado la edad de 16 años (y hasta los 18 años) sea especialmente vulnerable por otras

---

345 Sobre la diferente naturaleza jurídica del consentimiento, como causa de atipicidad penal, causa de exclusión del tipo indiciario y de justificación y como causa de justificación, v., LUZÓN PEÑA, *PG*, 2ª, 2012, 373 ss./nm. 78 ss. Este autor, atendiendo a la naturaleza jurídica del consentimiento, y el posible bien jurídico personal disponible afectado, analiza los diferentes requisitos para la eficacia del consentimiento; respecto del requisito de la capacidad de comprensión y la capacidad de obrar, pp. 376 ss./nm. 88 ss., en particular, mencionando expresamente el consentimiento otorgado por el menor de edad en relación con los delitos contra la libertad, entre otros, pp. 378 s./nm. 96.

razones o circunstancias no vinculadas directamente a su edad biológica (falta de madurez, dependencia, enfermedad, situación, etc.).

No parece que sea esta, desde luego, la tesis que vaya a ser defendida por el sector doctrinal que propone que se eleve el límite de edad a los 18 años en la regulación de la capacidad de obrar por razón de la edad, haciéndose eco de las propuestas en los textos internacionales en este mismo sentido. Y tampoco será una interpretación que apoye el sector doctrinal que propone la tipificación penal del matrimonio prematuro o precoz, tomando como único criterio de referencia el hecho de que se trate de la celebración de un matrimonio con un contrayente menor de edad. Tampoco prosperará esta interpretación si se tiene en cuenta que determinados supuestos de celebración de matrimonios forzados van a recibir tratamiento penal a través del delito de trata de seres humanos (art. 177 bis CP), y en este delito la referencia a la minoría de edad se interpreta en el sentido de menor de 18 años[346]. No parecería lógico que se establecieran diferencias en los límites de la minoría de edad dependiendo de la figura delictiva que se aplique para castigar la celebración de un matrimonio forzado. A no ser que tal diferenciación se apoye en la diferencia cualitativa que hay entre el delito de trata de personas y el delito de matrimonio forzado, el primero entendido como atentado a la dignidad de las personas, el segundo como atentado a la libertad.

Dejando al margen el tema relativo al significado de la minoría de edad, la cuestión más controvertida en la interpretación del art. 172 bis.3 CP recae en su propia construcción como tipo cualificado. Porque ello significa que no se ha tipificado realmente el delito de matrimonio prematuro.

En efecto, para la apreciación de esta modalidad delictiva es necesario que el menor sea forzado a contraer matrimonio. Aun cuando la minoría

---

346 Sobre la interpretación de la minoría de edad en el art. 177 bis en el sentido de menor de 18 años, sobre la calificación de trata aun cuando no concurran los medios comisivos si la víctima es menor de edad y la interpretación de la circunstancia cualificante basada en la minoría de edad de la víctima (en este segundo supuesto estableciendo interpretaciones restrictivas, para evitar la aplicación automática de la cualificación), v., entre otros, MARAVER GÓMEZ, en: DÍAZ-MAROTO Y VILLAREJO (dir.), *Reformas CP*, 2011, 323 s., 331; MAYORDOMO RODRIGO, en: *EPC XXXI* (2011), 357; VILLACAMPA ESTIARTE, *Trata de seres humanos*, 2011, 450 ss.; en: QUINTERO OLIVARES (dir.), *Reforma penal de 2015*, 2015, 420 s.; en: *LL núm. 8554*, 2015, 5 s.; DAUNIS RODRÍGUEZ, *Trata de seres humanos*, 2013, 154; LAFONT NICUESA, en: RICHARD GONZÁLEZ/RIAÑO BRUN/POLEMANS (coords.), *Trata de seres humanos*, 2013, 171 ss.; IGLESIAS SKULJ, en: GONZÁLEZ CUSSAC (dir.)/GÓRRIZ ROYO/MATALLÍN EVANGELIO (coords.), *Reforma CP de 2015*, 2015, 600.

de edad sea un factor a tener en cuenta para graduar la gravedad de la amenaza o de la coacción, o el engaño en el caso de que el menor sea "forzado" a abandonar el país o a no regresar a él, tal circunstancia no puede flexibilizarse hasta el punto de eliminar la exigencia de que concurra alguno de estos medios comisivos, máxime si se tiene en cuenta, además, el ámbito en el que se desarrolla con frecuencia esta modalidad delictiva, el familiar, donde no resulta fácil establecer la diferencia entre la influencia o la presión, tolerable, y el atentado a la libertad.

La reducción a los medios comisivos violento o intimidatorio en la tipificación del delito de matrimonio prematuro, o también al engaño en el párrafo segundo del art. 172 bis, ha sido objeto de crítica por la doctrina, pues no se ha tenido en cuenta las especiales características que pueden presentarse en este tipo de uniones, en particular cuando la víctima es un menor de edad muy temprana. Como alternativa se ha defendido, como ya se ha comentado, la tipificación del matrimonio prematuro de manera simple, esto es, atendiendo sencillamente a la minoría de edad del sujeto pasivo o, al menos, la tipificación con una enumeración más amplia de medios comisivos, recurriendo a los medios que se han mencionado en el delito de trata de personas, esto es, incluyendo en el elenco de medios comisivos el abuso de la situación de superioridad o de necesidad o de la vulnerabilidad de la víctima[347].

Las deficiencias en la protección de los menores ante la celebración de un matrimonio prematuro, ¿pueden ser subsanadas a través del delito de trata de personas del art. 177 bis CP?

Como se ha explicado con anterioridad, entre el delito de trata de personas y el de matrimonio forzado hay una estrecha relación, reforzada en la reforma de 2015 con la inclusión expresa entre los fines de la trata el de celebración de matrimonios forzados. Esta relación lleva a que se plantee entre ambas figuras una relación de concurso de leyes, a resolver a favor del delito de trata de personas, tal como se ha explicado en el apartado anterior.

Esta consecuencia tiene doble importancia para la prevención del matrimonio prematuro o precoz: por un lado, porque la pena con la que se

---

347 De esta opinión, GUINARTE CABADA, en: GONZÁLEZ CUSSAC (dir.)/GÓRRIZ ROYO/MATALLÍN EVANGELIO (coords.), *Reforma CP de 2015*, 2ª, 2015, 574, refiriéndose a los supuestos en los que la víctima es un menor de corta edad, formulando esta calificación cuando se trata de menores de 12, 14 o incluso 16 años. Y para víctimas de una edad inferior, de 8, 10 o 12 años, debería bastar el abuso de la situación de superioridad, tomando su consentimiento como irrelevante en casos extremos (p. 564).

sanciona el delito de trata de personas es claramente más grave, acorde con la relevancia de los bienes jurídicos que se pretenden proteger a través de esta figura delictiva. Por otro lado, y sobre todo, porque cuando la víctima es menor de edad, en la aplicación del delito de trata de personas se prescinde *ope legis* de la necesaria concurrencia de los medios comisivos que configuran esta modalidad delictiva. En efecto, el art. 177 bis.2 CP establece que, aun cuando no se recurra a la violencia, intimidación, engaño, abuso de la situación de superioridad o de necesidad o de la vulnerabilidad de la víctima, se considera trata de seres humanos la acción que se lleve a cabo sobre un menor de edad con fines de explotación; este último término ha de ponerse en relación con cualquiera de las finalidades que configuran el delito de trata de personas, no solo con aquellos fines que literalmente utilizan el término explotación en su descripción (concretamente, a la explotación sexual y explotación para realizar actividades delictivas).

Esto significa que, para los casos especialmente graves, aquellos en los que el menor se convierte en mera mercancía sobre la que terceras personas ejercen derechos de propiedad, sí existe respuesta penal para la prevención del matrimonio prematuro o precoz. Y en este caso resulta irrelevante si se han empleado o no medios coactivos para doblegar la voluntad del menor, o si, no recurriendo a estos medios, se ha abusado de la vulnerabilidad del menor, o si se trata de menores de muy corta edad o con cierto grado de madurez o desarrollo que le permite comprender mínimamente el significado del matrimonio. En todos los casos, se utilicen o no estos medios comisivos, hay trata de personas, por tanto la realización de la conducta típica con la finalidad de celebrar un matrimonio es delito.

Solo habría una objeción que plantear a esta argumentación. Efectivamente, en el delito de trata de personas, cuando la víctima es menor de edad, para la realización de la conducta típica se prescinde de la concurrencia de los medios comisivos configuradores de esta figura delictiva. Pero, si la finalidad que delimita el delito se describe como la celebración de matrimonios forzados, ¿cómo ha de entenderse este término? ¿ha de interpretarse desde la regulación del delito de matrimonio forzado? Si esto es así, ¿no será preciso que, en el momento de realizarse la conducta típica del delito de trata, concurra el fin de coaccionar o intimidar a la víctima-menor para que celebre el matrimonio? ¿Significa entonces que con el delito de trata de personas tampoco se encuentra respuesta penal frente al matrimonio prematuro o precoz que hemos calificado de simple? Esto es, el que se configura sencillamente atendiendo a que la víctima es menor de edad. Un menor que, atendiendo a su edad, no es necesario ni coaccionar, ni intimidar, ni engañar, ni abusar para captarlo, transportarlo, acogerlo, recibirlo, intercambiar o transferir el control sobre su persona, con la finalidad de que contraiga matrimonio con un tercero, y para la celebración de este matrimonio, atendiendo a la edad del menor, tampoco será preciso el recurso al engaño, a la coacción o a la intimidación.

3.2. Delito de matrimonio prematuro o precoz: ¿tipificación necesaria?

En los epígrafes anteriores se han señalado las dificultades que pueden surgir para la aplicación de los delitos de matrimonio forzado y de trata de personas en la prevención de los aquí llamados matrimonios prematuros o precoces simples (cuando uno de los contrayentes es menor de edad y no se recurre a ningún medio comisivo violento para doblegar la voluntad del menor).

La dificultad en la aplicación del delito de trata de seres humanos puede ser doble: por un lado, porque no todo matrimonio precoz da lugar a la aplicación de esta figura delictiva. Y, por otro lado, porque aun cuando se cumplan los requisitos relativos a la conducta típica y, eventualmente, los medios comisivos específicos (que, en el caso de víctimas menores de edad, no es necesario que concurran), surge la duda de cómo interpretar la finalidad descrita como la celebración de matrimonios forzados[348].

Si la celebración de este tipo de uniones provoca graves efectos en los menores afectados, lesionando bienes jurídicos de relevancia penal, ¿estamos ante una laguna de punibilidad que debe ser resuelta? ¿es necesaria la tipificación penal del delito de celebración de matrimonio precoz o prematuro?

Desde un planteamiento respetuoso con los principios limitadores del *ius puniendi*, se ha de partir de la hipótesis de que el DP no puede ser utilizado para la prevención de cualquier ataque a bienes jurídicos, aun cuando se trate de bienes jurídicos de importancia indiscutible.

La protección de los menores frente a los matrimonios prematuros debe ser objetivo de la normativa civil, a través de regulación sobre la ca-

---

[348] En esta finalidad del delito de trata de seres humanos se pueden plantear dos posibles interpretaciones: la primera, la finalidad de celebrar un matrimonio forzado ha de ser interpretada en el sentido del delito de matrimonio forzado. La segunda, la finalidad de celebrar un matrimonio forzado ha de ser interpretada siguiendo las definiciones que se adoptan en los organismos internacionales. En particular, se puede atender a las Resolución y Recomendación del Consejo de Europa sobre matrimonios forzados y matrimonios de niños.

pacidad para contraer matrimonio y los impedimentos para la celebración del matrimonio si falta dicha capacidad. El control administrativo a través del expediente matrimonial debe ser el mecanismo que evite la celebración de un matrimonio precoz. Y el mismo control debe llevarse a cabo cuando el matrimonio va a ser celebrado siguiendo la forma religiosa.

Si estos controles no surten el efecto disuasorio pretendido, desde la perspectiva civil queda abierta la posibilidad de declarar nulo el matrimonio celebrado por falta de la capacidad para su celebración en uno de los contrayentes, adoptando las medidas de protección y salvaguarda del contrayente de buena fe, con el reconocimiento de efectos de este matrimonio nulo a favor de este contrayente.

La intervención penal debe limitarse a la prevención de los matrimonios precoces cuando estos impliquen situaciones especialmente graves.

Tal cosa sucede cuando el matrimonio precoz es también un matrimonio forzado. O cuando el matrimonio precoz se convierte en una de las finalidades de la trata de personas.

Solo si en la regulación vigente del delito de trata de seres humanos se hacen insalvables las dificultades aplicativas anteriormente mencionadas, en particular porque la referencia a la celebración de matrimonios forzados impide abarcar a los matrimonios precoces simples, en tal caso, cuando detrás del matrimonio precoz se esconde el delito de trata de seres humanos estaremos ante una laguna de punibilidad que debe ser resuelta.

Ello se lograría con una redacción más clara de esta finalidad del delito de trata de personas, aludiendo expresamente a la celebración de matrimonios forzados o precoces.

Un apunte para concluir este comentario. Resulta de un optimismo exagerado esperar que el DP sirva para la prevención de los matrimonios precoces. Las formas más eficaces son, una vez más, medidas preventivas destinadas a los grupos de riesgo, a través de la información, las campañas de sensibilización, el trabajo de campo con las comunidades implicadas, con su participación activa —y no meramente receptores de las actuaciones—.

En definitiva, una vez más, el DP debe quedar reservado para su ámbito propio de aplicación, como último recurso en la prevención de los graves atentados a bienes jurídico-penales cuando las demás medidas preventivas resultan insuficientes y/o ineficaces.

BIBLIOGRAFÍA CONSULTADA[349]

ABAD ARENAS, Encarnación: *Matrimonios concertados, matrimonios forzosos, matrimonios precoces: nulidad por falta de consentimiento*, en: H-Rams Albesa 2013, 1059-1075.

- *Libertad matrimonial y matrimonios forzosos*, en: LL 2014-2, 1313-1320.

ABEL SOUTO, Miguel: *Quiebra del sistema penal, lesión de derechos fundamentales y constitucionalidad de las penas previstas para los casos de violencia sexista por la Ley orgánica 1/2004, de 28 de diciembre*, en: E-Vives Antón I, 2009, 75-89.

ACALE SÁNCHEZ, María: *Análisis del Código penal en materia de violencia de género contra las mujeres desde una perspectiva transversal*, en: VILLACAMPA ESTIARTE (coord.), ***Violencia de género*** *y sistema de justicia penal*, Tirant lo Blanch, Valencia, 2008, 87-162.

- *Ejecución de penas y tratamiento postdelictual del maltratador*, en: DE HOYOS SANCHO (dir.), *Tutela jurisdiccional frente a la* ***violencia de género****. Aspectos procesales, civiles, penales y laborales*, Lex Nova, Valladolid, 2009, 65-106.
- *La perspectiva de género en el Derecho penal español*, en: FARALDO CABANA (dir.)/IGLESIAS SKULJ (coord.), ***Género y sistema penal****. Una perspectiva internacional*, Comares, Granada, 2010, 3-30.
- *Los delitos de violencia de género a la vista de los pronunciamientos del Tribunal Constitucional*, en: PUENTE ABA (dir.)/RAMOS VÁZQUEZ/SOUTO GARCÍA (coords.), *La respuesta penal a la* ***violencia de género****. Lecciones de diez años de experiencia de una política criminal punitivista*, Comares, Granada, 2010, 61-117.
- En: TERRADILLOS BASOCO (coord.), *Lecciones y materiales para el estudio del Derecho penal. Derecho penal.* ***Parte especial****, volumen* ***I***, Iustel, Madrid, 2011.

AGUILAR CÁCERES, Marta María: *Proposición para delinquir. Agravante de discriminación en razón de género y agravante de reincidencia. El concepto de discapacidad y discapacidad necesitada de especial protección*, en: MORILLAS CUEVA (dir.), *Estudios sobre el Código* ***Penal reformado*** *(Leyes Orgánicas 1/2015 y 2/2015)*, Dykinson, Madrid, 2015, 53-80.

ALADRO FERNÁNDEZ, Juan Carlos: *Artículo 318 bis*, en: ROMA VALDÉS (dir.), *Código* ***penal comentado****. Comentarios tras las Leyes Orgánicas 1/2015 y 2/2015, de 30 de marzo*, Bosch, Barcelona, 2015, 544-548.

ALASTUEY DOBÓN, M. Carmen: *Desarrollo parlamentario de la ley integral contra la violencia de género. Consideraciones críticas*, en: BOLDOVA PASAMAR/RUEDA MARTÍN (coords.), *La reforma penal en torno a la* ***violencia doméstica y de género***, Atelier, Barcelona, 2006, 57-68.

ALENDA SALINAS, Manuel: *Reflexiones acerca de la relación entre el delito de bigamia y la concepción monogámica matrimonial*, en: H-Vidal Guitarte I, 1999, 25-32.

ALONSO ÁLAMO, Mercedes: *¿Hacia el reconocimiento legislativo de un nuevo bien jurídico? Observaciones a propósito del llamado derecho penal de género*, en: EP-Cobo del Rosal, 2005, 1-10.

- *Protección penal de la igualdad y Derecho penal de género*, en: CPC 95 (2008), 19-52.
- *Sentimientos y Derecho penal*, en: CPC 106 (2012), 35-96.

---

[349] Las palabras en negrita son las utilizadas para la cita abreviada, en aquellos casos en que no procede usar abreviaturas del índice de abreviaturas.

ALONSO DE ESCAMILLA, Avelina/LAMARCA PÉREZ, Carmen: *Reflexiones sobre las medidas penales para la protección contra la violencia de género*, en: EP-Gimbernat II, 2008, 1761-1772.

ALONSO PÉREZ, Mariano: *La familia y el derecho de familia*, en: YZQUIERDO TOLSADA/CUENA CASAS (dirs.), ***Tratado** de **Derecho de Familia**. Volumen I. Derecho de familia y derecho de la familia. La relación jurídico-familiar. El matrimonio y su celebración*, Aranzadi-Thomson Reuters, Cizur Menor (Navarra), 2011, 51-191.

ÁLVAREZ GARCÍA, Francisco Javier: *Problemas en la tramitación del Anteproyecto de reforma del Código Penal de 2012*, en: ReCrim 9 (2013), 72-75.

ÁLVAREZ GONZÁLEZ, Santiago: *Matrimonio de conveniencia: argumentos vergonzantes y paradojas inocuas*, en: Revista Xurídica da Universidade de Santiago de Compostela 16 (2007), 29-51.

ÁLVAREZ RODRÍGUEZ, Aurelia: *¿Matrimonios mixtos o matrimonios de conveniencia?*, en: Revista Cultural El Foro, III, núm. 4 (1996), 20-24.

AMUNÁTEGUI RODRÍGUEZ, Cristina de: *Las parejas no casadas*, en: YZQUIERDO TOLSADA/CUENA CASAS (dirs.), ***Tratado** de **Derecho de Familia**. Volumen IV. Los regímenes económicos matrimoniales (II). Derecho de familia y concurso de acreedores. Las parejas no casadas*, Aranzadi-Thomson Reuters, Cizur Menor (Navarra), 2011, 641-821.

AÑÓN ROIG, María José/MESTRE I MESTRE, Ruth: *Violencia sobre las mujeres: discriminación, subordinación y Derecho*, en: BOIX REIG/MARTÍNEZ GARCÍA (coords.), *La nueva ley contra la **violencia de género**, (LO 1/2004, de 28 de diciembre)*, Iustel, Madrid, 2005, 31-63.

ARÁNGUEZ SÁNCHEZ, Carlos: *El delito de maltrato doméstico y de género del art. 153 CP*, en: EP-Cobo del Rosal, 2005, 11-33.

ARMENDÁRIZ LEÓN, Carmen/MIRAT HERNÁNDEZ, Pilar: *La tutela de la familia en la parte especial del Derecho penal (Libros II y III del Código Penal de 1995)*, en: YZQUIERDO TOLSADA/CUENA CASAS (dirs.), ***Tratado** de **Derecho de Familia**, volumen VI. Las relaciones paterno-filiales (II). La protección penal de la familia*, Aranzadi-Thomson Reuters, Cizur Menor (Navarra), 2011, 1073-1227.

ARROYO ZAPATERO, Luis: *Legitimidad constitucional y conveniencia político-criminal de la Ley contra la violencia de género*, en: EP-Díaz Pita, 2008, 709-736.

ASÚA BATARRITA, Adela: *Los nuevos delitos de "violencia doméstica" tras la reforma de la LO 11/2003, de 29 de septiembre*, en: Cuadernos Penales José María Lidón 1 (2004): Las recientes reformas penales: algunas cuestiones, 201-233.

BARBER BURUSCO, Soledad: v. DÍAZ Y GARCÍA CONLLEDO, Miguel (dir.)/OLAIZOLA NOGALES, Inés/TRAPERO BARREALES, María A./BARBER BURUSCO, Soledad/ DURÁN SECO, Isabel/JERICÓ OJER, Leticia.

BAUCELLS I LLADÓS, Joan: *El Derecho penal ante el fenómeno migratorio*, en: RDPP 13 (2005), 45-62.

BENÍTEZ JIMÉNEZ, María José: *Las violencias habituales en el ámbito familiar: artículo 173.2 del Código penal*, en: VILLACAMPA ESTIARTE (coord.), ***Violencia de género** y sistema de justicia penal*, Tirant lo Blanch, Valencia, 2008, 163-216.

BENITO SÁNCHEZ, Demelsa: *Conclusiones*, en: PÉREZ CEPEDA (dir.)/BENITO SÁNCHEZ (coord.), *El **principio de justicia universal**: fundamento y límites*, Tirant lo Blanch, Valencia, 2012, 669-674.

– V. PÉREZ CEPEDA, Isabel/BENITO SÁNCHEZ, Demelsa.

BIELSA CORELLA, Mª del Carmen: *La **circunstancia mixta de parentesco** en el Código Penal español*, Tirant lo Blanch, Valencia, 2014.

BLANCO CORDERO, Isidoro: *Art. 163*, en: GÓMEZ TOMILLO (dir.), ***Comentarios** al Código **Penal***, 2ª, Lex Nova, Valladolid, 2011, 635-647.

BODELÓN, Encarna: *La violencia contra las mujeres y el derecho no-androcéntrico: perdidas en la traducción jurídica del feminismo,* en: LAURENZO/MAQUEDA/RUBIO (coords.), ***Género,*** *violencia y derecho,* Tirant lo Blanch, Valencia, 2008, 275-299.
- *Introducción,* en: BODELÓN, ***Violencia de género*** *y las respuestas de los sistemas penales,* Didot, Barcelona, 2012, 15-26.

BOIX REIG, Javier: *Prólogo,* en: BOIX REIG/MARTÍNEZ GARCÍA (coords.), *La nueva ley contra la* ***violencia de género*** *(LO 1/2004, de 28 de diciembre),* Iustel, Madrid, 2005, 19-27.
- En: BOIX REIG (dir.), *Derecho penal. Parte especial, volumen II. Delitos contra la Hacienda Pública y contra la Seguridad Social, contra los derechos de los trabajadores, contra los derechos de los ciudadanos extranjeros, relativos a la ordenación del territorio y el urbanismo, la protección del patrimonio histórico y el medio ambiente, contra la seguridad colectiva y de falsedades. Y volumen III. Delitos contra las relaciones familiares, contra el patrimonio y el orden socioeconómico,* Iustel, Madrid, 2012.

BOIX REIG, Javier/JAREÑO LEAL, Ángeles: *Arts. 217 y 218,* en: VIVES ANTÓN (coord.), ***Comentarios*** *al Código penal de 1995, volumen 1,* Tirant lo Blanch, Valencia, 1996, 1042-1049.

BOLAÑOS VÁSQUEZ, Hazel Jasmín: v. BOLDOVA PASAMAR, Miguel Ángel/URRUELA MORA, Asier/LIBANO BERISTAIN, Arantza/BOLAÑOS VÁSQUEZ, Hazel Jasmín/ FARJAS BALLESTER, José María.

BOLDOVA PASAMAR, Miguel Ángel/RUEDA MARTÍN, Mª Ángeles: *Consideraciones político-criminales en torno a los delitos de violencia de género,* en: BOLDOVA PASAMAR/RUEDA MARTÍN (coords.), *La reforma penal en torno a la* ***violencia doméstica y de género,*** Atelier, Barcelona, 2006, 13-34.

BOLDOVA PASAMAR, Miguel Ángel/URRUELA MORA, Asier/LIBANO BERISTAIN, Arantza/BOLAÑOS VÁSQUEZ, Hazel Jasmín/FARJAS BALLESTER, José María: *Trata de seres humanos, en especial menores,* en: Derecho Migratorio y Extranjería 23 (2010), 51-112.

BOLEA BARDON, Carolina: *En los límites del Derecho penal frente a la violencia doméstica y de género,* en: RECPC 09-02 (2007), 1-26.
- *Art. 163,* en: CORCOY BIDASOLO/MIR PUIG (dirs.), ***Comentarios*** *al Código Penal. Reforma LO 5/2010,* Tirant lo Blanch, Valencia, 2011, 380-383.
- En: CORCOY BIDASOLO (dir.)/VERA SÁNCHEZ (coord.), *Manual de Derecho penal. Parte especial. Doctrina y jurisprudencia con casos solucionados, tomo I,* Tirant lo Blanch, Valencia, 2015.

BORJA JIMÉNEZ, Emiliano: *La circunstancia agravante de discriminación del art. 22.4,* en: GONZÁLEZ CUSSAC (dir.)/GÓRRIZ ROYO/MATALLÍN EVANGELIO (coords.), *Comentarios a la* ***reforma*** *del Código penal* ***de 2015,*** 2ª, Tirant lo Blanch, Valencia, 2015, 119-123.

BRAGE CENDÁN, Santiago B.: *Coacciones leves (art. 172.3º CP),* en: GONZÁLEZ CUSSAC (dir.)/GÓRRIZ ROYO/MATALLÍN EVANGELIO (coords.), *Comentarios a la* ***reforma*** *del Código penal* ***de 2015,*** 2ª, Tirant lo Blanch, Valencia, 2015, 557-559.

BRIONES MARTÍNEZ, Irene María: *Los matrimonios forzados en Europa: especial referencia a Francia, Dinamarca, el Reino Unido, Alemania y Noruega,* en: RGDCEE 20 (2009), 1-40.

CALDERÓN CEREZO, Ángel: en: CALDERÓN CEREZO/CHOCLÁN MONTALVO, *Manual de Derecho penal. Tomo II. Parte especial,* Deusto, Barcelona, 2005.

CANCIO MELIÁ, Manuel/MARAVER GÓMEZ, Mario: *El Derecho penal español ante la inmigración: un estudio político-criminal,* en: BACIGALUPO/CANCIO MELIÁ (coords.), *Derecho penal y* ***política transnacional,*** Atelier, Barcelona, 2005, 343-415.

CANO PAÑOS, Miguel Ángel: *Los delitos de violencia doméstica y en el ámbito familiar o asimilado y los de trata de seres humanos*, en: MORILLAS CUEVA (dir.), *Estudios sobre el Código penal reformado (Leyes Orgánicas 1/2015 y 2/2015)*, Dykinson, Madrid, 2015, 413-432.

CARBONELL MATEU, Juan Carlos: *Los delitos contra las relaciones familiares en el Código Penal de 1995*, en: H-Vidal Guitarte I, 1999, 173-178.

- En: GONZÁLEZ CUSSAC (coord.), *Derecho penal. Parte especial*, 4ª, Tirant lo Blanch, Valencia, 2015.

CARBONELL MATEU, Juan Carlos/GONZÁLEZ CUSSAC, José Luis: en: VIVES ANTÓN/ORTS BERENGUER/CARBONELL MATEU/GONZÁLEZ CUSSAC/MARTÍNEZ-BUJÁN PÉREZ, *Derecho penal. Parte especial*, 3ª, Tirant lo Blanch, Valencia, 2010.

CARDENAL MURILLO, Alfonso: v. CUELLO CONTRERAS, Joaquín/CARDENAL MURILLO, Alfonso.

CARDONA TORRES, Juan: *Derecho penal. Parte especial. Adaptado a la reforma de la Ley Orgánica 5/2010, de 22 de junio*, Bosch, Barcelona, 2010.

CARPIO BRIZ, David: *Consideraciones previas a los arts. 169 a 171, y Arts. 169 y 172*, en: CORCOY BIDASOLO/MIR PUIG (dirs.), *Comentarios al Código Penal. Reforma LO 5/2010*, Tirant lo Blanch, Valencia, 2011, 390-393, 398-404.

- En: CORCOY BIDASOLO (dir.)/VERA SÁNCHEZ (coord.), *Manual de Derecho penal. Parte especial. Doctrina y jurisprudencia con casos solucionados, tomo I*, Tirant lo Blanch, Valencia, 2015.

CARRASCO ANDRINO, María del Mar: *Los matrimonios ilegales en el Código Penal: su consideración como tipos de participación necesaria*, en: LLP 66 (2009), 5-25.

- En: ÁLVAREZ GARCÍA (dir.)/MANJÓN-CABEZA OLMEDA/VENTURA PÜSCHEL (coords.), *Derecho penal español. Parte especial (I)*, 2ª, Tirant lo Blanch, Valencia, 2011.
- En: QUINTERO OLIVARES/CARBONELL MATEU/MORALES PRATS/GARCÍA RIVAS/ÁLVAREZ GARCÍA (dirs.)/MANJÓN-CABEZA OLMEDA/VENTURA PÜSCHEL (coords.), *Esquemas de la parte especial del Derecho penal (I)*, Tirant lo Blanch, Valencia, 2011.

CARRASCOSA GONZÁLEZ, Javier: *La celebración del matrimonio y sus efectos personales en el derecho internacional privado*, en: YZQUIERDO TOLSADA/CUENA CASAS (dirs.), *Tratado de Derecho de Familia, volumen I. Derecho de familia y Derecho de la familia. La relación jurídico-familiar. El matrimonio y su celebración*, Aranzadi-Thomson Reuters, Cizur Menor (Navarra), 2011, 993-1114.

CASTELLÓ NICÁS, Nuria: *Algunas consideraciones sobre la tutela penal en la ley de medidas de protección integral contra la violencia de género y la conducta típica del delito de violencia doméstica del artículo 173.2*, en: EP-Cobo del Rosal, 2005, 211-228.

- *Concepto general de violencia de género: un análisis crítico del artículo 1.3 de la Ley Orgánica de medidas de protección integral contra la violencia de género*, en: JIMÉNEZ DÍAZ (coord.), *La ley integral. Un estudio multidisciplinar*, Dykinson, Madrid, 2009, 57-77.

CASTIÑEIRA PALOU, Mª Teresa; en: SILVA SÁNCHEZ (dir.)/RAGUÉS I VALLÈS (coord.), *Lecciones de Derecho penal. Parte especial*, 3ª, Atelier, Barcelona, 2011.

CASTIÑEIRA PALOU, Mª Teresa/MONTANER FERNÁNDEZ, Raquel: en: SILVA SÁNCHEZ (dir.)/RAGUÉS I VALLÈS (coord.), *Lecciones de Derecho penal. Parte especial*, 4ª, Atelier, Barcelona, 2015.

CERVELLÓ DONDERIS, Vicenta: *El delito de coacciones en el Código penal de 1995*, Tirant lo Blanch, Valencia, 1999.

CERVELLÓ DONDERIS, Vicenta/CHAVES PEDRÓN, César: *Violencia de género y violencia doméstica (arts. 153.1, 173.2 y 173.4)*, en: GONZÁLEZ CUSSAC (dir.)/GÓRRIZ

ROYO/MATALLÍN EVANGELIO (coords.), *Comentarios a la* ***reforma*** *del Código* ***penal de 2015***, 2ª, Tirant lo Blanch, Valencia, 2015, 503-520.
CHAVES PEDRÓN, César: v. CERVELLÓ DONDERIS, Vicenta/CHAVES PEDRÓN, César.
CHOCLÁN MONTALVO, José Antonio: en: CALDERÓN CEREZO/CHOCLÁN MONTALVO, *Manual de Derecho penal. Parte especial*, Deusto Jurídico, Madrid, 2005.
COLÁS TURÉGANO, Asunción: *Reflexiones sobre la regulación penal contra la violencia de género. A propósito de la Sentencia del Tribunal Constitucional 59/2008, de 14 de mayo*, en: E-Vives Antón I, 2009, 371-388.
COLMENERO MENÉNDEZ DE LUARCA, Miguel: *Delitos contra la libertad (arts. 163 a 172)*, en: CONDE-PUMPIDO FERREIRO (dir.), *Código* ***Penal*** *comentado, tomo I, Arts. 1 a 318 bis*, Bosch, Barcelona, 2012, 599-611, 620-625, 630-635.
COMAS D'ARGEMIR I CENDRA, Montserrat: *La ley integral contra la violencia de género. Nuevas vías de solución*, en: BOLDOVA PASAMAR/RUEDA MARTÍN (coords.), *La reforma penal en torno a la* ***violencia doméstica y de género***, Atelier, Barcelona, 2006, 35-55.
COMAS D'ARGEMIR I CENDRA, Montserrat/QUERALT JIMÉNEZ, Joan J.: *La violencia de género: política criminal y ley penal*, en: H. Rodríguez Mourullo 2005, 1185-1228.
CORCOY BIDASOLO, Mirentxu: ***Delitos de peligro*** *y protección de bienes jurídico-penales supraindividuales*, Tirant lo Blanch, Valencia, 1999.
- *Violencia en el ámbito familiar de los inmigrantes*, en: H. Rodríguez Mourullo 2005, 1229-1246.
- *Delitos contra las personas: violencia doméstica y de género*, en: MIR PUIG/CORCOY BIDASOLO (dirs.), *Nuevas tendencias en* ***política criminal****. Una auditoría al Código penal español de 1995*, Reus, Madrid, 2006, 141-180.
- En: CORCOY BIDASOLO (dir.)/VERA SÁNCHEZ (coord.), *Manual de Derecho penal. Parte especial. Doctrina y jurisprudencia con casos solucionados, tomo I*, Tirant lo Blanch, Valencia, 2015.
CÓRDOBA RODA, Juan: *Art. 23*, en: CÓRDOBA RODA/GARCÍA ARÁN (dirs.), ***Comentarios*** *al* ***Código penal. Parte general***, Marcial Pons, Madrid, 2011, 308-316.
CORTÉS BECHIARELLI, Emilio: *Novedades legislativas en materia de maltrato doméstico (Ley orgánica 11/2003, de 29 de septiembre): propuestas de interpretación*, en: EP-Ruiz Antón 2004, 241-274.
CRUZ BLANCA, María José: *De un Derecho penal discriminatorio por razón de sexo al Derecho penal de género. Una posible interpretación constitucional de los nuevos tipos penales relativos a la violencia de género*, en: JIMÉNEZ DÍAZ (coord.), *La* ***ley integral****. Un estudio multidisciplinar*, Dykinson, Madrid, 2009, 265-295.
CUELLO CONTRERAS, Joaquín/CARDENAL MURILLO, Alfonso: *Bien jurídico y técnica legal de la protección penal de la mujer y otras víctimas de la violencia doméstica*, en: EP-Cobo del Rosal, 2005, 251-271.
CUERDA ARNAU, María Luisa: en: GONZÁLEZ CUSSAC (coord.), *Derecho penal. Parte especial*, 4ª, Tirant lo Blanch, Valencia, 2015.
DE LA CUESTA AGUADO, Paz: *El delito de matrimonio forzado*, en: QUINTERO OLIVARES (dir.), *Comentario a la* ***reforma penal de 2015***, Thomson Reuters Aranzadi, Cizur Menor (Navarra), 2015, 365-378.
DE LA CUESTA ARZAMENDI, José Luis: *Ciudadanía, sistema penal y mujer*, en: *EP-Gimbernat I*, 2008, 187-219.
CUESTA PASTOR, Pablo: *Delitos contra las relaciones familiares: matrimonios ilegales*, en: BENEYTO BERENGUER/TORRERO MUÑOZ/LLOPIS GINER (coords.), ***Retos del siglo XXI para la familia***, Editorial Práctica de Derecho, Valencia, 2008, 159-181.

CUGAT MAURI, Miriam: *De los matrimonios ilegales. Y Abandono de familia*, en: CÓRDOBA RODA/GARCÍA ARÁN (dirs.), ***Comentarios** al Código Penal. Parte especial. Tomo I*, Marcial Pons, Madrid, 2004, 543-554, 578-586.

DAUNIS RODRÍGUEZ, Alberto: *El Derecho penal como herramienta de la **política migratoria***, Comares, Granada, 2009.

- *Sobre la urgente necesidad de una tipificación autónoma e independiente de la trata de personas*, en: Indret 1/2010, 1-44.
- *El tráfico y la trata de personas tras la reforma del Código penal*, en: ZÚÑIGA RODRÍGUEZ/GORJÓN BARRANCO/FERNÁNDEZ GARCÍA (coords.), *La **reforma penal de 2010***, Ratio Legis, Salamanca, 2011, 121-137.
- *El delito de **trata de seres humanos***, Tirant lo Blanch, Valencia, 2013.

DELGADO ECHEVERRÍA, Jesús: v. LACRUZ BERDEJO, José Luis/SANCHO REBULLIDA, Francisco de Asís/LUNA SERRANO, Agustín/DELGADO ECHEVERRÍA, Jesús/RIVERO HERNÁNDEZ, Francisco/RAMS ALBESA, Joaquín.

DÍAZ Y GARCÍA CONLLEDO, Miguel: *Autoría mediata, coautoría y autoría accesoria*, en: EPB 2002, 160-181.

- *Conspiración, proposición y provocación*, en: EPB 2002, 299-310.
- *Participación*, en: EPB 2002, 977-987.
- *El **error** sobre **elementos normativos** del tipo penal*, La Ley, Madrid, 2008.
- *La corrección de los padres a los hijos: consecuencias jurídico-penales de la reforma del artículo 154 del Código Civil*, en: LH-Mir Puig 2010, 475-534.
- *En España, como en Alemania, no existe ya un derecho de corrección paterna violenta. Pero no cualquier corrección violenta es punible*, en: H-Schünemann I, 2014, 207-221.
- En: DÍAZ Y GARCÍA CONLLEDO (dir.)/OLAIZOLA NOGALES/TRAPERO BARREALES/BARBER BURUSCO/DURÁN SECO/JERICÓ OJER, ***Protección** y expulsión de **extranjeros** en Derecho penal*, La Ley, Madrid, 2007.

DÍAZ Y GARCÍA CONLLEDO, Miguel/OLAIZOLA NOGALES, Inés: *Tráfico ilegal de personas con el propósito de explotación sexual*, en: MIR PUIG/CORCOY BIDASOLO (dirs.)/HORTAL IBARRA (coord.), ***Protección penal de los derechos de los trabajadores**. Seguridad en el trabajo, tráfico ilegal de personas e inmigración clandestina*, Edisofer, MB de F, Madrid, Buenos Aires, Montevideo, 2009, 453-511.

DÍAZ Y GARCÍA COLLEDO, Miguel/TRAPERO BARREALES, María A.: *La "edad de consentimiento sexual" en la reforma del Código penal de 2015*, en: LH-Bajo Fernández, en prensa.

***Dictamen** del **Consejo de Estado** sobre el **Anteproyecto** de **abril** de **2013** de Ley Orgánica por la que se modifica la Ley Orgánica 10/1995, de 23 de noviembre, del Código Penal* (BOE 27-6-2013).

DÍEZ RIPOLLÉS, José Luis: *Detenciones ilegales y coacciones y falta de coacciones y amenazas*, en: DÍEZ RIPOLLÉS/GRACIA MARTÍN (coords.), ***Comentarios** al Código Penal. Parte especial, tomo **I**. Títulos I a VI y faltas correspondientes*, Tirant lo Blanch, Valencia, 1997, 709-772, 815-843, 884-889.

DOMÍNGUEZ IZQUIERDO, Eva María: *La protección penal reforzada de la mujer en la ley integral contra la violencia de género y el principio de igualdad*, en: JIMÉNEZ DÍAZ (coord.), *La **ley integral**. Un estudio multidisciplinar*, Dykinson, Madrid, 2009, 297-323.

DURÁN SECO, Isabel: v. DÍAZ Y GARCÍA CONLLEDO, Miguel (dir.)/OLAIZOLA NOGALES, Inés/TRAPERO BARREALES, María A./BARBER BURUSCO, Soledad/DURÁN SECO, Isabel/JERICÓ OJER, Leticia.

ELVIRA BENAYAS, María Jesús: *Matrimonios forzosos*, en: AEDIPr X (2010), 707-715.

ESCUCHURI AISA, Estrella: *Manifestaciones delictivas de la violencia de género*, en: BOLDOVA PASAMAR/RUEDA MARTÍN (coords.), *La reforma penal en torno a la* ***violencia doméstica y de género***, Atelier, Barcelona, 2006, 259-281.

FÁBREGA RUIZ, Cristóbal Francisco: *Los matrimonios de conveniencia como forma de inmigración fraudulenta. Mecanismos de control*, en: H-González García, 2012, 1183-1201.

FARALDO CABANA, Cristina: *El nuevo delito de emplear a ciudadanos extranjeros o menores sin permiso de trabajo (art. 311 bis)*, en: GONZÁLEZ CUSSAC (dir.)/GÓRRIZ ROYO/MATALLÍN EVANGELIO (coords.), *Comentarios a la* ***reforma*** *del Código Penal* ***de 2015***, 2ª, Tirant lo Blanch, Valencia, 2015, 975-982.

FARALDO CABANA, Patricia: *Las causas de* ***levantamiento de la pena***, Tirant lo Blanch, Valencia, 2000.

- *Razones para la introducción de la perspectiva de género en Derecho penal a través de la Ley Orgánica 1/2004, de 28 de diciembre, sobre medidas de protección integral contra la violencia de género*, en: RP 17 (2006), 72-94.
- *Estrategias actuariales en el control penal de la violencia de género*, En: EP-Díaz Pita 2008, 737-760.
- *Las penas principales de los delitos relacionados con la violencia de género*, en: E-Vives Antón I, 2009, 569-589.
- *Las penas de los delitos relacionados con la violencia de género. Especial referencia a la prohibición de aproximación y su quebrantamiento*, en: PUENTE ABA (dir.)/ RAMOS VÁZQUEZ/SOUTO GARCÍA (coords.), *La respuesta penal a la* ***violencia de género****. Lecciones de diez años de experiencia de una política criminal punitivista*, Comares, Granada, 2010, 153-212.

FARJAS BALLESTER, José María: v BOLDOVA PASAMAR, Miguel Ángel/URRUELA MORA, Asier/LIBANO BERISTAIN, Arantza/BOLAÑOS VÁSQUEZ, Hazel Jasmín/ FARJAS BALLESTER, José María.

FERNÁNDEZ BAUTISTA, Silvia: *Art. 226*, en: CORCOY BIDASOLO, Mirentxu/MIR PUIG, Santiago (coords.), ***Comentarios*** *al Código Penal. Reforma LO 5/2010*, Tirant lo Blanch, Valencia, 2011, 508-509.

- En: CORCOY BIDASOLO (dir.)/VERA SÁNCHEZ (coord.), *Manual de Derecho penal. Parte especial. Doctrina y jurisprudencia con casos solucionados, tomo I*, Tirant lo Blanch, Valencia, 2015.

FERNÁNDEZ PANTOJA, Pilar: *El sistema de tutela ante la violencia de género: aspectos jurídicos y político*, en: JIMÉNEZ DÍAZ (coord.), *La* ***ley integral****. Un estudio multidisciplinar*, Dykinson, Madrid, 2009, 243-263.

FIGUEROA NAVARRO, Carmen: v. GARCÍA VALDÉS, Carlos/MESTRE DELGADO, Esteban/FIGUEROA NAVARRO, Carmen.

FRAILE COLOMA, Carlos: *Arts. 169 y 172*, en: GÓMEZ TOMILLO (dir.), ***Comentarios*** *al Código Penal*, 2ª, Lex Nova, Valladolid, 2011, 654-660, 666-674.

FRÍAS MARTÍNEZ, Rosa: *Arts. 217 y 218*, en: ROMA VALDÉS (dir.), *Código Penal* ***comentado****. Comentarios tras las Leyes Orgánicas 1/2015 y 2/2015, de 30 de marzo*, Bosch, Hospitalet de Llobregat (Barcelona), 2015, 381-382.

GALÁN MUÑOZ, Alfonso: *De la "Violencia doméstica" a la "Violencia de género": ¿un paso fallido hacia el Derecho penal del enemigo?*, en: NÚÑEZ CASTAÑO (dir.), *Estudios sobre la tutela penal de la* ***violencia de género***, Tirant lo Blanch, Valencia, 2009, 49-90.

GARCÍA ÁLVAREZ, Pastora: *Precedentes de la denominada "violencia de género" en el Código penal español. Apuntes críticos*, en: NÚÑEZ CASTAÑO (dir.), *Estudios sobre la tutela penal de la* ***violencia de género***, Tirant lo Blanch, Valencia, 2009, 25-48.

– *El menor como sujeto pasivo de delitos, con especial referencia a los delitos contra la libertad e indemnidad sexual y los cambios en ellos introducidos por el Proyecto de Ley Orgánica de 20 de septiembre de 2013*, en: RGDP 20 (2013), 1-55.
– *Las mujeres como víctimas de la denominada "violencia de género" y el Proyecto de Ley Orgánica de 20 de septiembre de 2013, por el que se modificaría la Ley Orgánica 10/1995, de 23 de noviembre, del Código Penal*, en: RP 34 (2014), 83-101.
– *El vigente artículo 318 bis y su nueva redacción en el Proyecto de Ley Orgánica por el que se modificaría la Ley Orgánica 10/1995, de 23 de noviembre, del Código Penal*, en: RGDP 21 (2014), 1-54.

GARCÍA AMADO, Juan Antonio: v. GUTIÉRREZ SANTIAGO, Pilar/GARCÍA AMADO, Juan Antonio.

GARCÍA ARÁN, Mercedes: *Injusto individual e injusto social en la violencia machista (A propósito de la stc 59/2008 sobre el maltrato masculino a la mujer pareja)*, en: E-Vives Antón I, 2009, 649-670.
– V. MUÑOZ CONDE, Francisco/GARCÍA ARÁN, Mercedes.

GARCÍA DEL BLANCO, Victoria: *Coacciones*, en: MOLINA FERNÁNDEZ (coord.), ***Memento práctico penal***, Francis Lefebvre, Madrid, 2015.

GARCÍA CUESTA, Sara/HERNÁNDEZ CORROCHANO, Elena: *Las formas de la trata de mujeres: reflexiones sobre algunas de las tipologías de la explotación en el siglo XXI*, en: Dilemata 16 (2014), 101-120.

GARCÍA PÉREZ, Octavio: *La **punibilidad** en el Derecho Penal*, Aranzadi, Elcano (Navarra), 1997.

GARCÍA VALDÉS, Carlos/MESTRE DELGADO, Esteban/FIGUEROA NAVARRO, Carmen: *Lecciones de Derecho penal. Parte especial (Adaptadas a la docencia del Plan Bolonia)*, 2ª, Edisofer, Madrid, 2015.

GIMÉNEZ-SALINAS FRAMIS, Andrea: *Las organizaciones dedicadas a la inmigración ilegal y tráfico de seres humanos*, en: CANCIO MELIÁ/POZUELO PÉREZ (coords.), ***Política criminal en vanguardia.*** *Inmigración clandestina, terrorismo, criminalidad organizada*, Thomson-Civitas, Madrid, 2008, 197-222.

GISBERT GRIFO, Susana/MARTÍNEZ GARCÍA, Elena: ***Género y violencia.*** *Análisis del fenómeno de la violencia de género tras 10 años de aplicación de la ley*, Tirant lo Blanch, Valencia, 2015.

GÓMEZ INIESTA, Diego: *Arts. 163, 169 a 172*, en: ARROYO ZAPATERO/BERDUGO GÓMEZ DE LA TORRE/FERRÉ OLIVÉ/GARCÍA RIVAS/SERRANO PIEDECASAS/TERRADILLOS BASOCO (dirs.)/NIETO MARTÍN/PÉREZ CEPEDA (coords.), ***Comentarios** al Código **Penal***, Iustel, Madrid, 2007, 397-400, 406-417.

GÓMEZ MARTÍN, Víctor: *Los **delitos especiales***, Edisofer y B de F, Madrid, Buenos Aires, Montevideo, 2006.
– *¿Comparaciones odiosas? Acción positiva y violencia de género ocasional*, en: MIR PUIG/QUERALT JIMÉNEZ (dirs.)/FERNÁNDEZ BAUTISTA (coord.), ***Constitución y principios del** Derecho penal: algunas bases constitucionales*, Tirant lo Blanch, Valencia, 2010, 251-299.
– *Arts. 65, 217-218*, en: CORCOY BIDASOLO, Mirentxu/MIR PUIG, Santiago (coords.), ***Comentarios** al Código **Penal**. Reforma LO 5/2010*, Tirant lo Blanch, Valencia, 2011, 187-189, 496-497.
– *Los delitos especiales y el art. 65.3 del Código Penal español, y Réplica*, en: ROBLES PLANAS (dir.), *La **responsabilidad en** los **"delitos especiales".** El debate doctrinal en la actualidad*, B de F, Buenos Aires, Montevideo, 2014, 99-229, 383-402.
– En: CORCOY BIDASOLO (dir.)/VERA SÁNCHEZ (coord.), *Manual de Derecho penal. Parte especial. Doctrina y jurisprudencia con casos solucionados, tomo I*, Tirant lo Blanch, Valencia, 2015.

GÓMEZ RIVERO, María del Carmen: *Presunciones y derecho penal*, en: E-Vives Antón I, 2009, 765-789.
- *El "presunto" injusto de los delitos contra la violencia de género*, en: NÚÑEZ CASTAÑO (dir.), *Estudios sobre la tutela penal de la **violencia de género***, Tirant lo Blanch, Valencia, 2009, 91-115.

GONZÁLEZ AGUDELO, Gloria: En: TERRADILLOS BASOCO (coord.), *Derecho penal parte especial, volumen I*, Iustel, Madrid, 2011.

GONZÁLEZ CUSSAC, José Luis: en: GONZÁLEZ CUSSAC (coord.), *Derecho penal. Parte especial*, 4ª, Tirant lo Blanch, Valencia, 2015.
- v. CARBONELL MATEU, Juan Carlos/GONZÁLEZ CUSSAC, José Luis.

GONZÁLEZ CUSSAC, José Luis/MATALLÍN EVANGELIO, Ángela/ORTS BERENGUER, Enrique/ROIG TORRES, Margarita: *Esquemas de Derecho penal. Parte especial*, 2ª, Tirant lo Blanch, Valencia, 2010.

GONZÁLEZ RUS, Juan José: *La constitucionalidad de la LO 1/2004, de medidas de protección integral contra la violencia de género, en relación con la reforma de los delitos de lesiones, amenazas y coacciones*, en: EP-Cobo del Rosal, 2005, 483-502.
- *El menor como responsable penal y como sujeto pasivo especialmente protegido. Congruencias e incongruencias*, en: MORILLAS CUEVA (dir.)/SUÁREZ LÓPEZ (coord.), *El **menor como víctima y victimario** de la violencia social (estudio jurídico)*, Dykinson, Madrid, 2010, 103-140.
- En: MORILLAS CUEVA, Lorenzo (coord.), *Sistema de Derecho penal español parte especial*, Dykinson, Madrid, 2011.

GONZÁLEZ-CUÉLLAR GARCÍA, Antonio/JAÉN VALLEJO, Manuel: *Arts. 217 y 218*, en: CONDE-PUMPIDO FERREIRO (dir.), *Código Penal. Doctrina y jurisprudencia. Tomo II*, Trivium, Madrid, 1997, 2459-2464.

GORDILLO ÁLVAREZ-VALDÉS, Ignacio: en: LAMARCA PÉREZ (coord.), *Derecho penal. Parte especial*, 6ª, Colex, Madrid, 2011.

GORJÓN BARRANCO, Mª Concepción: *¿Empodera a las mujeres la ley penal? Una difícil tarea*, en: FARALDO CABANA (dir.)/IGLESIAS SKULJ (coord.), ***Género y sistema penal**. Una perspectiva internacional*, Comares, Granada, 2010, 143-152.
- *La **tipificación del género** en el ámbito penal. Una revisión crítica a la regulación actual*, Iustel, Madrid, 2013.

GUINARTE CABADA, Gumersindo: *Algunas cuestiones polémicas en la interpretación de los delitos de violencia de género*, en: RODRÍGUEZ CALVO/VÁZQUEZ-PORTOMEÑE SEIJAS (dirs.), *La **violencia de género**: aspectos médico-legales y jurídico-penales*, Tirant lo Blanch, Valencia, 2013, 215-260.
- *El nuevo delito de matrimonio forzado (artículo 172 bis del CP)*, en: GONZÁLEZ CUSSAC (dir.)/GÓRRIZ ROYO/MATALLÍN EVANGELIO (coords.), *Comentarios a la **reforma** del Código Penal **de 2015***, 2ª, Tirant lo Blanch, Valencia, 2015, 561-574.

GUTIÉRREZ SANTIAGO, Pilar/GARCÍA AMADO, Juan Antonio: *La "vida marital" como causa de extinción de la pensión compensatoria (Paradojas y disfunciones en la interpretación del artículo 101.1 del Código Civil)*, en: Revista Digital de la Facultad de Derecho 6 (2013), 156-193.

HERNÁNDEZ CORROCHANO, Elena: v. GARCÍA CUESTA, Sara/HERNÁNDEZ CORROCHANO, Elena.

HERRERA CAMPOS, Ramón: *Constitución, familia y matrimonio: presente y futuro*, en: H-González García, 2012, 1259-1266.

HORTAL IBARRA, Juan Carlos: *A vueltas sobre el bien jurídico-penal protegido en los mal llamados "delitos contra los derechos de los ciudadanos extranjeros"*, en: MIR PUIG/CORCOY BIDASOLO (dirs.)/GÓMEZ MARTÍN (coord.), ***Política criminal y reforma penal***, Edisofer, MBde F, Madrid, Buenos Aires, Montevideo, 2007, 463-504.

HUERTA TOCILDO, Susana: *Los límites del Derecho penal en la prevención de la violencia doméstica*, en: EP-Ruiz Antón 2004, 507-544.

IGAREDA GONZÁLEZ, Noelia: *Debates sobre la autonomía y el consentimiento en los matrimonios forzados*, en: Anales de la Cátedra Francisco Suárez 47 (2013), 203-219.

- *El problema de los matrimonios forzados como violencia de género*, en: Oñati Socio-Legal Series, volumen 5, número 2 (2015), 613-624.
- *Matrimonios forzados: ¿otra oportunidad para el derecho penal simbólico?*, en: Indret 1/2015, 1-18.

IGLESIAS SKULJ, Agustina: *De la trata de seres humanos: artículo 177 bis CP. Y Artículo 318 bis: delito contra los ciudadanos extranjeros*, en: GONZÁLEZ CUSSAC (dir.)/ GÓRRIZ ROYO/MATALLÍN EVANGELIO (coords.), *Comentarios a la **reforma** del Código **Penal de 2015***, 2ª, Tirant lo Blanch, Valencia, 2015, 593-601, 983-989.

IGLESIAS DE USSEL, Julio/MARÍ-KLOSE, Pau: *La familia española en el siglo XXI: los retos del cambio social*, en: CHACÓN/BESTARD (dirs.), ***Familias.** Historia de la sociedad española (del final de la Edad Media a nuestros días)*, Cátedra, Madrid, 2011, 1001-1123.

***Informe** del Consejo Fiscal al **Anteproyecto** de **octubre** de **2012** de Ley Orgánica por la que se modifica la Ley Orgánica 10/1995, de 23 de noviembre, del Código Penal*, 8 de enero 2013 (el informe se puede consultar en www.fiscal.es/fiscal/publico/ciudadano/documentos/documentos_consejo_fiscal).

***Informe** del Consejo General del Poder Judicial al **Anteproyecto** de **octubre** de **2012** de Ley Orgánica por la que se modifica la Ley Orgánica 10/1995, de 23 de noviembre, del Código Penal*, 16 de enero 2013 (www.poderjudicial.es/cgpj/es/Poder-Judicial/Consejo-General-del-Poder-Judicial).

JAEN VALLEJO, Manuel: v. GONZÁLEZ-CUÉLLAR GARCÍA, Antonio/JAEN VALLEJO, Manuel.

JAÉN VALLEJO, Manuel/PERRINO PÉREZ, Ángel Luis: *La **reforma penal de 2015.** (Análisis de las principales reformas introducidas en el Código penal por las Leyes Orgánicas 1 y 2/2015, de 30 de marzo)*, Dykinson, Madrid, 2015.

JAREÑO LEAL, Ángeles: en: BOIX REIG (dir.), *Derecho penal. Parte especial, volumen I. La protección penal de los intereses jurídicos personales (Adaptado a las reformas de 2010 del Código Penal)*, Iustel, Madrid, 2010.

- V. BOIX REIG, Javier/JAREÑO LEAL, Ángeles.

JERICÓ OJER, Leticia: v. DÍAZ Y GARCÍA CONLLEDO, Miguel (dir.)/OLAIZOLA NOGALES, Inés/TRAPERO BARREALES, María A./BARBER BURUSCO, Soledad/DURÁN SECO, Isabel/JERICÓ OJER, Leticia.

JUÁREZ PÉREZ, Pilar: *Jurisdicción española y poligamia islámica: ¿un matrimonio forzoso?*, en: REEI 23 (2012), 1-45.

KUHLEN, Lothar: *Bienes jurídicos y nuevos tipos de delito*, en: VON HIRSCH/SEELMANN/WOHLERS (eds. alemana)/ROBLES PLANAS (ed. española), ***Límites al** Derecho Penal. Principios operativos en la fundamentación del castigo*, Atelier, Barcelona, 2012, 225-235.

LABACA ZABALA, Mª Lourdes: *Los matrimonios ilegales en la Ley Orgánica 10/1995 del Código Penal*, en: RDPP 13 (2005), 83-142.

LACRUZ BERDEJO, José Luis/SANCHO REBULLIDA, Francisco de Asís/LUNA SERRANO, Agustín/DELGADO ECHEVERRÍA, Jesús/RIVERO HERNÁNDEZ, Francisco/ RAMS ALBESA, Joaquín: *Elementos de **Derecho civil IV**. Familia*, 4ª, Dykinson, Madrid, 2010.

LAFONT NICUESA, Luis: *Los delitos de trata de personas e inmigración ilegal tras la LO 5/2010, de 22 de junio por la que se reforma el Código penal*, en: RICHARD GONZÁ-

LEZ/RIAÑO BRUN/POELEMANS (coords.), *Estudios sobre la lucha contra la **trata de seres humanos***, Thomson Reuters Aranzadi, Cizur Menor (Navarra), 2013, 137-217.

LAMARCA PÉREZ, Carmen: en: LAMARCA PÉREZ (coord.), *Delitos y faltas. La parte especial del Derecho penal*, 3ª, Colex, Madrid, 2015.

– V. ALONSO DE ESCAMILLA, Avelina/LAMARCA PÉREZ, Carmen.

LAMARCA PÉREZ, Carmen/OLLÉ SESÉ, Manuel: *Análisis de la regulación actual del principio de justicia universal y propuestas de lege ferenda*, en: PÉREZ CEPEDA (dir.)/ BENITO SÁNCHEZ (coord.), *El **principio de justicia universal:** fundamento y límites*, Tirant lo Blanch, Valencia, 2012, 619-667.

LARRAURI PIJOAN, Elena: *¿Se debe proteger a la mujer contra su voluntad?*, en: Cuadernos Penales José María Lidón 2 (2005): la ley de medidas de protección integral contra la violencia de género, 157-181.

– *Cinco tópicos sobre las mujeres víctimas de violencia...a los tres años de aprobación de la LOVG (1/2004, de 28 de* diciembre*)*, en: CDJ 2007-IX, 9-29.

– ***Criminología crítica** y violencia de género*, Trotta, Madrid, 2007.

– *Cinco tópicos sobre las mujeres víctimas de violencia... y algunas respuestas del feminismo oficial*, en: LAURENZO/MAQUEDA/RUBIO (coords.), ***Género,** violencia y derecho*, Tirant lo Blanch, Valencia, 2008, 311-327.

– *Igualdad y violencia de género. Comentario a la STC 59/2008*, en: Indret 1 (2009), 1-19.

LASCURAIN SÁNCHEZ, Juan Antonio: *¿Vale la pena la reforma? Análisis desde los principios penales democráticos*, en: VALLE MARISCAL DE GANTE/BUSTOS RUBIO (coords.), *La **reforma penal** de 2013. Libro de Actas XIV Jornadas de profesores y estudiantes de Derecho penal de las Universidades de Madrid*, Universidad Complutense de Madrid, Madrid, 2014, 11-22.

LAURENZO COPELLO, Patricia: *Los delitos de **abandono de familia** e impago de pensiones*, Tirant lo Blanch, Valencia, 2001.

– en: DÍEZ RIPOLLÉS/ROMEO CASABONA (coords.), ***Comentarios** al Código penal. Parte especial, Tomo **II**. Títulos VII-XII y faltas correspondientes*, Tirant lo Blanch, Valencia, 2004.

– *El modelo de protección reforzada de la mujer frente a la violencia de género: valoración político-criminal*, en: Cuadernos Penales José María Lidón 2 (2005): la ley de medidas de protección integral contra la violencia de género, 91-115.

– *La violencia de género en la ley integral. Valoración político-criminal*, RECPC 07-08 (2005).

– *Violencia de género y Derecho penal de excepción: entre el discurso de la resistencia y el victimismo punitivo*, en: CDJ 2007-IX, 31-74 (= en: EP-Gimbernat, tomo II, 2093-2122).

– *El modelo de protección penal de los inmigrantes: de víctimas a excluidos*, en: CANCIO MELIÁ/POZUELO PÉREZ (coords.), ***Política criminal en vanguardia.** Inmigración clandestina, terrorismo, criminalidad organizada*, Thomson-Civitas, Madrid, 2008, 223-249. También se ha publicado, en versión ampliada, en: E-Vives Antón II, 2009, 1149-1171.

– *La violencia de género en el derecho penal: un ejemplo de paternalismo punitivo*, en: LAURENZO/MAQUEDA/RUBIO (coords.), ***Género,** violencia y derecho*, Tirant lo Blanch, Valencia, 2008, 329-361.

– *Violencia de género, ley penal y discriminación. Un balance provisional de los primeros veinte años de legislación penal sobre violencia contra las mujeres*, en: LAURENZO COPELLO (coord.), *La **violencia de género** en la ley. Reflexiones sobre veinte años de experiencia en España*, Dykinson, Madrid, 2010, 15-36.

– *La violencia de género en la política criminal española: entre el reconocimiento social y la desconfianza hacia las mujeres*, en: LH-Landrove Díaz, 2011, 607-630.
LIBANO BERISTAIN, Arantza: v. BOLDOVA PASAMAR, Miguel Ángel/URRUELA MORA, Asier/LIBANO BERISTAIN, Arantza/BOLAÑOS VÁSQUEZ, Hazel Jasmín/ FARJAS BALLESTER, José María.
LLOBET ANGLÍ, Mariona: *Amenazas y Detenciones ilegales*, en: MOLINA FERNÁNDEZ (coord.), ***Memento práctico penal***, Francis Lefebvre, Madrid, 2015.
LLORIA GARCÍA, Paz: en: BOIX REIG (dir.), *Derecho penal. Parte especial, volumen I. La protección penal de los intereses jurídicos personales (Adaptado a las reformas de 2010 del Código Penal)*, Iustel, Madrid, 2010.
LÓPEZ BARJA DE QUIROGA, Jacobo/RODRÍGUEZ RAMOS, Luis/RUIZ DE GORDEJUELA LÓPEZ, Lourdes: *Códigos **Penales españoles** 1822-1848-1850-1870-1928-1832-1944, recopilación y concordancias*, Akal, Madrid, 1988.
LÓPEZ PEREGRÍN, Carmen: *Amenazas, coacciones y violencia de género*, en: NÚÑEZ CASTAÑO (dir.), *Estudios sobre la tutela penal de la **violencia de género***, Tirant lo Blanch, Valencia, 2009, 223-277.
LÓPEZ SÁNCHEZ, Félix: *Los **abusos sexuales a menores** y otras formas de maltrato sexual*, Síntesis, Madrid, 2014.
LUNA SERRANO, Agustín: v. LACRUZ BERDEJO, José Luis/SANCHO REBULLIDA, Francisco de Asís/LUNA SERRANO, Agustín/DELGADO ECHEVERRÍA, Jesús/RIVERO HERNÁNDEZ, Francisco/RAMS ALBESA, Joaquín.
LUZÓN PEÑA, Diego-Manuel: *Función simbólica del Derecho penal y delitos relativos a la manipulación genética*, en: ***Modernas tendencias** en la Ciencia del Derecho penal y en la Criminología*, Universidad Nacional de Educación a Distancia, Madrid, 2001, 131-139.
– *Punibilidad*, en: EPB 2002, 1049-1056. El artículo también ha sido publicado, ampliado, en: LH-Cerezo 2002, 831-847.
– *Lecciones de Derecho penal. **Parte** general*, 2ª, Tirant lo Blanch, Valencia, 2012.
MANJÓN-CABEZA OLMEDO, Araceli: *La mujer víctima de la violencia de género (legislación penal y Sentencia del Tribunal Constitucional 59/2008, de 14 de mayo)*, en: GARCÍA-PABLOS DE MOLINA (ed.), ***Víctima**, prevención del delito y tratamiento del delincuente*, Comares, Granada, 2009, 43-74.
– *Las **excusas absolutorias** en Derecho español (Doctrina y jurisprudencia)*, Tirant lo Blanch, Valencia, 2014.
MANZANARES SAMANIEGO, José Luis: *Arts. 163-172, 217-218, 226*, en: *Código **Penal** (Adaptado a la Ley Orgánica 5/2010, 22 de junio) Comentarios y jurisprudencia, **II**. Parte especial (Artículos 138 a 639)*, Comares, Granada, 2010, 121-176, 361-365 y 385-390.
– *Novedades en los delitos de amenazas y coacciones según el Anteproyecto de reforma del Código Penal (Artículos 171.7, 172.3, 172 bis y 172 ter)*, en: LL 2013-2, 1568-1573.
– *La **reforma** del Código Penal de 2015 conforme a las Leyes Orgánicas 1 y 2/2015, de 30 de marzo*, La Ley, Madrid, 2015.
MAQUEDA ABREU, María Luisa: *La violencia contra las mujeres: una revisión crítica de la Ley Integral*, en: RP 18 (2006), 176-187.
– *La violencia de género. Entre el concepto jurídico y la realidad social*, en: RECPC 08-02 (2006), 1-13.
– *¿Es la estrategia penal una solución a la violencia contra las mujeres? Algunas respuestas desde el discurso feminista crítico*, en: LAURENZO/MAQUEDA/RUBIO (coords.), ***Género**, violencia y derecho*, Tirant lo Blanch, Valencia, 2008, 363-408.
– *1989-2009: veinte años de "desencuentros" entre la ley penal y la realidad de la violencia en la pareja*, en: DE HOYOS SANCHO (dir.), *Tutela jurisdiccional frente*

*a la **violencia de género**. Aspectos procesales, civiles, penales y laborales*, Lex Nova, Valladolid, 2009, 39-52 [= en: LAURENZO COPELLO (coord.), *La **violencia de género** en la ley. Reflexiones sobre veinte años de experiencia en España*, Dykinson, Madrid, 2010, 113-130 = en: PUENTE ABA (dir.)/RAMOS VÁZQUEZ/SOUTO GARCÍA (coords.), *La respuesta penal a la **violencia de género**. Lecciones de diez años de experiencia de una política criminal punitivista*, Comares, Granada, 2010, 1-17].

- *El nuevo delito de matrimonio forzado: art. 172 bis CP*, en: ÁLVAREZ GARCÍA (dir.)/DOPICO GÓMEZ-ALLER (coord.), ***Estudio crítico sobre el Anteproyecto de** reforma penal de **2012***, Tirant lo Blanch, Valencia, 2013, 559-564 (libro electrónico).

MARAVER GÓMEZ, Mario: *Delitos contra los derechos de los ciudadanos extranjeros*, en: ORTIZ DE URBINA GIMENO (coord.), ***Reforma penal de 2010**. Ley Orgánica 5/2010*, Francis Lefebvre, Madrid, 2010, 335-348.

- *La trata de seres humanos. Y Tráfico ilegal e inmigración clandestina de personas*, en: DÍAZ-MAROTO Y VILLAREJO (dir.), *Estudios sobre las **reformas** del Código Penal operadas por las LO 5/2010, de 22 de junio, y 3/2011, de 28 de enero*, Civitas Thomson Reuters, Cizur Menor (Navarra), 2011, 311-334, 335-357.
- CANCIO MELIÁ, Manuel/MARAVER GÓMEZ, Mario.

MARCO FRANCIA, María Pilar: *El delito de bigamia en el Código Penal español. Consideraciones penales y criminológicas*, en: noticias.juridicas.com, julio 2011, 1-7.

MARCHENA GÓMEZ, Manuel: *Arts. 217-219*, en: DEL MORAL GARCÍA/SERRANO BUTRAGUEÑO (coords.), *Código penal. Comentarios y jurisprudencia, tomo II. Artículos 138 a 639*, Comares, Granada, 2002, 1568-1575.

MARÍ-KLOSE, Pau: v. IGLESIAS DE USSEL, Julio/MARÍ-KLOSE, Pau.

MARÍN LÓPEZ, Manuel Jesús: en: BERCOVITZ RODRÍGUEZ-CANO (coord.), *Manual de Derecho civil. **Derecho de familia***, 3ª, Bercal, Madrid, 2013.

MARTÍNEZ ESCAMILLA, Margarita: ***La inmigración como delito**. Un análisis político-criminal, dogmático y constitucional del tipo básico del art. 318 bis CP*, Atelier, Barcelona, 2007.

- *"Top manta", ayuda a la inmigración irregular y expulsión de extranjeros: la reforma de los artículos 270 y 274, 311 bis, 318 bis, 89 y 108 del Código penal*, en: ÁLVAREZ GARCÍA (dir.)/ANTÓN BOIX (coord.), ***Informe** de la Sección de Derechos Humanos del Ilustre **Colegio de Abogados de Madrid** sobre los proyectos de reforma del Código penal, Ley de seguridad privada y LO del Poder Judicial (jurisdicción universal)*, Tirant lo Blanch, Valencia, 2014, 79-97.

MARTÍNEZ GARAY, Lucía: *Concepto penal de discapacidad y de persona con discapacidad necesitada de especial protección (art. 25)*, en: GONZÁLEZ CUSSAC (dir.)/GÓRRIZ ROYO/MATALLÍN EVANGELIO (coords.), *Comentarios a la **reforma** del Código penal **de 2015***, 2ª, Tirant lo Blanch, Valencia, 2015, 125-149.

MARTÍNEZ GARCÍA, Ángel Santiago: *Arts. 217 y 218, 226*, en: GÓMEZ TOMILLO (dir.), ***Comentarios** al Código penal*, 2ª, Lex Nova, Valladolid, 2011, 849-857, 883-886.

MARTÍNEZ GARCÍA, Elena: v. GISBERT GRIFO, Susana/MARTÍNEZ GARCÍA, Elena.

MARTÍNEZ RUIZ, Jesús: *Art. 226*, en: COBO DEL ROSAL (dir.), ***Comentarios** al Código penal. Tomo **VII**. Títulos IX, X, XI y XII, del Libro II del vigente Código penal español. Artículos 195 a 233*, Edersa, Madrid, 2003, 889-937.

MARTÍNEZ-BUJÁN PÉREZ, Carlos: *Derecho Penal **Económico** y de la empresa. Parte especial*, 5ª, Tirant lo Blanch, Valencia, 2015.

- En: GONZÁLEZ CUSSAC (coord.), *Derecho penal. Parte especial*, 4ª, Tirant lo Blanch, Valencia, 2015.

MATA Y MARTÍN, Ricardo M.: *Algunas dificultades de la noción y de la ley de violencia de género*, en: DE HOYOS SANCHO (dir.), *Tutela jurisdiccional frente a la **violencia*** *de género. Aspectos procesales, civiles, penales y laborales*, Lex Nova, Valladolid, 2009, 107-122.

MATALLÍN EVANGELIO, Ángela: *Delito de acoso (artículo 172 ter)*, en: GONZÁLEZ CUSSAC (dir.)/GÓRRIZ ROYO/MATALLÍN EVANGELIO (coords.), *Comentarios a la reforma del Código penal de 2015*, 2ª, Tirant lo Blanch, Valencia, 2015, 575-591.

– V. GONZÁLEZ CUSSAC, José Luis/MATALLÍN EVANGELIO, Ángela/ORTS BERENGUER, Enrique/ROIG TORRES, Margarita.

MAYORDOMO RODRIGO, Virginia: *Nueva regulación de la trata, el tráfico ilegal y la inmigración clandestina de personas*, en: EPC XXXI (2011), 325-390.

MÉNDEZ RODRÍGUEZ, Cristina: *Delitos objeto del principio de justicia universal: naturaleza y límites*, en: PÉREZ CEPEDA (dir.)/BENITO SÁNCHEZ (coord.), *El principio de justicia universal: fundamento y límites*, Tirant lo Blanch, Valencia, 2012, 319-349.

MENDOZA BUERGO, Blanca: *Delitos contra las relaciones familiares*, en: MOLINA FERNÁNDEZ (coord.), ***Memento práctico penal***, Francis Lefebvre, Madrid, 2015.

MENDOZA CALDERÓN, Silvia: *Hacia un Derecho penal sin fundamentación material del injusto: la introducción del nuevo artículo 153 del Código penal*, en: BOLDOVA PASAMAR/RUEDA MARTÍN (coords.), *La reforma penal en torno a la* violencia ***doméstica y de género***, Atelier, Barcelona, 2006, 121-165.

– *El delito de maltrato ocasional del artículo 153 del Código penal: la influencia del modelo de seguridad ciudadana en el actual Derecho penal*, en: NÚÑEZ CASTAÑO (dir.), *Estudios sobre la tutela penal de la **violencia de género***, Tirant lo Blanch, Valencia, 2009, 117-157.

MESTRE DELGADO, Esteban: en: LAMARCA PÉREZ (coord.), *Delitos y faltas. La parte especial del Derecho penal*, 3ª, Colex, Madrid, 2015.

– V. GARCÍA VALDÉS, Carlos/MESTRE DELGADO, Esteban/FIGUEROA NAVARRO, Carmen.

MESTRE I MESTRE, Ruth: v. AÑÓN ROIG, María José/MESTRE I MESTRE, Ruth.

MIR PUIG, Santiago: *Matrimonios ilegales en el Código penal*, en: ADPCP 1974, 433-480.

– *Bien jurídico y bien jurídico-penal como límites del ius puniendi*, en: EPC XIV (1991), 203-215 (= en: *El Derecho penal **en el Estado social y democrático de Derecho***, Ariel, Barcelona, 1994, 159-167).

– *Bigamia y matrimonios ilegales*, en: EPB 2002, 190-193.

– *Derecho penal. Parte general*, 10ª, actualizada y revisada con la colaboración de Víctor Gómez Martín y Vicente Valiente Iváñez, Reppertor, Barcelona, 2015.

MIRAT HERNÁNDEZ, Pilar: v. ARMENDÁRIZ LEÓN, Carmen/MIRAT HERNÁNDEZ, Pilar.

MOLINA FERNÁNDEZ, Fernando: *Abandono de familia*, en: MOLINA FERNÁNDEZ (coord.), ***Memento práctico penal***, Francis Lefebvre, Madrid, 2015.

MONGE FERNÁNDEZ, Antonia: *La violencia de género como delito habitual (impropio)*, en: BOLDOVA PASAMAR/RUEDA MARTÍN (coords.), *La reforma penal en torno a la **violencia doméstica y de género***, Atelier, Barcelona, 2006, 101-120.

MONTALBÁN HUERTAS, Inmaculada: *Ley Orgánica 1/2004, de 28 de diciembre, de medidas de protección integral contra la violencia de género. Un instrumento normativo novedoso*, en: CDJ 2005-XII, 25-97.

MONTANER FERNÁNDEZ, Raquel: v. CASTIÑEIRA PALOU, Mª Teresa/MONTANER FERNÁNDEZ, Raquel.

MORETÓN TOQUERO, M. Aranzazu: *Delitos contra las relaciones familiares: **matrimonios ilegales***, Bosch, Barcelona, 2001.

MORILLAS CUEVA, Lorenzo: *Valoración de la violencia de género desde la perspectiva del Derecho penal*, en: RECPC 04-09 (2002), 1-18.

- *Delito de omisión y violencia doméstica habitual,* en: H-Rodríguez Mourullo 2005, 1609-1626.
- *Algunas cuestiones sobre la violencia contra las mujeres,* en: EP-Cobo del Rosal, 2005, 645-656.
- *Violencia de género versus violencia doméstica. Una reflexión a propósito de la ley integral,* en: JIMÉNEZ DÍAZ (coord.), *La **ley integral**. Un estudio multidisciplinar,* Dykinson, Madrid, 2009, 19-36.

MORILLAS FERNÁNDEZ, David L.: *Víctimas especialmente vulnerables y Ley Orgánica 1/2004,* en: JIMÉNEZ DÍAZ (coord.), *La **ley integral**. Un estudio multidisciplinar,* Dykinson, Madrid, 2009, 325-342.

MUÑOZ CONDE, Francisco: *Violencia familiar y de género en la Ley Orgánica 1/2004,* en: NÚÑEZ CASTAÑO (dir.), *Estudios sobre la tutela penal de la **violencia de género**,* Tirant lo Blanch, Valencia, 2009, 15-24.
- *Derecho penal. **Parte especial**,* 20ª, completamente revisada y puesta al día conforme a las Leyes Orgánicas 1/2015 y 2/2015, de 30 de marzo, Tirant lo Blanch, Valencia, 2015.

MUÑOZ CONDE, Francisco/GARCÍA ARÁN, Mercedes: *Derecho penal. **Parte general**,* 9ª, Tirant lo Blanch, Valencia, 2015.

MUÑOZ CUESTA, Javier/RUÍZ DE ERENCHUN ARTECHE, Eduardo: *Cuestiones prácticas sobre la **reforma penal de 2015**,* Thomson Reuters Aranzadi, Cizur Menor (Navarra), 2015.

MUÑOZ RUIZ, Josefa: *Delitos contra la integridad física,* en: MORILLAS CUEVA (dir.), *Estudio sobre el Código Penal **reformado** (Leyes Orgánicas 1/2015 y /2015),* Dykinson, Madrid, 2015, 335-373.

MUÑOZ SÁNCHEZ, Juan: en: DÍEZ RIPOLLÉS/ROMEO CASABONA (coords.), ***Comentarios** al Código penal. Parte especial, Tomo **II**. Títulos VII-XII y faltas correspondientes,* Tirant lo Blanch, Valencia, 2004.
- *El delito de violencia doméstica habitual (artículo 173.2 del Código Penal),* en: BOLDOVA PASAMAR/RUEDA MARTÍN (coords.), *La reforma penal en torno a la **violencia doméstica y de género**,* Atelier, Barcelona, 2006, 69-99.

NAVARRO CARDOSO, Fernando: *Observaciones sobre los delitos contra los derechos de los ciudadanos extranjeros,* en: RP 10 (2002), 41-54.

NÚÑEZ CASTAÑO, Elena: *Algunas consideraciones sobre el artículo 173.2 del Código penal: el maltrato habitual,* en: NÚÑEZ CASTAÑO (dir.), *Estudios sobre la tutela penal de la **violencia de género**,* Tirant lo Blanch, Valencia, 2009, 159-201.
- En: GÓMEZ RIVERO (dir.), *Nociones fundamentales de Derecho penal. Parte especial (Adaptado al EEES). Tomo **I**,* 2ª, Tecnos, Madrid, 2015.

OLAIZOLA NOGALES, Inés: *Violencia de género: elementos de los tipos penales con mayor dificultad probatoria,* en: EPC XXX (2010), 269-316.
- *A vueltas con la "inmigración ilegal" y el nuevo delito de trata de personas,* en: H-Suárez Montes 2013, 459-489.
- V. DÍAZ Y GARCÍA COLLEDO, Miguel/OLAIZOLA NOGALES, Inés.
- V. DÍAZ Y GARCÍA CONLLEDO, Miguel (dir.)/OLAIZOLA NOGALES, Inés/TRAPERO BARREALES, María A./BARBER BURUSCO, Soledad/DURÁN SECO, Isabel/JERICÓ OJER, Leticia.

OLLE SESÉ, Manuel: v. LAMARCA PÉREZ, Carmen/OLLÉ SESÉ, Manuel.

OLLÉ SESÉ, Manuel/PEREZ CEPEDA, Ana Isabel: *Propuesta de reforma del artículo 23.4 de la Ley Orgánica del Poder Judicial. Regulación del principio de justicia universal y el principio de jurisdicción penal transnacional,* en: PÉREZ CEPEDA (dir.)/BENITO SÁNCHEZ (ed.), *El **principio de justicia universal**. Una propuesta de lege ferenda,* Ratio Legis, Salamanca, 2013, 61-67.

OLMEDO CARDENETE, Miguel: *Tratamiento de las agresiones leves ocasionales en el contexto de la violencia doméstica y de género*, en: JIMÉNEZ DÍAZ (coord.), *La **ley integral**. Un estudio multidisciplinar*, Dykinson, Madrid, 2009, 343-374.

ORTS BERENGUER, Enrique: v. GONZÁLEZ CUSSAC, José Luis/MATALLÍN EVANGELIO, Ángela/ORTS BERENGUER, Enrique/ROIG TORRES, Margarita.

ORTUBAY FUENTES, Miren: *Respuesta institucional a la violencia contra las mujeres en la CAPV*, en: Cuadernos Penales José María Lidón 1 (2004): Las recientes reformas penales: algunas cuestiones, 235-248.

PABLO CONTRERAS, Pedro de: *Matrimonio civil y sistema matrimonial*, en: YZQUIERDO TOLSADA/CUENA CASAS (dirs.), ***Tratado de Derecho de Familia**. Volumen I. Derecho de familia y Derecho de la familia. La relación jurídico-familiar. El matrimonio y su celebración*, Aranzadi-Thomson Reuters, Cizur Menor (Navarra), 2011, 427-538.

PALMA HERRERA, José Manuel: *La reforma de los delitos contra la libertad operada por la LO 1/2015, de 30 de marzo*, en: MORILLAS CUEVA (dir.), *Estudios sobre el Código Penal **reformado** (Leyes Orgánicas 1/2015 y /2015)*, Dykinson, Madrid, 2015, 375-411.

PANIZO Y ROMO DE ARCE, Alberto: *La regulación de los matrimonios ilegales en el Código Penal de 1995*, en: CPC 66 (1998), 625-647.

– *Matrimonios religiosos y aspectos socio-jurídicos del delito de bigamia*, en: RGDCDEE 22 (2010), 1-28.

PEÑARANDA RAMOS, Enrique: *Sobre el alcance del art. 65.3 CP. Al mismo tiempo: una contribución a la crítica de la teoría de los delitos de infracción del deber, y Réplica*, en: ROBLES PLANAS (dir.), *La **responsabilidad en** los **"delitos especiales"**. El debate doctrinal en la actualidad*, B de F, Buenos Aires, Montevideo, 2014, 2-57, 318-350.

PÉREZ ALONSO, Esteban: ***Tráfico de personas** e inmigración clandestina (Un estudio sociológico, internacional y jurídico-penal)*, Tirant lo Blanch, Valencia, 2008.

– *Consideraciones político-criminales sobre el fenómeno migratorio actual y el tráfico de personas*, en: MIR PUIG/CORCOY BIDASOLO (dirs.)/HORTAL IBARRA (coord.), ***Protección penal de los derechos de los trabajadores**. Seguridad en el trabajo, tráfico ilegal de personas e inmigración clandestina*, Edisofer, MB de F, Madrid, Buenos Aires, Montevideo, 2009, 409-452.

PÉREZ ARIAS, Jacinto: *Delitos contra la hacienda pública y contra la seguridad social y delitos contra los derechos de los trabajadores y de ciudadanos extranjeros*, en: MORILLAS CUEVA (dir.), *Estudios sobre el Código penal **reformado** (Leyes orgánicas 1/2015 y 2/2015)*, Dykinson, Madrid, 2015, 691-717.

PÉREZ CEPEDA, Ana Isabel: ***Globalización**, tráfico internacional ilícito de personas y derecho penal*, Comares, Granada, 2004.

– *Principio de justicia universal versus principio de jurisdicción penal internacional*, en: PÉREZ CEPEDA (dir.)/BENITO SÁNCHEZ (coord.), *El **principio de justicia universal:** fundamento y límites*, Tirant lo Blanch, Valencia, 2012, 61-101.

– V. OLLÉ SESÉ, Manuel/PÉREZ CEPEDA, Ana Isabel.

– En: GÓMEZ RIVERO (dir.), *Nociones fundamentales de Derecho penal. **Parte especial** (adaptado al EEES)*, tomos I y II, Tecnos, Madrid, 2ª, 2015.

PÉREZ CEPEDA, Ana Isabel/BENITO SÁNCHEZ, Demelsa: *El principio de justicia universal. Una propuesta de lege ferenda al legislador español*, en: Foro FICP (Tribuna y Boletín de la FICP), 2013-1, 5-18.

– *El principio de justicia universal*, en: PÉREZ CEPEDA (dir.)/BENITO SÁNCHEZ (ed.), *El **principio de justicia universal**. Una propuesta de lege ferenda*, Ratio Legis, Salamanca, 2013, 9-13.

PÉREZ FERRER, Fátima: *Art. 318 bis*, en: COBO DEL ROSAL (dir.), ***Comentarios** al Código **Penal**, tomo **X**, volumen **I**, Libro II. Títulos XIV, XV y XV bis, de los delitos contra la*

hacienda pública y la seguridad social y contra los derechos de los trabajadores y extranjeros (Artículos del 305 al 310 y del 311 al 318 bis), CESEJ, Madrid, 2006, 465-510.
- *Repercusiones de la reforma de la LO 1/2004, de 28 de diciembre, en los delitos de lesiones, amenazas y coacciones*, en: JIMÉNEZ DÍAZ (coord.), *La* ***ley integral****. Un estudio multidisciplinar*, Dykinson, Madrid, 2009, 375-393.
- *Violencia de género: valoración penal de las últimas reformas legislativas*, en: PÉREZ VALLEJO (coord.), ***Igualdad efectiva*** *entre mujeres y hombres. Diagnóstico y prospectiva*, Atelier, Barcelona, 2009, 239-251.

PÉREZ MACHÍO, Ana I.: *La protección de la mujer inmigrante irregular víctima de violencia de género a partir de la Ley Orgánica 1/2004, de 28 de diciembre, de medidas de protección integral contra la violencia de género*, en: PUENTE ABA (dir.)/ZAPICO BARBEITO/RODRÍGUEZ MORO (coords.), ***Criminalidad organizada, terrorismo e inmigración.*** *Retos contemporáneos de la política criminal*, Comares, Granada, 2008, 293-338.
- *La perspectiva de género en el Código penal: especial consideración del artículo 153 del Código Penal*, en: EPC XXX (2010), 317-355.

PÉREZ RIVAS, Natalia: *Delito leve de amenazas: art. 171.7 CP*, en: GONZÁLEZ CUSSAC (dir.)/GÓRRIZ ROYO/MATALLÍN EVANGELIO (coords.), *Comentarios a la* ***reforma*** *del Código* ***penal de 2015****,* 2ª, Tirant lo Blanch, Valencia, 2015, 553-556.
- *Arts. 172 a 172 ter*, en: ROMA VALDÉS (dir.), *Código* ***Penal comentado.*** *Comentarios tras las Leyes Orgánicas 1/2015 y 2/2015, de 30 de marzo*, Bosch, Hospitalet de Llobregat (Barcelona), 2015, 313-324.

PÉREZ DEL VALLE, Carlos: *¿Es posible la protección de la familia a través del Derecho penal? Reflexiones a propósito de la sanción penal de la bigamia*, en: BENEYTO BERENGUER/TORRERO MUÑOZ/LLOPIS GINER (coords.), ***Retos del siglo XXI para la familia,*** Editorial Práctica de Derecho, Valencia, 2008, 311-336.

PERRINO PÉREZ, Ángel Luis: v. JAÉN VALLEJO, Manuel/PERRINO PÉREZ, Ángel Luis.

POLAINO NAVARRETE, Miguel: *La Ley integral contra la violencia de género y la inflación del derecho penal: luces y sombras*, en: LADRÓN DE GUEVARA (coord.), *La* ***violencia de género.*** *Aspectos penales y procesales*, Comares, Granada, 2007, 21-63.

POMARES CINTAS, Esther: *El delito de trata de seres humanos con finalidad de explotación laboral*, en: RECPC 13-15 (2011), 1-31.
- *La revisión de los delitos contra los derechos de los trabajadores según la reforma de 2015. Y La colaboración de terceros en la inmigración ilegal a partir de la reforma de 2015 (artículo 318 bis CP): ¿una cuestión penal?*, en: QUINTERO OLIVARES (dir.), *Comentario a la* ***reforma penal de 2015****,* Thomson Reuters, Aranzadi, Cizur Menor (Navarra), 2015, 619-632, 633-642.
- V. PORTILLA CONTRERAS, Guillermo/POMARES CINTAS, Esther.

PORTILLA CONTRERAS, Guillermo/POMARES CINTAS, Esther: *Los delitos relativos al tráfico ilegal o la inmigración clandestina de personas*, en: ÁLVAREZ GARCÍA/GONZÁLEZ CUSSAC (dirs.), *Comentarios a la* ***reforma penal de 2010****,* Tirant lo Blanch, Valencia, 2010, 355-366.

PRATS CANUT, José Miguel: en: QUINTERO OLIVARES (dir.)/MORALES PRATS (coord.), *Comentarios a la* ***Parte Especial*** *del Derecho Penal*, 8ª, Aranzadi, Pamplona, 2009.

QUERALT JIMÉNEZ, Joan Josep: *La respuesta penal de la Ley Orgánica 1/2004 a la violencia de género*, en: CDJ 2005-XXII, 141-180.
- *Derecho penal español.* ***Parte especial****,* 7ª (1ª en Tirant lo Blanch), Tirant lo Blanch, Valencia, 2015.
- V. COMAS D'ARGEMIR I CENDRA, Montserrat/QUERALT JIMÉNEZ, Joan Josep.

QUINTANAR DIEZ, Manuel: *Delito contra las relaciones familiares*, en: COBO DEL ROSAL (dir.); ***Comentarios** al Código **penal**. Tomo **VII**. Títulos IX, X, XI y XII del Libro II del vigente Código penal español*, Edersa, Madrid, 2003, 661-663.
QUINTERO OLIVARES, Gonzalo: *La tutela penal: entre la dualidad de bienes jurídicos o la perspectiva de género en la violencia contra la mujer*, en: EPC XXIX (2009), 421-445.
- *Artículos 23, 163, 169 y 172*, en: QUINTERO OLIVARES (dir.)/MORALES PRATS (coord.), ***Comentarios** al Código penal español. Tomo I (artículos 1 a 233)*, 6ª, Aranzadi-Thomson Reuters, Cizur Menor (Navarra), 2011, 309-316, 1010-1025, 1033-1041, 1049-1057.

RAGUES I VALLÉS, Ramón: en: SILVA SÁNCHEZ (dir.)/RAGUES I VALLÉS (coord.), *Lecciones de Derecho penal. **Parte especial***, 4ª, Atelier, Barcelona. 2015.
RAMÓN RIBAS, Eduardo: ***Violencia de género y violencia doméstica***, Tirant lo Blanch, Valencia, 2008.
- *Los delitos de violencia de género: objeto de protección*, en: RAMÓN RIBAS/ARROM LOSCOS/NADAL GÓMEZ, *La protección frente a la **violencia de género:** tutela penal y procesal*, Dykinson, Madrid, 2009, 13-56.
- *Las relaciones entre los delitos de violencia de género y violencia doméstica*, en: PUENTE ABA (dir.)/RAMOS VÁZQUEZ/SOUTO GARCÍA (coords.), *La respuesta penal frente a la **violencia de género.** Lecciones de diez años de experiencia de una política criminal punitivista*, Comares, Granada, 2010, 19-59.
- En: QUINTERO OLIVARES (dir.)/MORALES PRATS, Fermín (coord.), *Comentarios a la **Parte Especial** del Derecho Penal*, 9ª, Aranzadi-Thomson Reuters, Pamplona, 2011.

RAMS ALBESA, Joaquín: v. LACRUZ BERDEJO, José Luis/SANCHO REBULLIDA, Francisco de Asís/LUNA SERRANO, Agustín/DELGADO ECHEVERRÍA, Jesús/RIVERO HERNÁNDEZ, Francisco/RAMS ALBESA, Joaquín.
RAVETLLAT BALLESTÉ, Isaac: *Violencia familiar. Violencia familiar sobre la niña: matrimonios forzosos y precoces*, en: RIVAS VALLEJO/BARRIOS BAUDOR (dirs.)/SERRANO FALCÓN (coord.), ***Violencia de género.** Perspectiva multidisciplinar y práctica forense*, 2ª, Thomson Reuters Aranzadi, Cizur Menor (Navarra), 2014, 1169-1186.
REBOLLO VARGAS, Rafael: *Art. 172*, en: CÓRDOBA RODA/GARCÍA ARÁN (dirs.), ***Comentarios** al Código **penal**. **Parte especial**, tomo **I***, Marcial Pons, Madrid, 2004, 217-227.
- En: ÁLVAREZ GARCÍA (dir.)/MANJÓN-CABEZA OLMEDA/VENTURA PÜSCHEL (coords.), *Derecho penal español. **Parte especial**, (I)*, 2ª, Tirant lo Blanch, Valencia, 2011.

REQUEJO NAVEROS, María Teresa: *El delito de trata de seres humanos en el Código penal español: aciertos, desaciertos y proyectos de reforma*, en: VALLE MARISCAL DE GANTE/BUSTOS RUBIO (coords.), *La **reforma penal** de 2013. Libro de Actas XIV Jornadas de profesores y estudiantes de Derecho penal de las Universidades de Madrid*, Universidad Complutense de Madrid, Madrid, 2014, 65-83.
RIDAURA MARTÍNEZ, Mª Josefa: *El encaje constitucional de las acciones positivas contempladas en la Ley Orgánica de Medidas de Protección Integral contra la Violencia de Género*, en: BOIX REIG/MARTÍNEZ GARCÍA (coords.), *La nueva Ley contra la **violencia de género** (LO 1/2004, de 28 de diciembre)*, Iustel, Madrid, 2005, 65-107.
RIGGI, Eduardo Javier: V. ROBLES PLANAS, Ricardo/RIGGI, Eduardo Javier.
RIVERO HERNÁNDEZ, Francisco: v. LACRUZ BERDEJO, José Luis/SANCHO REBULLIDA, Francisco de Asís/LUNA SERRANO, Agustín/DELGADO ECHEVERRÍA, Jesús/RIVERO HERNÁNDEZ, Francisco/RAMS ALBESA, Joaquín.
ROBLES PLANAS, Ricardo/RIGGI, Eduardo Javier: *El extraño artículo 65.3 del Código penal, y Réplica*, en: ROBLES PLANAS (dir.), *La **responsabilidad en** los **"delitos espe-***

ciales". *El debate doctrinal en la actualidad*, B de F, Buenos Aires, Montevideo, 2014, 59-97, 351-358 (réplica de ROBLES PLANAS), 359-381 (réplica de RIGGI).

ROCA AGAPITO, Luis: en: ÁLVAREZ GARCÍA (dir.)/MANJÓN-CABEZA OLMEDA/ VENTURA PÜSCHEL (coords.), *Derecho penal. **Parte especial**, volumen **I***, 2ª, Tirant lo Blanch, Valencia, 2011.

RODRÍGUEZ NÚÑEZ, Alicia: en: LAMARCA PÉREZ (coord.), *Delitos y faltas. La **parte** especial del Derecho penal*, 3ª, Colex, Madrid, 2015.

RODRÍGUEZ MESA, Mª José: ***Delitos contra** los derechos de **los ciudadanos extranjeros***, Tirant lo Blanch, Valencia, 2001.

RODRÍGUEZ RAMOS, Luis: v. LÓPEZ BARJA DE QUIROGA, Jacobo/RODRÍGUEZ RAMOS, Luis/RUIZ DE GORDEJUELA LÓPEZ, Lourdes.

ROIG TORRES, Margarita: *La suspensión y la sustitución de las penas privativas de libertad de los delitos relacionados con la violencia de género*, en: RDPP 15 (2006), 113-133.

- *La delimitación de la "violencia de género": un concepto espinoso*, en: EPC XXXII (2012), 247-312.
- V. GONZÁLEZ CUSSAC, José Luis/MATALLÍN EVANGELIO, Ángela/ORTS BERENGUER, Enrique/ROIG TORRES, Margarita.

ROSAL BLASCO, Bernardo Del: *La política criminal contra la violencia doméstica: ¿alguien da más?*, en: EP-Cobo del Rosal, 2005, 327-349.

- En: MORILLAS CUEVA (coord.), *Sistema de Derecho penal español. **Parte** especial*, Dykinson, Madrid, 2011.

RUBIO, Ana: *La ley integral: entre el desconcierto del género y la eficacia impuesta*, en: LAURENZO COPELLO (coord.), *La **violencia de género** en la ley. Reflexiones sobre veinte años de experiencia en España*, Dykinson, Madrid, 2010, 131-174.

RUEDA MARTÍN, Mª Ángeles: *Modernas tendencias punitivas y preventivas en el ámbito de la violencia doméstica y violencia de género*, en: BOLDOVA PASAMAR/RUEDA MARTÍN (coords.), *La reforma penal en torno a la **violencia doméstica y de género***, Atelier, Barcelona, 2006, 283-305.

- *La **violencia sobre la mujer** en su relación de pareja con un hombre. Análisis doctrinal y jurisprudencial*, Reus, Madrid, 2012.
- *La punición del partícipe extraneus en un delito especial y el artículo 65.3 del Código Penal, y Réplica*, en: ROBLES PLANAS (dir.), *La **responsabilidad en** los **"delitos especiales"**. El debate doctrinal en la actualidad*, B de F, Buenos Aires, Montevideo, 2014, 231-285, 404-430.
- V. BOLDOVA PASAMAR, Miguel Ángel/RUEDA MARTÍN, Mª Ángeles.

RUÍZ DE ERENCHUN ARTECHE, Eduardo: v. MUÑOZ CUESTA, Javier/RUÍZ DE ERENCHUN ARTECHE, Eduardo.

RUIZ DE GORDEJUELA LÓPEZ, Lourdes: v. LÓPEZ BARJA DE QUIROGA, Jacobo/RODRÍGUEZ RAMOS, Luis/RUIZ DE GORDEJUELA LÓPEZ, Lourdes.

SAAVEDRA RUIZ, Juan: *Arts. 217 y 218*, en: CONDE-PUMPIDO TOURÓN (dir.)/LÓPEZ BARJA DE QUIROGA (coord.), ***Comentarios** del Código Penal, volumen **III**, artículos 205 al 318*, Bosch, Barcelona, 2007, 1647-1654.

SÁINZ-CANTERO CAPARRÓS, José E.: *Igualdad, discriminación y Derecho penal*, en: PÉREZ VALLEJO (coord.), ***Igualdad efectiva** entre mujeres y hombres. Diagnóstico y prospectiva*, Atelier, Barcelona, 2009, 220-238.

SÁNCHEZ LÁZARO, Fernando Guanarteme: *El nuevo delito de tráfico ilegal de personas*, en: LAURENZO COPELLO (coord.), ***Inmigración y** Derecho penal. Bases para un debate*, Tirant lo Blanch, Valencia, 2002, 287-308.

- *Una teoría de la argumentación jurídico-penal. Un primer esbozo sobre el ejemplo del bien jurídico protegido en el artículo 318 bis del Código Penal español*, en: Reforma Judicial. Revista Mexicana de Justicia 15-16 (2010), 155-197.

SÁNCHEZ TOMÁS, José Miguel: en: ÁLVAREZ GARCÍA (dir.)/MANJÓN-CABEZA OLMEDA/VENTURA PÜSCHEL (coords.), *Derecho penal español. Parte especial (I)*, 2ª, Tirant lo Blanch, Valencia, 2011.

SÁNCHEZ-JUNCO MANS, Javier: *Arts. 217 y 218, y 226*, en: CONDE-PUMPIDO FERREIRO (dir.)/DÍAZ MARTÍNEZ (coord.), *Código **penal comentado**, tomo I*, 3ª, Bosch, Barcelona, 2012, 816-820, 835-836.

SÁNCHEZ-VERA GÓMEZ-TRELLES, Javier: *Delito de infracción del deber, y Réplica*, en: ROBLES PLANAS (dir.), *La **responsabilidad en** los **"delitos especiales"**. El debate doctrinal en la actualidad*, B de F, Buenos Aires, Montevideo, 2014, 288-316, 432-471.

SANCHO REBULLIDA, Francisco de Asís: v. LACRUZ BERDEJO, José Luis/SANCHO REBULLIDA, Francisco de Asís/LUNA SERRANO, Agustín/DELGADO ECHEVERRÍA, Jesús/RIVERO HERNÁNDEZ, Francisco/RAMS ALBESA, Joaquín.

SANTANA VEGA, Dulce María: *El tratamiento penal de la inmigración clandestina de trabajadores: aspectos concursales*, en: MIR PUIG/CORCOY BIDASOLO (dirs.)/HORTAL IBARRA (coord.), ***Protección penal de los derechos de los trabajadores**. Seguridad en el trabajo, tráfico ilegal de personas e inmigración clandestina*, Edisofer, B de F, Madrid, Buenos Aires, Montevideo, 2009, 513-554.

SANZ MORÁN, Ángel José: *Las última reformas del Código penal en los delitos de violencia doméstica y de género*, en: DE HOYOS SANCHO (dir.), *Tutela jurisdiccional frente a la **violencia de género**. Aspectos procesales, civiles, penales y laborales*, Lex Nova, Valladolid, 2009, 53-64.

– *La respuesta penal a la violencia intrafamiliar. Algunos problemas interpretativos*, en: E-Bustos Ramírez 2011, 451-466.

SEGRELLES DE ARENAZA, Iñigo: *Reflexiones sobre la constitucionalidad del delito de bigamia*, en: H-Del Rosal 1993, 1051-1068.

SERRANO GÓMEZ, Eduardo: *La celebración del matrimonio*. Y *La invalidez del matrimonio*, en: YZQUIERDO TOLSADA/CUENA CASAS (dirs.), ***Tratado** de **Derecho de Familia**. Volumen I. Derecho de familia y derecho de la familia. La relación jurídico-familiar. El matrimonio y su celebración. Volumen II. Las crisis matrimoniales*, Aranzadi-Thomson Reuters, Cizur Menor (Navarra), 2011, 539-640 (en el volumen I), y 45-131 (en el volumen II).

SERRANO-PIEDECASAS, José Ramón: *Los delitos contra los derechos de los ciudadanos extranjeros*, en: LAURENZO COPELLO (coord.), ***Inmigración y Derecho** penal. Bases para un debate*, Tirant lo Blanch, Valencia, 2002, 309-343.

SERRANO TÁRRAGA, Mª Dolores: en: SERRANO GÓMEZ/SERRANO MAÍLLO/SERRANO TÁRRAGA/VÁZQUEZ GONZÁLEZ, *Curso de Derecho **penal**. Parte especial*, Dykinson, Madrid, 2012.

SIERRA LÓPEZ, Mª del Valle: *La expresión "persona especialmente vulnerable" en el ámbito de la violencia de género, doméstica y asimilada (artículos 148.5, 153.1 y 173.2 del Código Penal)*, en: NÚÑEZ CASTAÑO (dir.), *Estudios sobre la tutela penal de la **violencia de género***, Tirant lo Blanch, Valencia, 2009, 203-221.

SOTORRA CAMPODARVE, María de la Concepción: *Derechos de la víctima. Protección en el ámbito penal*, en: RIVAS VALLEJO/BARRIOS BAUDOR (dirs.)/SERRANO FALCÓN (coord.), ***Violencia de género**. Perspectiva multidisciplinar y práctica forense*, 2ª, Thomson Reuters Aranzadi, Cizur Menor (Navarra), 2014, 487-540.

– *El maltratador. Persecución penal*, en: RIVAS VALLEJO/BARRIOS BAUDOR (dirs.)/SERRANO FALCÓN (coord.), ***Violencia de género**. Perspectiva multidisciplinar y práctica forense*, 2ª, Thomson Reuters Aranzadi, Cizur Menor (Navarra), 2014, 1103-1119.

SUÁREZ GONZÁLEZ, Carlos: *Arts. 217 y 218*, en: RODRÍGUEZ MOURULLO (dir.)/ JORGE BARREIRO (coord.), ***Comentarios** al Código **penal***, Civitas, Madrid, 1997, 645-648.

SUÁREZ-MIRA RODRÍGUEZ, Carlos: en: SUÁREZ-MIRA RODRÍGUEZ (coord.), *Manual de Derecho penal. Parte especial*, 6ª, Civitas-Thomson Reuters, Madrid, 2011.

SUBIJANA ZUNZUNEGUI, Ignacio José: *La igualdad y la violencia de género en el orden jurisdiccional penal. Hacia una estrategia actuarial en el tratamiento punitivo de la violencia del hombre sobre la mujer en la relación de pareja*, en: RECPC 12-05 (2010), 1-24.

TAMARIT SUMALLA, Josep María: *El nuevo tratamiento de las personas con discapacidad: ¿tan sólo una cuestión conceptual?*, en: QUINTERO OLIVARES (dir.), *Comentario a la **reforma penal de 2015***, Thomson Reuters Aranzadi, Cizur Menor (Navarra), 2015, 71-76.

TERRADILLOS BASOCO, Juan María: *Arts. 217 y 218*, en: COBO DEL ROSAL (dir.), ***Comentarios** al Código Penal, tomo VII*, Edersa, Madrid, 2003, 665-687.

- *Arts. 217 y 218*, en: ARROYO ZAPATERO/BERDUGO GÓMEZ DE LA TORRE/ FERRÉ OLIVÉ/GARCÍA RIVAS/SERRANO PIEDECASAS/TERRADILLOS BASOCO (dirs.)/NIETO MARTÍN/PÉREZ CEPEDA (coords.), ***Comentarios** al Código **penal***, Iustel, Madrid, 2007, 493-497.
- *Reflexiones y propuestas sobre inmigración. En torno al Proyecto de reforma del Código Penal de 2009*, en: Indret 1/2010, 1-25.
- En: TERRADILLOS BASOCO, Juan María (coord.), *Lecciones y materiales para el estudio del Derecho penal. Derecho penal. Parte Especial, volumen I*, Iustel, Madrid, 2011.
- *El delito de inmigración ilegal y la trata de personas*, en: PÉREZ CEPEDA (dir.)/ GORJÓN BARRANCO (coord.), ***El proyecto de reforma** del Código penal de 2013 **a debate***, Ratio Legis, Salamanca, 2014, 133-159.

TORRES FERNÁNDEZ, Elena: *Breves reflexiones sobre el tratamiento penal de la violencia de género en las relaciones de pareja*, en: RODRÍGUEZ LÓPEZ/R-BRAVO BOSCH (eds.), ***Experiencias jurídicas e identidades femeninas***, Dykinson, Madrid, 2011, 623-644.

TORRES ROSELL, Nuria: *Las sanciones penales en la lucha contra la violencia de género*, en: VILLACAMPA ESTIARTE (coord.), ***Violencia de género** y sistema de justicia penal*, Tirant lo Blanch, Valencia, 2008, 217-271.

- En: QUINTERO OLIVARES (dir.)/MORALES PRATS (coord.), *Comentarios a la parte especial del Derecho penal*, 9ª, Aranzadi-Thomson Reuters, Cizur Menor (Navarra), 2011.
- *El matrimonio infantil como atentado a la dignidad y a la indemnidad de los menores*, en: VILLACAMPA ESTIARTE (coord.), *Delitos contra la **libertad e indemnidad sexual** de los menores. Adecuación del Derecho español a las demandas normativas supranacionales de protección*, Thomson Reuters Aranzadi, Cizur Menor (Navarra), 2015, 389-434.

TRAPERO BARREALES, María A.: *La participación omisiva en el delito de abusos sexuales: ¿la guarda de hecho como posible fundamento de la posición de garante?, Comentario a la Sentencia del Tribunal Supremo de 9 de octubre de 2000*, en: AFDO 2003, 449-474.

- *La transformación del Derecho penal laboral: de protector de los derechos de los trabajadores a garante de la competencia empresarial y de las políticas migratorias*, en: CPC 114 (2014), 5-44.

– *La consolidación de la transformación del derecho penal laboral: de protector de los derechos de los trabajadores a garante de la competencia empresarial y de las políticas migratorias*, en: Libertas 3 (2015), en prensa.
– V. DÍAZ Y GARCÍA CONLLEDO, Miguel (dir.)/OLAIZOLA NOGALES, Inés/TRAPERO BARREALES, María A./BARBER BURUSCO, Soledad/DURÁN SECO, Isabel/JERICÓ OJER, Leticia.
– V. DÍAZ Y GARCÍA CONLLEDO, Miguel/TRAPERO BARREALES, María A.

URRUELA MORA, Asier: v. BOLDOVA PASAMAR, Miguel Ángel/URRUELA MORA, Asier/LIBANO BERISTAIN, Arantza/BOLAÑOS VÁSQUEZ, Hazel Jasmín/FARJAS BALLESTER, José María.

VARGAS GALLEGO, Ana Isabel: *Sobre los matrimonios forzados* (www.elderecho.com/tribuna/penal/matrimonios_forzados), 2014.

VÁZQUEZ IRUZUBIETA, Carlos: *Código **penal comentado.** Actualizado por las Leyes Orgánicas 1/2015, de 30 de marzo y 2/2015, de 30 de marzo*, Atelier, Barcelona, 2015.

VILLACAMPA ESTIARTE, Carolina: *Consideraciones acerca de la reciente modificación del delito de tráfico de personas*, en: RP 14 (2004), 182-208.
– *El maltrato singular cualificado por razón de género. Debate acerca de su constitucionalidad*, en: RECPC 09-12 (2007), 1-20.
– *La violencia de género: aproximación fenomenológica, conceptual y a los modelos de abordaje normativo*, en: VILLACAMPA ESTIARTE (coord.), ***Violencia de género** y sistema de justicia penal*, Tirant lo Blanch, Valencia, 2008, 25-86.
– *El delito de **trata de seres humanos.** Una incriminación dictada desde el Derecho Internacional*, Aranzadi-Thomson, Navarra, 2011.
– *La moderna esclavitud y su relevancia jurídico-penal*, en: RDPC 10 (2013), 293-342.
– *El delito de stalking*, en: QUINTERO OLIVARES (dir.), *Comentario a la **reforma penal de 2015***, Thomson Reuters Aranzadi, Cizur Menor (Navarra), 2015, 379-398.
– *El delito de trata de seres humanos*, en: QUINTERO OLIVARES (dir.), *Comentario a la **reforma penal de 2015***, Thomson Reuters Aranzadi, Cizur Menor (Navarra), 2015, 399-419.
– *La trata de seres humanos tras la reforma del Código Penal de 2015*, en: LL núm. 8554, 2015, 1-8.

ZURDO SANTAMARÍA, Juan José: *Los matrimonios de conveniencia y su incidencia en el campo penal y administrativo*, en: Ciencia Penal. Revista del Instituto de Estudios de Policía 106 (2011), 5-23.

OTROS TÍTULOS DE ESTA COLECCIÓN

41. Delitos informáticos y delitos comunes cometidos a través de la informática
Enrique Orts Berenguer
Margarita Roig Torres
42. El delito de robo con violencia o intimidación en las personas
Rosario de Vicente Martínez
43. Las circunstancias atenuantes en el ordenamiento jurídico español
Emiliano Borja Jiménez
44. La prohibición constitucional de incurrir en bis in idem
Mercedes Pérez Manzano
45. Gestión de cobro de morosos y derecho penal
Manuel Cobo del Rosal
Javier Sánchez-Vera Gómez-Trelles
46. Jueces penales y penas en España
José Cid Moliné
Elena Larrauri Pijoan
J. Gonzalo Escobar Marulanda
Jennifer Lahoz Abós
Marayca López y Ferrer
Beatriz Tébar Vilches
Daniel Varona Gómez
47. Los delitos contra el honor
Patricia Laurenzo Copello
48. Delitos contra la vida y la salud de los trabajadores
Juan Mª Terradillos Basoco
49. El delito de prevaricación judicial
Ramón Ferrer Barquero
50. La tentativa inidónea y el código penal de 1995
José Muñoz Lorente
51. Salud pública y drogas tóxicas
María Acale Sánchez
52. Los delitos contra los consumidores
Luz María Puente Aba
53. La circunstancia atenuante analógica en el código penal de 1995
Pilar Otero González
54. El deber de socorro
Manuel Gómez Tomillo
55. El delito societario de falsedad en documentos sociales
Patricia Faraldo Cabana
56. Responsabilidad penal de las personas jurídicas y alcance del art. 129 del código penal
Mª Jesús Guardiola Lago
57. La corrupción de agente público extranjero e internacional
Eduardo A. Fabián Caparrós
58. Los delitos de atentado y resistencia
Mª Luisa Cuerda Arnau
59. Los delitos de conducción temeraria
Miguel Ángel Moreno Alcázar
60. El error sobre las circunstancias atenuantes
Abraham Castro Moreno
61. Sobre «los incendios»
Manuel Cobo del Rosal
Manuel Quintanar Díez
62. El delito de corrupción de menores (art. 189.3 CP)
Sara Aguado López
63. La reforma de la ejecución penal
Ramón García Albero
Josep-Maria Tamarit Sumalla
64. El principio de legalidad penal
Rosario de Vicente Martínez
65. Los delitos contra la propiedad industrial en el código penal español de 1995
María José Segura García
66. Los delitos de descubrimiento y revelación de secretos
Carlos Romeo Casabona
67. La imprudencia profesional
Cristina Guisasola Lerma
68. Los delitos de lesiones al feto y los relativos a la manipulación genética
Luis Gracia Martín
Estrella Escuchuri Aisa
69. El allanamiento de morada, domicilio de personas jurídicas y establecimientos abiertos al público
Ángel José Sanz Morán
70. El delito de robo y hurto de uso de vehículos
Rosario de Vicente Martínez
71. El abuso de información privilegiada en la función pública
Abraham Castro Moreno
Pilar Otero González
72. Cárcel Electrónica
Faustino Gudín Rodríguez-Magariños
73. El delito de participación en riña
Luis Gracia Martín
Eva Fernández Ibáñez
Belén Mayo Calderón
74. Los delitos de homicidio y de asesinato en el código penal español
Luis Gracia Martín
Jorge Vizueta Fernández
75. El principio de proporcionalidad penal
Norberto J. de la Mata Barranco
76. Automóviles, delitos y penas
Josep Mª Tamarit Sumalla
Mª Eulàlia Luque Reina
77. El delito de dopaje
Emilio Cortés Bechiarelli
78. Violencia de género y violencia doméstica
Eduardo Ramon Ribas
79. Las prohibiciones de residencia, aproximación y comunicación en el derecho penal
Patricia Faraldo Cabana
80. Terrorismo internacional y conflicto armado
Héctor Olasolo Alonso
Ana Isabel Pérez Cepeda

81. Reincidencia y delincuencia habitual
Cristina Guisasola Lerma
82. Intervenciones corporales ilícitas: tutela penal
Ángela Matallín Evangelio
83. La tutela penal de los animales
Esther Hava García
84. El delito «ecológico» del artículo 325.1 del Código Penal
Álvaro Mendo Estrella
85. El delito de terrorismo urbano o de baja intensidad
Juan Fernández Requena
86. Las nuevas tecnologías en los delitos contra el patrimonio y el orden socioeconómico
Patricia Faralda Cabana
87. El delito de secuestro
Gilberto Martiñón Cano
88. Los delitos relativos al secreto de empresa
Carlos Martínez-Buján Pérez
89. Audiencia Nacional y prohibición penal de reuniones y manifestaciones
Lucía Martínez Garay
Javier Mira Benavent
90. Fraudes contractuales y exacciones ilegales
Abraham Castro Moreno
91. La nueva medida de seguridad postdelictual de libertad vigilada
Faustino Gudín Rodríguez-Magariños
92. Calumnias, injurias y otros atentados al honor
Concepción Carmona Salgado
93. La responsabilidad penal por productos defectuosos
Susana Escobar Vélez
94. Estafa de inversores y de crédito
Carlos Martínez-Buján Pérez
95. La responsabilidad criminal de las personas jurídicas, de los entes sin personalidad y de sus directivos
José Miguel Zugaldía Espinar
96. El derecho a una segunda instancia con todas las garantías
Rafael Alcácer Guirao
97. Tipos penales en el ámbito internacional
Francisco Javier Dondé Matute
98. Dogmática y política criminal del aborto
Patricia Laurenzo Copello
99. El contenido de la antijuridicidad
Carlos Martínez-Buján Pérez
100. El delito de desatención sanitaria
Mª Rosa Moreno-Torres Herrera
101. El delito contra la seguridad e higiene en el trabajo
Cristina Faraldo Cabana
102. El delito de sustracción de un menor por su progenitor
Elena B. Marín de Espinosa Ceballos
103. Delitos relativos a la protección de la biodiversidad
Ángela Matallín
104. El delito de trata de seres humanos
Alberto Daunis Rodríguez
105. El error sobre las circunstancias del delito
Esteban Pérez Alonso
106. Delitos de tráfico ilegal de personas, objetos o mercancías
Paz M. de la Cuesta Aguado
107. El autoblanqueo
Ignacio Martínez-Arrieta Márquez de Prado
108. Sistemas de imputación subjetiva en Derecho penal
Nicolás Oxman
109. El delito de *online child grooming* o propuesta sexual telemática a menores
Carolina Villacampa Estiarte
110. La aplicación de las circunstancias del delito
Emiliano Borja Jiménez
111. La prescripción de la pena tras la reforma del código penal de 2015
Sergi Cardenal Montraveta
112. Derecho penal europeo y legislación española
Norberto J. de la Mata Barranco
113. Comentarios a la reforma del Código Penal en materia de terrorismo: la L.O. 2/2015
Juan Carlos Campo Moreno
114. Los delitos de omisión
Miguel Ángel Núñez Paz
115. Los delitos leves
Patricia Faraldo Cabana
116. El delito de administración desleal de patrimonio ajeno
Carlos Martínez-Buján Pérez

Made in the USA
Monee, IL
04 November 2026

67385377R00154